금융시장과 소비자보호

이 은 영 編

세창출판사

이 도서의 국립중앙도서관 출판시도서목록(CIP)은 e-CIP 홈페이지(http://www.nl.go.kr/ecip)에서 이용하실 수 있습니다. (CIP제어번호: CIP2011004603)

머 리 말

20세기 말 이후 지속되고 있는 금융위기는 금융소비자의 피해를 속출시키고 있다. 금융산업에 의한 소비자피해는 세계 각국에서 나타나는 글로벌한 경제문제로 되었다. 외국에서는 금융소비자의 피해방지책이 민사법 특히 계약법에 있어서 독자적이고, 핵심적인 연구분야로 대두하였다. 그 결과 외국에서는 금융소비자의 보호문제가 국가적 경제정책의 측면에서 고찰되는 데에 그치지 않고 개별 소비자의 권리의 문제로서 법률로써 규율되고 있는 추세이다.

우리나라에서는 최근 예금자보호라는 측면에서는 저축은행 영업정지사건이 취약성을 드러내었고 투자자보호라는 측면에서는 키코 옵션상품 판매사건이 금융소비자의 문제를 뚜렷이 드러내었다. 학계에서는 근래 금융분야에서의 소비자보호를 주창하고 있지만, 어떠한 분야에서 어떠한 방식으로 소비자를 보호할 것인가에 대한 구체적인 논의는 미흡한 실정이다. 금융소비자문제가 중대한 경제문제로 떠오르고 있음에도 불구하고 아직 금융소비자를 보호하기 위한 제도적 방안이 활발히 논의되지 못하고 있는 것이 안타깝다. 금융소비자를 보호하기 위한 법률을 마련하기 위한 입법 논의가 진행되고 있으나 아직 미진한 상태이다. 조만간에 금융소비자보호를 위한 법제가 마련되도록 입법논의가 좀 더 활성화될 것이 요망된다.

한국소비자법학회에서는 금융시장과 신용분야에서의 소비자문제를 구체적으로 검토하고자 2010년에 세 번의 학술대회를 개최하였다. 학술대회에서는 금융상품거래분야에서 제기되고 있는 다양한 소비자문제를 다루고자 '금융소비자보호의 현황과 과제'를 주제로 다루었고 이와 더불어 '금융분쟁의 해결방안으로 대안적 분쟁해결제도'에 대하여 심도 있는 논의를 진행하였다. 그리고 시간이 경과할수록 중요성이 강조되고 있는 소비자신용분야를 소비자시각에서 검토하고자 '소비자신용법의 현황과 과제'라는 주제로 학술대회를 가졌다. 이러한 학문적 검토를 통하여 금융 및 신용분야에서의 소비자보호를 위한 법제도의 현황 및 현행 법제에 대한 보완의 필요성을 제시하였고, 이 분야에서의 소비자보호를 위한 지속적 후속연구를 다짐하였다.

이 책은 소비자금융 및 신용법제의 현주소를 밝히고, 이 분야의 소비자법이 나아가야 할 방향을 제시하기 위해서 2010년에 개최된 세 차례의 학술대회의 논의를 담아 한국소비자법회 학술총서 제2권, 「금융시장과 소비자보호」로서 발간된다. 이미 한국소비자법학회 학술총서 제1권은 「소비자법과 민법」(세창출판사, 2010년 11월)으로 발간된 바 있다. 소비자금융 및 신용법에 관한 서적이 부족한 상황에서 미력이나마 학계 및 실무계에 도움이 되기를 바란다.

이 책이 발간되기까지 헌신적으로 작업한 집필진과 편집위원의 노고에 감사드리며, 한국소비자법학회원을 비롯한 소비자문제 연구자의 관심에도 감사드린다. 그리고 어려운 출판환경 속에서도 소비자법 연구총서를 계속해서 출간하기로 결정한 세창출판사 이방원 사장 및 편집진 여러분께 깊은 감사를 드린다.

2011년 11월

집필대표 이 은 영

차 례

제1편 ▌금융소비자와 자본시장

제2편 ▌금융분쟁과 ADR

제3편 ▎소비자신용법의 현황과 과제

제1편 | 금융소비자와 자본시장

- 민사법과 자본시장법의 금융소비자보호
- 금융소비자 보호에 관한 외국의 입법동향과 시사점
  ―미국과 영국을 중심으로―
- 자본시장법상의 금융소비자 보호
- 집합투자규약의 약관성
- 금융상품 불완전판매와 소비자보호 법정책 방향
- 심리학에서의 '권위에 대한 복종현상'과 금융상품 불완전판매 소송에서 투자자보호 문제에 대한 소고

민사법과 자본시장법의 금융소비자보호*

이 은 영**

차 례

Ⅰ. 금융소비자피해

금융소비자보호는 금융산업의 지속적인 발전을 위하여 필수적으로 요구되는 금융정책이다. 금융소비자보호에 있어서 필수적인 과제는 예금자보호와 투자자보호라고 할 수 있는데 양자 모두 취약한 실정이다.[1] 금융산업의 진정한 발전은 산업규모의 양적

* 이 논문은 한국외국어대학교의 연구지원금에 기한 연구임.
** 한국외국어대 법학전문대학원 교수.
1) 예금자보호제도는 매우 중요한 장치로서 소비자들이 공포심에 서둘러 모든 예금을 은행으로부터 인출해 버리지 않도록 설득할 수 있는 보장책이 있어야 제도적 안정성이 보장된다. 같은 취지: 금융소비자학회 회

팽창에서 찾아질 것이 아니라 금융거래의 투명성과 안전성이라는 질적 측면도 함께 고려되어야 하는데, 최근 상황을 살펴보면 금융산업의 규모가 빠르게 확대됨에 따라 시장의 불안정성도 커지고 있는 실정이어서 그 지속적인 발전가능성에 의심이 들게 된다. 다소 발전의 속도를 늦추더라도 금융상품을 통해 얻고자 하는 소비자들의 욕구를 충족시킴으로써 안정적이고 지속적인 성장을 가져온다면 그 편이 더 바람직할 것이다. 금융기관은 지급결제, 자산운용, 위험관리 등 본래의 금융서비스를 제대로 제공하는 것이 금융산업의 기본임을 망각해서는 안 될 것이다. 우리나라에서도 최근 금융산업에 의한 소비자피해가 증가함에 따라 금융소비자보호의 필요성을 절감하고 있다. 예금자보호라는 측면에서는 저축은행 영업정지사건이 우리나라 금융소비자정책의 취약성을 드러내었고 투자자보호라는 측면에서는 '키코옵션상품판매사건'이 그 문제점을 드러내었다. 이렇게 금융소비자문제가 중대한 경제문제로 떠오르고 있음에도 불구하고 한국에는 아직 제도적인 측면에서 금융소비자를 보호하기 위한 방안이 충분히 논의되고 있지 못하다. 특히 금융소비자를 보호하기 위한 입법조치를 마련하기 위한 법적 논의는 아직 법학계의 큰 관심을 끌지 못하고 있다. 속히 금융소비자보호를 위한 법제가 체계화될 것이 요망된다.

2011년 한국에서는 소비자금융의 피해자구제가 특히 심각한 사회문제로 떠올랐다. 가장 심각한 문제로서는 수개의 저축은행에의 예금자들이 저축은행 영업정지 및 도산으로 인해 예금채권을 변제받지 못할 위기에 처한 사건이었다. 그 밖에 주택담보대출을 과다하게 이용하거나 분수에 넘치는 신용카드사용 등으로

장 정홍주, OECD금융소비자 보호 기본원칙 초안(2011)의 문제점, 소비자시민모임 뉴스레터, 2011년 9월호, 27쪽. 그 밖에 이 초안에서는 '자율적인' '구속력 없는' '적절한'이라는 단어를 너무 자주 사용하여 OECD의 원칙을 약화시키고 있다고 지적되었다.

상환이 곤란한 채무로 인해 고민하는 대출자의 문제가 점차 위험 수위로 다가가고 있는 것이었다. 2011년 한국의 가계부채는 800조원을 넘어 시민들의 상환능력을 초과하는 것으로 나타났다. 가계대출이 늘어나고 채무자의 상환능력이 감소함에 따라 저(低)신용자의 법률문제가 또 다시 사회문제로 대두된 것이었다. 신용이 낮은 사람은 금융기관으로부터 고금리의 이자로 대출받게 되어 이자부담이 증가하여 상환능력이 더 낮아지고 있다. 그나마 고리의 대출마저 거절당하여 사채업자로부터 돈을 빌리고 갚지 못해 불법적 추심의 압박에 고통 받는 사람이 증가하고 있다. 2010년 소비자단체협의회에 접수된 대출상담건수 총 980건 중에서 대출업체 대출로 인한 문제가 36.0%로 가장 많은 비중을 차지했다. 그 밖에 기타대출이 22.2%, 기타 신용대출이 12.9%, 기타금융상품이 10.1%, 부동산 담보대출 5.3%, 예금 보험 담보대출 4.3%이었다. 소비자금융피해 유형을 살펴보면, 대출의 일반적 문제 32.9%, 이자과다 청구 14.2%, 대부업체 관련문제 8.4%, 부당채권추심 7.2%, 수수료 불만 6.6%, 정보요청 6.5%, 휴대폰대출 3.9%, 부당광고 3.7%, 금융사기 3.6%, 신용등급관련 3.0%, 부당계약 2.6% 기타 2.5%, 개인정보 침해 2.2%, 명의도용 1.9%, 중요정보 설명 없음 0.5%, 정보유출 0.4% 순으로 나타났다.[2)]

근래 소비자금융에 대한 규제가 완화된 이후 금융기관의 무분별한 신용제공으로 신용불량자가 많이 생겼고 이러한 현상은 소비자파산이 급격히 증가한 원인이 되었다. 개인파산 및 면책제도(소비자파산제도라고도 칭함)는 1962년 구 파산법이 제정된 이후 계속 존재해 왔지만 거의 이용되지 않았지만, 1997년 외환위기 이후 소비자파산 및 면책의 신청이 급속히 증가하였다. 최근 증가한 과다대출자는 상환능력이 없어 개인파산으로 이어지는 경우

2) 소비자단체협의회간, '소비자' 2011년 7, 8월호, 42쪽 이하에서 인용.

가 빈번했다. 최근 개인파산제도의 이용 현황을 살펴보면 채무자가 개인파산 및 면책을 신청한 사건이 급속히 증가한 것을 알 수 있다. 개인파산 신청은 2003년 3,856건이었으나 2007년에는 154,039건으로 증가하였고, 면책신청은 2003년 1,823건 이었으나 2007년에는 154,009건으로 증가하였다.[3] 개인파산사건은 채무자 본인이 파산신청을 한 경우가 많았는데, 과거 개인파산을 사회적 불명예로 여겨 기피하던 인식이 완화되어 개인채무의 청산 및 면책을 위해 스스로 개인파산을 선택하는 경우가 증가한 것이다. 채무자가 스스로 파산신청을 하는 이유는 파산선고를 받고 면책절차를 거쳐 면책결정을 받으면 채무로부터 해방될 수 있기 때문이다. 채무자에게 채권추심의 기초가 되는 책임재산이 부족하여 그 재산을 환가하더라도 파산절차의 비용조차 충당할 수 없는 경우에는 파산선고와 동시에 파산절차가 종결되곤 했다. 결국 소비자파산선고제도는 금융소비자가 법원의 면책결정을 받아내기 위한 전제로서 이용되었다고 볼 수 있다.

II. 금융소비자에 대한 법적 보호

소비자금융이란 금융기관이 금융의 비전문가에게 신용을 제공하는 거래를 말한다.[4] 우리나라에서 소비자금융이란 용어는 최

---

3) 2008 사법연감, 개인파산 및 면책 현황 자료 참조.

4) 판례도 금융 또는 융자란 개념을 넓게 파악한다(대법원 1998. 10. 27 선고, 98다27784 판결). 즉, 금융기관의 지급보증거래약정상의 「융자」라 함은 금융 또는 여신과 마찬가지로 은행이 신용을 공여하는 일체의 금융거래를 포괄적으로 나타내기 위하여 사용되고 있는 개념으로서 증서대출·어음대출과 같이 직접 자금의 교부를 수반하는 대출은 물론 자금의 교부가 수반되지 아니하는 무형의 신용공여인 어음보증도 당연히 여기에 포함되는 반면, 피고가 소외회사와 사이에 체결한 지급보증거래약

근에 빈번히 사용되고 있으며, 아직은 엄격히 말하면 법률용어라고 말하기 곤란하다. 과거에 자주 사용하던 소비자신용이라는 표현은 요즈음은 사용빈도가 약간 줄어들고 대신 소비자금융이라는 표현이 더 많이 쓰이고 있다. 아직 우리 민법에는 소비자금융이라든가 소비자신용이라는 개념은 도입되어 있지 않다. 장래 민법이나 민사특별법에 소비자금융에 관한 일반적 규정을 신설하는 경우에 어떤 표현을 써야 할지 고려해 두어야 할 것이다. 일반적으로 자주 사용하는 '소비자금융'이라는 표현을 사용해야 할지 아니면 법률개념에 보다 충실하게 '소비자 소비대차'라는 표현을 사용해야 할지 고민해 보아야 할 것이다. 독일민법에서는 개념의 정확성을 꾀하기 위하여 '소비자 소비대차계약'(Verbraucherdarlehensvertrag)이라는 표현을 사용하고 있다(독일민법 제491조).[5] 독일민법은 소비자 소비대차계약은 '대주인 사업자와 차주인 소비자 사이에 유상의 소비대차계약'을 말한다고 정의하고 있다. 원래 우리 민법에서는 '소비대차계약'이라는 표현보다는 그냥 '소비대차'라고 불러왔기 때문에 구태여 '소비대차계약'이라고 하지 않더라도 잘 이해되고 있다. 소비자금융의 유형이 대부금융, 할부금융, 신용카드금융 등 다양한데, 기본이 되는 대부금융에 해당하는 '소비자 소비대차'에 관하여도 아직 필요한 소비자보호의 법리가 정리되어 있지 못한 실정이다.

정이나 지급보증서에 융자의 방식에 관한 아무런 제한을 두고 있지 아니하였고, 원고는 이 사건 어음 보증을 할 당시 속칭 단자회사로서 어음보증도 그 업무의 일환으로서 수행할 수 있었던 이상, 원고가 어음보증인으로서 소외 회사발행의 약속어음에 대한 어음금채무를 이행함으로써 발생한 구상금 채무는, 그 대지급금에 상당하는 금원의 대출이 있는 것으로 보는 별도의 약정이 원고와 소외회사 사이에 체결되었는지 여부에 관계없이 이 사건 지급보증이 담보하는 주 채무에 포함된다.

5) 법학자는 소비자소비대차계약이라는 표현보다는 소비자신용(Verbraucher-kredite)라는 표현을 더 선호한다. Dirk Looschelders, Schuldrecht Besonderer Teil, 5.Aufl., Verlag Vahlen, 2010, S.127.

소비자금융법에 관한 연구는 영미법에서 활발하게 전개되기 시작하였다.[6] 영미법계의 국가에서는 은행의 대출업무와 관련한 대출자책임에 관한 법리를 발전시켜 왔으며, 이 대출자책임의 법리는 점차 영미법계 이외의 국가에도 파급되었다.[7][8] 영국법에서 계약법에 기초한 대출자책임이론 중에서 가장 많이 논의되어 온 것은 대출자의 성실의무(duty of good faith) 또는 성실과 공정한 거래의 묵시적 의무(impllied convernants of good faith and fair trading)에 기초한 책임이론이었다. 이 이론에 의하면 계약당사자는 성실의 의무를 준수해야 하며 어느 계약당사자도 교환의 이익(benefits of the bargain)을 누릴 수 있는 상대방의 권리를 침해하여서는 안 된다고 하였다. 대출자책임과 관련하여 논의된 쟁점들은 금융기관의 설명의무 부족 또는 부적절한 설명으로 인한 설명의무 위반을 범한 경우, 금융기관이 채무자에 대하여 부당한 대출거절행위나 부당한 경영간섭을 하는 경우, 금융기관이 담보에 대한 평가를 잘못하여 채무자의 판단을 그르치게 한 데 대한 책임 등이었다.[9] 우리나라에서는 최근 금융사법과 관련하여 키코통화옵션계약사건에 관한 여러 판결들이 나왔으며,[10] 이 판결이 법학자의 비판대상이 되는

---

6) Lee Roach, Cara & James' Business Law; For Business, Accounting & Finance Students, Online Resource Center, Oxford University Press, 2009. 102.

7) Markesinis/Uberath/Johnston, The German Law of Contract-A Comparative Treatise, 2.Ed. Oxford & Portland Oregon, 2006.

8) 일본에서도 최근 금융업자에 의한 소비자피해가 폭증하고 있으며, 금융소비자문제는 중요한 소비자법의 이슈로 등장하였다. 일본에서는 2009년 9월 소비자청이 설립되었으며, 그 이후 지방소비자행정 차원에서 소비자문제를 활발하게 논의하고 있다. 日本辯護士聯合會編, 金融商品取引被害救濟の手引, 五訂版, 日本民事法研究會, 2010. 55.

9) 이종구, "대출자책임 이론연구 — 미국과 일본의 판례를 중심으로," 『상사법연구』 제16권 제2호, 1997.

10) 서울중앙지법 2008. 12. 30.자 2008카합3816 결, 옵션계약효력정지가처분사건; 인천지법 2009.3.9.자 2009카합228 결, 옵션계약효력정지가처분

등 법조계의 관심을 불러일으키고 있다.11) 이를 계기로 법학계에서는 소비자금융에 대해 본격적인 연구활동이 전개되다.12)

금융소비자를 보호하기 위한 법적 고찰에 있어서 공법, 사법 등 여러 측면에서의 접근이 가능하지만 특히 역점을 두어야 할 관점은 민사법적인 권리를 보장해 주는 것이다. 금융소비자를 보호하기 위해서는 금융소비자를 계약자유에 완전히 내맡겨서는 안 된다. 신의성실의 원칙에 따라 당사자의 계약관계가 당사자의 진정한 의사에 합치될 수 있도록 배려해 주어야 한다. 금융소비자를 보호하기 위한 법적 접근은 다음과 같은 관점에서 행해진다.

첫째, 금융소비자는 불합리한 의사결정을 했을 가능성이 높다는 점을 법적용에서 고려해야 한다. 소비자들은 위험을 정확히 인식하지 못하며, 금융기관이 주는 정보를 받아들일 때 최악의 상황보다는 최선의 상황을 기대하고 신중하지 못하게 계약체결을 결정하는 경향이 있다. 특히 금융소비자는 장기적인 관점이 부족한 의사결정의 과오에 빠지기 쉽다. 소비자는 의사결정을 할 때 단기적인 관점을 기대하고 장기적인 고려를 하지 못하는 경우가 많다.

둘째, 금융상품의 내용은 투명하게 명시되어야 한다. 상품의

사건 등.

11) 백태승, "'키고(KIKO)' 가처분결정의 문제점," 법률신문 3730호(2009. 3) 15, 2009, 법률신문사; 성민섭, "키코(KIKO)통화옵션계약의 해지가능성에 대한 소고," 『인권과 정의』 392호(2009. 4), 140-159, 2009, 대한변호사협회.

12) 한국소비자법학회에서는 금융소비자를 위하여 다음과 같은 세미나를 개최했다. 한국소비자법학회 학술대회(경원대학교 법학연구소와 공동주최), "금융소비자보호의 현황과 전망(1) ―금융투자상품을 중심으로―," 2010. 5. 28. 경원대학교 국제어학원 1층 국제홀. 이 심포지움에서 발표된 논문은 다음과 같다. 안수현, "최근의 금융소비자보호에 관한 외국입법동향과 시사점"; 서완석, "자본시장법상 금융소비자보호"; 황진자, "금융상품의 불완전판매와 소비자법 정책"; 기은아, "금융투자상픔의 약관규제"; 이근영, "금융투자상품 분쟁조정 현황".

내용이 그 위험성과 함께 정확히 표시되고 설명되어져야 한다. 금융상품의 투명성은 상품이 어떠한 내용이고, 어떠한 서비스가 제공되며, 가격이 적정한지에 관한 것뿐 아니라 실질적 가격이나 실질적 부담을 투명하게 알려줄 것. 해약을 했을 때 얼마나 손실이 발생하는지 정확히 알려줄 것을 포함한다. 그 밖에 금융회사의 투명성, 판매원의 투명성도 넓은 의미에서 금융상품의 투명성에 포함된다. 법적인 측면에서 금융상품의 투명성은 금융소비자의 알 권리, 안전할 권리, 교육을 받을 권리, 단체를 조직할 권리 등과 연관이 있다. 그래서 금융소비자의 입장에서 금융의 투명성이 매우 중요한 것이다. 그리고 투명성은 금융상품의 안전성과 직접적 연관이 있다.[13] 금융소비자는 투명한 거래를 통해 스스로를 보호할 수 있고, 큰 손실을 보지 않게 되어 믿고 안전한 거래를 할 수 있다. 불투명한 거래에서는 비용이 높아지게 되지만 투명하게 되면 비용이 낮아진다. 상품이 비교되기 때문에 좋은 것과 나쁜 것을 구별할 수 있게 된다. 더 좋은 상품을 더 싸게 제공받을 수 있다. 경쟁이 발생하게 되어 거래를 더 많이 하게 된다.

셋째, 소비자를 위한 금융상품은 소비자가 이해할 수 있게 단순해져야 한다. 소비자는 금융상품의 사용경험이 부족하기 때문에 이해능력도 부족할 수밖에 없다. 어떤 상품을 이용해 본 경험이 부족한 소비자가 복잡하게 설계된 금융상품을 이해하지 못하는 것은 당연하다. 소비자의 혼돈에는 지나치게 복잡한 금융시장의 상품구조가 한몫을 한다. 금융시장은 지나치게 복잡한 구조를 띠고 있어 소비자의 현명한 의사결정을 방해하고 있다. 소비자단체들은 이의 해결책으로서 다음과 같은 사항을 요구한다. ① 소비자를 위한 금융상품은 단순하게 설계될 것, ② 금융기관은 소

13) 장홍수, “금융, 투명해져야 한다,” 제15회 소비자의 날 기념세미나, “불공정한 시장구조, 소비자주권 어떻게 확보할 것인가?,” 2010. 11. 29. 발표문 참조.

비자를 위한 품질개선에 인센티브를 부여할 것, ③ 가격을 낮추고 서비스품질을 더 높일 것 등이다.

넷째, 소비자를 위한 금융상품은 안전해야 한다. 금융상품 판매자의 이해하기 쉬운 설명도 필요하지만 무엇보다도 중요한 것은 안전성을 갖춘 상품을 판매해야 한다는 점이다. 소비자를 겨냥한 금융상품에 관해서 투명성을 확보하도록 요구하는 것만으로는 부족하다. 구조적으로 지나치게 위험한 금융상품을 소비자에게 판매하지 못하도록 규제하여야 한다. 소비자에게 판매하는 금융상품은 안전성, 유동성을 갖출 것이 전제되어야 한다. 2011년의 저축은행사태에 관한 분석에서는 금감원이 금융기관의 수익성을 일정수준으로 유지시키기 위해 금융기관이 고위험 금융상품을 소비자에게 파는 것을 엄격하게 규제하지 않아 소비자들의 피해가 발생하였다고 지적되었다.[14)]

다섯째, 금융상품의 당사자구조가 복잡한 상황에서도 소비자에 대한 보장은 다면적으로 확보되어야 한다. 금융시장에는 공급자와 소비자 사이에 서비스제공업체, 브로커, 자문가 등 여러 종류의 사람이 관여하고 있는데,[15)] 금융사고가 터지면 각자가 자신의 책임을 타인에게 전가하려고 하며 소비자는 확실한 안전보장책을 찾기 어려운 경우가 많은 실정이다.

---

14) 저축은행 부실사태에 따른 국무총리실 산하 '민관합동 금융감독혁신태스크포스'가 보고서를 발표하였으나, "금융감독체계 개편 같은 근본적인 수술방안은 중장기과제로 추진하는 것으로 논의를 접었다"고 비판되었다. 한겨레, 금융감독TF 혁신안, 예상대로 껍데기, 2011. 8. 3. 기사.

15) 네덜란드의 경우, 금융시장에 브로커, 자문가들은 약9천명이 활동 중이라고 한다. 이는 네덜란드 총인구가 1천 6백만 명인 데 비해 너무 많은 인원이라고 지적된다. 소비자를 위한 모임 주최, "서울G20와 금융소비자보호를 위한 집담회," 2010. 10. 7. 세미나자료.

Ⅲ. 자본시장법의 금융소비자보호

1. 자본시장법의 한계

2007년 제정된 자본시장법(자본시장과 금융투자업에 관한 법률)은 일반투자자와 전문투자자를 구별하고 일반투자자의 이익을 보호하기 위하여 여러 규정을 두고 있다. 일반투자자는 금융소비자에 해당한다고 볼 수 있기 때문에, 자본시장법의 규정들은 금융소비자보호를 위한 규정이라고 인정될 수 있다. 그 대표적인 규정으로서 다음과 같은 것을 들 수 있다. ① 신의성실의 원칙에 따라 금융업자의 사해행위를 금지하고, 만약 이익상충행위를 한 경우에 손해배상을 하도록 명하는 규정, ② 투자권유의 적정성과 적합성을 보장하고 부당광고행위를 금지하는 규정, ③ 투자계약의 체결을 서면으로 하고 기재할 사항을 지정하는 조항, ④ 불완전계약을 방지하고 투자자에게 해제권(철회권)을 부여하는 규정, ⑤ 투자업자로 하여금 계약내용을 자세히 설명할 의무를 부과하고 특히 중요한 사항에 관해서는 엄격한 설명방식을 요구하는 규정, ⑥ 투자업자가 설명의무를 충분히 준수하지 않은 때에 손해배상의무를 지도록 하는 규정, ⑦ 약관의 변경을 일방적으로 하지 못하도록 하고, 불공정한 약관을 무효로 하는 규정 등이 그러하다. 이 규정들은 종전의 입법상황과 비교해 보면 금융소비자보호를 위한 획기적인 조치이지만 다음에 지적하는 것과 같은 점 때문에 그 규정의 가치를 높게 평가하기는 곤란하다.

자본시장법은 금융소비자를 보호하기 위해 상당한 기여를 한다고 평가할 수 있는가? 자본시장법에는 투자자, 즉 금융소비자를 위해 얼마나 많은 규정이 설치되어 있는가? 자본시장법의 총 449조 중에서 과연 투자자보호를 위한 규정은 모두 몇 개나 되는가?

자본시장법은 자본시장에서의 금융혁신과 공정한 경쟁을 촉진하고 투자자를 보호하며 금융투자업을 건전하게 육성함으로써 자본시장의 공정성·신뢰성 및 효율성을 높여 국민경제의 발전에 이바지함을 목적으로 한다(자본시장법 제1조). 이 법의 목적에 관한 규정 중에는 '투자자 보호'라는 것이 명문으로 선언되고 있지만 실제 규정을 보면 금융투자업자를 규율대상으로 하고 있다. 자본시장법에 투자자보호를 위한 별도의 장(章)이나 절(節)은 마련되어 있지 않다. 규정을 살펴보면 직접적으로 투자자보호를 위해 설치된 규정은 거의 없고 금융투자업자에 관한 규정 중에 투자자보호를 위한 내용을 포함하는 경우가 있지만 그러한 규정도 몇 개에 불과하다.

자본시장법은 그 안에 금융소비자를 보호하기 위한 다수의 규정을 갖고 있으면서도 다음과 같은 한계를 갖는다.

첫째, 자본시장법은 '자본시장과 금융투자업에 관한 법률'이라는 법의 명칭에서 보듯이 금융기관을 위한 법이지 금융소비자를 위한 법이 아니다. 자본시장은 투자업자, 즉 금융기관을 위한 법률로서 설계되었고 그 안에 투자자 즉 금융투자자를 위한 규정을 포함시켜 그 규율대상이 불분명하다. 자본시장법 자체가 금융소비자의 입장에서 제정된 법이 아니다. 아직도 금융관련법의 제정은 금융기업의 시각에서만 다루어지고 있고 금융소비자는 금융거래의 객체로 인식하고 있다는 점이 여기에서 드러난다.

둘째, 규율방법이 주로 투자업자에 대해 일정한 의무를 부과하는 방식으로 되어 있고, 투자자는 그 반사적 효과로서 이익을 얻는 등의 법적 보호를 받는 데에 불과하다. 금융소비자에게 어떤 권리를 부여하는 것이 아니라 금융종사자에게 성실의무 등의 책무를 부과하는 것이 대부분이다. 금융거래에서 양쪽 계약당사자는 동등하게 다루어져야 한다. 법률의 규율방식에서도 동등해야 하고 금융실무에서도 동등한 입장에서 거래할 수 있도록 환경이 조성되어야 한다. 금융종사자가 법률이 부과한 책무에 위반하였을 때에 금융소비자는 어떤 법적 구제책을 갖는가가 명시되어 있지 않는 경우가 많다.

셋째, 자본시장법에서 전문투자자와 일반투자자를 구분하기는 하지만 과연 양자를 구분하여 규율하는 기본원칙이 무엇인지 하는 철학이 나타나 있지 않다. 일반투자자에 해당하는 금융소비자를 특별히 보호해야 하는 이유로서 정보의 비대칭성, 전문성의 결여, 계약교섭력의 불균형 등이 규정의 전제로서 나타나야 할 것이다.

넷째, 자본시장법에는 투자업자에 대한 행정적 규제 위주로 되어 있고,[16] 민사법적 규제는 아주 적은 편이다. 행정규제는 건전성규제와 영업행위 규제에 중점을 두는데, 금융회사에 대한 행정규제는 금융거래질서를 바로잡고 금융소비자에게 이익을 주는 간접적 효과가 있다. 금융소비자에 초점을 맞춘 직접적 거래규제는 적다. 이에 관해서는 직접 거래규제를 할 경우 금융회사의 재정상황에 나쁜 영향을 미치게 될까 보아 꺼려하는 입장을 반영한 것이라는 분석이 있다. 금융거래규제와 관련하여 금융소비자의 권리구제를 확대할 것인가 아니면 금융거래자유를 허용하고 간접적인 건전성규제만을 할 것인가 하는 정책결정과 관련하여, 금융소비자와 금융회사 사이의 이해가 충돌한다.[17] 금융회사와 금융소비자가 동등한 위치에서 협상을 하고 계약을 체결할 수 있도록 금융산업의 환경을 조성해 주려는 행정규제가 필요하지만, 그것

16) 그리고 금융소비자보호를 위한 법규를 준수하지 않는 금융기관이나 직원에 대해 누가 감독하는가 하는 문제에 관해서도, 금융관련 행정기관과 감독기관의 구분이 명확하지 않다.

17) 금융소비자를 위한 직접적 규제가 장기적으로 금융산업의 건전화를 가져오고 경쟁력을 높여 금융회사의 수익을 높여 줄 것이라는 견해도 있다. 안수현, "금융소비자보호에 관한 외국의 입법동향과 시사점," 앞의 한국소비자법학회 세미나자료집, 4쪽.

이 금융산업의 건전성 확보라는 간접적인 수단만을 사용할 때 과연 금융소비자의 대등한 지위를 확보해 주는 효과가 언제 얼마나 발생하게 될 것인가 하는 의문이 든다.

다섯째, 자본시장법은 금융투자상품의 판매 등에 관한 법률로서 그 밖의 소비자금융거래에는 적용되지 않는다는 물적 적용범위의 한계를 갖는다. 그 적용범위를 더 포괄적으로 넓혀 소비자금융 전반에 적용될 수 있는 법률이 필요하다. 미국의 금융규제개혁의 목표 중 하나가 거래의 공정성확보였는데, 이에 관련하여 금융소비자의 제한된 합리성(bounded rationality)이론이 주장되었다. 금융소비자는 계약법이 전제하고 있는 합리성(rationality)을 갖추지 못하고 있으므로 거래당사자의 공정성을 확보하기 위하여는 금융소비자에게 더 많은 정보인식과 취소가능성 등 보호장치를 마련해 주어야 한다는 것이다. 미국의 행동경제학(behavier economics)의 연구결과에 의하면 금융소비자는 제한된 합리성으로 인해 정확한 정보를 제공받더라도 그것을 충분히 이해하거나 그것에 기초에 합리적인 행동으로 나아가지 못하는 것으로 밝혀졌다.[18] 투자업법에 금융소비자를 위한 조항이 몇 개 끼워져 있다는 점만으로는 금융소비자보호에 부족하다. 현행 자본시장법은 금융소비자를 위한 조문의 위치가 매우 산만하여 금융소비자가 그 규정들을 찾아내기가 어렵다. 결국 자본시장법에 있는 투자자보호조항들은 금융투자업에 대한 규제조항과 분리되어야 한다.

2. 일반투자자에 대한 보호

자본시장법에서는 투자자를 전문투자자와 일반투자자로 구분

18) Stephen Bainbridge, Mandatory Disclosurel, A Behavioral Economics for Mandatory Disclosure, U. Cin. L. L. Rev. 1023, 1026-27(2000). 안수현, 앞의 세미나자료, 5쪽에서 재인용.

한다. 일반투자자는 투자자 중에서 금융소비자에 해당하는 개념으로 이해될 수 있다. 전문투자자는 '금융투자상품에 관한 전문성 구비 여부, 소유자산규모 등에 비추어 투자에 따른 위험감수능력이 있는 투자자'를 말하며, 일반투자자는 '전문투자자가 아닌 투자자'를 말한다(자본시장법 제9조). 다만, 전문투자자 중 대통령령으로 정하는 자가 일반투자자와 같은 대우를 받겠다는 의사를 금융투자업자에게 서면으로 통지하는 경우 금융투자업자는 정당한 사유가 있는 경우를 제외하고는 이에 동의하여야 하며, 금융투자업자가 동의한 경우에는 해당 투자자는 일반투자자로 본다(자본시장법 제9조 제5항 단서, 개정 2009. 2. 3). 이렇게 일반투자자를 전문투자자와 구별하여 배려하려는 자본시장법의 취지는 좋으나 그 운영에 관하여는 우려의 의견이 있다. 즉, 일반투자자와 전문투자자를 구분함에 있어 문답조사 등을 활용하고, 금융상품판매업자와 투자자 간의 분쟁소지를 최소화하기 위해 투자자가 금융상품에 가입할 때 금융상품 판매업자의 투자설명서 제공 및 설명의무 이행사실에 대해 자필로 서명토록 하는 제도가 요식행위에 그칠 수 있다는 지적이다.[19]

3. 신의성실의 원칙과 사해행위금지

(1) 신의성실의 원칙

자본시장법에서는 금융투자업에 관한 신의성실의 원칙을 선언한다. 신의성실의무 등에 관하여 "금융투자업자는 신의성실의 원칙에 따라 공정하게 금융투자업을 영위하여야 한다"고 규정한

19) 서완석, "자본시장법상 금융소비자보호," 한국소비자법학회 학술대회(경원대학교 법학연구소와 공동주최), "금융소비자보호의 현황과 전망(1) —금융투자상품을 중심으로—," 2010. 5. 28, 경원대학교 국제어학원 1층 국제홀, 세미나자료, 37쪽 이하.

다. 신의성실의 원칙은 금융투자업자의 주의의무 위반여부를 판단하는 기초가 되며, 금융투자업자의 일반투자자에 대한 거래행위가 정당한 거래인지 아니면 사해행위인지는 판단하는 데에 기초를 제공한다. 자본시장법의 신의칙은 금융투자업자의 금융투자자에 대한 사해행위금지와 신의성실의 원칙을 연결하고 있다는 점에 특색이 있다(자본시장법 제37조 2항).[20]

(2) 사해행위의 금지

금융투자업자는 금융투자업을 영위함에 있어서 정당한 사유 없이 투자자의 이익을 해하면서 자기가 이익을 얻거나 제삼자가 이익을 얻도록 하여서는 아니 된다. 자본시장법은 무엇이 신의성실의 원칙에 어긋나는 사해행위인가를 판단하기 위해 기준을 제시한다. 즉 투자자의 이익을 해하는 행위 중 정당한 사유 없이 자기가 이익을 얻거나 제삼자가 이익을 얻도록 하는 행위와 인과관계가 연결되어 있는 경우에 신의칙에 위반한 사해행위로 된다.

(3) 이해상충행위의 금지와 손해배상책임

금융투자업자는 법령・약관・집합투자규약・투자설명서[21]에 위반하는 행위를 하거나 그 업무를 소홀히 하여 투자자에게 손해를 발생시킨 경우에는 그 손해를 배상할 책임이 있다(자본시장법 제64조). 다만, 배상의 책임을 질 금융투자업자가 상당한 주의를 하였음을 증명하거나 투자자가 금융투자상품의 매매, 그 밖의 거래를 할 때에 그 사실을 안 경우에는 배상의 책임을 지지 아니한다. 여기의 손해배상의무가 면제되는 경우는 그 금융투자업자가 투자매매업 또는 투자중개업과 집합투자업을 함께 영위함에 따라

20) 이 규정은 자본시장법 제4장 영업행위 규칙, 제1절 공통 영업행위 규칙, 제1관 신의성실의무 등에 위치한다.

21) 자본시장법 제123조 제1항에 따른 투자설명서를 말한다.

발생하는 이해상충과 관련된 경우에 한한다.[22] 금융투자업자가 여기의 손해배상책임을 지는 경우로서 관련되는 임원에게도 귀책사유가 있는 경우에는 그 금융투자업자와 관련되는 임원이 연대하여 그 손해를 배상할 책임이 있다.

4. 투자권유의 적합성과 적정성

(1) 적합성의 원칙

자본시장법은 투자권유와 관련하여 투자자의 특성에 적합한 권유를 하여야 할 의무를 진다. 금융투자업자는 투자자가 일반투자자인지 전문투자자인지의 여부를 확인하여야 한다(자본시장법 제46조).[23] 이로써 금융소비자에 대한 배려가 강화될 수 있는 기초가 마련된다. 금융투자업자는 일반투자자에게 투자권유를 하기 전에 면담·질문 등을 통하여 일반투자자의 투자목적·재산상황 및 투자경험 등의 정보를 파악하고, 일반투자자로부터 서명,[24] 기명날인, 녹취 등의 방법으로 확인을 받아 이를 유지·관리하여야 하며, 확인받은 내용을 투자자에게 지체 없이 제공하여야 한다. 금융투자업자는 일반투자자에게 투자권유를 하는 경우에는 일반투자자의 투자목적·재산상황 및 투자경험 등에 비추어 그 일반투자자에게 적합하지 아니하다고 인정되는 투자권유를 하여서는 아니 된다. 금융투자업자는 투자권유를 함에 있어서 금융투자업자의 임직원이 준수하여야 할 구체적인 기준 및 절차를 정하여야 한다(자본시장법 제50조). 금융투자업자는 투자권유준칙을 정한 경

22) 자본시장법 제37조 제2항, 제44조, 제45조, 제71조 또는 제85조를 위반한 경우에 해당한다.

23) 적합성 원칙 등에 관한 제46조 제1항은 자본시장법 제2관 투자권유 등에 속해 있으며 이 규정은 2009. 2. 3. 개정된 것이다.

24) 「전자서명법」 제2조 제2호에 따른 전자서명을 포함한다.

우 이를 인터넷 홈페이지 등을 이용하여 공시하여야 한다. 투자권유준칙을 변경한 경우에도 또한 같다.

(2) 적정성의 원칙

자본시장법은 파생상품의 판매에 관하여 투자권유의 적정성의 원칙과 관련을 맺어 규정한다. 금융투자업자는 일반투자자에게 투자권유를 하지 아니하고 파생상품을 판매하려는 경우에는 면담·질문 등을 통하여 그 일반투자자의 투자목적·재산상황 및 투자경험 등의 정보를 파악하여야 한다(자본시장법 제46조의2).[25] 금융투자업자는 일반투자자의 투자목적·재산상황 및 투자경험 등에 비추어 해당 파생상품 등이 그 일반투자자에게 적정하지 아니하다고 판단되는 경우에는 그 사실을 알리고, 일반투자자로부터 서명, 기명날인, 녹취 등의 방법으로 확인을 받아야 한다. 파생상품 등에 대하여는 일반투자자의 투자목적·재산상황 및 투자경험 등을 고려하여 투자자 등급별로 차등화된 투자권유준칙을 마련하여야 한다.

(3) 부당권유의 금지

자본시장법은 부당권유를 금지하면서 그 부당권유의 유형을 열거하는 방식으로 구체적으로 규정한다. 금융투자업자는 투자권유를 함에 있어서 다음 각 호의 어느 하나에 해당하는 행위를 하여서는 아니 된다(자본시장법 제49조). ① 거짓의 내용을 알리는 행위, ② 불확실한 사항에 대하여 단정적 판단을 제공하거나 확실하다고 오인하게 할 소지가 있는 내용을 알리는 행위, ③ 투자자로부터 투자권유의 요청을 받지 아니하고 방문·전화 등 실시간

25) 투자권유의 적정성에 관한 자본시장법 제46조의2 규정은 2009.2.3. 개정되었다.

대화의 방법을 이용하는 행위. 다만, 투자자 보호 및 건전한 거래질서를 해할 우려가 없는 행위로서 대통령령으로 정하는 행위를 제외한다. ④ 투자권유를 받은 투자자가 이를 거부하는 취지의 의사를 표시하였음에도 불구하고 투자권유를 계속하는 행위,[26) ⑤ 그 밖에 투자자 보호 또는 건전한 거래질서를 해할 우려가 있는 행위로서 대통령령으로 정하는 행위.

판례는 주식투자권유와 관련하여 "매수의 청약을 권유하는 행위가 투자위험에 관한 고객의 올바른 인식형성을 방해한 경우에 불법행위가 성립한다"고 하여 손해배상을 명하였다(대법원 2010. 1. 28. 선고 2007다16007 판결).[27) 증권회사의 임직원이 고객에게 유가증권에 대한 투자를 권유할 때는 고객이 합리적인 투자판단과 의사결정을 할 수 있도록 유가증권 및 발행회사의 중요정보를 올바르게 제공하여야 하고, 특히 비상장회사인 증권회사가 자신의 고객을 상대로 자신이 발행하는 유가증권을 공모하면서 그 유가증권 및 증권회사에 대한 정보를 제공하는 경우에는 장래 유가증권 가격의 상승 또는 하락에 대하여 단정적 판단을 제공하거나, 고객의 의사결정에 중대한 영향을 미칠 수 있는 사실을 합리적인 근거 없이 주장하거나 과장하여서는 아니 되며, 그렇게 함으로써 당해 유가증권 매수의 청약을 권유하는 행위가 거래행위에 필연적으로 수반되는 위험성에 관한 고객의 올바른 인식형성을 방해한 경우에는 불법행위책임이 성립한다. 비상장회사가 인수인을 통하지 않고 일반 공모를 하는 경우에 공모가액의 적정성에 대하여 유가증권분석 전문기관의 평가를 거칠 의무가 있다고

26) 다만, 투자자 보호 및 건전한 거래질서를 해할 우려가 없는 행위로서 대통령령으로 정하는 행위를 제외한다.

27) 이 판결의 법적 근거는 구 증권거래법(2007. 8. 3. 법률 제8635호 자본시장과 금융투자업에 관한 법률 부칙 제2조로 폐지) 제52조(현행 자본시장과 금융투자업에 관한 법률 제49조 참조), 민법 제750조이다.

하더라도 나아가 공모에 참여하는 투자자들을 보호하기 위하여 그러한 평가를 거쳐 산정된 주당 본질가치에 따라 공모가액을 결정하여야 할 주의의무까지 부여되어 있다고 할 수는 없으나, 비상장회사가 실제 주당 본질가치보다 공모가액을 높게 정한 것에 그치지 않고 회사의 주당 본질가치가 부(−)의 가치임에도 공모가액을 이보다 현저히 높게 결정한 후에 유가증권분석 전문기관이 회사의 주당 본질가치를 부당하게 높게 평가한 사정을 알았거나 알 수 있었음에도 불구하고 유가증권신고서에 유가증권분석 전문기관이 잘못 평가한 주당 본질가치를 감안하여 주당 공모가액을 정한 것처럼 기재하거나 그 밖에 주당 공모가액이 적정하게 결정된 것으로 투자자들이 오인할 수 있는 기재를 하여 공모절차를 진행하였다면, 특별한 사정이 없는 한 이를 신뢰한 투자자들에 대하여 불법행위책임이 성립한다. 유가증권분석 전문기관이 인수인을 통하지 않고 직접 공모하는 비상장법인 주식의 공모가액의 적정성을 평가하는 과정에서 주의의무를 위반하여 부당한 평가를 함으로써 위법한 행위를 한 경우에, 그 부당한 평가의견이 유가증권신고서나 청약안내공고 등에 의하여 투자자들에게 일반적으로 제공되고 또한 유가증권 공모회사가 분석기관의 평가의견이 기재된 유가증권신고서 등을 이용하여 투자자들에게 개별적으로 투자권유를 함에 따라 투자자들의 투자에 관한 의사결정에 영향을 미친다는 사정은 쉽게 예견할 수 있으므로, 실질적인 주식가치를 제대로 평가한 유가증권분석 전문기관의 평가의견이 유가증권신고서나 청약안내공고 등에 기재되었더라면 투자자들이 그와 상당히 차이가 있는 공모가액으로는 공모에 응하지 않았을 것이라는 사정이 인정되는 경우에는 다른 특별한 사정이 없는 한 유가증권분석 전문기관의 부당한 평가와 그 평가의견을 제공받은 투자자들이 공모에 응하여 입은 손해 사이에는 상당인과관계가 인정된다.

(4) 투자광고에 대한 규제

금융투자업자는 투자광고를 하는 경우에는 그 금융투자업자의 명칭, 금융투자상품의 내용, 투자에 따른 위험, 그 밖에 대통령령으로 정하는 사항이 포함되도록 하여야 한다. 금융투자업자는 투자광고를 함에 있어서 손실의 보전 또는 이익의 보장을 하는 경우를 제외하고는 손실보전 또는 이익보장으로 오인하게 하는 표시를 하여서는 아니 된다. 금융투자업자가 아닌 자는 금융투자업자의 영위업무 또는 금융투자상품에 관한 광고(투자광고)를 하여서는 아니 된다. 다만, 협회와 금융투자업자를 자회사 또는 손자회사로 하는 「금융지주회사법」에 따른 금융지주회사는 투자광고를 할 수 있으며, 증권의 발행인 또는 매출인은 그 증권에 대하여 투자광고를 할 수 있다(자본시장법 제57조).

집합투자증권에 대하여 투자광고를 하는 경우 다음 각 호의 사항이 포함되도록 하여야 하며, 집합투자기구의 명칭, 집합투자기구의 종류에 관한 사항, 집합투자기구의 투자목적 및 운용전략에 관한 사항, 그 밖에 집합투자증권의 특성 등을 고려하여 대통령령으로 정하는 사항 외의 사항을 투자광고에 사용하여서는 아니 된다. ① 집합투자증권을 취득하기 전에 투자설명서를 읽어 볼 것을 권고하는 내용, ② 집합투자기구는 운용결과에 따라 투자원금의 손실이 발생할 수 있으며, 그 손실은 투자자에게 귀속된다는 사실, ③ 집합투자기구의 운용실적을 포함하여 투자광고를 하는 경우에는 그 운용실적이 미래의 수익률을 보장하는 것은 아니라는 내용이 그러하다.

5. 계약체결과 해제권(철회권)

(1) 계약서의 교부

금융투자업자는 투자자와 계약을 체결한 경우 그 계약서류를 투자자에게 지체 없이 교부하여야 한다. 다만, 계약내용 등을 고려하여 투자자 보호를 해할 우려가 없는 경우로서 대통령령으로 정하는 경우에는 그 계약서류를 교부하지 아니할 수 있다(자본시장법 제59조 제1항).

(2) 매매형태의 명시

투자매매업자 또는 투자중개업자는 투자자로부터 금융투자상품의 매매에 관한 주문을 받는 경우에는 사전에 그 투자자에게 자기가 투자매매업자인지 투자중개업자인지를 밝혀야 한다(자본시장법 제66조).

(3) 자기계약의 금지

투자매매업자 또는 투자중개업자는 금융투자상품에 관한 같은 매매에 있어 자신이 본인이 됨과 동시에 상대방의 투자중개업자가 되어서는 아니 된다(자본시장법 제67조).

(4) 해 제 권

금융소비자에게는 해제권(청약철회권, 계약철회권이라고도 함)이 인정된다. 금융투자업자와 계약을 체결한 투자자는 계약서류를 교부받은 날부터 7일 이내에 계약의 해제를 할 수 있다(자본시장법 제59조 제2항). 다만 해제권이 인정되는 경우는 해당 계약의 성질, 그 밖의 사정을 감안하여 대통령령으로 정하는 계약에 한한다. 이에 따른 계약의 해제는 해당 계약의 해제를 하는 취지의 서면을 해당 금융투자업자에게 송부한 때에 그 효력이 발생한다.

(5) 해제의 효과

금융투자업자는 자본시장법의 규정에 따라 계약이 해제된 경우 해당 계약의 해제까지의 기간에 상당하는 수수료, 보수, 그 밖에 해당 계약에 관하여 투자자가 지급하여야 하는 대가로서 대통령령으로 정하는 금액을 초과하여 해당 계약의 해제에 수반하는 손해배상금 또는 위약금의 지급을 청구할 수 없다(자본시장법 제59조 제3항). 금융투자업자는 이에 따라 계약이 해제된 경우 해당 계약과 관련한 대가를 미리 지급 받은 때에는 이를 투자자에게 반환하여야 한다. 다만, 대통령령으로 정하는 금액 이내의 경우에는 반환하지 아니할 수 있다. 자본시장법의 해제규정(제59조 제2항부터 제5항까지)에 반하는 특약으로서 투자자에게 불리한 것은 무효로 한다.

6. 설명의무

(1) 투자업자의 설명의무

자본시장법에서는 투자업자의 설명의무를 규정함으로써 불완전판매를 방지하려 한다. 금융투자업자는 일반투자자를 상대로 투자권유를 하는 경우에는 금융투자상품의 내용, 투자에 따르는 위험, 그 밖에 대통령령으로 정하는 사항을 일반투자자가 이해할 수 있도록 설명하여야 한다(자본시장법 제47조). 금융투자업자는 그 설명한 내용을 일반투자자가 이해하였음을 서명, 기명날인, 녹취, 그 밖의 대통령령으로 정하는 방법 중 하나 이상의 방법으로 확인을 받아야 한다.

무엇이 설명의무의 대상이 되는가 하는 구체적인 판단에 관해서는 쟁점이 될 여지가 있다. 하급심판례 중에는 키코사건의 문서제출명령에 대한 즉시항고에서 "일반적으로 금융기관이 판매하는 금융상품의 원가와 마진 등에 관한 정보는 그것이 공개될 경우 다른 금융기관에 대하여 경쟁상의 이익을 주고 해당 금융기관에게 큰 불이익을 초래하는 등 해당 금융기관의 업무에 심각한 영향을 주고 그 이후의 업무 수행을 곤란하게 할 수 있으므로, 금융기관이 가지는 직업의 비밀에 해당한다고 볼 수 있다"고 판단한 사례가 있으나(서울고법 2010 .4. 16.자 2010라86 결)[28] 이러한 입장이 모든 금융상품의 거래에 확대될 수 있을지는 의문이다.

(2) 중요사항의 설명의무강화

중요사항의 설명의무는 강화되며 진실한 내용을 왜곡하지 말고 전달할 것이 요구된다. 금융투자업자는 그 설명을 함에 있어서 투자자의 합리적인 투자판단 또는 해당 금융투자상품의 가치에 중대한 영향을 미칠 수 있는 사항(중요사항)을 거짓 또는 왜곡하여 설명하거나 중요사항을 누락하여서는 아니 된다. 여기에서

28) 그리고 이 사건의 결정예에서는 다음과 같이 기술하였다. 민사소송법 제344조 제2항이 민사소송에서 증거의 구조적 편재를 해소하고 실체진실의 발견을 통한 공정한 재판을 보장하기 위하여 문서제출의무의 대상 범위를 확대하고 있는 입법 취지에 비추어 볼 때, 문서제출의 거절 사유는 진실발견의 요청을 희생하여서라도 보호할 만한 가치가 있는 경우에 한하여 예외적으로 인정되어야 한다. 이러한 관점에서 문서제출의 거부 사유로서 직업의 비밀이란, 그 비밀이 공개되면 해당 직업의 수행에 심각한 영향을 주어 그 이후 직업의 수행이 현저히 곤란하게 되는 사정이 있어 진실발견의 요청을 희생하여서라도 보호할 만한 가치가 있는 것을 말하고, 이에 해당하는지 여부는 그 정보의 내용 및 성질, 해당 사건에서 정보가 증거로서 필요한 정도, 그 정보의 제출이 정보보유자에게 미칠 영향 등 제반 사정을 고려하며, 그 비밀이 공개됨에 따라 문서소지인이 받게 될 불이익과 문서제출이 거부됨에 따라 구체적 소송에서 발생할 진실발견과 재판의 공정에 관한 불이익을 비교형량하여 판단하여야 한다.

거짓 또는 왜곡된 설명이란 불확실한 사항에 대하여 단정적 판단을 제공하거나 확실하다고 오인하게 할 소지가 있는 내용을 알리는 행위를 말한다.

(3) 설명의무 위반에 따른 손해배상책임

설명의무 위반으로 인한 손해배상책임 및 그 손해 추정에 관한 규정도 설치되었다. 금융투자업자는 설명의무(제47조 제1항 또는 제3항)을 위반한 경우 이로 인하여 발생한 일반투자자의 손해를 배상할 책임이 있다(자본시장법 제48조). 금융투자상품의 취득으로 인하여 일반투자자가 지급하였거나 지급하여야 할 금전 등의 총액(대통령령으로 정하는 금액을 제외한다)에서 그 금융투자상품의 처분, 그 밖의 방법으로 그 일반투자자가 회수하였거나 회수할 수 있는 금전 등의 총액(대통령령으로 정하는 금액을 포함한다)을 뺀 금액은 그 손해액으로 추정한다. 이 규정이 설치되기 전에는 투자자가 소송을 통해서 배상을 받으려 하는 경우에, 과실 및 손해에 관한 입증책임이 고객에게 있기 때문에 실제로 명확한 증거를 제기하기 어려워 손해배상을 실현하기가 어렵다는 비판이 있었다.[29]

7. 약관에 대한 규제

(1) 약관의 변경

금융투자약관의 변경으로 투자자가 예상치 못한 불이익을 입는 것을 방지하기 위한 규정이 자본시장법에 설치되어 있다. 금융투자업자는 금융투자업의 영위와 관련하여 약관을 제정 또는 변경하고자 하는 경우에는 미리 금융위원회에 신고하여야 한다(자본시장법 제56조). 금융투자업자는 약관을 제정 또는 변경한 경우

---

29) 서완석, "자본시장법상 금융소비자보호," 앞의 세미나자료, 37쪽 이하.

에는 인터넷 홈페이지 등을 이용하여 공시하여야 한다. 다음 각 호의 어느 하나에 해당하는 경우에는 약관을 제정 또는 변경한 후 7일 이내에 금융위원회 및 협회에 보고하여야 한다. ① 약관 내용 중 투자자의 권리 또는 의무와 관련이 없는 사항을 변경하는 경우, ② 표준약관을 그대로 사용하는 경우,[30] ③ 제정 또는 변경하고자 하는 약관의 내용이 다른 금융투자업자가 이미 금융위원회에 신고한 약관의 내용과 같은 경우, ④ 전문투자자만을 대상으로 하는 약관을 제정 또는 변경하는 경우 등이다.

자본시장법 제정 이전의 판례 중에 약관에 의한 이율변경에 관한 것이 있다. 대법원은 고정금리방식에 의한 금리의 결정과 계약자일방에게 금리변경권을 부여하는 것이 상호 모순되는 관계에 있지는 아니하므로, 고정금리방식으로 금리를 결정하기로 합의하였다고 하여 금융기관에게 금리변경권을 부여하는 약관의 적용이 당연히 배제되는 것은 아니라고 하여 금융기관의 금리변경권을 인정한 바 있다(대법원 2001. 3. 9. 선고 2000다67235 판결). 이러한 판례의 태도에 대하여 "이는 일응 타당하다. 그러나 약관규정 자체가 애매한 경우라면 작성자불이익원칙을 적용하여 금리변경권을 인정하지 않는 쪽으로 해석하여야 할 것이다"라는 비판이 있다.[31]

하급심판례 중에는 통화옵션계약 체결 후 환율이 예상하지

30) 협회는 건전한 거래질서를 확립하고 불공정한 내용의 약관이 통용되는 것을 방지하기 위하여 금융투자업 영위와 관련하여 표준이 되는 약관(표준약관)을 제정할 수 있다. 협회는 표준약관을 제정 또는 변경하고자 하는 경우에는 미리 금융위원회에 신고하여야 한다. 다만, 전문투자자만을 대상으로 하는 표준약관을 제정 또는 변경하는 경우에는 그 표준약관을 제정 또는 변경한 후 7일 이내에 금융위원회에 보고하여야 한다.

31) 최병규, "약관규제법상 개별약정 우선의 원칙에 관한 연구," 『경제법연구』 제10권 1호, 2011, 226쪽. 기타 이에 관한 참고문헌; 김주호, "금융기관의 이율변경에 관하여 정한 약관조항에 대한 개별약정운선의 원칙," 『판례연구』 제13집, 2002. 2, 부산판례연구회.

못할 정도로 급등하였다는 등의 이유만으로는 사정변경에 의한 계약 해지를 인정할 수 없다고 함과 동시에, 약관의 불공정성심사에 관한 판단을 한 것이 있다(인천지법 2009. 3. 9.자 2009카합228 결, 옵션계약효력정지가처분사건). 즉, 약관에 의해 은행과 고객이 체결한 통화옵션계약의 내용이 고객에 일방적으로 부당하게 불리한 것으로 볼 수 없고, 그 계약에 환율이 일정 수준 이상으로 상승할 경우 고객에게 계약 해지권을 인정하는 내용을 포함하지 않은 것이 계약의 본질적인 권리를 제한하는 것으로 볼 수 없어, 그 계약이 약관의 규제에 관한 법률에 위배되지 않는다고 하였다.[32) 반면에 다른 하급심판례는 사정변경의 원칙을 적용하여 '키코

32) 약관에 의해 은행과 고객이 체결한 "레버리지 윈도우 키코 포워드(Leveraged Window KIKO Forward)" 계약[거래기간 1년을 1개월씩 12개의 단위로 나누어 1개월을 관찰기간(Observation Period)으로 하여 각 관찰기간마다 원/달러 환율의 변동에 따라 계약당사자에게 각기 상이한 권리·의무가 발생하고 그 권리·의무에 따라 매월의 결제일에 결제하도록 하는 통화옵션계약]의 내용에 의하면, 환율하락에 따른 고객의 이익 및 은행의 손실은 제한된 반면 환율상승에 따른 고객의 손실 및 은행의 이익은 무제한으로 확대될 수 있고, 은행이 콜옵션을 행사하는 경우의 계약금액이 고객이 풋옵션을 행사하는 경우의 계약금액의 2배로 정해져 있지만, 계약 체결 전 2년 간의 환율 추이 및 계약 체결 당시 환율 전망 등이 고객이 이익을 취득할 수 있는 구간에서 환율이 변동할 가능성이 매우 컸던 반면에 은행이 이익을 취득할 수 있는 구간에서 환율이 변동할 가능성이 매우 희박하였던 점 등에 비추어 볼 때, 위와 같은 사정만으로는 그 계약의 내용이 고객에 일방적으로 부당하게 불리한 것으로 볼 수 없고, 위 계약의 계약기간이 1년인 점, 환율이 일정 수준 이상으로 상승하는 경우 고객에게 계약 해지권을 인정하게 되면 다른 조건들이 고객에게 불리하게 변경될 것이 불가피한 점, 위 계약 체결의 주된 목적이 수출기업인 고객이 수출대금의 가치 하락 위험을 해지하기 위한 것이라면 환율상승으로 환차익을 얻을 기회를 상실하는 소극적 손해를 입을 뿐 현실적인 손해는 입지 않는 점 등 사정에 비추어, 위 계약에 환율이 일정 수준 이상으로 상승하는 경우 고객에게 계약 해지권을 인정하는 내용을 포함하지 않았다고 하여 이를 계약의 본질적인 권리를 제한하는 것으로 볼 수 없으므로, 위 계약이 약관의 규제에 관한 법률에 위배되지 않는다고 한 사례이다.

(KIKO) 통화옵션계약'이 적법하게 해지되었다고 인정하고, 해지일 이후의 효력을 정지한 바 있다(서울중앙지법 2008. 12. 30.자 2008카합3816 결, 옵션계약효력정지가처분사건). 사정변경에 의한 해지를 불가능하게 하는 약관조항이 과연 불공정한 조항으로 무효인가에 관하여 법원의 일관된 해석지침의 제시가 필요하다고 생각된다.

(2) 불공정한 약관에 대한 규제

약관을 신고 또는 보고받거나 표준약관을 신고 또는 보고받은 금융위원회는 그 약관 또는 표준약관을 공정거래위원회에 통보하여야 한다. 이 경우 공정거래위원회는 통보받은 약관 또는 표준약관이 약관의 규제에 관한 법률 제6조부터 제14조까지의 규정에 위반된 사실이 있다고 인정될 때에는 금융위원회에 그 사실을 통보하고 그 시정에 필요한 조치를 취하도록 요청할 수 있으며, 금융위원회는 특별한 사유가 없는 한 이에 응하여야 한다. 금융위원회는 약관 또는 표준약관이 자본시장법 또는 금융과 관련되는 법령에 위반되거나 그 밖에 투자자의 이익을 침해할 우려가 있다고 인정되는 경우에는 금융투자업자 또는 협회에 그 내용을 구체적으로 기재한 서면에 의하여 약관 또는 표준약관을 변경할 것을 명할 수 있다.

Ⅳ. 금융소비자의 권리와 민사법

1. 소비대차규정의 보완필요성

금융소비자에 관한 규정은 금융사업에 관한 자본시장법의 한 구석에 섞여 있을 것이 아니라 민법에 포함되어야 한다. 왜 소비자금융에 관한 규정이 민법에 규정되어야 하는가? 소비대차에 관한 개인의 권리 의무에 관한 규정은 기본법인 민법에 규정되는 것이 바람직하기 때문이다. 소비대차계약에 있어서는 불가피하게 양당사자의 사회적 지위의 우열이 전형화 되는 특성을 드러낸다. 대부분의 계약에서 대주(貸主)에 해당하는 자는 금융기관이나 사채업자인데 이들은 자본을 소유하고 있는 경제적 강자의 입장에 있어 계약의 체결여부 및 계약내용을 가급적 자신의 이익을 최대화하도록 결정한다. 반면에 차주(借主)에 해당하는 금융소비자는 그가 필요로 하는 것을 소유하지 못함으로 말미암아 타인의 재력을 빌리지 않으면 안 되는 경제적 약자의 입장에 놓여 있다. 따라서 금융소비자는 금융업자가 부당한 요구를 하더라도 계약자유의 명목 하에 자발적이라는 위장된 모습으로 수락할 수밖에 없다. 양당사자의 경제력의 우열 때문에 계약내용은 금융업자에게 편파적으로 이롭게 결정되는 결과로 나타난다. 그 합의의 내용은 계약법이 바라는 양당사자의 이익형평의 원칙에 어긋나게 되므로, 현대계약법은 그러한 불균형을 시정하기 위하여 편면적 강행규정을 설치한다. 이러한 강행규정은 계약법이 이익형평의 모범으로써 제시하는 계약내용으로서, 그것보다 금융소비자에게 불리하게 합의함으로써 계약자유의 명목 아래 행해지는 불균형을 막고자 함에 목적이 있다.

소비자금융거래의 권리와 의무를 규율하는 민사법 규정은 충분한가? 앞에서 언급했듯이 우리나라 법에서 매우 취약한 부분이 소비자금융거래에 관한 민사법이다. 현행법에 소비자금융에 관한 민사법은 '민법'의 소비대차에 관한 규정과 '이자제한법'이 중심이 되어 있는데 이것만으로는 법적 규율에 매우 부족하다. 민법은 제3편 채권 제2장 계약 제5절 소비대차에 제598조부터 제608조까지 11개의 조문을 두고 있다. 민법의 소비대차 규정은 우선 양적으로 부족할 뿐 아니라 질적으로도 사회의 변화에 상응하지 못한다는 취약점을 갖는다. 그렇다면 우리 민법에 어떤 규정을 더 넣어야 할 것인가? 무엇이 더 필요한가를 탐색하기 위해 독일민법을 비교하여 본 결과, 독일민법은 소비대차계약과 관련하여 '소비자금융에 관한 규정'을 여러 조항 신설한 것을 알게 되었다. 소비대차계약과 더불어 사업자와 소비자 사이의 자금융통원조 및 분할공급계약을 폭넓게 규정하는 것이다. 독일민법 채권 편 제3절의 표제는 '소비대차계약; 사업자와 소비자 사이의 자금융통지원 및 분할공급계약'이라는 포괄적인 주제를 담고 있다. 우리 민법이 단순이 소비대차계약만 규율하는 것과 달리 '소비자금융, 즉 사업자와 소비자 사이의 자금융통지원 및 할부거래 등의 분할공급계약'을 포함하는 내용으로 되어 있는 것이다. 이러한 외국의 입법추세를 비교고찰하면서 우리 민법에 '소비자 소비대차', 즉 '소비자금융'에 관한 규정을 추가하여 신설하는 것이 바람직하다고 생각하였다.

2. 소비자소비대차의 신설필요성

(1) 민법과 소비자소비대차

만약 민법에 소비자금융에 관한 규정을 신설한다면 일반용어대로 '소비자금융'이라는 표현을 사용할지 아니면 소비대차의 법개념에 충실하게 '소비자 소비대차'라는 표현을 사용해야 할지 고민해 보아야 할 것이다. 독일민법에서는 '소비자 소비대차계약'(Verbraucherdarlehensvertrag)라고 부르지만(독민 제491조), 우리 민법에서는 '소비대차계약'보다는 그냥 '소비대차'라고 불러 왔기 때문에 '계약'이라는 표현을 새삼 추가할 필요 없이 '소비자 소비대차'에 관한 규정을 신설하는 것이 바람직하다고 생각한다.

소비자 소비대차계약이란 "대주인 사업자와 차주인 소비자 사이에 유상의 소비대차계약을 말한다"고 정의할 수 있다. 일반적 소비대차와 소비자 소비대차의 차이점은 대주와 차주, 양당사자의 거래상의 특성에서 비롯된다. 독일민법은 소비자소비대차계약에 대하여는 일정 범위의 소비대차계약에는 몇 가지 규정을 적용하지 않도록 유보조항을 두고 있다. 유보조항이 적용되지 않는 소비자소비대차계약은 다음과 같다(독일민법 제491조 제2항). ① 실제 지급되는 대차금(순수대차금액)이 200유로 이하인 때, ② 사용자가 근로자와의 사이에 상례의 시장이율보다 낮은 이율로 체결한 때, ③ 공법상의 인기절정 또는 공적 예산의 지출에 기하여 주택 및 도시계획건물의 개발과 관련하여 그 개발자금을 지원하는 공법상의 영조물과 차주 사이에 직접 상례의 시장이율보다 낮은 이율로 체결된 때, 그 밖에 지정된 일부규정만이 적용되지 않는 특별적용제한의 경우는 다음과 같다. ① 소비자 소비대차계약이 민사소송법의 규정에 의하여 작성된 재판상 조서에 기재되어 있거나 공정증서로 작성되고, 또 그 조서 또는 공정증서가 연이율, 계약체결시에 고려되는 소비대차비용 그리고 그 연리나 비용의 연동조건을 포함하고 있을 때에는, 그 계약에 적용되지 아니한다(독일민법 제358조 제2항, 제4항, 제5항 및 제492조 내지 제495조의 적용배제). ② 유가증권, 외환, 파생상품 또는 귀금속의 취득자금을 조달하는데 이용된 소비자 소비대차계약에는 적용되지 아니하다(독일민법 제358조 제2항, 제4항, 제5항 및 제359조의 적용배제).

(2) 이자제한법의 소비자금융배제

우리 이자제한법의 적용범위는 소비자성을 요건으로 하지 않는다. 이자제한법은 "다른 법률에 따라 인가・허가・등록을 마친 금융업 및 대부업에는 이 법을 적용하지 아니한다"고 규정한다. 이는 소비대차를 비금융업자와의 소비대차와 금융업자 및 대부업자와의 소비대차의 두 종류로 나누고 전자에 대하여만 이자제한법을 적용하는 것이다. 비금융업자로부터 돈을 빌렸다면 대주와 차주가 사업자이든 소비자이든 문제 삼지 않는다. 실제로 금융소비자 또는 소비자소비대차에서 '소비자'라고 함은 금융업이나 대부업을 영위하지 않는 자를 말하고 다른 사업자 여부는 문제삼지 않는다. 그렇다면 우리 이자제한법의 적용범위는 독일민법의 소비자소비대차의 적용범위보다 현저히 좁아지게 된다. 실제 소비자금융에서 문제되는 것은 금융업자 또는 대부업자와 소비자 사이의 금전대차인데 이 경우에는 이자제한법이 적용되지 않는 것이다. 이러한 적용범위의 협소함은 이자제한법의 기능을 매우 약하게 만든다. 입법론으로는 이자제한법의 적용범위를 모든 소비자금융 ― 금융업자 및 대부업자로부터의 소비대차도 포함하는 ― 에 확대하는 것이 바람직하다고 생각한다.

3. 소비자금융계약의 체결

(1) 서면주의 채택필요성

민법은 소비대차에 관하여 계약체결방식의 자유를 수정없이 취하고 있다. 그러나 금융실무에서는 실제 서면계약을 작성하는 관행이 존재하며, 채무불이행시에 이행명령이나 강제집행을 쉽게 하기 위해 차용증서를 공정증서로 작성하는 경우가 빈번하다. 그러나 이렇게 금융업자의 요구에 의해 작성되는 계약서 또는 차용증서에는 대주에게 필요한 사항만이 기재되는 것이 일반적이고 차주에게 필요한 사항은 누락되는 경우가 대부분이다. 즉, 서면작성 자체는 좋지만 그 계약서의 작성시에 차주에게 필요한 사항을 반드시 삽입하도록 필요적 기재사항을 강제할 필요가 있다. 앞에서 서술한 바와 같이 자본시장법에서는 서명주의를 취하고 있기는 하지만 필수적 기재사항에 관하여는 허점을 가지고 있다.

계약체결에 서면주의를 취한 법률이 이미 존재한다. 자본시장법 제59조 제1항에 의하면 금융투자업자는 투자자와 계약을 체결한 경우 그 계약서류를 투자자에게 지체 없이 교부하여야 하지만, 계약내용 등을 고려하여 투자자 보호를 해할 우려가 없는 경우로서 대통령령으로 정하는 경우에는 그 계약서류를 교부하지 아니할 수 있도록 규정한다. 대부업법(대부업 등의 등록 및 금융이용자 보호에 관한 법률, 2010. 1. 25. 개정) 제6조에서는 대부계약의 체결에 관하여 서면주의를 취하고 있다. 대부업자가 그의 거래상대방과 대부계약을 체결하는 경우에는 거래상대방이 본인임을 확인하고 다음 각 호의 사항이 적힌 대부계약서를 거래상대방에게 교부하여야 한다. ① 대부업자(그 영업소를 포함한다) 및 거래상대방의 명칭 또는 성명 및 주소 또는 소재지, ② 계약일자, ③ 대부금액, ④ 대부이자율(제8조 제2항에 따른 이자율의 세부내역 및 연이자율로 환산한 것을 포함한다), ⑤ 변제기간 및 변제방법, ⑥ 변제방법이 계좌이체 방식인 경우에는 변제를 받기 위한 대부업자 명의의 계좌번호, ⑦ 해당 거래에 관한 모든 부대비용, ⑧ 손해배상액 또는 강제집행에 관한 약정이 있는 경우에는 그 내용, ⑨ 보증계약을 체결한 경우에는 그 내용, ⑩ 채무의 조기상환 조건, ⑪ 연체이자율, ⑫ 그 밖에 대부업자의 거래상대방을 보호하기 위하여 필요한 사항으로서 대통령령으로 정하는 사항 등이다.[33] 대부금액, 대부이자율, 변제기간 등 중요한 사항에 관해서는 그 거래상대방이 자필로 기재하게 하여야 한다(대부업법 제6조의2 제1항).

입법론으로서 민법의 소비대차에 관해서도 '소비대차계약의

---

33) 대부업자가 대부계약과 관련하여 보증계약을 체결하는 경우에는 다음 각 호의 사항이 적힌 보증계약서 및 제1항에 따른 대부계약서 사본을 보증인에게 교부하여야 한다. ① 대부업자(그 영업소를 포함한다)·주채무자 및 보증인의 명칭 또는 성명 및 주소 또는 소재지, ② 계약일자, ③ 보증기간, ④ 피보증채무의 금액, ⑤ 보증의 범위, ⑥ 보증인이 주채무자와 연대하여 채무를 부담하는 경우에는 그 내용, ⑦ 그 밖에 보증인을 보호하기 위하여 필요한 사항으로서 대통령령으로 정하는 사항. 대부업법 제6조 제3항.

서면작성의무' 및 '필수적 기재사항'을 규정할 것이 요망된다. 소비대차계약에 관하여 사업자가 약관을 마련해 두고 계약에 이용하는 경우에는 약관규제법에 따라 약관을 명시하고 설명할 의무가 생긴다. 그렇지만 약관규제법에 그치지 말고 민법에서 소비대차 계약서 작성시에 반드시 기재할 사항을 규정하는 것이 필요하다.

(2) 독일민법에서 서면계약의 요구

독일민법에서는 소비자소비대차계약은 서면으로 체결되어야 한다는 원칙을 취한다. 다른 법률 등에 의하여 서면작성보다 엄격한 방식이 규정되지 아니한 한, 소비자소비대차계약은 서면으로 체결되어야 하며 전자적 방식에 의한 계약체결은 배제된다(독민 제492조 제1항).[34] 계약당사자에 의한 청약과 승낙이 각기 분리되어 서면으로 표시된 때에는 여기의 서면방식을 충족하는 것으로 본다. 대주의 의사표시가 자동화된 설비로 작성된 경우에는 그 의사표시는 서명을 요하지 아니한다. 대주는 차주에게 계약의 사표시의 사본을 제공하여야 한다.

(3) 독일민법에서 필수적 기재사항

독일민법은 차주가 서명할 계약의사표시에 다음 각 호의 사항이 기재되도록 요구한다(독민 제492조 제1항). ① 순수대차금액, 경우에 따라서는 대차금의 최고한도, ② 소비자 소비대차계약의 체결시에는 전체 존속기간에 대하여 그 총액이 액수적으로 확정된 때에는, 차주가 대차금의 변제 및 이자나 기타의 비용의 지급을 위하여 행하여야 할 분할변제액의 총액, 한편 분할지급으로 변제될 수 있는, 조건변경이 가능한 소비대차의 경우에는 계약체

---

34) 독일민법의 제491조 제1항 및 제2항은 차주가 소비자소비대차계약의 체결을 위하여 수여한 대리권에도 적용된다. 다만 제1문은 소송대리권과 공정증서로 작성된 대리권에는 적용되지 아니한다.

결시에 적용되는 소비대차조건에 근거한 총액, ③ 대차금의 반환방법, 또는 그 합의가 없을 때에는 계약종료에 관한 정함, ④ 이율 및 차주가 부담하여야 할 중개비용을 포함한 기타의 모든 소비대차비용, 그 비용은 그 액을 알고 있으면 개별적으로 기재하고 그렇지 아니한 경우에는 그 발생사유를 기재하여야 한다. ⑤ 실질연이율, 또는 그 이율이나 다른 대가결정요소의 변경이 유보된 때에는 최초의 실질연이율, 최초의 실질연이율과 함께 그 대가결정요소의 변경요건 그리고 대차금의 미완급 또는 그에 대한 할증으로 인하여 발생하는 부담이 실질연이율의 산정에서 고려되는 기간을 아울러 기재하여야 한다. ⑥ 소비자 소비대차계약과 함께 체결한 잔여채무보험 또는 기타의 보험의 비용, ⑦ 설정할 담보[35] 등이다. 계약서에 반드시 기재해야 할 사항 중 중요한 것은 실질연이율이다. 실질연이울이라 함은 연간 부담총액을 순수 대금액에 대한 백분율로 표시한 것을 말한다.[36]

(4) 독일민법에서 방식흠결의 법률효과

소비자 소비대차에서 계약체결방식은 원칙적으로 계약의 효력을 좌우한다. 서면주의에 어긋나거나 필수적 기재사항이 빠진 계약은 무효로 된다. 소비자 소비대차계약 및 그 계약의 체결을 위하여 소비자가 수여한 대리권은 서면방식이 전적으로 준수되지

---

35) 독일민법에서는, 일정한 최고한도액까지 임의대로 청구할 수 있는 소비대차 및 부동산 소비대차계약의 경우에는 제1항 제5문 제2호와는 달리 총액을 기재하지 아니한다. 부동산 소비대차계약이라 함은 대차금의 공여가 부동산담보권에 의한 담보제공여부에 달리도록 되어 있고 또한 그 계약이 부동산담보권으로 담보된 소비대차계약 및 그 연결유지에 상례적인 조건을 내용으로 하는 소비자소비대차계약을 말한다. 건축저축금고법 제7조 제3항 내지 제5항에 의하여 부동산담보권에 의한 담보제공이 불필요한 경우에는 부동산담보권에 의하여 담보된 것과 동시된다.

36) 독일에서는 실질연이율 및 최초의 실질연이율은 '가격표시의 규제에 관한 명령' 제6조에 따라 산정되어야 한다.

아니한 때 또는 일정한 필수적 기재사항[37] 중 하나가 결여된 때에는 무효이다(독민 제494조 제1항).

소비자를 위해 계약의 존속이 필요한 경우에는, 방식흠결의 효과가 사업자에게만 불리하게 작용한다. 독일민법상 방식흠결의 하자가 있는 경우에도, 차주가 대차금을 수령하거나 이용한 한에서, 소비자소비대차계약은 유효하다(독민 제494조 제2항). 그러나 소비자 소비대차계약상의 이율은 그 이율의 기재, 실질 연이율 또는 최초의 실질연이율의 기재 또는 총액의 기재가 결여된 때에는 법정이율로 감축된다. 기재되지 아니한 비용은 차주가 이를 부담하지 아니한다. 할부반환이 약정된 경우에는 그 반환액은 감축된 이자 또는 비용을 고려하여 새로이 계산되어야 한다. 대가결정요소의 변경요건이 기재되지 아니한 때에는, 그것을 차주에게 불리하게 변경할 수 없게 된다. 담보에 관한 기재가 없는 때에는 이를 요구할 수 없다. 순수대차금액이 5만 유로를 초과하는 때에는 그러하지 아니하다. 실질연이율 또는 최초의 실질연이율이 너무 낮게 기재된 때에는 소비자 소비대차계약상의 이율은 실질연이율 또는 최초의 실질연이율이 너무 낮게 기재된 배분율만큼 감축된다.

4. 금융소비자의 해제권(철회권)

금융소비자보호에 있어서 무엇보다 중요한 것은 금융소비자에게 청약철회권 또는 계약해제권을 인정하는 것이다.

(1) 민법의 계약해제권

우리 민법에 차주를 위한 철회권이나 해제권을 부여하는 규

37) 이는 제492조 제1항 제5문 제1조 내지 제6호에 정하여진 기재사항을 말한다.

정은 없고, 대주를 위한 계약의 실효 또는 해제권을 부여하는 규정만이 있다. 대주가 목적물을 차주에게 인도하기 전에 당사자일방이 파산선고를 받은 때에는 소비대차는 그 효력을 잃는다(민법 제599조). 그리고 민법에서는 무이자소비대차의 경우에 해제권을 인정한다(민법 제601조). 이자 없는 소비대차의 당사자는 목적물의 인도 전에는 언제든지 계약을 해제할 수 있다. 그러나 상대방에게 생긴 손해가 있는 때에는 이를 배상하여야 한다. 사견으로는 이자부소비대차의 경우에도 차주의 입장에서 자신의 경제상황의 변화 등에 탄력적으로 대처하기 위해 임의의 해제권을 부여하는 규정을 신설하는 것이 바람직하다고 생각한다. 결국 현행법에서는 당사자의 합의에 의해 성립한 소비대차는 당사자를 구속하지만, 계약성립 후 대주의 목적물인도가 있기까지는 다음과 같은 원인에 의해 효력을 상실하게 되는 것이다. ① 당사자의 일방이 파산선고를 받은 때에는 소비대차는 당연히 효력을 상실하며, ② 무이자소비대차에서 일방당사자가 해제의 의사를 표시한 경우 계약은 소멸하게 된다. 그 밖에 학설은 차주가 파산에까지 이르지는 않았으나 재산장태가 매우 악화하여 대주의 반환청구권이 만족할 가망이 없는 경우에는 대주에게 청약의 철회권이나 이행거절의 항변권(소위 불안의 항변권)을 인정하는 것이 타당하다고 해석한다.[38] 독일민법에서는 소비대차에서 차용금지급의무를 지는 자는 상대방의 재산상태가 그의 반환청구권을 위태롭게 할 정도로 심각하게 악화된 때에 그의 채무부담약속의 철회권을 갖는 것으로 추정된다(독일민법 제610조). 스위스 채무법에서는 차주가 계약체결 후에 지급무능력으로 된 경우에 대주는 임대물의 인도를 거절할 수 있으며, 차주의 지급무능력이 계약체결 전에 발생하였으나 대

---

38) 곽윤직, 『채권각론』, 309; 김주수, 『채권각론』, 255; 김증한, 『채권각론』, 193; 김형배, 『채권각론(계약법)』, 514-515; 이은영, 『채권각론』(제5판), 373.

주가 그 사실을 계약체결 후에 알게 된 경우에도 차용금지급을 거절할 권리를 가진다(스위스 채무법 제316조). 독일 민법(제610조) 및 스위스 채무법(제316조)의 규정 내용이 우리 민법(제599조)의 그것과 다른 것은, 첫째 차주의 재산상태의 악화 내지 지급불능으로 인하여 대주의 반환청구권이 위협을 받는 경우에 대주의 보호를 위하여 위 규정을 두었다는 점이고, 둘째 이때에 소비대차관계가 당연히 실효되는 것이 아니라 대주가 그의 의사표시를 철회하거나(widerrufen)이행을 거절할(verweigern)수 있다는 점이다.

(2) 자본시장법의 철회권

이미 자본시장법에서는 일반투자자에게 청약철회권을 계약해제권이라는 명칭으로 인정하고 있다. 자본시장법에 의하면, 금융투자업자와 계약을 체결한 투자자는 계약서류를 교부받은 날부터 7일 이내에 계약의 해제를 할 수 있다(자본시장법 제59조 제2항). 이에 따른 계약의 해제는 해당 계약의 해제를 하는 취지의 서면을 해당 금융투자업자에게 송부한 때에 그 효력이 발생한다. 계약이 해제된 경우 해당 계약의 해제까지의 기간에 상당하는 수수료, 보수, 그 밖에 해당 계약에 관하여 투자자가 지급하여야 하는 대가로서 대통령령으로 정하는 금액을 초과하여 해당 계약의 해제에 수반하는 손해배상금 또는 위약금의 지급을 청구할 수 없다(자본시장법 제59조 제3항). 자본시장법의 계약해제권은 금융소비자를 위한 편면적 강행규정으로 되어 있다. 이 외에도 할부거래의 경우, 방문판매의 경우, 전자상거래의 경우 각각을 규율하는 특별법에 의하여 청약철회권이 부여되고 있다.

(3) 독일민법의 철회권

독일민법에서는 앞에서 설명한 해제권 이외에 소비자소비대차에 특유한 소비자철회권을 부여한다. 소비자 소비대차계약에서 차주는 철회권을 가진다(독민459조 제1항, 제355조). 차주가 계약 후 언제든지 해지기간을 두지 아니하고 또 추가비용을 부담함이 없이 대차금을 반환할 수 있는 때에는, 이 철회권규정 적용되지 않는 예외가 제한적으로 인정된다.

금융소비자의 철회권은 현재 한국법에서도 낯설거나 너무 앞서 가는 제도가 아니라 현행법에 의해 보장되고 있는 제도이다. 다만 여러 특별법에서 규정하고 있는 금융소비자의 청약철회권 내지 계약해제권은 민법에 종합적으로 입법될 시점에 이르렀다고 판단된다.

5. 금융소비자의 해지권부여

(1) 해지권 확대의 필요성

소비자소비대차계약에 있어서는 금융소비자인 차주 쪽의 중도 해지권을 명문으로 부여할 것이 요망된다. 독일민법에서는 소비자 소비대차계약에서 차주의 해지권을 부여하는 명문의 규정을 두고 있다. 차주의 해지권은 통상해지권과 특별해지권으로 구분된다. 그 밖에 대주 쪽의 특별해지권이 인정되어 양당사자의 이익형평을 꾀한다. 우리 민법에는 무이자소비대차에서 대주의 해제권만이 인정되고 있고 차주의 해제권이나 해지권은 인정되지 않고 있어 시대에 뒤떨어진 상황이다. 사견으로는 우리 민법에 이자부소비대차의 경우에 차주의 입장에서 자신의 경제상황의 변화 등에 탄력적으로 대처하기 위해 임의의 해지권을 부여하는 규정을 신설하는 것이 바람직하다고 생각한다.

(2) 독일민법에서 차주의 통상해지권

독일민법에서는 소비자인 차주에게 다음과 같은 통상적 해지권을 부여한다. 첫째, 차주는 일정한 기간에 대하여 확정이율이 약정된 소비대차계약을 다음과 같이 전부 또는 일부 해지할 수 있다(독일민법 제489조 제1항). ① 정하여진 반환시기 전에 이자지급의무가 종료하는데 이율에 관한 새로운 합의가 행하여지지 아니한 때에는 1개월의 해지기간을 두어 빨라도 이자지급의무가 종료하는 날의 경과로 효력이 발생하는 해지를 할 수 있다. 최장 1년 이내의 일정기간마다 이율을 변경한다는 내용의 약정이 있는 때에는 차주는 이자지급의무가 종료하는 날의 경과로 효력이 발생하는 해지만을 할 수 있다. ② 소비자에 대하여 소비대차가 행하여지고 그 대차금이 부동산담보권이나 선박저당권에 의하여 담보되지 아니한 때에는, 대차금 전부의 수령으로부터 6개월이 경과한 후에 3개월의 해지기간을 두어 해지할 수 있다. ③ 모든 경우에, 대차금 전부의 수령으로부터 10년이 경과한 후에 6개월의 해지기간을 두어 해지할 수 있다. 대차금의 수령 후 반환시기나 이율에 관하여 새로운 약정을 한 때에는 그 약정시를 수령시에 갈음한다. 둘째, 차주는 이율이 변동하는 소비대차계약을 언제든지 3개월의 해지기간을 두어 해지할 수 있다(독일민법 제489조 제2항). 셋째, 차주가 채무액을 해지기간이 발생한 후 2주 이내에 반환하지 아니한 때에는, 차주의 해지가 행하여지지 아니한 것으로 본다. 넷째, 차주의 해지권은 계약에 의하여 배제되거나 제한될 수 없다.[39]

---

39) 다만 연방, 독일연방의 특별재산, 주, 기초지방자치체 또는 기초지방자치제연합, 유럽공동체 또는 외국의 지역단체에 대한 소비대차의 경우에는 그러하지 아니하다.

(3) 독일민법에서의 특별해지권

독일민법에서는 다음과 같은 특별해지권을 소비자인 차주에게 부여한다. 첫째, 대주의 특별해지권은 채무자의 재산상태의 악화의 경우에 인정된다. 즉 차주의 재산상태 또는 대차금을 위하여 설정된 담보의 가치가 현저히 악화하였거나 악화할 우려가 있으며, 그로 인하여 대차금의 반환이 담보를 실행하더라도 위태롭게 되는 때에는, 대주는 의심스러운 때에는 대차금의 지급 전에는 언제나, 그 지급 후에는 원칙적으로 소비대차계약을 즉시 해지할 수 있다(독일민법 제490조 제1항). 둘째, 차주의 특별해지권은 차주가 담보를 다르게 활용할 필요가 있을 때에 인정되며, 차주는 기한 전 해지로 인한 손해배상의무를 진다. 차주는 일정한 기간에 대하여 확정비율이 약정되고 대차금이 부동산담보권이나 선박저당권에 의하여 담보되어 있는 소비대차계약을, 그의 정당한 이익이 이를 요청하는 때에는, 반환기간 전에 법정의 유예기간을 두고 해지할 수 있다(독일민법 제490조 제2항, 제489조의h 제1항 2호). 그러한 이익은 특히 차주가 대차금의 담보로 제공한 물건을 달리 이용할 필요가 있을 경우에 안정된다. 차주는 기한 전 해지로 인하여 대주에게 발생한 손해를 배상하여야 한다.[40)]

6. 이자의 제한

(1) 이자제한법

이자제한법(2007년 3월 29일, 법률 제8322호)은 "금전대차에 관한 계약상의 최고이자율은 연 40%를 초과하지 않는 범위 안에서 대통령령으로 정한다"고 규정한다(이자제한법 제2조 제1항). 현재

40) 특별해지권과 관련하여 독일민법 제313조(행위기초의 착란)와 제314조(중대한 사유에 의한 계속적 계약관계의 해지)의 규정은 영향을 받지 아니한다.

대통령령은 이자제한법 제2조 제1항에 따른 금전대차에 관한 계약상의 최고이자율은 연 30퍼센트로 한다고 규정한다(이자제한법 제2조 제1항의 최고이자율에 관한 규정, 2007년 6월 28일, 대통령령 제20118호). 여기서 말하는 최고이자율은 약정한 때의 이자율을 말한다(이자제한법 제2조 제2항). 계약상의 이자로서 여기의 최고이자율을 초과하는 부분은 무효로 한다(이자제한법 제2조 제3항). 간주이자와 관련하여 "예금, 할인금, 수수료, 공제금, 체당금, 그 밖의 명칭에도 불구하고 금전대차와 관련하여 채권자가 받은 것은 이를 이자로 본다"(이자제한법 제4조). 복리약정제한에 관하여 이자제한법 제5조는 "이자에 대하여 다시 이자를 지급하기로 하는 복리약정은 제2조 제1항에서 정한 최고이자율을 초과하는 부분에 해당하는 금액에 대하여는 무효로 본다."

(2) 대부업법

소비자가 금융업자 및 대부업자로부터 돈을 빌린 경우에 적용되는 대부업법에서는 제8조에 대부업자의 이자율의 제한에 관한 규정을 두고 있다. 연이율이 이자제한법에서보다 높다는 점을 제외하고는 기본적인 법리구성은 유사하다. ① 대부업자가 개인이나 대통령령으로 정하는 소규모 법인에 대부를 하는 경우 그 이자율은 연 100분의 50의 범위에서 대통령령으로 정하는 율을 초과할 수 없다(개정 2010. 1. 25). 대부업법 제8조 제1항에서 "대통령령으로 정하는 율"이란 연 100분의 39를 말하며, 월 이자율 및 일 이자율은 연 100분의 39를 단리로 환산한다(개정 2010. 7. 21, 2011. 6. 27). ② 제1항에 따른 이자율을 산정할 때 사례금, 할인금, 수수료, 공제금, 연체이자, 체당금(체당금) 등 그 명칭이 무엇이든 대부와 관련하여 대부업자가 받는 것은 모두 이자로 본다. 다만, 해당 거래의 체결과 변제에 관한 부대비용으로서 대통령령으로 정한 사항은 그러하지 아니하다. ③ 대부업자가 제1항을 위반하여 대부계약을 체결한 경우 제1항에 따른 이자율을 초과하는 부분에 대한 이자계약은 무효로 한다. ④ 채무자가 대부업자에게 제1항에 따른 이자율을 초과하는 이자를 지급한 경우 그 초과 지급된 이자 상당금액은 원본(원본)에 충당되고, 원본에 충당되고 남은 금액이 있으면 그 반환을 청구할 수 있다. ⑤ 대부업자가 선이자를 사전에 공제하는 경우에는 그 공제액을 제외하고 채무자가 실제로 받은 금액을 원본으로 하여 제1항에 따른 이자율을 산정한다.

(3) 독일민법의 지연이자제한

독일민법에서는 이자제한의 논리구조가 우리와 다르다. 독일민법은 차주가 소비자소비대차계약에 기하여 의무를 지는 지급을 지체하는 경우에, 그는 채무액에 대하여 기본이율에 연 5%의 이자를 더하여 지급하도록 한다(독민 제497조 제1항).[41] 독일민법은 소비자소대차자와 사업자간 소비대차의 경우에 지연이자의 비율을 다르게 정해 둔다. 즉 소비자 소비대차의 경우에는 "금전채무에 대하여는 지체 중에 이자를 지급하여야 한다. 지연이자의 이률은 1년에 대하여 기본이율에 5%를 가한 것으로 한다"고 규정하며(독민 제288조 제1항), 사업자간 소비대차의 경우에는 "소비자가 당사자가 아닌 법률행위의 경우에는 유상채권에 대한 이율은 기본이율에 8%를 가한 것으로 한다"고 다르게 규정한다(독민 제288조 제2항). 채권자는 다른 법률 원인에 기하여 보다 높은 이자를 청구할 수 있으며, 그 외의 손해를 주장하는 것은 배제되지 아니한다(독민 제288조 제3항, 제4항). 복리가 원칙적으로 금지되므로 이자에 대하여는 지연이자가 지급되지 아니한다(독민 제289조). 지체로 인하여 생긴 손해의 배상에 대한 채권자의 권리는 영향을

41) 연 5%의 지연이자율은 부동산 소비자소비대차에는 적용되지 아니한다.

받지 아니한다.

지체에 빠진 후에 발생하는 이자는 별도의 계좌에 기장하여야 하고, 이를 원본채무액 또는 대주의 다른 채권과 함께 상호계산에 포함시켜서는 아니 된다(독민 제497조 제2항). 지체로 인하여 생긴 손해의 배상에 대한 채권자의 권리는 복리금지 원칙에 의해 영향 받지 아니하지만, 이 지연이자에 대하여는 대주가 법정이율(연 4%)의 한도까지만 손해배상을 청구할 수 있도록 된다.

독일민법에서는 차주의 지급의무가 이행기에 도달한 채무 전부의 만족에 충분하지 아니한 경우에는 일반적 변제충당의 원칙[42]과 달리 우선 권리추급비용과 그 다음으로 잔존하는 원본채무액에 충당되고, 최종적으로 이자에 충당된다. 대주는 일부지급의 수령을 거절할 수 없다.(독민 제497조 제3항). 우리 민법에는 이러한 금융소비자보호 변제충당 특칙이 규정되어 있지 않고, 일률적으로 비용, 이자, 원본의 순서로 충당함을 원칙으로 삼고 있다. 이자의 변제충당에 관한 문제도 재고해 보아야 할 시점에 이르렀다고 생각한다.

Ⅴ. 맺 음 말

이 글에서는 '금융소비자보호'라는 최근의 사회적 경제적 이슈에 초점을 맞추어 우리나라 법의 현황을 살펴보고, 그 취약점을 지적하였으며, 나아가서 미력하나마 장래의 입법방향을 제시

---

42) 이자 및 비용에의 변제충당에 관하여 독일민법 제367조 제1항은 "채무자가 원본 외에 이자와 비용도 지급하여야 할 경우에 그 전부를 소멸시키기에 부족한 급부가 행하여진 때에는 우선 비용에, 이어서 이자에, 그리고 최종적으로 원본에 충당된다"고 규정한다. 제2항은 채무자가 이와 다른 지정을 한 때에는, 채권자는 급부의 수령을 거절할 수 있다.

해보았다. 최근 우리나라의 법상황은 '특별법 강대, 기본법 허약의 현상'을 보이고 있다. 법률가들의 민법(특히, 재산편)에 대한 안정성 요구가 매우 컸기 때문에, 그 동안 사회현실에서 입법필요성이 생겨도 민법의 재산편에 대하여 거의 개정의 손길을 뻗치지 않아 왔다. 우리 사회에 문제가 발생하여 제도개선의 필요성이 있는 때에는 실제 입법절차상 민법개정보다 쉬운 특별법제정의 입법방식을 취해 왔다. 법률전문가들은 기본법의 논리적 해석에 관심을 집중하고 사회적 경제적 현실에는 덜 관심을 기울였지만, 그 반면에 경제관료들은 사회문제가 터질 때마다 새로운 입법의 필요성을 절감하고 손쉬운 특별법제정의 입법방식을 통해 사회적 요청을 수용해 왔던 것이다.

소비자금융의 법률문제에 관하여서는 자본시장법, 대부업법, 이자제한법 등 특별법에 규정이 흩어져 산만한 입법상황을 보이고 있다. 법률전문가들은 민법의 소비대차규정이 시대에 뒤떨어져 있다는 사실은 충분히 인식하고 있지만, 민법을 개정해야 되겠다는 의지는 강하게 드러내지 않고 있다. 그리고 특별법에서 취하고 있는 새로운 금융소비자보호규정들을 외면한 채 계약법의 기초이론을 가지고 법률문제를 해결해 나가는 근대법 기본이론 위주의 법사고를 해왔다. 근래에는 금융소비자를 위한 민사법연구에서 특별법에 이르기까지 광범위한 관심을 보이는 현상이 근래에 조금씩 나타나고 있다.

법률가라면 자본시장법, 대부업법, 이자제한법 등의 특별법을 살펴본 후에 느끼는 소감은 비슷할 것이다. 민사법을 행정규제법 속에 체계 없이 산만하게 흩어 놓을 것이 아니라 법적 체계와 논리를 보강하여 좋은 법률을 만들어야 하겠다는 생각이 들게 되는 것이다. 이왕 법의 체계를 정비한다면 민법의 소비대차규정에 새로운 규정들을 신설하는 것이 좋다고 여겨진다. 이러한 민법의 보완에 있어서는 독일민법의 소비자 소비대차에 관한 규정이 좋은 비교법적 입법례가 될 것이다. 이 글을 통해 금융소비자를 위한 시각의 전환이 필요하다는 점, 자본시장법은 금융소비자보호에 부족하다는 점, 금융소비자보호를 위한 민법개정이 필요하다는 점을 역설하고자 한다.

색인어

금융소비자, 자본시장법, 소비대차, 소비자보호, 금융법

참 고 문 헌

1. 국내문헌

김상수, "금융분쟁과 ADR－한일비교를 중심으로," 『금융법연구』 제7권 1호, 한국금융법학회, 2010.

김주호, "금융기관의 이율변경에 관하여 정한 약관조항에 대한 개별약정운선의 원칙," 『판례연구』 제13집, 2002. 2, 부산판례연구회.

맹수석, "금융거래에 있어서 투자자 분쟁해결제도의 법적 쟁점," 『증권법연구』 제11권 2호, 한국증권법학회, 2010.

백태승, '키고(KIKO)' 가처분결정의 문제점, 법률신문 3730호(2009. 3), 15, 2009 법률신문사.

성민섭, "키코(KIKO)통화옵션계약의 해지가능성에 대한 소고," 『인권과 정의』 392호(2009. 4), 140-159, 2009, 대한변호사협회.

오성근, "일본 금융상품거래법상 금융ADR의 특징과 지정분쟁해결기관."

이은영, 『채권각론』 제5판, 박영사, 2007.

이종구, "대출자책임 이론연구 — 미국과 일본의 판례를 중심으로," 『상사법연구』 제16권 제2호, 1997.

정순섭, "금융규제개혁과 금융소비자보호," 한국상사판례학회, 제101회 정기학술대회 발표논문, 2010. 2. 9, 5쪽 이하.

정준우, "증권업자의 부당한 투자권유행위의 합리적 규제방안," 『비교사법』 제11권 3호, 한국비교사법학회, 2004, 434쪽.

최병규, "약관규제법상 개별약정 우선의 원칙에 관한 연구," 『경제법연구』 제10권 1호, 2011, 211 이하.

2. 외국문헌

Beckmann, Roland Michael, Schuldrecht 4.Aufl. Juris GmbH Saarbruecken, 2008.

Berger, Bernhard, Allgemeines Schuldrecht, Staempfl Verlag AG Bern, 2008.

Hudson, Alastair, The Law of Finance, 1.Ed. Sweet & Maxwell, 2009.

Jauernig, BGB Komm. 13.Aufl. C.H.Beck Muenchen, 2009.

Looschelders, Dirk, Schuldrecht Besonderer Teil, 5.Aufl., Verlag Vahlen, 2010.

Markesinis/Uberath/Johnston, The German Law of Contract-A Comparative Treatise, 2.Ed. Oxford & Portland Oregon, 2006.

Oetker/Maultzsch, Vertragliche Schuldverhaeltnisse, 3.Aufl. Springer, 2007.

Pruetting/Wegen/Weinreich, BGB Komm. 4.Aufl. Luchterhand, 2009.

Roach Lee, Cara & James' Business Law; For Business, Accounting & Finance Students, Online Resource Center, Oxford University Press, 2009.
鹿野菜惠子, 消費者と民事法 — 消費者法の最前線, 法學セミナー, 2011 10月号.
西村法律事務所編, Current Fanancial Regulation, 日本 商事法務, 2009.
松尾直彦編, 金融商品取引法, 日本 金融財政事情研究會, 2008.
日本辯護士聯合會編, 金融商品取引 被害救濟の手引, 五訂版, 日本民事法研究會, 2010.
川村正幸一編, 金融商品取引法, 日本 中央經濟社, 2008.

금융소비자 보호에 관한 외국의 입법동향과 시사점 — 미국과 영국을 중심으로 —

안 수 현*

차 례

Ⅰ. 서 론

최근 금융소비자 보호와 관련하여 각국에서는 새로운 입법을 통해 금융소비자 보호를 강화하는 방안을 제시하는 수준을 넘어 금융감독제도 개편 논의로까지 진전되고 있다[1]. 국내에서의 사정도 외관상 크게 다르지는 않다.[2]

* 한국외대 법학전문대학원, 교수.

1) 주요국의 금융감독체제 개편논의에 대한 국내에서의 연구로는 우선 김홍범, 금융감독체계 개편론 분석: 미국・영국・EU와 한국, 서울대 금융경제연구원 추계 컨퍼런스 발표논문, (2009. 11. 23.).

2) 입법안으로는 「금융위원회의 설치 등에 관한 법률 일부개정법률안」(의안번호 5845, 2009. 9. 2, 김영선의원 대표발의); 「금융위원회의 설치 등

금융소비자 보호가 논의되는 가장 주된 이유는 근본적으로 금융회사와 금융소비자 간에 내재한 정보격차에서 기인한다고 할 수 있다. 이들 간의 정보격차는 금융서비스업의 독특한 특성과도 관련이 있지만 무엇보다 갈수록 금융기술이 발달되면서 정보격차는 더욱 벌어지고 금융회사의 입장에서는 이러한 정보격차가 수익의 원천이 되고, 기술이 발달될수록 그 수익원인 정보격차는 더욱 커진다는 데 문제가 있다. 이러한 점에서 규제 내지 입법을 통한 금융소비자 보호방안이 지속적으로 논의될 필요가 있음은 부인할 수 없다.

그런데 이러한 문제에 대해 어떻게 규율할 것인가, 달리 말해 어떻게 금융소비자를 보호할 것인가와 관련해서는 접근방법이 다양하다. 우선, ① 금융회사 측에 정보공시를 요하는 방안을 들 수 있다. 정보수집비용을 절감시킬 경우 정보격차를 해소하는데 도움이 되기 때문이다. ② 두 번째는 시장의 기능이 발휘되게 하는 방안이다. 이것은 단순히 시장기능에 맡기는 것이 아니라 시장의 효율성을 방해하는 요소를 찾아 시정하는 방안을 말한다. ③ 셋째, 시장에서 발생하는 위험을 감시하는 방안이다. ④ 마지막으로 시장의 공정성 확보와 금융소비자 보호를 확보하는 방안

에 관한 법률 일부개정법률안」(의안번호 6496, 2009. 11. 9, 권택기의원 대표발의); 학계와 실무에서의 활발한 논의로는 우선, 김병연, 금융소비자 보호강화를 위한 새로운 소비자보호체제의 구축, 금융VIP 시리즈(2009-04), 금융연구원; 김병연, "금융소비자보호제도의 주요 이슈와 개선방안"(한국금융연구원, 2009. 11); 박경서, "금융소비자보호의 새로운 방향"(2009. 11. 20, 한국재무학회 가을 정기학술대회 특별심포지엄 발표자료); 원승연, 한국금융연구센터 2009년 하반기 정책 심포지엄, "금융소비자 보호의 필요성—사례 분석을 중심으로"; 한재준·이건범, "사전적 금융소비자 보호의 필요성과 정책 과제"; 김상조, "금융소비자 피해 사후구제 제도의 현황과 정책과제"(한국금융연구센터 2009년 하반기 정책 심포지엄 「금융소비자 보호: 현안과 정책 과제」 발표자료(2009. 11. 11); 정순섭, "금융규제개혁과 금융소비자 보호," 상사판례학회 춘계학술대회(2010. 2) 발표자료 참조.

이다. 최근 각국의 입법동향은 대체로 ④ 금융시장의 공정성 확보 및 금융소비자 보호방안에 중심이 맞추어져 있는 것이 특징이다. 즉 규칙을 정하고 공정하게 준수하게 하고 금융소비자를 보호하는 방안이 그것이다.

이러한 외국의 입법방향과 그 세부내용은 현 시점에서 우리에게 금융소비자 보호방안을 모색하고, 향후 방향성을 설정하는 단계에서 매우 유용한 시사점을 제공할 것으로 보인다. 다만, 이들 국가들이 최근 취한 일련의 조치들은 한편으로 자국의 금융감독체제 및 정책 그리고 금융소비자 보호 실상을 반영한 것이기 때문에 우리에게 적합한 시사점을 찾기 위해서는 그에 앞서 우리의 관심사항을 정리하고, 이에 대한 각국의 접근방법을 비교·분석해 보는 것이 보다 의미 있을 것으로 보인다.

이러한 시각에서 우리 실정을 감안하여 다음과 같은 이슈들을 우선 제기할 필요가 있다. 첫째, 현 시점에서 금융소비자 보호에 관한 제도 정비가 필요한가? 둘째, 금융상품의 복잡화 내지 진화는 금융소비자 측면에서 바람직하지 않은 것인가? 셋째, 금융상품의 복잡화·복합화에 상응하는 금융소비자 보호방안은 어떻게 설계되어야 하는 것인가? 달리 말하면 현행 보호체제 및 제도의 문제점과 한계는 무엇인가? 넷째, 금융위기라는 변수로 인해 종래의 금융소비자 보호 방식과 태도에 변화가 있어야 하는 것인가?

따라서 이하에서 미국과 영국을 중심으로 최근 입법동향을 살펴봄에 있어 위에서 제시한 이슈와 관련된 사항에 초점을 맞추어 소개 및 검토하기로 한다. 이하에서는 외국의 논의와 관련해서 최근 우리나라에서 특히 금융소비자 보호논의가 제기되는 배경과 의의를 간략히 살펴보기로 한다.

II. 금융소비자 보호의 필요성과 의의

1. 금융소비자보호의 필요성

(1) 금융소비자 관련 법제도의 전제상의 문제점: 합리적인 자와 사적 자치 관철의 한계

현재 우리나라의 금융소비자 관련 법제도는 원칙적으로 금융소비자가 합리적이라는데 전제하고 있다. 이처럼 금융소비자가 합리적이라고 전제할 경우 상품에 대한 정보가 부족하거나 불완전한 경우 정보제공의 강화는 금융소비자의 의사결정이 합리적으로 이루어지는데 상당히 기여할 수 있다. 이러한 점에서 최근 금융업법의 제・개정을 통해 금융회사의 정보제공기회를 확보하고 의무화하는 조치들을 신설, 보완한 점은 금융소비자 보호에 기여하고 있다. 대표적으로 자본시장법상 설명의무위반을 이유로 손해배상책임을 추정하는 규정의 신설은 그러한 기능을 수행하고 있다.

그러나 현실에서는 금융회사와 금융소비자간에 금융정보의 격차가 갈수록 심화되고 있다. 반면, 금융상품의 다양화・복잡화・복합화에 상응하여 금융소비자의 정보수집, 분석, 이해능력이 마찬가지로 증대되지는 않는 실정이다. 금융상품은 무형의 자산으로 금융소비자가 구입 이전에 정확한 정보를 입수하기 어려우며, 상품구조가 복잡하고 설령 정보를 획득하였더라도 이를 이해하기 어렵고 평가하기는 더욱 어렵다. 상품의 효과를 즉시 내지 단기간에 알기 어렵고, 그 부작용 내지 그로 인한 비용을 상당기간이 경과한 후에 알 수 있으며 그 비용도 거액인 경우가 많다. 따라서 사적 자치를 실현시키기 위해서는 그 전제가 되는 요소 내지 조건들을 충족시킬 필요가 있다.

(2) 금융상품 다양화·복합화·복잡화에 상응한 금융규제와 금융소비자보호제도 정비의 미흡

최근 금융투자상품의 확대로 다양화되고, 파생상품과의 결합으로 상품이 보다 복잡·복합화되는 경향이 있다. 또한 다른 나라에 비해 환율의 영향도 상대적으로 높은 편이다. 이러한 금융상품의 다양화는 금융산업의 발전측면에는 부합하지만, 금융소비자가 이러한 상품의 발전속도를 따라가지는 못하는 것이 현실이다. 더구나 이들 상품을 구입하는 금융소비자의 경우 그 연령층이 높아지고 있으며, 특히 고령화사회에서 은퇴 후 생활자금의 필요에서 구입하는 경우도 적지 않다. 따라서 금융소비자 유형과 수요를 고려하여 보다 충실하게 금융소비자 보호 제고 및 관련법제가 설계될 필요가 있다.

(3) 금융상품의 계약기간 장기화 경향에 따른 사후 피해 가능성

노령화사회의 대두로 연금 등 장기 계약기간을 갖는 상품에 대한 수요가 늘고, 이용비중이 높아질 전망이다. 퇴직시 은퇴자금을 마련하기 위하여 투자상품을 이용한 연금에 가입하거나 보험에 가입하는 경우가 늘어나고 있다.

그러나 금융상품의 불완전 판매시 그로 인한 피해가 자금이 더욱 필요한 노령기간에 현실화될 가능성이 매우 크며, 이 경우 금융분쟁은 사회적인 문제로 비화될 가능성이 크다.

(4) 집단분쟁의 발생은 사회경제적으로도 큰 손실을 야기

금융소비자의 금융회사에 대한 반복적이고 빈발하는 민원은 장차 집단분쟁으로 발생할 조짐이 크다. 따라서 이러한 조짐을 미리 방지하고 금융소비자의 불편 및 불리한 관행들을 제도정비와 아울러 개선할 필요가 있다. 집단분쟁의 발생시 이는 금융회사와의 소모적인 장기적인 분쟁양상으로 확대되고 이는 금융소비자의 불편, 손실은 물론 금융회사의 무형의 자산인 명성의 훼손 그리고 궁극적으로 국가경쟁력 상실을 야기한다.

2. 금융소비자 보호의 의의

(1) 금융소비자중심의 규제로의 전환

종래 금융시장의 발전과 경제성장측면에서 금융상품 공급자 중심의 규제가 금융행정의 중점이 되었으나 갈수록 다음의 이유에서 금융소비자중심의 규제로의 전환이 요구되고 있다. 우선, 금융상품 공급자, 즉 금융회사에 금융행정의 초점을 맞추는 경우 건전성 규제와 영업행위 규제가 중심이 되고, 이는 행정적인 측면에 초점을 두고 규제하는 것이라 실제 금융소비자 보호를 위해 규제강도가 강해진다고 판단될 경우 이로 인해 금융회사의 재무에 미치는 영향을 고려하지 않을 수 없는 본질적으로 이해상충문제가 발생한다. 이 때문에 내재하는 이해상충문제를 해소하기 위해서는 금융소비자에 초점을 맞춘 금융행정이 요구될 수밖에 없다.

금융소비자 보호가 금융규제의 주된 목적이 된다고 해도 금융산업의 경쟁력에 불리한 것만은 아니다. 오히려 산업에 참여하는 자의 범위와 층을 두텁게 하여 경쟁력 제고 및 금융회사 수익구조와 일치한다. 더욱이 금융규제의 목적이 금융소비자의 보호에 있다는 것은 금융소비자의 관점에서 금융시장에서의 불균형의 시정을 의미한다. 즉 금융소비자들이 금융회사와 공정하게 협상할 수 있는 기반을 확보할 수 있게 하며, 궁극적으로 금융소비자의 후생 증진으로 금융산업의 수익기반 확대 및 국가경쟁력 증대에 기여하는 것이 된다.

(2) 금융규제상 공정성(fairness)의 확보

종래에는 금융규제에 기대하는 역할이 금융산업의 육성에 초점이 맞추어져 있었던 것과는 달리 최근에는 공정성 확보가 강하게 요구되는 경향이 있다. 이하에서 보듯이 미국에서도 공정성이 금융규제개혁 목표중의 하나로 제시된바 있다. 공정성 이슈를 새롭게 인식하게 된 중요한 계기는 금융이용자의 제한된 합리성(Bounded Rationality)을 고려하여야 한다는 인식에 터잡고 있다. 그간 경제학의 기초개념인 '合理的인 人間像'은 최근의 금융위기 및 급증하는 금융분쟁들을 제대로 설명하지 못하는 측면이 있다. 그러나 금융소비자들은 제한된 합리성을 가지고 있어 정확한 정보를 갖고 있다고 하더라도 이를 충분히 이해한 후 그에 상응하여 합리적으로 행동하지 못할 수 있다고 보는 최근의 행동경제학(Behavioral Economics) 내지 행동재무학(Behavioral Finance)의 연구성과로 인해 그간 공백으로 남아 있었던 일련의 이슈들이 설득력 있게 설명되고 있다.[3)]

(3) 금융시장의 체계적 위험 완화에 기여

2008년 전세계적으로 유발된 금융위기의 원인중 하나로 금융회사가 금융소비자로 하여금 상대적으로 위험이 높은 금융상품 및 비표준화된 이해하기 어려운 상품들을 거래하게 유인함으로써 상대적으로 위험이 높은 금융자산으로 과도한 자금흐름을 유발시킨 것이 지적되었다. 그 결과 금융시장의 체계적인 위험이 확산되고, 금융투자산업의 위축결과를 가져온 바 있다. 때문에 한편에서는 금융소비자 보호제도가 충실히 확립되었다면 위와 같은 금융시

---

3) 대표적으로 행동경제학의 연구가 증권규제에 어떠한 영향을 미칠지에 대한 대표적인 연구로는 Stephen Bainbridge, Mandatory Disclosure: A Behavioral Economics for Mandatory Disclosure, U. Cin. L. L. Rev. 1023, 1026-27(2000).

장의 체계적 위험 완화에 기여하였을 것으로 분석되고 있다.

3. 금융소비자 보호의 방향 설정과 그 전제 요소

금융소비자 보호의 필요성과 의의는 이미 전 세계적으로 주지되고 있고 크게 이견이 없는 것으로 보인다. 다만, 실행과 접근방법면에서 국가마다 차이가 있다. 그렇다면 우리나라의 경우 금융소비자 보호와 관련하여 어떻게 방향을 설정하여야 할 것인가? 이하에서는 이러한 이슈들을 의문으로 던지면서 간략히 살펴보기로 한다.

(1) 현 시점에서 금융소비자 보호에 관한 제도 정비가 필요한가?

우선 현 시점에서 금융소비자 보호에 관한 제도 정비가 필요한가 하는 의문과 관련하여서는 이미 많은 법제도가 정비되어 있다는 점에서 그 필요성이 크지 않다는 견해도 있을 수 있다.

[표 1] 금융소비자 보호 관련 법제도 현황

목 적	제 도	관련법규
정보의 비대칭성 문제 해소	예금자보호제도	예금자보호법
		금융위원회의 설치 등에 관한 법률
	약관제도	약관의 규제에 관한 법률
		독점규제 및 공정거래에 관한 법률
		은행법, 신탁업법, 보험업법
		자본시장과 금융투자업에 관한 법률
	공시제도	표시·광고의 공정화에 관한 법률
		주식회사의 외부감사에 관한 법률
		은행법, 신탁업법, 보험업법
		자본시장과 금융투자업에 관한 법률
	공정한 정보이용	신용정보의 이용 및 보호에 관한 법률

	분쟁조정제도	소비자기본법
		금융위원회의 설치 등에 관한 법률
	교육	소비자기본법
금융시장에서의 경쟁 촉진	시장구조 개선	독점규제 및 공정거래에 관한 법률
		금융산업의 구조개선에 관한 법률
	불공정거래 해소	독점규제 및 공정거래에 관한법률
		금융위원회의 설치 등에 관한 법률
경영효율성 제고	건전경영지도	은행법, 신탁업법, 보험업법
		자본시장과 금융투자업에 관한 법률
	효율적 정보이용	신용정보의 이용 및 보호에 관한 법률

* 출처: 금감원, 금융소비자보호 업무백서, 2010.

그러나 이러한 입장에 대해서는 금융상품의 복잡화·복합화 추세와 금융회사의 불완전 판매로 인한 분쟁이 적지 않다는 현실적인 이유에서 금융소비자 보호에 관한 제도 및 관행 등 일련의 개선이 필요하다는 점은 부인하기 어려울 것으로 보인다. 최근 금융감독원이 발표한 통계에 의하면 특히 신상품이 개발되고, 확산 될 수록 분쟁건수와 빈도도 마찬가지로 확대되고 있음을 쉽게 확인할 수 있다.

[표 2] 산업별 민원접수 현황

(단위: 건)

구 분	2006년	2007년	2008년	2009년
은행·비은행	30,293	28,859	30,021	31,235
증권·자산운용	3,036	3,568	4,192	4,653
보 험	27,534	31,991	31,544	40,938
계	60,863	64,418	65,757	76,826

* 출처: 금융감독원, 금융소비자보호 업무백서(2010).

분쟁 중 다수 민원을 차지한 사안은 2008년 4분기 이후 여신취급 및 사후관리, 은행 등의 펀드 불완전 판매, 신용카드사의 선(先)포인트제도 및 채권추심 관련 민원이며, 특히 은행이 금융투자상품을 판매하면서 민원이 급증하고 있다. 대표적으로 2008~2009년에는 펀드 손실가능성에 대한 부실 안내 등 수익증권 관련 민원과 주식연계증권(ELS) 판매시 설명 불충분 및 기준가 산정방식 부당 및 선물·옵션 관련 민원이 크게 증가하였다.[4] 이는 은행의 교차판매가 진행되고, 상품구성에서 금융투자상품의 비중이 확대되면서 상품의 복잡성으로 인해 분쟁이 급증한 것으로 분석된다.

[표 3] 은행·비은행 부문 민원유형별 구성비

(단위: %)

구 분	2006년	2007년	2008년	2009년
여 신	21.9	15.5	24.5	29.6
신용카드	18.3	17.8	17.1	17.4
신용정보	8.1	9.4	11.8	10.8
수익증권	0.1	0.3	3.9	6.4
담보 · 보증	5.2	5.6	3.8	5.7
예 · 적금	4.5	4.3	4.1	4.8
기 타	41.8	47.2	34.7	25.3
계	100.0	100.0	100.0	100.0

* 출처: 금융감독원, 금융소비자보호 업무백서, 2010.

반면, 증권부문의 민원추세는 전통적인 중개 및 매매업무에서 펀드 및 복합상품판매 업무로 그 비중이 옮겨가고 있다는 점이다. 이 때문에 불완전 판매와 관련한 민원 비중이 높아지고 있는 것이 특징이다.

4) 금융감독원, 금융소비자보호 업무백서, 71면.

[표 4] 증권 · 자산운용 부문 민원 현황

(단위: 건)

구 분	2006년	2007년	2008년	2009년
수익증권	100	116	328	1,244
주식매매	376	647	612	1,096
발행 · 유통시장 공시	156	143	265	380
선물 · 옵션매매	47	67	87	224
회 계	247	205	173	147
회사경영 관련	24	60	32	117
기 타	2,040	2,345	2,164	1,866
계	2,990	3,583	3,661	5,074

*출처: 금융감독원, 금융소비자보호 업무백서, 2010.

보험 모집관련 민원은 특히 판매단계에서 변액보험관련 분쟁이 급증하고 있다. 대표적으로 보험모집, 면부책 결정 및 보험금 산정 관련 민원 등이 상대적으로 크게 증가하였는데, 이는 경기회복 지연 등으로 보험계약 해지 및 기납입보험료 반환을 요구하는 민원, 변액보험 등에 대한 상품설명 불충분 등 보험모집 관련 민원이 지속적으로 증가한 데 기인한 것으로 분석되며[5] 특히 2008년에는 경기불황의 여파로 보험금 지급 요청이 많아지면서 보험금 지급 지연에 대한 불만이 크게 증가한 것으로 나타나고 있다.[6]

이처럼 분쟁의 빈도가 감소되지 않고 반복되고 있는 점, 특히 신상품 내지 금융투자상품과 연계된 상품들의 분쟁이 업권을 망라하여 빈발되고 있음은 향후 집단적인 분쟁 내지 사회적 문제로 비화될 가능성이 크다는 점에서 문제의 소지가 크다.

5) 금융감독원, 금융소비자보호 업무백서(2010), 71면.
6) 금융감독원, 금융소비자보호 업무백서(2010), 81면.

[표 5] 보험 부문 민원 처리현황

(단위: 건)

구 분	2006년	2007년	2008년	2009년
보험모집	5,954	7,701	7,437	12,932
보험금 산정	3,525	4,097	3,272	4,922
면부책 결정	2,991	3,077	2,496	3,945
보험금 지급	1,093	1,501	3,268	2,288
계약성립 · 실효	1,439	1,940	1,960	2,408
고지 · 통지의무	1,192	1,248	1,247	1,816
장해 · 상해등급 적용	1,692	1,420	1,313	1,283
기 타	9,330	11,223	9,566	10,845
계	27,216	32,207	30,559	40,439

* 출처: 금융감독원, 금융소비자보호 업무백서, 2010.

다른 한편, 우리나라의 경우 특히 종전 금융정책과 금융규제의 초점이 금융회사의 육성과 건전성규제에 초점이 맞추어져 있었다는 점에서 금융소비자 보호에 관한 정책과 방안이 보다 선제적이고 충실할 필요가 있다. 금융행정의 기본축은 금융회사의 건전성 규제와 영업행위규제라는 점은 분명하나, 이는 행정적인 측면에 초점을 두고 규제하는 것이기 때문에 실제 금융소비자보호를 위해 영업행위 규제의 강도가 높아질 경우 이로 인해 금융회사의 재무에 미치는 영향을 고려하지 않을 수 없는 본질적으로 이해상충문제가 발생할 소지가 있는 점이 빈번히 지적되고 있는 점도 주목할 필요가 있다. 이 때문에 본질적으로 내재하는 이해상충문제를 해소하기 위해서는 금융소비자에 초점을 맞춘 금융행정이 요구될 수밖에 없고 정비된 제도들도 이러한 시각에서 점검 및 재설계해 볼 필요가 있다.

(2) 둘째, 금융상품의 진화는 금융소비자에게 바람직하지 않은 것인가?

둘째, 금융소비자와의 분쟁을 야기하는 근본 원인을 금융상품의 복잡화·복합화로 단순화하는 것은 적절치 않다고 보여진다. 금융상품은 이용자의 수요에 맞추어 맞춤형으로 진화될 수 있고 그러한 점 때문에 이용도가 높고 부가가치가 높은 산업으로 성장해 왔다는 점을 생각해 보면 금융상품의 복잡화·복합화 그 자체를 문제시 삼는 것은 적절치 않은 것으로 보인다.

결국 금융소비자에게 이러한 금융상품을 중개하는 과정 내지 원천적으로 제조하는 과정에서 문제가 있을 수 있다는 점에 주목할 수밖에 없을 것이다. 중개하는 과정에서 성실하게 투명하고 이해하기 쉽게 그리고 적합한 상품이 금융소비자에게 제공되었다면 금융상품의 진화는 오히려 금융소비자의 수요에 부합한다는 이점을 기대할 수 있다.

그렇다면 금융소비자 보호방안을 논의함에 있어서 금융상품의 복잡성·복합화를 문제로 인식하기보다는 금융회사의 불완전 제조 내지 판매가 규제기능을 통해 해결하여야 할 대상이 되어야 함은 자명하다. 이러한 점에서 영국과 미국의 최근 입법내용과 방향은 시사점이 크다.

(3) 셋째, 그렇다면 금융상품의 복잡화· 복합화에 상응하는 금융소비자 보호제도를 어떻게 설계 및 제공되어야 하는 것인가?

그렇다면 이처럼 상품의 복잡화·복합화에 따라 이에 상응하는 금융소비자 보호방안은 어떻게 설계 및 제공되어야 하는 것인가? 우선, 종래 금융소비자 보호방안들은 일반적으로 금융소비자가 합리적이라고 전제하고 있다. 이 경우 금융상품에 대한 정보가 부족하거나 불완전한 경우 정보제공의 강화는 금융소비자의 의사결정이 합리적으로 이루어지는 데 기여할 수 있다. 그러나 이처럼 금융정보의 격차 시정을 위한 보호장치의 제공은 금융소비자가 합리적이라고 전제할 경우 그 효과가 기대되는 제한적 효과만을 제공하는 효과만 있는 점에서 한계가 있다.

한편, 금융소비자 보호가 충실하기 위해서는 거래 사전적·사후적으로 모두 충실히 기능하여야 할 것이다. 금융상품 판매 전·후는 물론 이후단계인 유지-정산에 이르는 일련의 프로세스에서 모두 분쟁가능성이 상존하고 있기 때문에 이러한 프로세스 전반적으로 충실한 보호장치가 제공될 필요가 있다. 앞서 소개한 분쟁 현황을 보면 판매시 정보제공의 미흡, 유지시 처리의 미흡(시스템 장애, 주문불이행 등), 정산시 지급 지체(보험금의 지급 지체) 등과 관련하여 분쟁 제기가 적지 않다는 점은 사전, 사후적으로 모두 금융소비자 보호가 충실하지 않음을 여실히 보여주고 있다. 다만 아울러 일단 분쟁이 발생한 경우에는 금융소비자의 구제가 용이하여야 할 것이다. 또한 금융소비자의 소송제기와 금융행정기관의 집행을 통한 제재가 활발하게 작동하여야 할 것이다. 금융소비자의 소송 제기와 규제기관의 엄정한 제재는 금융회사의 금융소비자보호에 상당한 주의를 기울이게 할 뿐 아니라 금융시장에 특유한 독특한 제재수단인 신용평판위험기능을 작동하게 하기 때문이다. 이처럼 금융소비자의 소송제기를 활발하게 하기 위해서는 무엇보다 사법적으로 권리구제가 용이하여야 한다.

특히 금융위기를 경험하면서 금융회사의 건전성이 문제되면서 금융상품의 복잡화와 더불어 금융소비자에게 책임을 이행하지 못하는 문제가 발생할 가능성이 커지고 있다. 그러나 우리나라의 경우 예금(예금자보호제도)을 제외하고는 채무이행을 담보할 수 있는 제도가 마련되어 있지 않다.

아울러 금융상품의 진화에 상응하는 금융소비자의 이해력 제고는 금융거래의 기본원칙인 사적 자치를 실현하기 위한 전제장치이며, 분쟁의 사전 예방적 효과를 기대할 수 있는 점에서 금융교육의 효과를 검증할 필요가 있고 보다 체계적인 교육기구와 교육전달시스템이 국가 차원에서 구비될 필요가 있다.

또한, 민원이 다량 발생함에도 불구하고 그 빈도나 발생건수가 줄어들고 있지 않은 부분이 있다면 그 근본원인에 대한 해소와 분쟁건수의 감소가 무엇보다 중요하다. 왜냐하면 이러한 다량의 민원발생은 대규모의 분쟁을 야기할 가능성이 크고, 사회문제화됨으로써 금융소비자에게는 물론 금융회사에 대한 신뢰 및 명성에도 심각한 타격을 주기 때문이다. 분쟁해소비용은 물론 무형의 손해도 적지 않은바 민원 현황을 통해서 조기 집단분쟁가능성 및 금융회사와 금융소비자에게 미치는 영향을 조기에 불식시키기 위한 방안에 대한 검토가 특히 요청된다.

이러한 점에서 이하에서 살펴볼 미국과 영국의 경우 최근 이들 보호방안들이 보다 실효성 있게 강구되고 있고, 구체적으로 입법을 통해 지원하고 있다는 점에서[예: 미국의 경우 감독권 및 정보제공 강화; 영국의 경우 분쟁처리 실효성 확대, 금융소비자 구제수단의 실효성 강화] 의미 있는 시사점을 제공한다.

(4) 금융위기를 경험하여 종래의 금융소비자 보호 방식과 태도에 변화를 가져야 하는 것인가?

그런데 금융위기를 경험하고 있는 점에서 종래의 금융소비자 보호 방식과 태도에 근본적인 변화를 가져야 하는 것인가에 대해서는 의문이 있을 수 있다. 다만, 환경변화에 상응한 보호공백을 제거하는 것은 필요하다 할 것이다. 영국의 경우 금융위기 후 금융감독체계 개편을 진행하고 있다. 미국 역시 위기 전과 위기 이후에 큰 변화를 보이는 양상이 나타나고 있다. 이하에서 보듯이 금융위기의 진원지인 미국에서 금융규제 개혁의 해법으로 제시된 것은 시스템 위험에 기초한 규제체계 정비, 규제감독권 정비, 규제 공백의 해소 및 금융소비자 보호 강화이다. 특기할 만한 점은 금융소비자 보호방안이 금융위기 해소의 주된 해법으로 처방된 점이다.

이에 반해 영국의 해법은 미국과 다소 차이가 있다. 영국의 경우 금융소비자 보호방안은 금융위기 전부터 지속적으로 논의·검토되어 왔다. 그럼에도 불구하고 금융위기를 경험하면서 금융감독체계 전면 개편이라는 정면카드를 제시하였다. 비록 정치적인 조치라는 지적도 적지 않지만 금융환경변화에 영향을 받은 조치로 보인다.

아울러 복잡하고 복합적인 금융상품이 쏟아지면서 분쟁이 지속적으로 발생한 경우 이를 위험징후로 인식하고 이러한 위험이 향후 시스템위험 내지 대규모 분쟁을 가져올 수 있음을 인식하고, 이에 대한 조기 징후를 신속하게 인식하는 것이 무엇보다도 위기에 대비한 중요한 대응과제로 인식하고 있는 점은 우리에게 시사하는 바가 크다.[7] 영국에서 특히 최근에 이루어진 입법움직임도 이러한 인식에 기초하여 분쟁 발생빈도가 높은 금융상품과 금융회사에 대한 조기경계 및 이로 인해 피해 입은 금융소비자 보호의 강화에 초점이 맞추어져 있다.

이러한 점에서 각국의 금융소비자 보호방안을 살펴봄에 있어서는 금융위기 이전과 위기 이후를 대비하여 보는 것도 우리에게 있어 충실한 보호방안을 마련하는 논의차원에서는 유용할 것으로 보인다. 무엇보다 금융 위기시 금융소비자의 금융상의 어려움이 커질 수 있음을 감안하여 금융소비자의 사정과 수요에 부합한 조치가 필요할 것이기 때문이다.[8]

---

7) 이에 관해서는 Financial Ombudsman Service, Financial Services Authority & Office of Fair Trading, Consumer Complaints(emerging risk and mass claims), Discussion Paper, 10/1, March 2010.

III. 외국의 금융소비자 보호 관련 최근 입법동향과 주요 내용

1. 미 국[9]

(1) 금융위기 이전의 논의

미국의 경우 금융위기 이전에 규제개혁의 방향을 보면 금융소비자 보호를 직접적인 규제목표로 하지는 않았다. 대신 미국 자본시장의 경쟁력 유지 내지 강화를 위한 규제정비가 주되었다. 대표적으로 미 재무부장관이었던 Henry M Paulson Jr.의 강연내용[10]을 보면 미국의 규제상의 문제는 지나치게 규정중심이고, 규정간에 정합성이 없다는 점,[11] 그리고 규제는 효율성에 초점이 맞추어져야 한다는 점이 강조되었다. 즉 공정성보다는 효율성이 초점의 대상이 되었다. 또한 2006년 11월 발표된 「The Committee on Capital Markets Regulation」의 중간보고서와 2007년 12월 발간

---

8) 예컨대 금융위기로 실직한 자의 경우 그간 적립한 펀드의 해지 내지 보험계약의 해지 등은 쉽게 상상할 수 있다. 이 경우 해지로 인한 환수가 용이하지 않거나 분쟁이 발생할 경우 그로 인한 불이익은 경제적으로 미약한 상태에서는 더욱 크게 느껴진다.

9) 미국의 규제개혁에 관한 논의로는 Saule Omarova & Adam Feibelman, Risks, Rules and Institutions: A Process for Reforming Financial Regulation, 39 U. Mem. L. Rev. 881 (2009). 참조.

10) Treasury Chief Urges “Balance” in Regulation of U.S. Companies, The NewYork Times(2006. 11. 21)(http://www.nytimes.com/2006/11/21/business/21paulson.html?amp;ei=5088&en=79954fc158affdca&partner=rssnyt&ex=1321765200&adxnnl=1&emc=rss&adxnnlx=1190294388-/QM59fEfJWZldd2bcRpDXA).

11) 대신 Principle-base Regulation에 대한 관심을 표명하기 시작하였다. Principle-base regulation에 관한 국내 연구로는 우선, 정순섭, “원칙중심 규제의 논리와 한계,” 『상사판례연구』 22-1집, 한국상사판례학회(2009) 참조.

된 "The Competitive Position of the U.S. Public Equity Market"이라는 보고서를 보면 공통적으로 미국의 자본시장의 국제경쟁력 저하를 지적하고 있고, 이러한 국제경쟁력을 회복하기 위해서는 자본시장과 시장원칙에 대한 규제를 보다 현대화하여야 한다고 피력하고 있다. 즉 보다 효율적인 규제가 필요하다는 주장이다.

이러한 맥락에서 규제감독기구의 복잡한 조직체계를 개편하여야 할 필요성이 제기되기 시작하였는데, 연방과 주 간에 각각 독자적으로 보유한 규제관할로 인한 규제공백 내지 규제중복이 문제로 제기되었다. 복잡한 감독체제는 시스템위험과 금융소비자 보호 공백상태를 파악하고 신속히 대응하는 데 부적합하였기 때문이다. 이후 금융위기가 현실화된 시점인 2008년 3월 재무부는 일명 "Blue Print"[12)]라는 금융규제개혁안을 발표하였는데, 그 주된 내용은 단기적 과제로 우선 서브프라임문제를 해결하고, 중기적으로는 규제당국을 개편하며, 특히 금융투자상품을 취급하는 SEC와 CFTC를 통합하는 방안을 제시되었다. 그 전제에 깔린 시각은 보고서에서 장기적인 제언이라고 밝히고 있는 바와 같이 최종목표는 금융기관의 건전성을 담당하는 감독기구와 영업행위를 규제하는 감독당국을 분리하여 각각 설치하겠다는 것이다. 즉 Blue Print라는 당시 금융규제개혁안의 핵심내용은 금융감독기구를 보다 심플한 체제로 새롭게 설계 내지 개편하는 것이라고 해도 과언이 아니다.[13)]

---

12) Department of the Treasury, Blueprint for a modernized financial regulatory structure(2008), available at http://www.treas.gov/press/release/reports/Blueprint.pdf [이하 Blue Print로 칭함].

13) 이러한 점에서 당시 영국의 대응과 비교된다. 영국은 2009년 은행법개정에서도 보여지듯이 금융시장의 안정성은 중앙은행이, 그 외 부분은 FSA가 담당하고, 재무부는 이러한 두 기관의 역할을 조정하는 이른바 삼각체제로 구성하는 방안을 구현하고 있다.

(2) 금융위기 이후의 논의

1) 오마마 정권의 새로운 개혁안

금융위기 이후 미국의 금융규제는 종전과 매우 다른 입장을 보이고 있다. 대표적으로 파생상품에 대한 규제를 강화하고, 이제까지 등한시해왔던 분야를 규제핵심분야로 책정하는 등 종전 Blue Print와는 매우 다른 접근을 보이고 있다. 그 내용은 구체적으로 다음과 같다.

2) 입법의 주된 특징

㈎ 시스템리스크에 대한 대비 및 금융소비자 보호 강화

우선, 금융 위기 후 미국의 금융규제는 근본적인 변화를 보이고 있는데, 종래 다양한 금융스캔들이 문제된 때에도 금융규제체계를 대대적으로 정비하려는 움직임은 없었다.

반면, 금융위기 후 최근까지 미국 의회에서 심의되고 통과된 법안들은 시스템 위험에 대한 대비, 특히 금융시스템적으로 중요한 대규모금융회사의 대마불사에 따른 모럴해저드위험에 대해 어떻게 효과적으로 대응할 것인가 그리고 특히 금융소비자 보호 강화방안에 관해 상당한 관심과 노력을 기울이고 있는 것이 특징이다.

㈏ 금융규제감독 체제 정비 및 강화

앞서 소개 했듯이 2008년 미국 재무부가 발표한 이른바 금융규제구조의 현대화방안(일명 "블루 프린트")[14]에서는 비록 중기적인 개혁과제이기는 하나 선물규제와 증권규제를 통합하는 방안을 제안한 바 있다. 이에 비해[15] 2009년에 발표된 일련의 금융규제개혁안에서는 은행감독기관의 통합을 제안한 반면 금융투자상품에 관한 규제관할기관인 CFTC와 SEC의 통합을 제안하고 있지는 않다.[16] 이외에 연방준비제도이사회(FRB)의 금융기관 감독권한을

---

14) US Treasury, Blueprint for a modernized financial regulatory structure (2008).

15) Blue Print, at 108-109.

강화하는 방안이 하원에서 계속 고수되고 있는 반면에 상원이 제안한 입법안에서는 오히려 금융위기의 주범으로 FRB를 지목하고[17] 그 권한을 축소시켜야 한다는 입장을 보였다. 예컨대, 하원안의 경우 효율적 금융규제를 위해 시스템리스크에 대한 포괄적 규제권한이 FRB에 집중되고 있는 반면에 금융소비자보호와 관련하여서는 SEC와 CFPA가 여전히 각각 금융투자상품과 기타 금융상품으로 이원화하여 감독하는 체제를 갖고 있어 전반적으로 상원과 하원이 다른 시각을 갖고 있는 것으로 보이며, 효율적인 규제체계 정비에 대한 접근방법이 일관되지 않는 측면이 있다. 다만 전반적으로는 감독규제기관의 권한을 정비하고, 강화하려는 추세인 점에서 공통점이 있다.

---

16) 다만, 금융규제개혁안에서는 CFTC와 SEC에 대하여 규제목적이 동일하고, 규제가 조화될 경우 시장간 경쟁 촉진 및 시장의 효율화와 편의성의 증진이 기대된다고 밝히고 있다. 구체적으로 개혁안으로 첫째, 규제접근방식이 공통될 것을 들고 있다. 종래 CFTC는 principles-based approach를 채용하는 한편, SEC는 rule based approach를 채용해왔음을 지적하면서 CFTC와 SEC가 규제원칙에 관해 합의하고 시장규제에 관하여 공통의 기반을 가져야한다고 제언하고 있다. 또한 이러한 원칙은 이에 위반하는 시장실무가 용이하게 인정되고 규제기관에 의한 법집행에 따르는 것이 가능하도록 충분히 명확하여야 하며, 이노베이션을 저해하지 않는 유연성을 필요로 한다고 밝히고 있다. 둘째, 신상품의 승인과 자율규제기관의 규정 변경에 관한 승인절차의 신속성의 확보도 필요하다고 제언하고 있다. CFTC와 SEC는 2009년 9월 30일까지 유사한 금융상품에 관하여 현행법상의 규제를 의회에 보고서의 형태로 제출하도록 하고 있다. 또한 양기간간에 합의에 이르지 못한 사항에 관해서는 신설된 금융서비스감독위원회(FSOC)에 이양되는 것으로 하고 있다.

17) 대표적으로 Bear Stearns의 경우만하더라도 SEC는 Bears Stearns가 도산되기 직전까지 유동성에 문제가 없다는 판단을 하였고, Bear Sterns에 대해 규제권한이 없는 FRB가 엄청난 부실기관의 자산을 JP.Morgan Chase에 매각되도록 중개하기까지 하였으며, 이후 투자은행들에게 단기신용을 제공하는 대출기구까지 설립한 점은 문제라고 보는 입장에 서 있다. 이에 관해서는 Mark Jickling, Edward V. Murphy, CRS Report for Congress, Who Regulates Whom? An Overview of U.S. Financial Supervision(Dec. 14, 2009).

㈐ **금융규제 강화**

종래 규제공백이 있는 장외파생상품, 유동화증권거래, 헤지펀드, 신용평가회사, 보험감독분야에 대한 규제를 강화, 정비하는 내용이 담긴 방안들이 발표되었다.

3) 2009. 6. 17. **미 재무부 발표의 금융규제개혁안**(Financial Regulatory Reform: A New Foundation)

이후 2009년 6월 17일 오바마 행정부는 "새로운 기반: 금융감독 및 규제의 재확립"[18] 이는 타이틀 하에 9개 분야의 금융규제개혁안을 발표하였다. 특히 개혁안의 중추적인 과제로서 다음과 같은 5대 목표를 밝히고 있는데 이에는 ① 금융회사에 대한 견고한 감독 및 규제의 촉진, ② 금융시장에 대한 종합적인 규제체계의 확립, ③ 금융폐해로부터 소비자 및 투자자의 보호, ④ 정부에 금융위기관리에 필요한 수단 제공, ⑤ 국제적 규제기준 강화와 국제공조의 개선 등이 그것이다. 이중 금융시장의 시스템 리스크 관리, 금융소비자 보호, 금융혁신촉진, 위기관리수단의 강화 등의 순서로 규제개혁안의 목표를 밝히고 있다.

금융규제개혁안중 금융소비자 보호와 직접적으로 관련된 내용을 정리해 보면[19] 우선, 금융회사에 대한 견고한 감독 및 규제의 촉진을 위하여 금융서비스감독위원회(Financial Service Over-sight Council: FSOC)와 연방은행감독국(National Bank Supervisor: NBS), 연방보험감독국(ONI) 등의 신설이 제시되었다.[20)21]

---

18) U.S. Department of the Treasury, Financial Regulatory Reform: A New Foundation (2009), available at Http://www.financialstability.gov/docs/regs/FinalReport_web.pdf.

19) 이외 금융위기관리에 필요한 수단을 정부에 제공하기 위하여 FRB의 긴급대출권한을 정비하여 즉 FRB의 긴급대출에 대해 재무부장관이 승인권을 갖도록 한 점과 국제적 규제기준 강화 및 국제적 공조 개선을 위해 바젤 II와 같은 국제적 자기자본규제의 틀을 강화하고 국제금융시장에 대한 감독개선 및 공조를 높여 국제적 위기관리수단을 강화하는 것이 포함된다.

둘째, 금융시장에 대한 종합적인 규제체계의 확립을 위해 자산유동화시장에 대한 규제 강화, 장외파생상품시장에 대한 종합적인 규제체계의 확립, FRB에 지급·청산·결제에 관한 새로운 권한 부여, 선물과 증권규제에 있어 SEC와 CFTC의 감독조정방안을 제시하였다.[22]

---

20) NBS는 연방통화감독국(OCC)와 저축기관감독국(OST)의 권한을 인계받음으로써 은행규제의 공백을 줄이며, ONI는 연방정부차원의 보험업규제를 강화하기 위하여 재무부 산하에 설립된다. ONI는 금융시장 안정에 위협을 줄 수 있는 보험회사가 Tier 1 FHC에 포함되도록 FRB에 권고할 수 있는 권한을 갖는다. 금융서비스감독위원회(Financial Services Oversight Council)는 재무부, 연방준비제도이사회, 증권거래위원회, 상품선물거래위원회 등으로 구성된 기존의 PWG(President's Working Group on Financial Markets)를 대신하는 조직으로 구상된 것이다. 더욱이 새로운 조직으로 연방은행감독국과 금융소비자보호청이 이 위원회에 소속된다. 이 위원회는 금융시장의 안정성에 많은 영향력을 미칠 수 있는 Tier 1 FHC(Financial Holding Company)의 선정과 모니터링에 관여하고 은행에 대한 건전성 기준도 강화된다. 투자은행도 은행지주회사처럼 연방준비제도이사회의 감독규제를 받으며, 사모펀드에 대해서도 규제가 강화되며, 특히 헤지펀드에 대해서 등록하도록 하고 있는데, 일정 규모 이상의 사모펀드운영자는 투자자문업법상의 투자자문업자로서 SEC에 등록하고 자신이 운영하는 펀드에 관한 정보를 보고하며, SEC는 이러한 보고서내용을 FRB와 공유함으로써 궁극적으로 FRB가 해당펀드가 Tier 1 FHC에 해당하는지를 판단하고 적절히 시스템리스크를 관리하도록 하고 있다. 보험회사와 관련해서는 재무부내 연방보험국(The Office of National Insurance: ONI)의 설치를 요구하고 있다.

21) AIG가 거래하고 있던 CDS(Credit Default Swap)는 지금까지 보험업계가 취급하고 있던 전통적인 보험상품과 보험회사가 새롭게 직면한 위험에 대응하기 위해서는 시스템리스크에 대한 효과적인 규제, 높은 자본수준과 자산 및 부채의 적절한 균형, 보험상품거래에 관한 강력하고 일관된 소비자보호, 모든 州에 적용되는 기준의 제정 및 각주의 실정에 맞는 개별기준의 마련, 자회사를 포함해 전통적·비전통적 업무에 대한 규제개선, 국제협조의 강화를 제안하고 있다.

22) 그런데, 이들 규제개혁안에 대해서는 금융위기에 책임 있는 FRB에 대해 오히려 권한을 강화하고 있는 점과 파산한 금융회사의 임원에게 지급된 보수에 대해서는 침묵하고 있다는 점에서 비판이 강하게 제기되고 있다.

셋째, 금융폐해로부터 소비자 및 투자자 보호를 위하여 금융상품 및 금융투자상품의 투명성, 공정성, 적합성을 높이는 규제가 강화된다. 특히 금융소비자의 보호와 관련하여 금융소비자보호청(Consumer Financial Protection Agency: CFPA)을 신설하여 명료성, 단순성, 공정성, 책임성의 4대 원칙하에 금융남용행위로부터 소비자 보호를 강화할 것을 밝히고 있다. 명료성(transparency)원칙은 소비자의 금융상품간 비교가 가능하고, 소비자 자신이 투자결정의 결과를 인식할 수 있고, 자산운용의 편의를 도울 수 있도록 금융상품 공시가 명료할 것을 골자로 하며, 단순성(simplicity)원칙은 금융소비자의 금융상품에 대한 이해와 비교분석이 용이하도록 금융상품을 표준화하는 것을 내용으로 하고, 공정성(fairness)원칙은 불공정, 사기적, 남용적 금융행위가 없고, 금융중개기관의 충실의무 강화를 내용으로 한다. 접근성(access)원칙은 소비자의 금융서비스에 대한 접근성 제고를 의미한다. SEC와 CFTC는 금융투자상품 및 투자자 보호에 관한 권한을 그대로 유지하며 기존의 투자자보호를 강화하는 방안을 담았다.

4) 2009. 12. 9 **하원의 금융규제개혁 포괄입법안**(The Wall Street Reform and Consumer Protection Act of 2009)[23] **제출 및 가결**

이후 2009. 6. 17. 오바마 행정부의 백서(White Paper)를 보완하고 이들 제안을 거의 대부분 수용한 법안이 하원에 제출되었고, 이러한 금융규제개혁 포괄입법안은 2009. 12. 11.에 223표를 얻어 통과되었다. 이 법안은 같은 해 6월 오바마 행정부가 제안한 개혁안들에 부합하는 내용으로 통과된 최초의 법안이라는 점에서 의미가 있다. 특히 동 법안은 다수의 법안들로 편집된 법안으로, 모두 6개의 장으로 구성되어 있는데, 그중 금융소비자 보호에 관한 내용은 다음과 같다.

---

23) 111th Congress 1st Session H.R. 4173.

㈎ **금융소비자보호청 설치**(Consumer Financial Protection Agency Act)

불공정하고 남용적인 금융상품 및 서비스로부터 금융소비자를 보호하기 위하여 CFPA를 신설하고 있다. CFPA는 독립된 연방 금융감독기구의 지위를 가지며, 금융기관의 영역구분 없이 신용카드와 주택대출 등 소비자에게 금융서비스를 제공하는 모든 기관에 대하여 감독기능을 가진다. 이 기관은 금융소비자 보호를 위한 규정을 제정할 수 있으며, 불공정한 금융상품의 약관 또는 금융기관들의 부당행위 및 사기적 관행(unfair and deceptive acts)으로 인하여 소비자가 피해를 입지 않도록 하는 업무를 수행한다. 자산규모가 100억 달러 이하인 은행과 15억 달러 이하인 credit union의 경우 종래 감독기관의 검사를 받고, CFPA는 이들 기관들을 지원한다.

㈏ **자본시장관련분야**

자본시장관련분야는 세 가지 서로 다른 법률들을 개정하는 내용을 담고 있다. 이에는 사모펀드의 투자자문업자 등록법안(Private Fund Investment Advisers Registration Act)과 신용평가기관의 책임성 및 투명성에 관한 법안(Accountability and Transparency in Rating Agencies Act), 투자자보호법안이 해당된다. 주요내용은 다음과 같다.

ⅰ) 개 요

사모펀드 투자자문업자 등록법은 헤지펀드 투자자문업자로 하여금 등록하게 하고 있으며, 신용평가기관의 책임성 및 투명성에 관한 법안은 신용평가기관의 이해상충 문제를 줄이고 신용평가기관에 대한 시장의존도를 감소시키며 신용평가기관에 높은 책임기준을 부여하고 있다.

반면, 투자자보호법안(Investor Protection Act)은 다음의 내용을 담고 있다.

ⓐ 투자자문업자와 증권업자간의 규제 정합성 확보

현재 미국법상 투자자문업자와 증권업자는 각각 1940년 투자자문업법과 1934년법에 의해 달리 규제되고 있다. 증권업자도 투자자문을 제공하기 위해서는 투자자문업법의 적용을 받는 경우가 있지만 증권업자의 조언행위가 그 자의 업무수행에 있어 부수적인 경우에 한하는 한 당해 조언행위에 대해서는 특별한 보수를 받을 수 없는 브로커 내지 딜러인 경우 투자자문업법상의 등록규제의 적용에서 제외되었다[제202조(a)(11)(c)]. 더욱이 종래 통상적으로 투자자문에는 고객에 대한 신인의무가 요구되나 증권업자의 경우에는 원칙적으로 신인의무를 부담하지 않는다고 해석되어 왔다.

그러나 투자자문과 증권업자가 제공하는 서비스는 개인투자자측면에서 보면 실질적으로 동일하고, 종종 투자자들은 투자자문과 증권업자를 혼동하고 있는 것이 현실이다.[24] 또한 브로커는 부수적인 조언을 하지만, 그에 한해서는 신인관계가 있고, 일반적으로 고객과 증권업자간의 관계를 보더라도 독립한 투자자문업자와 투자자의 대리인인 브로커를 구별할 의미는 그다지 없다.[25] 때문에 금융규제개혁안에서는 증권에 관한 투자조언을 하는 증권업자에 대해 등록투자자문업자와 동일한 신인의무를 부담시키고, 증권업자의 주의의무의 수준을 자문수준으로 강화하는 방안을 제안하였다. 아울러 고객의 입장에서는 최선의 이익이 되지 않고 증권업자의 이익만 되는 금융상품을 투자자에게 판매하도록 하는 강한 인센티브를 가진 보수형태에 대하여 검토하고 금지하는 권한을 SEC에게 부여하고 있다. 특히 자문업자와 증권업자간에 대한 규제의 정합성을 꾀하기 위하여 투자자문업자와의 관계에 관한 각종의 조건을 명확하게 공시하게 하고, 일정한 이해상충 및 투자자의 이

24) Blue print, at 125, 금융규제개혁안 at 71.; 이러한 연구는 RAND보고서에 자세히 소개되어 있다. 이에 관해서는 Angela A. Hung, et al., Investor and Industry Perspectives on Investment Advisers and Broker-Dealers, 2008, available at. Http://www.rand.org/pubs/technical_reports/2008/RAND_TR556.pdf.

25) Blue Print, at. 125～126; 금융규제개혁안 at. 71～72.

익에 반하는 판매관행을 금지시키는 방안을 제안하였다.[26)]

ⓑ SEC 제재권 강화: 부수적 금지(collateral bars)의 도입

1934년법 제15조(b)(6)(a)는 SEC에게 증권업자의 관계자에 대하여 계고, 활동 제한, 제휴 금지 등의 명령을 할 권한을 부여하고 있고, SEC의 권한의 하나로서 부수적 금지를 정하고 있다. 또한 투자자문에 대해서도 동일한 규정을 적용하고 있다(투자자문업법 제203조 f). 그런데 현행법하에서는 어느 하나의 법률에 위반한 자가 다른 법률하에서 업무를 하는 것이 반드시 배제되지는 않는다. 때문에 규제의 실효성을 저해할 가능성이 크다. 이러한 점을 인식하여 금융규제개혁안에서는 부수적금지대상이 1개 업계에 국한하지 않고, 업계 횡단적으로 해야 한다고 제안하고 있다.

ⓒ SEC의 정보공시에 관한 권한 강화: 투자설명서 교부의무 개선 등

투자설명서 교부의무를 둘러싸고 최근 SEC의 규칙이 개정되었다. 1933년법 제5조(b)(2)에 의하면 증권매출 내지 매각 후 인도와 동시 내지 그 전에 동법 제10조(a)의 요건을 갖춘 투자설명서를 교부하도록 하고 있다. SEC는 2005년에 발행공시에 관한 규칙을 개정하였고, 최종 투자설명서 교부의무에 관해서는 "access equals delivery"를 원칙으로 하였다. 즉, 1933년법에 기초한 규칙 172에 의하면 소정의 기간 내에 최종투자설명서가 SEC에 제출되고, 웹사이트에 게재되면 투자설명서 교부의무를 이행한 것으로 본다. 다만 등록투자회사의 경우 적용제외가 된다. SEC는 2009년 11월 뮤추얼펀드의 발행공시에 관한 SEC규칙을 개정하고, 요약투자설명서 교부 및 법정의 투자설명서가 온라인에서 제공된 경우 이를 갖고 투자설명서교부의무를 이행한 것으로 본다는 취지로 규칙을 제정하였다(Rule 498). 다만, 이 방법에 의한다 하더라도 요약투

26) 금융규제개혁안 at. 72.

자설명서의 교부는 증권의 인도보다 지체하면 안 되고[Rule 498(c)(1)] 사전의 투자판단을 확보하는 것이 되지 않는 경우가 있다. 때문에 금융규제개혁안에서는 신속한 증권발행을 저해하지 않고, 투자자가 정보에 기초하여 투자판단을 할 필요성이 있으므로 요약투자설명서를 포함한 정보공시가 투자자에 대한 매각과 동시 내지 그 전에 행해지도록 하기 위하여 SEC에게 권한을 부여하여야 한다고 하고 있다. 이에 관하여 투자자보호법 제914조의 투자회사의 주식 매수 전에 투자자에 대한 정보공시를 의무화하는 SEC의 권한의 명확화 차원에서 1940년 투자회사법 제24조에 (h)항 "정보공시의 타이밍" 조항을 추가하고 등록투자회사가 발행하는 증권의 매수자에 대한 매출에 앞서 입수한 서류 내지 정보에 관하여 규칙을 제정할 권한을 SEC에 부여하는 규정을 신설하였다.

ⓓ SEC의 정보수집권 강화

이 외에 투명성을 촉진하기 위하여 SEC로 하여금 정보공시에 관하여 소비자에 의한 테스트를 하고 개인투자자에 대한 정보공시의 유효성을 검증하게 하는 것을 목적으로 하는 제안도 행해지고 있다(제912조). 구체적으로는 테스트실시, 소비자 지원활동(consumer outreach), 개인투자자에게 제공한 정보공시에 관한 테스트를 할 수 있게 하고, 이에 대한 예산조치도 할 것을 제안하고 있다(1933년법 제19조에 (e)항 추가 신설 제안; 1934년법, 투자자문업법 및 투자회사법에도 동일한 규정 설치). 이러한 개정은 보다 넓게 개인투자자 내지 소비자의 관점에서 정보공시를 개선하는 것으로 개시된 정보에 관하여 개인투자자의 이해를 촉구하고 개인투자자의 실질적인 투자판단을 확보하기 위한 준비작업으로서 중요하다고 보여진다.

ⓔ 투자자의 공정한 취급

금융규제개혁안에서는 투자자의 공정한 취급으로서 투자조언을 하는 증권업자의 신인의무와 사전의 중재강제조항(mandatory arbitration clauses)의 금지를 담고 있다. 즉 금융규제개혁안에서는 개인투자자와의 사이에서 증권업자와 계좌 및 투자자문의 계좌 개설시 중재강제조항을 마련하는 것을 금지하는 권한을 SEC에 부여하는 것을 권고하고 있다. 다만 그전에 중재강제조항의 이용에 관하여 SEC가 정당한 이유가 있는 고충이 적절하게 처리되지 않음으로써 투자자가 해를 입게 되지는 않는지, 혹은 중재에 관하여 변경을 가하는 것이 타당한가 여부에 관하여 검토할 것을 권고하고 있다. 구체적으로 금융규제개혁안 제921조에서는 "사전 분쟁중재강제를 제한하는 권한" 타이틀로 1934년법 제15조에 (m)항을 추가하여 연방증권법 내지 SRO규칙 하에서 발생한 브로커, 딜러 내지 지방채증권딜러와 그 고객 간의 장래 분쟁에 관하여 중재를 의무화하는 내용의 합의를 금지하고, 그 이용에 관하여 제약할 권한을 SEC에 부여하는 것을 제안하고 있다.

ⓕ 금융회사·공개회사의 설명책임 강화

금융규제개혁안에서는 금융회사와 공개회사의 책임강화 조치로서 내부고발자의 보호 강화, 부수적 금지의 횡단화 및 경영자 등의 보수규제를 강화하고 있다. ① 우선 내부고발자 보호와 관련하여 제922조에서는 내부고발자 보호, 제923조의 내부고발자 보호를 위한 기술적 개정 및 제924조 내부고발자 보호를 위한 실시 및 이행을 위한 규정 등을 마련하고 있다. 제922조는 이 중 핵심조항인데, 그 내용은 1934년법 제21F조에 "증권내부고발자의 인센티브와 보호" 규정을 따르고 있다.

② 교사·방조자에 대한 책임기준의 통일과 관련하여 금융규제개혁안에서는 교사·방조자에 대한 책임기준에 대해 통일, 명확화를 규정하고 있다. 즉 투자자보호법 제926조에서는 "증권법 및 투자회사법하에서의 교사, 방조에 관한 권한"에서 이들 교사, 방조자에 대하여 유지명령, 민사제재금을 신설하고 있다.

③ 경영자 등의 보수규제와 관련하여서는 미국의 경우 주회사법상 경영자의 보수결정은 원칙적으로 이사회에 있고, 공개회

사의 경우 증권거래소의 상장규정에 의해 독립한 이사로 구성된 보수위원회의 설치가 의무화되어 보수위원회 내지 독립한 이사[27]가 결정하도록 하고 있다. 다만 스톡옵션의 경우 세제상의 우대조치를 받기 때문에 주주총회에 의한 승인이 요구되고 있다. 보수와 관련하여서는 2006년 SEC규칙의 개정을 통해 공시의 범위가 확대되었고, 공시방법도 변경되었다. 그러나 업적연동형 보수가 부적절하게 운영되는 경우가 많고 금융위기의 원인으로 지목되면서 금융규제개혁안에서는 공개회사의 경우 "say on pay rules"의 도입을 의무화하고 경영자의 보수패키지에 관하여 주주총회에서 주주가 투표할 것을 제안하였다. 다만 이러한 결의는 비구속적인 것이고 이것으로 회사의 의사결정이 법적으로 구속되지는 않는다. 구체적으로 투자자보호법 제941조 경영자보수의 주주투표에 관한 공시(Shareholder Vote on Executive Compensation Disclosures)에서는 1934년법 제14조에 (i)항 "매년 경영자보수에 관한 주주의 승인"을 추가할 것을 제안하고 있는데 그 내용은 다음과 같다. 우선, 주주총회의 위임장등에서 SEC의 공시규칙에 의해 공시된 경영자보수에 관해 매년 주주가 승인여부를 투표하도록 하고 있다. 둘째 고액퇴직금(황금낙하산)에 대한 주주의 승인을 받도록 함으로써 매수, 흡수합병, 신설합병, 내지 발행회사의 전자산 내지 대부분의 자산을 매각, 처분하는 경우 주주총회의 위임장의 권유서류에서 권유자는 SEC규칙에 따라 명확하고 간소한 표에 의하여 임원과 교섭한 보수에 관하여 합의한 바를 개시하도록 하고 있고, 개시된 보수의 합의에 대하여 주주의 승인을 받도록 하고 있다.

다음으로 제942조의 "보수위원회의 독립성"에서 1934년 법 제10A조 다음에 10B "보수위원회에 관한 기준"을 추가할 것을

27) NASDAQ, Equity Rules §5605(d)(1)(A), (2)(A).

제안하고 있다. 즉 발행자의 이사회 산하 보수위원회의 각 구성원은 독립하여야 하며, 각 구성원은 발행자로부터 상담료, 조언료 기타 보수를 받을 수 없고, 발행자 내지 그 자회사의 관계자는 보수위원회 위원이 될 수 없다고 하고 있다. 그 외 보수컨설턴트 및 기타 보수위원회의 자문시 적용되는 독립성기준을 두어 이들도 SEC가 정하는 독립성기준을 준수하도록 하고 있다. 게다가 보수컨설턴트에 관한 보수위원회의 권한에 관해서도 규정하고 있는데, 보수위원회는 독립성요건을 충족하는 보수컨설턴트의 조언을 받을 수 있고, 이 경우 독립한 보수컨설턴트의 선임, 보수, 감독에 관하여 보수위원회가 직접 책임을 지는 것으로 하였다. 다만 이들 조언 내지 권고에 따를 필요는 없다. 또한 연차주주총회의 위임장권유서류에는 보수위원회가 보수컨설턴트의 조언을 받았는지, 조언을 받지 않은 경우 그 이유에 대해 기재하도록 하고 있다. 마지막으로 발행자는 이들 보수컨설턴트 및 기타 자문에 대한 보수를 지급하기 위하여 적절한 자금제공을 할 의무를 진다.

ⓖ SEC의 투자자자문위원회 설치 항구화

SEC는 2009. 6. 3. 증권행정분야에 투자자의 목소리를 더욱 강력히 반영할 목적으로 기관투자자・개인 등 광범한 투자자대표 17인으로 구성된 "SEC Investor Advisory Committee(IAC)"를 설치하였다. IAC 설립목적에 관해 정관에 다음과 같이 규정되어 있다.

- 증권시장에서 투자자가 관심을 갖고 있는 사항에 관해 SEC에 조언
- 증권규제에 관한 투자자의 최신의 의견을 SEC에 전달
- 증권규제프로그램에 관하여 투자자의 입장에서 SEC에게 정보제공・자문

IAC의 구성원은 IAC 규정에서 다양한 투자자의 다른 이익을 효과적으로 반영할 수 있도록 선출되는 20인 이내의 인원으로 구

성될 것으로 규정되어 있으며 구체적으로 투신, 연금 등 광범한 기관투자자 내지 그 대표, 지역・규모・투자전략 등이 다른 투자자의 대표 및 개인투자자로 열거하고 있다. IAC가 설치된 배경으로 투자자보호는 여전히 SEC의 관할하에 있으나 종래보다 엄격히 투자자보호를 강화하고, 철저히 하고자 설치한 것으로 분석된다. 설립 후 IAC는 7월 27일 제1회 회의를 개최하고, 당면한 검토과제를 결정한 바 있는데, 제1차 회의에서 선정된 검토과제에는 다음과 같은 주제가 포함되었다. 즉, 수탁자의무(Fiduciary duty), 공시 개선, 기술발전, 금융문맹 퇴치, 자산평가의 중요성에 관한 투자자의 이해, 회사 임원의 과반수찬성투표에 의한 선임, 기업의 경영진과 투자자의 의사소통, 의결권 행사, SEC의 자원 확보가 그것이다.

특히 공시제도 개선방안으로서 IAC 1차 회의에서 제기된 검토과제로는 ① 투자상품 및 중개업자에 관한 정보공시, ② 상장기업의 지속가능성(sustainability)에 관한 정보공시를 하는 방안이 논의되었으며, 투자상품 및 중개업자에 관한 정보공시 강화방안과 관련하여 SEC는 ① 투자신탁의 판매시 정보공시(브로커와 투자자간의 이해상충: 예컨대 브로커가 중개보수가 높은 펀드를 고객에 제공하는 것의 가능성에 관해 공시)를 강화하고, ② 투자신탁보유기간중의 비용에 대한 정보공시(펀드자산에서 매년 지급되는 판매촉진비용인 12b-1 보수, 포트폴리오거래에 의해 증권회사가 받는 수수료 등에 관한 개시), ③ 401k 가입자에 대해 정보공시(401k 적격상품 및 그 비용, 관계자간에 수익분배 등) 강화 방안이 제시되었다. 특히 투자신탁 판매시 정보개시에 관해서는 SEC는 2004년에도 투자신탁의 판매자와 투자자간의 이해상충의 가능성을 판매자가 판매시점에 투자자에게 개시할 것을 의무화하는 방안을 제안한 바 있는데, 이후 2009년 3월 말부터 실시되는 투자신탁의 요약투자설명서의 기재항목중의 하나로서 "펀드 또는 투자신탁회사로부터 판매회사로의 보수지급에 관한 기재"(투자자가 증권회사 내지 은행 등을 통해 펀드를 판매하는 경우 투신회사로부터 판매업자에게 판매보수가 지급되는 경우가 있고, 이는 판매업자의 펀드추천에 영향을 미치는 이해상충이 발생할 가능성이 있음)을 게재할 것을 의무화하였다. 이후 재무부는 금융규제개혁플랜 중에 새롭게 정보개시의 시점을 제안하였는데, 이는 현재 투자신탁의 요약투자설명서를 보면 대부분의 증권발행신고서가 매매보고서에 첨부해서(즉, 판매계약시) 투자자에게 교부되고는 있지만 SEC는 투자자의 이해촉진에 기여한다고 판단될 경우 판매계약시점 내지 그 이전에 투자설명서를 교부하도록 규정할 권한이 부여되어야 한다고 언급한 바 있다[28].

5) 2010. 3. 5. **상원의 미국금융안정화 회복법안**(Restoring American Financial Stability Improvement Act)

(가) 2009. 11. **초안 발표 및 주요내용**

상원의 은행위원회 역시 2009. 11. 10. "미국금융안정화회복법"이라는 제목으로 금융규제개혁에 관한 초안을 공표한 바 있다.[29] 이른바 "Dodd 규제개혁안"으로 동 초안의 주요골자 중 금융소비자 보호와 관련해서는 다음과 같은 개선안이 제시되었다.

특히 금융소비자 보호와 관련하여서는 하원의 규제개혁안과 공통되는 점이 많은데, 이에는 우선, 두 안 모두 기존 금융규제기관으로부터 금융소비자 보호기능은 떼어 금융소비자보호에 전념하는 새로운 단일 기구에게 부여한다는 점이다. 둘째, 두개 안 모두 금융파생상품에 대한 규제공백을 해소하고 기존 규제기관인 SEC와 CFTC에게 이들에 대한 규제권한을 부여하려는 점이다. 셋

---

28) 이에 대해 ICI(미국투신협회)는 판매시점 개시내용에 관해 투자신탁에 한해 이해상충 가능성의 개시의무를 부과하는 것은 판매자에게 그러한 규제가 없는 연금보험 등 다른 상품의 판매로 이동하게 하는 사태를 야기하기 때문에 이해상충 가능성의 개시의무는 모든 투자상품에 적용되어야 한다고 주장하고 있다.

29) http://banking.senate.gov/public/_files/AYO09D44_xml.pdf.

째, 두 규제개혁안 모두 금융시스템에 위험이 되는 금융기관들을 확인하고, 시장정보를 수집하고 위험집중을 점검하는 권한을 가진 시스템 위험감독위원회를 창설하려 한다는 점이다. 넷째, 규제개혁안 모두 검사권한을 가진 은행규제감독기관의 수를 줄이고자 하고 있으며, 마지막으로 두 규제개혁안 모두 투자자·금융소비자가 정보를 쉽게 얻을 수 있도록 하고 있다.

[표 6] 상원 입법안의 주요내용

단일은행규제감독기구 설립	·연방차원의 복수의 은행규제기구를 단일금융기관감독기구(Financial Institutions Regulatory Administration, "FIRA")로 일원화
규제공백 해소	·위험이 높은 부정한 관행이 규제되지 않은 공백해소 ·대표적으로 장외파생상품, 헤지펀드, 보험. 증권화시장 등에 대한 규제 강화
임원보수, 지배구조 개선	·임원보수에 대하여 구속력 없는 주주의결권(Say on Pay)을 도입. ·보수위원회의 독립성 향상 ·분식회계의 경우 인센티브보상의 반납 · 금융기관에 과대한 손실을 야기할 수 있는 과대보수 금지 · 이사회의장과 CEO 겸직 혹은 분리한 이유 공시 · 주주의 승인을 받은 경우를 제외하고 이사시차임기제 이용의 제한
금융소비자보호국 설치	·금융활동 전반적으로 규제권을 부여 (하원안은 100억 달러 초과한 자산을 가진 금융회사만 검사권 인정)
투자자보호 강화	·중개업자에 대해서도 신인의무 부과 ·정보제공 증대 ·강제중재 제한 내지 금지

	・방조자에 대한 민사책임 인정 ・내부고발자 보상 ・투자자문위원회(Investor Advisory Committee) 및 투자자지원국(Investor Advocate) 설치

(나) 경과 및 주요내용

통과된 상원안에는 금융안정감독위원회(Financial Stability Oversight Council)를 설치하여 금융안정성에 위험을 초래하는 비은행 금융기관도 감독할 수 있게 하는 것을 포함, ② 금융소비자보호국(Bureau of Consumer Financial Protection)의 설치를 담고 있다. 금융소비자보호국은 FRB에 소속되나 대통령이 임명하고 상원이 동의한 독립이사들로 구성된다. 아울러 은행의 투기성 많은 자기매매를 금지하며 장외파생상품거래 규제 강화 등 초안의 내용들이 대거 큰 변경 없이 유지되었다.

6) 도드-프랭크 월가개혁 및 소비자보호법(Dodd-Frank Wall Street Reform and Consumer Protection Act, "금융개혁법")

이후 2010년 6월 상원과 하원의 조정위원회가 최종 통합법안에 합의하면서 동년 7월 양원의 가결과 대통령의 서명으로 동법이 발효되었다.

(가) 주요내용

i) 금융감독 개편

금융개혁법에서는 중복감독 및 감독의 공백으로 인한 폐해를 줄이기 위해 금융감독시스템 개편방안을 제시, 금융안정감시위원회(Financial Stability Oversight Council, "FSOC"), 금융소비자보호국(Consumer Financial Protection Bureau, "CFPB") 등을 신설하고, OST를 폐지하였으며 FRB와 FDIC등 기존 금융감독기관들의 역할을 재조정하였다. 구체적으로 FSOC는 금융감독기관간의 업무조정 및 시스템 리스크 관리를 위해 범정부적 협력기구로서 역할하며, 재부부장관이

의장으로 참가하며, 위원으로 FRB, OCC, FDIC, SEC, CFTC외 연방주택금융청, CFPB, NCUA의 장 및 대통령이 임명하는 민간보험전문가 등의 10인으로 구성된다. 이 기관은 시스템리스크를 조사·관리할 의무가 있으며, 의장을 포함한 위원 2/3 이상의 찬성을 통해 금융회사를 SIFI로 지정할 수 있다. SIFI는 FRB의 건전성 감독을 받으며, FSOC는 SIFI에 대한 건전성 규제를 강화하도록 권고할 수 있으며, 금융위기상황에서는 특정 SIFI의 인수·합병 제한, 금융상품 취급금지, 회사분할, 자산매각 등을 의결할 수 있다.

한편, 금융소비자 보호업무의 효과적인 수행을 위해 금융소비자의 보호업무만을 전담하는 CFPB를 FRB 내에 설치되나 독립적으로 운영된다.[30] FRB는 CFPB의 임직원 임면, 규정제·개정, 예산 운영 등에 대해 간섭할 수 없고, 금융소비자 보호를 위해 각종 소비자관련법(공정신용보고법, 공정신용청구법 등)의 시행령 제정, 관련기관에 대한 검사·제재, 소비자 민원조사 및 금융교육을 담당한다. 미국의 중앙은행인 FRB는 금융개혁법을 통해 담당영역 및 권한이 확대되었으며 SIFI에 대한 감독업무와 중요 지급결제기관에 대한 리스크 관리기준 제정업무를 맡게 되었으며, 저축은행지주회사도 감독하게 된다. 반면, 금융위기의 책임과 권한 강화에 따른 책임강화를 위해 FRB에 대한 통제권도 강화되어 감사원은 FRB 긴급대출에 대한 특별감사를 실시하며 재할인정책, 공개시장조작, 긴급대출 등에 대한 상시감사도 실시하게 된다.

ii) 금융회사 규제·감독 강화

금융개혁법에서는 금융회사 및 금융시장 참가자의 각종 도덕적 해이를 줄이기 위해 규제를 강화, SIFI를 지정·감독하고, 은

30) CFPB신설로 금융회사의 건전성과 영업활동 감독을 분리하는 분리감독(twin peaks supervision)시스템의 초석을 마련하였다는 평가로는 정찬우·서병호·신보성·오영수, 미국 금융개혁법의 주요내용 및 시사점, 한국금융연구원, 2010. 9.

행의 자본시장 관련 업무 및 규모를 제한하며, 파생상품시장과 헤지펀드 등 그림자금융에 대한 규제를 강화하는 한편 신용평가회사의 영업행위를 규제하였다. 무엇보다 은행, 은행지주회사, 저축은행 및 관련사에 대하여 대고객업무와 무관한 트레이딩 계정거래(proprietary trading)를 금지하였다. 또한 은행, 은행지주회사, 저축은행 및 관련사에 의한 헤지 사모펀드 운용을 금지하며 헤지·사모펀드에 대한 투자규모도 엄격히 제한하였다. 즉, 기본자본(Tier 1 capital)의 3% 이상 투자할 수 없으며, 개별펀드 투자금은 펀드출자총액의 3%를 1년 이상 초과할 수 없게 하였다. 아울러 금융회사의 대형화를 제한하기 위해 기업결합 이후 부채기준 시장점유율이 10%를 상회할 경우 해당 금융회사의 인수·합병을 금지하였다. 또한 스왑시장에 정기적으로 참여하거나 스왑시장에서 중요한 위치를 차지하는 금융회사의 경우 예금자보호와 긴급지원 등 각종 정부지원이 금지된다. 예컨대 CDS(credit default swap), 합성 CDO(collateralized debt obligation) 주식스왑 등은 어떠한 경우에도 부보 금융회사가 취급할 수 없다. 이외 특정규모 이상의 헤지 사모펀드는 SEC가 감독하도록 하여 투자자문자로 등록해야 하며 운용자산 규모, 레버리지비율, 거래상대방 노출규모, 보유자산의 종류, 가치평가방식등 주요 정보 보고의무가 부과된다.

iii) 투자자 보호 및 시장규율의 강화

금융개혁법에서는 투자자보호를 위해 증권중개인의 신의성실의무가 강화되고 신용평가, 파생상품, 임직원보상체계의 투명성제고를 위해 시장규율을 강화시켰다.

그 외 금융회사가 자산유동화를 통해 신용위험을 이전하는 경우 발행금융회사도 신용위험을 공유하도록 의무화하여, 금융회사가 주택저당증권 등 증권화상품을 발행하는 경우 해당 채권을 5% 이상 보유할 의무가 부과되었고, 동증권과 반대방향의 포지션을 취하는 행위가 금지되었다.

그 외 장외스왑거래도 SEC와 CFTC의 감독대상에 포함, 단일 상품이나 간단한 지수를 기본자산으로 하는 스왑거래는 SEC가, 복수의 상품을 기본자산으로 하여 만들어진 것은 CFTC에서 감독하게 된다. 또한 표준화된 파생상품은 중앙청산소를 통해 청산거래 될 수 있도록 하며, 비표준화된 파생상품은 장외시장에서 거래되나 거래내용을 중앙예탁기관에 보고하도록 하였다. 그 밖에 지나치게 낙관적인 신용평가를 방지하고자 SEC 내에 신용평가사 전담부서를 신설하여 검사결과를 공시하도록 하였으며, 기업이 채권을 발행하는 경우 SEC가 신용평가사를 무작위로 지정하여 신용등급 쇼핑을 방지하고자 하고 있다.

한편, 경영진 보상과 관련하여 공시 강화 및 지배구조 개선을 꾀하고자 모든 상장회사로 하여금 경영진의 보상체계, 보상수준, 일반직원과의 보수격차, 보상위원회 보고서 등을 공시하도록 하였으며, 주주들은 경영진의 보상체계에 대한 비구속적 투표가 가능하다. 아울러 보수위원회의 독립성 강화와 기지급보상액에 대한 환수조항도 신설하였는데, 모든 상장회사의 보수위원회는 100% 사외이사로만 구성되고 보수전문가를 고용할 권한이 부여되었다.

ⅳ) 금융소비자 보호

금융회사는 신용카드나 주택담보대출과 관련하여 금융소비자에게 불공정한 수수료를 받을 수 없으며, 총자산 100억 달러 이상 은행이 발행하는 신용카드 등의 수수료에 대해 FRB는 합리적인 기준을 마련할 의무가 부과된다. 또한 주택담보대출상품 취급시 소비자의 변제능력을 확인할 의무가 부과되었다.

2. 영 국

(1) 금융위기 이전의 논의

영국의 금융서비스시장법(Financial Service and Market Act)은 각국의 금융법 제·개정의 입법모델이 될 정도로 주지되어 있으나 특히 금융소비자보호법제로서 시사점이 크다. 더구나 동법은 제정된 이후에도 여전히 최신화되고 있으며 동법에 의해 새로 창설된 금융감독기구인 FSA 역시 공식적으로 금융소비자보호기구로서 명명된 이후 지속적으로 금융소비자보호관련 법제도개선을 주도해 온 바 있다. 다만 논의의 필요상 이하에서는 금융위기 전후의 시기에 포커스를 맞추어 금융소비자보호와 관련하여 주목할 만한 움직임을 중심으로 소개를 하기로 한다.

1) **정부의 금융교육목표[31] 설정 및** Thoresen Review[32]**등의 실시**

영국은 법제 정비 외에도 FSA 주도로 1998년부터 꾸준히 금융소비자의 금융이해력 향상에 주력하고 있는 것이 특징이다. 특히 2003년 11월 FSA는 "금융능력 강국전략"이라는 표제의 보고서를 발표한 이래 금융교육을 국가전략으로 채택하고 그 후 달성해야 할 전략적 목표를 정하고, 2011년을 최종목표로 삼아 지속적인 조치를 단행하고 있다.

그간 정부가 금융서비스시장의 강화를 목표로 효율적이고 독립한 위험에 기초한(risk based) 규제체계 확립 및 저렴한 비용의 투자상품을 촉진시키는 등 공급자중심의 조치들을 단행하면서 한

---

31) 영국에서의 금융교육에 관한 논의를 정리한 글로는 大橋 善晃, 英國における金融教育(3), 政府による金融教育への組み、證券レビュ, 49권 7호, 2009. 7(www.jsri.or.jp).

32) Thoresen Review of Generic Financial Advice, The Final Report (published 3 March 2008), available in http://webarchive.nationalarchives.gov.uk/+/http://www.hm-treasury.gov.uk/thoresen_review_index.htm

편으로 금융소비자가 적극적인 역할을 하지 못할 경우 정부조치들의 효과는 반감될 수밖에 없다는 인식하에 금융소비자의 금융이해능력의 향상은 개인에게는 물론 금융산업 및 서비스시장, 나아가 국가경제에 이익이 된다는 점을 주목하면서 재무부를 중심으로 금융능력의 장기적인 제고를 위한 방안을 검토한다는 발표가 있었다. 이후 이러한 검토결과는 2007년 1월 "금융능력－정부의 장기적인 접근"[33]이라는 표제의 보고서로 발표되었다.

이처럼 영국은 금융상품의 내용이 복잡해지고 경제, 사회 인구구조의 변화가 진전되면서 금융서비스에서의 금융소비자의 지위가 중요해지는 반면 금융능력은 저하되어 있는 점이 금융시장의 발전에 심각한 문제라고 인식하기 시작하였다. 또한 소액으로 일반적인 금융조언(generic financial advice)[34]을 제공하는 시장의 경우 이 같은 기회를 갖지 못하는 금융소비자의 경우 금융판단에 있어 불리한 지위에 서게 되고 이는 결국 불리한 결과를 야기할 가능성이 큰바, 이러한 영역에 예방적인 접근이 필요하다고 보고, 이러한 점에서 일반적인 조언을 제공하는 것에 대해 국가의 적극적인 관여가 필요하다고 판단하였다.

이러한 인식하에 정부는 Thoresen에게 일반적 금융조언을 금융소비자에 대해 제공하는 것에 대한 국가적 접근방법을 조사해 줄 것을 의뢰하고 이를 실행하기 위한 가능성을 타진해 보았다. 그 결과 2008. 3 나온 성과물이 Thoresen Review라는 보고서이다. 이 보고서의 핵심은 이제까지 일반적인 금융조언으로 불리는 것을 "Money Guidance(금융안내)"라는 명칭으로 대체하고 이러한 머

---

33) HM Treasry, Financial Capability: the Government's long-term approach, Jan. 2007.

34) 금융서비스시장법에 의해 규제받는 규제업무로서 제공되는 조언이 아니라는 점에서 일반적인 조언이라고 불린다. 또한 개인의 금융상황에 주의를 기울이지만 개별상품을 추천하지는 않는 것이 특징이다.

니가이던스를 배포하기 위한 국가적인 접근방법에 대해 조언하였다. Review에서는 Money Guidance라는 명칭이 서비스의 내용을 잘 전달한다는 취지에서 선택하였다고 밝히고 있으나 무엇보다 정부가 고민한 법상의 규제대상으로 삼고 있는 규제업무인 투자자문과 "일반적인 금융조언(generic financial advice)"간의 경계를 어떻게 구획할 것인가를 해결하기 위한 노력의 일환으로 분석된다. 금융안내는 일상생활에서 발생하는 금융문제에 대하여 금융소비자들이 필요로 하는 지도와 정보로서 주간 또는 월간 소비예산책정, 저축과 차입 그리고 자신과 가족의 보험과 보호, 은퇴계획, 조세와 복지혜택의 이해, 금융업에서 사용하는 전문용어의 설명 등을 포함[35]하여 이해력 제고 및 결정을 지원하는 기능을 갖는다.

2) RDR(Retail Distribution Review)[36]

이와 함께 FSA는 2006년 6월 금융상품의 금융소비자에 대한 판매와 관련하여 오랫동안 끊임없이 문제가 발생하고 있는 점을 주목하고 소매시장에서의 판매상의 문제를 점검하고 시정하기 위한 규제 개선을 시도하였다. FSA가 발표한 검토보고서(CP09/18)[37]와 정책설명서에 나타난 개선과제의 핵심은 금융소비자에게 제공되는 서비스의 내용을 보다 명확하게 전달하고 아울러 금융소비자에게 불리한 결과를 가져올 수 있는 투자자문업자의 보수 왜곡 문제를 시정할 것과, 투자자문업자의 전문가책임을 강화하는 등의 내용을 담고 있다. 이후 2009. 12. 보다 최신화된 내용을 담은 검토보고서(CP09/31: Delivering the Retail Distribution Review: Professionalism, Corporate pensions; and Applicability of RDR proposals to

35) 정순섭, 금융규제개혁과 금융소비자보호, 제21회 자본시장법연구회 발표자료, 35면.

36) http://www.fsa.gov.uk/Pages/About/What/rdr/index.shtml.

37) FSA CP09/18: Distribution of retail investments; Delivering the RDR, (http://www.fsa.gov.uk/pages/Library/Policy/CP/2009/09_18.shtml)

pure protection advice)[38]가 발표되었다.

(2) 금융위기 이후의 논의

1) 2009년 7월 8일 재무부가 발표한 금융시장 개혁안[39]

㈎ 내용과 의의

2009년 7월 8일 영국 재무부는 금융시장 개혁에 관한 제안을 담은 보고서를 발표하였다. 이 보고서에서는 금융위기의 원인에 대한 분석과 이제까지 정부와 금융감독기구가 취한 대응에 대해 해설을 담고 있다. 규제개혁에 관한 상세한 설명이 없이 금융위기가 현실화되기 전부터 추진해 온 규제개혁에 관해서 설명하는 내용이 상당한 부분을 차지하고 있다. 때문에 이 보고서는 새로운 금융개혁에 관해 구체적으로 제시하고 있다기보다는 향후 중기 규제개혁의 방향성에 관한 정부의 구상을 알려주는 정도의 의미만을 담고 있다고 평가할 수 있다. 보고서는 전체 9장으로 구성되어 있고, 1장은 영국에서 취한 금융서비스산업의 중요성, 국제적인 지위에 관해 설명하고 있으며, 특히 1997년 이후 진행해온 금융서비스감독기구를 중심으로 금융감독제도 개혁과 그 실정에 관해 상세히 설명하고 있다. 이어 제2장에서는 이번 금융위기와 이제까지 정부와 감독기구가 채택하여 온 대응방안에 관하여 설명하고 있으며, 제3장에서는 금융위기의 원인과 이후 개혁의 방향성을 시사하고 있다. 제4장에서는 6개 분야의(규제당국의) 기능 강화, 금융시스템상 중대한 기관 및 시스템리스크의 관리, 국제적인 공조체제 확립, 금융소비자 보호, 금융시장에서의 경쟁 분야로 나누어 이후 규제개혁의 방향을 설명하고 있다. 이하에서는 주로 제4장 이하에 있는 금융규제개혁에 관한 재무부의 방침

38) FSA, CP09/31 Delivering the Retail Distribution Review, (http://www.fsa.gov.uk/pages/Library/Policy/CP/2009/09_31.shtml).

39) http://www.hm-treasury.gov.uk/d/reforming_financial_markets080709.pdf.

과 금융소비자 보호를 위한 중기 개선방향을 소개한다.

㈏ **금융위기의 원인과 개혁의 방향**

우선, 영국의 금융규제개혁의 큰 방향을 이해하기 위해서는 영국정부가 인식하고 있는 금융위기의 원인과 개혁의 필요성에 관하여 확인해 볼 필요가 있다. 영국정부는 금융위기의 원인으로 ① 개별 금융기관의 지배구조와 위험관리, 보수제도 등 시장에 의한 규율이 기능하지 않다고 보았으며, ② 금융감독기구가 개별 금융기관이 전체에 미치는 위험에 관하여 충분히 파악하지 못하였다고 분석하고, ③ 국제적인 규제 및 감독체제가 금융시장의 변화(복잡성, 연동성, 경기순응성의 증가)에 대응할 수 없었다는 점 등 세 가지를 들었다.

그리고 이러한 문제에 대응하기 위하여 다음과 같은 방향을 중점 개혁과제로 잡았다. 즉, ① 규제당국을 시장 및 금융기관의 국제화에 대응할 수 있도록 개혁하고, ② 금융시장에 거대한 영향을 미치는 금융기관에 대해 시장규율 및 감독기구에 의한 규율을 강화하고, ③ 다양한 시장에서 시스템 위험의 분석과 관리를 강화하며, ④ 국제적인 감독기관간의 연계 강화 등을 추진하는 것이다.

이하에서는 이중 금융소비자 보호강화방안에 대한 방향성을 중심으로 소개하기로 한다.

㈐ **금융감독기구의 기능과 권한 강화**

영국의 경우 금융위기시의 대응 등 금융시장의 건전성에 대한 감독과 관련하여 종래 재무부, 중앙은행, FSA 등 세 개 감독기관의 삼각체제로 진행되어 왔다. 그러나 이러한 체제는 2007년 9월에 불협화음을 냈는데, 중규모 금융기관인 로잔락의 경영파탄시 감독당국 간에 서로 유기적으로 기능하지 못했다는 비판을 받았다. 이후 세 개 기관간의 연계체제를 강화하는 일환으로서 상설위원회조직을 설치하기로 합의, 그 결과 금융안정위원회(Council for Financial Stability, CFS)가 이를 대체하고, 시스템 위험 등 금융시장의 건전성에 관해 분석, 감시를 담당하는 보다 기능이 강화되고 법적인 성격을 가진 위원회를 설치하는 방안이 제시되었다. 이와 함께 FSA의 규제목적중의 하나로 금융안정화를 정식으로 명문화하는 방안이 제시되었고 이와 함께 FSA의 지배구조의 개선에 관한 방안도 검토되었다.

한편, FSA에서는 2008년 3월부터 중요한 금융기관에 대한 감독의 강화와 감독관의 인원 증강 및 연수 강화, 유동성에 관한 감시 강화 등을 내용으로 하는 감독개선 프로그램(Supervisory Enhancement Program)을 추진해 왔다. 그리고 이러한 방향은 2009년 2월 터너 장관이 FSA의 권한을 강화하는 방안을 제안하면서[40] 더욱 탄력을 받았다. 특히 FSA의 목적중의 하나로 금융안정화라는 정책목적이 정식으로 추가됨으로써 금융소비자보호의 관점에서의 규정의 제정만이 아니라 보다 광범한 범위에서 규칙제정권이 부여되도록 금융서비스시장법을 개정하여야 한다는 방안이 검토되었다. 특히 기업과 개인의 부정행위를 중단시키고, 과징금을 부여하는 권한의 강화 및 공매도 규제 등 상황에 따라 도입할 수 있는 권한의 부여 및 정보수집권한의 강화 등도 제시되었다. 이 외에 FSA의 권한 강화와 관련해서는 감독대상인 금융기관 이외의 기관에도 감독권을 확대하는 목소리도 나왔다.[41]

㈑ 금융서비스보상기금(FSCS)의 탄력적 운영

금융서비스보상기금과 관련해서는 아이슬랜드의 랭즈뱅킹의 지점이 영국에서 예금을 대규모로 조달한 후 파산한 사건이 발생하면서 영국예금자의 예금 보호가 보다 충실할 필요가 있다는 문제가 제기되었다. 이에 대응하여 국제적인 금융기관이 파산한 경우에도 유연하게 대응할 수 있도록 금융서비스보상기금제도를 변

---

40) Turner Review; 이에 대해서는 井上武, 歐州における金融規制改革の論議, 資本市場クォ-タリ-, 2009년 春호(www.jsri.or.jp).

41) Treasury wats extra powers for FSA, Financial Times, July 9, 2009.

경하는 방안이 제안되었다. 구체적으로 타국의 예금보험이 대상이 된 경우 예금자와 금융회사 간에 국제적인 창구역할을 FSCS가 하는 방안이 제시되었다.

㈒ **금융시스템상 중요한 기관에 대한 모니터링 강화 및 시스템 위험 관리**

보고서에서는 금융시스템적으로 중요한 기관을 명문으로 정의하고 있지는 않지만, 그 인정범위나 감독방법에 관해서는 2009년 말까지 재무부, FSA, 중앙은행, 특히 다른 국가의 감독당국과 논의한 결과를 공표하는 것으로 하였다. 또한 금융기관에 대해 명시적으로 규모의 제한을 두거나 예금업무와 투자은행업무를 분리시키는 등의 사업구성에 제한을 가하는 방안에 관해서는 이번 금융위기의 경험에서 보여지듯이 효과가 제한되고, 금융서비스 이용자에 대해 이용편이성이 떨어지고, 특히 실제 도입하려고 해도 실행이 어려운 점에서 고려하지 않는다고 밝혔다. 대신 금융시스템적으로 중요한 기관이 파산하지 않도록 하는 방안, 특히 파산한 경우 영향을 억제하는 것에 주안점을 두는 방안을 제시하였다. 대표적으로 ① 금융회사의 지배구조의 강화, 보수제도의 감시등 시장의 감시를 강화하는 조치와 ② 건전성의 관점에서 감독을 강화하는 방안, ③ 대규모이고 업무가 복잡한 기관의 경우 필요자기자본을 인상시키는 것으로 파산위험을 금융기관에 내부화시키는 방안이 제시되었다.

아울러 금융회사의 임원에게 지급되는 보수와 관련해서는 금융기관의 보수에 관한 행동기준의 준수상황, 특히 금융시장의 건전성에 미치는 영향에 관한 분석을 FSC가 매년 보고하도록 하는 방안이 제안되었다. 한편, 금융시스템상 중요한 기관과 자기자본규제와의 구체적인 연동체제에 대해서는 구체적으로 제시하지 않고 있는데, 이 점에 관해서는 금융기관에 의한 규제차익을 방지하기 위한 국제적인 공조가 필요하다는 점을 제시하는 데 그쳤다. 이 밖에 금융회사 파산시 그 영향을 억제하는 조치로서 ① 영향의 확대를 억제하기 위하여 CDS 등 금융시장에서의 인프라를 정비할 것과 ② 파산처리절차를 정비할 것 등을 제안하였다.

이 외 시스템위험관리를 강화하는 방안으로서 ① 회계정보의 투명성 강화, ② 은행간시장 등 도매시장의 투명성과 안정성 개선, ③ 시스템위험에 관한 감시와 감독의 강화, ④ 경기순응의 증폭효과를 억제하는 수단의 도입 등이 제시되었다.[42)]

㈓ **금융소비자 보호**

금융소비자 보호와 관련해서는 우선 이제까지 진행해온 정부의 조치에 관해 그 추진을 재확인하였는데, 영국정부는 확실히 이번 금융위기에서도 금융기관에 의한 충실한 설명부족 문제와 금융기관의 파산시 금융소비자의 금융상품의 이용편이성의 저하라는 문제에 대해 특히 주목하였다. 다만, 금융상품의 투명성의 확보, 이용편이성의 향상은 이제까지 장기적으로 영국정부가 시도해 온 테마로 이번 보고서에서도 이러한 성과와 이후 정책에 관해 지속적으로 추진할 것을 재확인하였다.

---

42) 구체적으로 ① 회계정보의 투명성 개선과 관련해서는 금융상품에 관한 기준의 간소화 및 평가기준의 정비, 대출금에 관한 충당금 및 충당에 관한 회계기준의 개선, 국제적인 회계기준의 조화, 회계기준설정단체의 지배구조 강화를, ② 은행간시장 등 도매시장의 투명성과 안정성 개선과 관련해서는 특히 증권화시장과 장외파생시장에 관해 표준화와 투명성의 개선이 필요하고 증권화상품에 관해서는 EU 자본요구지침 개정안과 같이 originator가 증권화대상자산의 5%를 보유하는 것, 투자자가 되는 금융기관이 증권화상품의 due diligence와 담보자산의 정보분석을 강화하는 방안을 제시하였다. 장외파생상품에 관해서는 표준화된 상품에 관해서는 청산소 설치의 이용을 추천하고, 표준화가 어려운 상품에 대해서는 상대방리스크관리 강화를 요구하고 있다. ③ 감독기구 감시와 감독 강화와 관련하여서는 금융감독기구의 기능강화에 추가하여 감독강화 항목으로 자기자본의 질과 양의 강화, 유동성위험에 관하 규제의 강화, 스트레스테스트의 강화, 금융시스템상 중대한 기관에의 감독 강화가 제시되었으며, 이외 부외거래, 헤지펀드 등의 감독을 강화하는 것도 추가적으로 제시되었다.

이 밖에 특기할 만한 이슈로는 시험적으로 영국 북부에서 실시하고 있는 무료 금융안내를 2010년 전국으로 확대하는 방안과 금융상품에 식품과 같이 상품내용을 간편하게 표시하는 라벨을 붙이는 방안의 적정성 검토, FSA의 감독대상에 소비자금융도 포함하는 방안, 다수의 소비자에 의한 집단소송 인정, 금융서비스보상제도의 개선 등이 포함되었다.

2) **금융서비스법안**(Financial Services Act Bill)[43]**의 발표 및 통과**

㈎ **경 과**

2009년 11월 19일 영국 정부(재무부)는 의회에 Financial Services Bill을 제출, 동법안은 2010년 4월 8일 통과되었다.

㈏ **입법배경**

앞서 소개하였듯이 1997년 새로운 금융규제시스템을 제안하면서 금융감독체제는 재무부, 중앙은행, FSA라는 삼각체제로 시작하였다. 이후 1998년 영국은행법은 통화정책에 대한 권한을 부여받은 대신 1998년 은행에 대한 감독권은 FSA로 이관되었다. 이후 2000년 FSMA법에 의해 금융서비스보상기금(Financial Services compensation Scheme, FSCS)제도도 정비되었는데, 이후 금융위기를 경험하면서 2009년 은행법을 개정, 현 체제하에 은행시스템의 위기를 대처하고자 중앙은행에 권한을 강화하는 방향으로 특별정리제도(permanent special resolution regime: 부실은행과 공제조합을 처리할 수 있는 권한 부여)가 마련되었다.

아울러 2009년 재무부는 "reforming financial markets"[44]라는 보고서를 발표하여 보다 효과적으로 금융회사의 건전성을 규제하

43) 이에 대한 개괄적인 소개로는 House of Commons, Financial Services Bill, Bill No.6 of 2009-10, Research Paper 09/84 (27 Nov.2009)(http://www.parliament.uk/documents/commons/lib/research/rp2009/rp09-084.pdf).

44) UK Treasury, Reforming Financial Markets(July2009), (http://webarchive.nationalarchives.gov.uk/+/http://www.hm-treasury.grov.uk/eforming_financial_markets.htm).

는 방안과 금융회사 감독방안을 제시하였으며 특히 시스템위험 점검과 통제 그리고 금융소비자 보호 강화와 지원을 강조하였다.

㈐ 주요내용

입법안의 주요내용은 크게 FSA의 감독권 강화 및 관할권 확대, 단체소송 인정 및 임원보수 규제,[45] 공매도 및 징계절차 등의 강화 등이 해당된다. 특히 금융서비스와 관련한 금융소비자의 단체소송을 허용하는 방안이 포함되었다는 점에서 주목을 받았다(제18조~제25조에서 규정). 그러나 동 제안은 최종안에서 삭제되었다. 이하 이들 내용에 대해 간략히 소개하기로 한다.

i) FSA의 규제목적에 금융안정을 추가

금융위기를 경험하면서 FSA의 규제목적에 금융안정이 명시되었다. 다만 금융안정을 위한 전략과 조치시 재무부와 사전에 협의하도록 하고 있다.

ii) FSA의 대중의 금융시스템에 대한 이해력 촉진이라는 목적은 삭제

새로운 금융소비자 교육기구(Consumer Financial Education Body: CFEB)가 창설되었다. 이러한 금융소비자 교육기구의 창설 목적은 금융문제(금융시스템 포함)에 대한 대중의 지식과 이해력 제고 및 재무사항 관리능력 향상. 그리고 국가적인 금융이해력 제고라는 전략하에 그간 FSA가 취해온 업무를 새로운 기구로 이관하기 위함이다. 이 기관이 앞으로 종래 FSA가 담당했던 공평하게 일반적인 금융조언 및 금융안내(money guidance)를 제공하게 된다.

iii) FSA의 규정제정권 강화

종래는 금융소비자 보호목적을 위해서만 규정제정권이 인정되

---

45) 이에 이르기까지 다양한 규제조치들이 모색되었다. 대표적으로 다음과 같은 것이 해당된다.
- Bank payroll tax 2009. 12. 9. 발표
- FSA 새로운 보수지침.
- Financial Services Bill 2009의 보수규제안.
- The Walker Review－금융분야에서의 보수에 대한 정부검토보고서(2009.11).

었으나 규제목적 달성을 위한 일반적인 규정제정권이 부여되었다.

iv) 공매도 규제

FSA에 공매도 금지권한이 부여되었다.

v) 특별정리제도(recovery and resolution plans)

부실 금융회사 정리와 관련하여 탄력적으로 권한을 행사할 수 있게 되었다.

vii) 징계권 확대

금융회사의 영업행위 위반시 과징금을 부과하는 권한이 부여되었으며, 이러한 권한에는 인가(permission과 approval)의 취소 및 중지 내지 제한도 포함된다. 이외에 규제대상자인 개인을 금융산업에서 퇴출시키는 권한도 부여받았다. 다만 이러한 제재결정에 대해서는 공시하도록 하고 있다.

viii) FSA에 금융회사로 하여금 소비자보상스킴(consumer redress schemes)을 사내에 확립해 두도록 하는 규칙 제정권을 부여

이에 따라 금융회사들은 소비자보상스킴절차를 갖추고 유효하게 작동할 것이 요구된다.

ix) 금융소비자의 요청 없이 소비자에게 신용카드를 발급하는 것을 위법행위로 규정

x) 금융서비스보상(Financial Services Compensation Scheme, FSCS)제도 손질

FSCS는 FSMA Part 15에 기초하여 규정한 제도로 금융회사 부도시 금융소비자에게 보상해주는 기금을 말한다. 2009년 은행법 개정으로 FSMA 214B를 수정, 재무부는 FSCS에 대하여 부실회사 처리와 관련하여(special resolution regime) 발생한 비용을 출연할 것을 요청할 수 있게 하였다(214B 신설). 아울러 Part 15A를 신설하여 FSCS로 하여금 금융서비스를 제공하는 다른 금융회사를 위한 보상기금을 위해서도 지급할 수 있는 근거규정을 추가하였다.

xi) 정보요청권 강화

FSA에 대하여 금융시비스템의 안정화 측면에서 필요한 자료

및 정보를 요청할 수 있도록 하였다.

㈑ 경과 및 특기사항

i) 단체소송 도입근거규정의 제안배경 및 경과

정부 입법안에 도입된 단체소송 허용규정은 사실 2009년 7월에 발표한 재무부 개혁안보다 포괄적으로 제안되었다. 예컨대 재무부 개혁안은 예외적인 경우 FSA가 주도하는 절차에 관해서만 단체소송을 이용할 수 있도록 제안하는데 그쳤으나 정부안은 광범하게 단체소송이 이용되도록 제안하였다. 이러한 점에서 미국의 집단소송과는 성격이 다르며, 특히 opt-out class actions의 성격을 취하는 점에서 차이가 있다. 이처럼 영국에서 단체소송에 대한 관심은 은행의 수수료관련 소송이 문제된 이후(The Office of Fair Trading v. Abbey National plc[2009] UKSC6, Nov. 2009) 특히 소비자구제방안에 관심이 집중되면서 주목받기 시작하였다. 특히 사법부 평의회(Civil Justice Council: CJC)가 발표한 improving Access to Justice through Collective Actions (Dec. 2008)이라는 보고서로 인해 더욱 단체소송은 금융소비자의 구제를 위한 조치로서 주목받기 시작하였다. 이 보고서는 일반적인 단체소송 도입을 제안하였으며, opt-out 소송의 경우 법원이 참여자전원에 대한 손해배상총액(aggregated damages)을 결정하는 것이 바람직하다고 제안하였다. 이후 OFT와 유럽위원회(EU Commission)는 경쟁과 소비자 소송과 관련하여 단체적인 구제조치가 도입되어야 한다는데 의견이 일치되었고, 2007. 11. opt-out방식으로 금융소비자와 기업을 대표하는 대표소송 도입을 제안하였다. 아울러 2008년 Commission은 독점금지법 규정위반과 소비자 단체구제에 관한 백서를 발표(2008. Commission, White Paper on Damages actions for Breach of EC Antitrust Rules and a Green Paper on Consumer Collective Redress)[46]하였다.

---

46) http://ec.europa.eu/comm/competition/antitrust/actionsdamages/documents.html).

이후 2009년 7월 정부는 CJC 보고서에 대해 일반적인 집단소송의 도입에 대해서는 거부하는 태도를 보였고, 대신 분야별로 도입할 수는 있다고 화답하였다. 이후 재무부는 2009년 7월 White paper에서 예외적인 경우 단체소송이 필요하며, 이 경우 제한된 형태로 그리고 FSA가 대표하여 단체소송을 제기하는 방안이 적절하다고 제안하였다. 즉, 단체소송을 고려하면서도 FSA의 제재를 받은 기업, FSA의 집행권이 충분하지 못한 경우에 한하여 적용대상으로 하여 매우 예외적인 경우를 전제로 하였다. 그러나 정부가 제출한 개정법안에서는 일반적으로 제기할 수 있도록 특별히 제한을 두지 않는 형태로 제시되었다. 영국정부는 금융서비스법 개정안에 포함시킴으로써 산업별로 도입하겠다는 종전의 약속을 실현하는 첫 발자국을 옮겼으며, 분쟁이 빈발하고 증가하는 현 상황에서 많은 분쟁들이 공통된 특징을 띠고 있어 단체소송이 가능하다고 인식하였다.

그러나 결국 최종법안에서는 단체소송에 관한 규정이 삭제되었다. 다만 도입을 안 하겠다는 것은 아니라는 분석이 있다. 즉 입법전략상 우선 논쟁이 적은 부분부터 통과를 하고, 단체소송은 다음 회기로 넘겨 보다 실효성 방안들을 추가적으로 보완한 후 도입하여도 충분하다고 본 것이다.

ii) 절 차

단체소송을 제기하기 위해서는 우선 법원의 허가를 얻어야 한다(collective proceedings order). 허가절차를 개시하기 전 소송대표자를 선임하여야 하며 청구가 동일 또는 유사하다는 요건(claims in the action give rise to the same, similar or related issues of fact or law)을 충족하여야 한다. 그리고 이러한 청구는 "financial services claim"에 속해야 한다. 다만 법원이 단체소송이 가장 적합한 해결방식이라고 보거나 다른 조치가 시도되었어야 하는 요건을 요구하고 있지는 않는 것이 특징이다. 아울러 대표자가 선임되어야 하고, 대표자는 소송청구인 중의 하나이거나 그 외의 자(소비자로비그룹 내지 규제감독기관)도 가능하다.

한편, 소 제기 후 법원은 각 사례별로 절차가 opt-in으로 할지, opt-out으로 할지를 결정하게 된다. opt-in 절차는 소송대표자에게 참여를 알린 청구인에게만 절차가 적용되고 구제가 제공되는 반면, opt-out 절차는 구제가 전체 구성원에게 부여되며, 다만 법원이 정한 데드라인 전에 제외를 알린 자는 배제되는 시스템을 취하고 있다.

iii) 요건 – Financial Services Claim

단체소송은 금융서비스에 관한 청구에 대해서만 적용할 수 있으며, 금융서비스에 관한 문제란 다음과 같이 정의된다. 즉 "-authorized persons(투자은행, credit institutions), payment service providers under regulation 291) of the payment Services regulation 2009 – those operating in the consumer credit, consumer hire, credit brokerage, debt adjusting, debt counselling, debt collection, debt administration, credit information or credit reference industries as defined by the Consumer Credit Act 1974가 그것이다.

iv) 손해산정

손해산정에 관한 규정은 별도로 두고 있지 않다. 다만 재무부에게 당해 손해배상에 관한 규정을 제정할 권한이 있다. 따라서 법원이 총손해액(aggregated damages)를 정할 수 있게 하는 방안이 시도될 수 있으며, 대표자가 손해배상금액을 청구자에게 배분하는 방안, 배분되지 않은 금액에 대한 용도 결정 등에 대해 규정이 만들어질 수 있다.

v) 비　용

단체소송에 소요되는 비용, 특히 소송비용을 분담하는 것에 대해서 규정을 두고 있다. 다만 비용에 대한 담보보증금에 관한 규정은 언급이 없다.

vi) 기 타

소제기 기간, 잠재적 청구자를 찾기 위한 대표자의 조치, 단체소송 허가요건, 반대소송의 제기방법, 화해의 효력 등은 언급이 없어 이에 관한 세부규정이 요구된다.

3) 최근의 금융감독체계 개편내용 및 평가[47]

㈎ 건전성규제와 영업행위 규제기관 분리

이후 2010. 6. 영국의 재무장관인 George Osborne는 FSA를 폐지하고 감독권을 새로 설립하는 건전성규제기구(PRA, Prudential Regulatory Authority)에 이양하고 이 기관을 영란은행(BOE)의 자회사로 한다는 발표를 하였다. PRA의 규제범위는 예금취급기관(건설공제, credit unions 포함), 증권사, 보험사의 건전성에 미치게 되며, 그 외 자산운용사(헤지펀드 포함)는 규제관할권에서 제외된다. 이 밖에 소비자보호 및 시장감독청(Consumer Protection and Markets Authority, CPMA)이 새로 신설될 예정이다.

재무부는 이러한 금융규제개편안 담은 정책서를 2010년과 2011년 2차례 발표하였다.[48] 2011. 2. 발표한 규제개편안에 의하면 종래 소비자보호 및 시장감독청인 CPMA는 "금융행위규제청(Financial Conduct Authority, FCA)"으로 명칭이 변경되었다. 이 같은

---

47) 최근의 외국에서의 금융감독체계 개편에 대해서는 졸고, "금융감독시스템과 금융소비자 보호: 해외 금융감독시스템 개편동향과 시사점," 녹색소비자연대·권택기의원 공동주최. 소비자를 위한 공정한 금융서비스 실현 정책과 과제 토론회 발제원고(2011. 5. 18) 참고; 졸고, "금융감독시스템과 금융소비자 보호: 해외 금융감독시스템 개편동향과 시사점," 『상사판례연구』 24권 2호, 한국상사판례학회 24권 2호(2011) 참조.

48) 2010년 발표한 정책서는 HM Tresury, A New Approach to Financial Regulation: Judgement, Focus and Stability, 2010. 7.(http://www.hm-treasury.gov.uk/d/consult_financial_regulation_condoc.pdf).참조.; 2010년 수렴한 의견을 반영하여 2011년 2월 발표된 정책서는, HM Treasury, A New Approach to Financial Regulation: Building a srongerSystem,(http://www.hm-treasury.gov.uk/d/consult_ newfinancial_rcgulation170211.pdf) 참조.

FCA는 독립한 기구로서 예산은 금융회사로부터 징수된다. 2010년 발표시 금융소비자라는 표현이 명문화된 것과 달리 금융회사의 영업행위로 명칭이 변경된 데에 대하여 의문이 제기되고 있으나 그 핵심목적이 금융소비자의 보호 및 신뢰강화에 있다는 점에서는 변화가 없다.

한편, 기존 FSA의 규제철학과 달리 FCA는 정부개입적인 규제접근방식을 취하고자 한다는 점에서 큰 차이가 있다. 예컨대, 상품판매보다 상품제조단계인 초기단계에서부터 개입할 것임을 밝힌 바 있다.[49] 2011년 정책서에서 밝힌 FCA의 규제목적을 보면 금융시스템의 보호와 신뢰증대에 있다고 제시되고 있으며, 운영상의 목적으로 금융서비스산업의 효율성과 시장의 선택 촉진, 금융소비자의 적절한 보호 그리고 영국 금융시스템의 건전성 보호 및 증대를 제시하였다. 아울러 위 규제목적의 달성시 그것에 반하지 않는 한 경쟁을 촉진하는 역할도 수행할 것임을 밝히고 있다. 이외 FCA는 모든 금융회사의 영업행위 규제 및 PRA에서 규제하지 않는 자에 대한 건전성 규제 및 기업의 상장규제(UKLA), 거래소 및 대체거래시스템(MTF, multilateral trading facilities)에 대한 규제도 담당하게 된다. 한편, FSCS(Financial Services Compensation Scheme)는 PRA와 FCA 모두 관할하게 되며, 공동으로 감시책임을 지게 된다. 이 같은 금융규제개편방안은 2011년 중반 관련법 개정안 제출과 함께 2012년부터 발효될 예정이다.

㈏ 중앙은행의 지위와 건전성 규제

한편, 시스템위험 방지는 통상 자료와 정보의 수집, 수집된 자료와 정보 분석을 통해 문제 인식, 확인된 문제해결을 위한 시정조치 실행이라는 단계를 거친다. 연방은행은 주로 앞의 두 단계

49) Shelia Nicoll, Director of Conduct Policy at the FSA Speech, 2010. 1, 이에 관해서는 Norton Rose, A New Approach to Financial Regulation, Briefing, Mach 2011. 참조.

에 관한 전문가에 해당한다. 이러한 점에서 연방은행의 능력을 활용하는 것은 시스템 위험 방지에 효과적이라 할 것이다. 반대로 시정조치는 감독규제기관의 전문영역에 속하는 것이다. 때문에 시스템위험 방지를 위해 중앙은행의 역할과 규제기관의 역할을 분리하는 것은 어느 정도 의미가 있다고 볼 수 있다. 다만, 이들 기관이 효과적으로 공조하게 하는 방안으로서 영국이 규제개혁안에서 채택한 방안이 주목받고 있는데, 즉 규제기관의 "수직적 통합"이라는 점에서 매우 혁신적이라는 평가를 받는다는 점이다.[50] 즉 PRA를 BOE산하에 두는 방안으로서 BOE 내에 설치한 금융정책위원회(Financial Policy Committee, FPC)의 집행기구로 보고 있다.

실제 금융위기 발생 전 영랑은행의 경우 정보와 자료의 수집을 통해 금융위기 징후(부채증가, 증권화상품을 통한 위험이전 증가 등) 들을 파악하였고 금융안정보고서 등에서 이 문제를 제기하였다. 그러나 궁극적으로 이러한 정보와 자료들은 금융감독기관의 시정조치로 이어지지 않았다. 즉, 영란은행과 감독기관간의 공조가 제대로 되지 않았던 것이다. 이러한 점은 비단 영국만이 아니라 미국에서도 그리고 유럽 많은 나라에서도 나타났다. 이와 관련하여 Osbone은 현 영국의 (삼각)규제감독시스템(즉, 재무부, 연방은행, FSA)이 적절히 기능하지 못하였다고 비판하면서 현 정부의 규제개편방안처럼 중앙은행의 감독하에 금융감독규제기관을 설치할 경우 중앙은행이 발견한 시스템 위기에 신속히 대응할 수 있을 것이라고 믿고 있고 이러한 신념하에 체제개편을 추진하다고 밝혔다. 이밖에 중앙은행은 시스템적으로 중요한 하부구조에 관한 일체의 감독권을 갖게 된다. 즉, 지급결제는 물론, 현재 FSA가 담당하고 있는 증권결제 및 청산기능에 대해서도 감독권을 갖는다.[51]

---

50) Tetsuya Inoue, Vertical Integration: UKs Noval Approach to financial regulatory Reform, vol. 86, 10. August 2010, Nomura Research Institute,

51) 이러한 내용의 반영을 위해 2006년 회사법과 Uncertificated Securities

㈐ 거시건전성 규제 강화

영국은 영란은행 내부에 거시건전성규제를 담당하는 Financial Policy Committee(FPC)를 설치하여 동 기관이 거시건전성 규제를 담당하며, 거시경제적으로 그리고 시장안정을 위협하는 금융이슈들을 검토하고 분석할 책임을 지우고 있다. 그리고 이러한 결정을 기초로 PRA가 감독조치를 취하도록 하고 있다. 이처럼 FPC는 시스템 안정에 초점을 두어 중앙은행의 금융안정이라는 목적 달성에 기여하게 된다. 아울러 PRA와 FCA에 대하여 거시건전성과 관련한 권고 내지 지시할 수 있는 권한이 있음이 명문의 규정에 의해 뒷받침될 예정이다.[52] 특히 이러한 방안은 영란은행 자체가 아닌 관련기관에 건전성규제기구를 설치함으로써 중앙은행의 자원을 활용하여 효율성 －비용절감의 효과－ 을 기대할 수 있게 하며 아울러 중앙은행 내부에 설치함으로써 오는 비판도 차단한다는 점에서 매우 전략적인 조치로 평가받고 있다. 현재 이미 2011년 2월부터 중앙은행, FSA, 재무부가 관여하는 임시 FPC가 설치되어 시스템위험 점검과 이의 예방을 위한 조치를 강구하고 있다. 한편, 미시건전성 규제를 담당하는 PRA와 관련하여 규제원칙상 규제자원을 효과적·경제적으로 사용할 것과 투명할 것이 요구되고 있다.

㈑ 규제기관간 공조

새로운 규제개편안에 의하면 PRA와 FCA간의 규제공조가 매우 중요하게 되므로 다음과 같은 규제공조를 위한 조치들이 제도화될 예정이다. 이에는 법상 권한 행사시 공조할 의무 부과, MOU체결 의무, 상위 기구에 위원들의 겸직, 금융안정을 해치는 규제조치가 행해질 위험감소를 위한 메카니즘 마련 등이 그것이

Regulations 2001이 개정될 예정이다.

52) Norton Rose, A New Approach to Financial Regulation, Briefing, Mach 2011.

다. 아울러 PRA와 FCA가 상호 조치에 합의하지 않는 경우 PRA만 FCA가 제안하는 조치에 비토권을 행사할 수 있도록 할 예정이다.

4) **최근의 규제개편에 대한 국내·외의 반응**

영국정부의 최근 규제감독시스템개혁안은 장점도 있지만, 특히 다음과 같은 점에서 문제점이 제기되고 있다. 우선, 금융정책의 독립성이 향후 타협될 것이라는 문제가 그것이다. 수직적 통합으로 인해 규제당국이 금융정책에 영향을 미치는 채널로 활용될 가능성이 제기되고 있다.

둘째, 중앙은행의 권한 집중이 문제로 지적되고 있다. FPC의 장은 BOE 총재가 되기 때문에 BOE총재는 금융정책과 금융안정조치라는 거대한 권한을 갖게 된다. 이는 미국의 경우 금융안정감시위원회(Financial Stability Oversight Council, FSOC)가 Fed, 재무부, 기타 금융규제기관들로 구성되는 것과는 대조적이다. 미국의 경우 FSOC는 시스템위험을 분석하는 반면 다른 규제기관들은 이러한 분석에 기초해 시정조치를 하는 구조이다. 이러한 점에서 미국의 규제개편방안은 규제기관간의 견제와 균형이라는 점에 초점을 둔 점에서 "수평적 통합(Horizontal integration)"이라고 불리고 있다.

5) **평 가**

FSA는 외관상 통합감독기관으로 규제감독 시스템상 매우 단순하고 효과적인 것처럼 보이지만, 실제 내부구조를 보면 단순하고 통합되었다고 볼 수 없을 만큼 복잡하게 운영되었다. 또한 하위부서에서 실제 감독업무가 운영되는 것을 보면 여전히 기관중심에 기초한 규제를 하고 있는 것이 문제였다. 더구나 내부에서 소비자보호와 건전성규제가 명확히 분리되어 있지 않았다. 이러한 점에서 FSA의 통합감독시스템모델의 효과성 내지 효율성에 의문이 강력이 제기되었다.

그러나 이러한 문제에도 불구하고 그간의 FSA의 감독정책은 무엇보다 원칙에 기초한 규제정책을 채택하여 수행해 왔다는 점에서 국내·외적으로 상당한 공적을 인정받고 있다. 이러한 점에서 영국의 최근 규제시스템을 둘러싼 개편논의는 FSA라는 단일 금융감독기구의 문제점에서 발단되었다고 보기보다는 내부구조의 기관별 규제라는 종래방식을 그대로 따르는 감독관행, 그리고 Northern Rock사건을 검토한 내부보고서에 밝힌 바와 같이 문제 징후가 보임에도 불구하고 특별히 주의를 기울이지 않은 감독소홀 등이 실제 개편의 발단이라고 할 수 있다.[53]

(3) 금융교육 내실화: 정부의 금융교육시스템의 구축정책 변화

영국은 1990년대 후반부터 가계부채의 증가와 함께 저소득층의 빈곤문제가 대두되면서, 교육고용부[Department for Education and Employment; 현재는 교육부(Department for Education)으로 분리]가 2000년에 '성인금융자문그룹(Adult Financial Literacy Advisory Group: AdFLAG)'를 설치하고 성인, 특히 금융소외 계층의 금융이해도를 높일 수 있는 방법에 관해 강구하기 시작하였다. 2000년 금융감독청(Financial Services Authority)이 설립되고 본격적으로 금융교육전략이 개발되기 시작하였다. 2003년에는 평생교육을 실시하는 민간단체인 Basic Skills Agency[54]와 함께 '성인금융능력체계(Adult Financial Capability Framework)'를 개발하여 금융교육에 참여하는 상담자, 교사, 강사에게 교육지침으로 활용할 수 있도록 지원하였다.

금융감독청은 2003년 11월 '국가 금융능력전략'을 수립하여

---

53) Jennifer Hughes, FSA admits failings over Northern Rock, Fin. Times, (Mar. 26, 2008), available at http://www.ft.com/cms/s/0/0833a416-fb0d-11dc-8c3e-000077b07658.html.

54) 2007년 민간 교육단체인 영국평생교육원(National Institute of Adult Continuing Education; NIACE)와 통합하였다.

금융교육을 위한 장단기 청사진을 제시하였는데, 이에 의하면 이후 국민의 금융능력에 관한 조사결과를 바탕으로 국가전략을 재검토하고, 2006년 3월, Delivering Change라고 불리는 5년간의 전략적 목표(금융능력 프로그램)를 설정하여 2010년까지 목표 달성을 위해 추진하는 것이다. 2007년 재무부(HM Treasury)가 금융능력에 관한 장기계획을 수립하였다. 이 계획은 금융교육에 관한 정부의 공식적 의견으로서 학교금융교육의 강화와 성인을 대상으로 한 일반 금융상담, 그리고 금융 취약계층을 지원하기 위한 정부 프로그램 개발 등을 중점 영역으로 정하고 있다. 또한, 2008년에는 재무부와 금융감독청이 금융능력 강화를 위한 공동행동계획을 수립하여 금융위기에 함께 대처하였다.

그러나 금융위기를 경험하면서 영국정부는 금융규제와 금융교육의 강화정책을 통해 최근의 금융위기를 극복하고 금융의 안전성을 유지하며 기업과 가계의 지속가능한 성장을 확고히 하기 위한 목적으로 금융서비스 부문 개혁에 관한 논의를 시작하였으며, 2009년 재무부 장관이 발의한 '금융서비스법안(Financial Services Bill)'이 2010년 4월 8일 의회를 통과하였다. 금융서비스법(Financial Services Act)은 앞서 소개된 바와 같이 금융감독청에 금융안정화 기능 부여, 금융서비스산업 규제 및 소비자 구제 강화, 독립기구로서 소비자금융교육원(Consumer Financial Education Body; CFEB)의 설립을 골자로 한다.[55] 동 법에 따라 소비자금융교육원(CFEB)이 독립기구로서 발족되었으며 금융감독청의 소비자교육업무를 2010년 4월 26일부터 이관 받아 실시하고 있다.

2010년 금융서비스법의 개정으로 영국의 금융교육은 큰 전환점을 맞이하게 된다. 금융서비스법에 정한 목적도 더이상 '대중의 계몽(public awareness)'이 아닌 "금융에 대한 대중적 이해의 향상"

55) www.hm-treasury.gov.uk/fin_bill_index.htm 참조.

을 새로운 목적으로 삼고, 2011년 4월에는 CFEB의 명칭도 "the Money Advice Service"로 바꾸었다. 사람들이 정보에 근거한 선택을 할 수 있도록 명확하고 공정한 조언을 제공함으로써 모든 사람들이 금전을 잘 관리하는 데 도움을 주는 기관으로 새롭게 변모한 것이었다.[56]

Ⅳ. 외국의 입법동향에 대한 평가 및 시사점 — 결론에 갈음하여

앞서 살펴본 바와 같이 최근의 금융소비자 보호방안을 둘러싸고 영국과 미국의 접근방향과 구체적인 내용은 차이가 있다. 다만 어느 방안이든 자국의 장기적인 경쟁력 있는 금융시장과 산업의 발전이라는 목표하에 금융소비자 보호가 필수적이라는 점에서는 인식을 같이하고 있다.

특히 미국은 금융소비자 보호방안으로서 규제감독권을 정비하면서 금융소비자보호청이라는 새로운 기구를 신설한 것과 관련하여 향후 실질적으로 효과적인 규제효과를 낼 것인지에 대해 국내외적으로 비판과 관심이 적지 않다. 그러나 앞서 살펴본 바와 같이 금융소비자의 보호제도의 핵심은 비단 감독제도 개편이라는 조직개편으로 충분한 것이 아니라 공정성 확보차원에서 실효성 있는 보호수단이 금융소비자에게 주어져야 한다는 데 있다 할 것이다. 그것이 감독권의 강화든, 감독조치의 실효성 확보든, 구체적인 발현형태는 다양할 것으로 보여지며, 사전적 보호는 물론 사후적 보호방안이 충실하게 제공되어야 하는 것에 비중을 두어야하고 핵심이 되어야 할 것이다. 물론 감독체제의 복잡 내지 공

---

56) http://www.moneyadviceservice.or.uk/about/corporateinformation/default.aspx

백이 있다고 인정되면 감독제도 개편방안도 논의되지 못할 것은 아니다. 다만 그 본질은 실질적으로 금융소비자를 보호하는가에 있다 할 것이다.

한편, 두 나라 모두 금융상품의 복잡성 그 자체를 문제시하는 것은 아니고 상품에 관한 정보 제공, 투명성 확보, 금융소비자의 이용 편이성 확보 등, 금융소비자에게 판매되는 경로 및 유지와 정산의 일련의 단계에서 충실한 보호가 제공되도록 한다는 점에서 개선방향은 의미가 크다.

반면, 영국의 경우 감독기관의 운영상의 비효율성을 이유로 금융감독체제 개편을 단행하기에 이르렀으나 그 효과를 단언하기에는 이른 것으로 보인다. 다만 제도상 금융소비자보호의 사전적 보호와 사후적 보호방안의 충실화 못지않게 감독기관의 감독 소홀은 직접적으로 소비자보호에 영향을 미친다는 점에서 전면적인 감독체계 개편조치로의 대응이 갖는 의미는 크다 할 것이다.

색인어

도드-프랑크법, 수평적 통합, 수직적 통합, 금융안정감시위원회, 시스템위험, 영란은행, 금융소비자보호국, 금융서비스보상기금, 금융소비자 보호, 금융감독체계

참 고 문 헌

1. 국내문헌

금융감독원, 금융소비자보호 업무백서, 2010.

김병연, 금융소비자 보호강화를 위한 새로운 소비자보호체제의 구축, 금융VIP 시리즈, 금융연구원(2009-04).

_____, "금융소비자보호제도의 주요 이슈와 개선방안," 한국금융연구원, 2009. 11.

김상조, "금융소비자 피해 사후구제 제도의 현황과 정책과제"(한국금융연구센터 2009년 하반기 정책 심포지엄 「금융소비자 보호: 현안과 정책 과제」 발표자료, 2009. 11. 11.

김홍범, "금융감독체계 개편론 분석: 미국·영국·EU와 한국," 서울대 금융경제연구원 추계 컨퍼런스 발표논문, 2009. 11. 23.

박경서, "금융소비자보호의 새로운 방향,"(한국재무학회 가을 정기학술대회 특별심포지엄 발표자료), 2009. 11. 20.

안수현, "금융감독시스템과 금융소비자 보호: 해외 금융감독시스템 개편동향과 시사점," 『상사판례연구』 24권 2호, 『한국상사판례학회』 24권 2호, 2011.

_____, "금융감독시스템과 금융소비자 보호: 해외 금융감독시스템 개편동향과 시사점," 녹색소비자연대·권택기의원 공동주최, 소비자를 위한 공정한 금융서비스 실현 정책과 과제 토론회 발제원고, 2011. 5. 18.

원승연, 한국금융연구센터 2009년 하반기 정책 심포지엄, "금융소비자 보호의 필요성 — 사례 분석을 중심으로"

정순섭, "원칙중심규제의 논리와 한계," 『상사판례연구』 22-1집, 한국상사판례학회, (2009)

_____, "금융규제개혁과 금융소비자 보호," 상사판례학회 춘계학술대회발표자료 (2010. 2)

정찬우·서병호·신보성·오영수, "미국 금융개혁법의 주요내용 및 시사점," 한국금융연구원, 2010. 9.

2. 외국문헌

井上武, 歐州におえる金融規制改革の論議, 資本市場クオ-タリー, 2009년 春號(www.jsri.or.jp)

大橋 善晃, 英國における金融教育(3), 政府による金融教育への組み、證券レビュ, 49권 7호, 2009. 7.(www.jsri.or.jp)

FSA, CP09/31 Delivering the Retail Distribution Review,(http://www.fsa.gov.uk/pages/ Library/Policy/CP/2009/09_31.shtml).

HM Treasry, Financial Capability: the Government's long-term approach, Jan. 2007.

Financial Ombudsman Service, Financial Services Authority & Office of Fair Trading, Consumer Complaints(emerging risk and mass claims), Discussion Paper, 10/1, March 2010.

FSA CP09/18: Distribution of retail investments; Delivering the RDR,(http://www.fsa.gov.uk/pages/Library/Policy/CP/2009/09_18.shtml).

HM Treasury, A New Approach to Financial Regulation: Judgement, Focus and Stability,2010. 7.(http://www.hm-treasury.gov.uk/d/consult_financial_regulation_condoc.pdf).

House of Commons, Financial Services Bill, Bill No.6 of 2009-10, Research Paper 09/84(27Nov.2009)(http://www.parliament.uk/documents/commons/lib/research/rp2009/rp09-084.pdf).

Hung, Angela A. et al., Investor and Industry Perspectives on Investment Advisers and Broker- Dealers, 2008, available at. Http://www.rand.org/pubs/technical_reports/ 2008/RAND_TR556.pdf.

Jennifer Hughes, FSA admits failings over Northern Rock, Fin. Times, (Mar. 26, 2008).

Mark Jickling, Edward V. Murphy, CRS Report for Congress, Who Regulates Whom? An Overview of U.S. Financial Supervision(Dec. 14, 2009).

Norton Rose, A New Approach to Financial Regulation, Briefing, Mach 2011.

Saule Omarova & Adam Feibelman, Risks, Rules and Institutions: A Process for Reforming Financial Regulation, 39 U. Mem. L. Rev. 881(2009).

Stephen Bainbridge, Mandatory Disclosure: A Behavioral Economics for Mandatory Disclosure, U. Cin. L. L. Rev. 1023, 1026-27 (2000).

Tetsuya Inoue, Vertical Integration: UKs Noval Approach to financial regulatory Reform, vol. 86, 10. August 2010, Nomura Research Institute.

Thoresen Review of Generic Financial Advice, The Final Report(published 3 March2008),available inhttp://webarchive.nationalarchives.gov.uk/+/http://www.hm-treasury.gov.uk/thoresen_review_index.htm.

U.S. Department of the Treasury, Financial Regulatory Reform: A New Foundation(2009).

UK Treasury, Reforming Financial Markets(July2009), (http://webarchive.nationalarchives.gov.uk/+/http://www.hm-treasury.grov.uk/eforming_financial_markets.htm).

US Treasury, Blueprint for a modernized financial regulatory structure (2008).

자본시장법상의 금융소비자 보호*

서 완 석**

차 례

Ⅰ. 서 론

2008년 9월 말 기준으로 펀드 판매금액에서 증권회사와 은행이 차지하는 판매비중은 각각 48.0%와 43.1%로 예년에 비해 크게 증가했다. 한편 2010년 펀드시장 수탁고는 2009년의 334조 원보다 큰 350~380조 원 내외가 될 전망이다.[1] 이는 이들 기관

* 이 논문은 2010년도 경원대학교 지원에 의한 결과임.
** 경원대학교 법과대학 교수, 법학박사.
*** 이 논문은 경원대학교 법학연구소・한국소비자법학회 공동 학술대회(2010. 5. 18)에서 발표한 논문을 수정・보완한 것임을 밝혀 둔다.
1) 자본시장연구원 보도자료, '2010 자본시장 전망과 주요이슈 세미나 개최'(2010. 1. 22) 참조.

이 광범위한 영업망을 바탕으로 적극적인 마케팅을 펼친 결과로 볼 수 있겠지만 한편으로 펀드의 불완전판매 가능성도 높아졌음을 의미하기도 한다. 그것은 2008년 10월 말에 금융감독원이 접수한 펀드 불완전 판매 분쟁 조정 건수가 655건으로, 2007년의 109건에 비하면 510%나 증가한 사실에서도 입증되는 사실이다.[2)] 금융감독원이 발표한 자료에 의하면, 2009년 한 해 동안 접수된 금융 분쟁 건수는 약 2만 9천 건으로 2008년에 비해 약 38%나 늘었다고 한다. 이 중 가장 많은 비중을 차지한 것이 '펀드' 관련 분쟁이다.

자본시장과 금융투자업에 관한 법률(이하 '자본시장법'이라 하며, 법조문 인용시에는 '법'이라 함)이 발효된 지 1년이 지났다. 자본시장법의 주요한 목적으로는 금융상품 판매업자의 겸업을 통한 금융 산업의 효율성 제고와 은행들에만 허용되던 지급결제기능을 증권회사들에도 허용한 지급결제 제도 참여자의 확대 등을 들 수 있을 것이다. 하지만 매매를 중개하는 금융상품 판매업자의 불완전 판매로 인해 피해를 입는 금융 소비자를 보호하려는 목적만큼 중요한 것도 없다고 하겠다.

2008년 이후 우리나라에서 'KIKO 사건'은 고유명사화 되어버린 느낌이 있고, 미국에서도 KIKO와 유사한 금리스왑거래를 한 미국의 많은 주정부와 시정부들이 엄청난 손실을 입는 사건이 발생하여 사회적으로 큰 문제가 되고 있다. 이는 금융상품 거래로 인한 피해가 개인 소비자의 문제로 끝나는 것이 아니라 사회적인 문제로 비화할 수 있다는 점을 보여주는 사례이기 때문에 금융소비자 보호의 중요성은 아무리 강조해도 지나침이 없다고 생각한다. 특히 KIKO와 같은 장외 파생상품의 경우 전문가가 아니면 그 의미를 제대로 이해하기 매우 곤란하고 이러한 상품을

2) 금융감독원 자료, 신동아, 2009. 1. 1. 통권 592호, 102~123쪽 참조.

공급하는 금융상품 판매업자는 전문성과 정보력에 있어 소비자보다 우위적 위치를 점하고 있기 때문에 인위적으로라도 열위적인 위치에 있는 소비자의 지위를 판매업자와 대등한 정도까지 끌어올려야 할 필요성이 있다.

그러므로 자본시장법에서는 금융소비자들을 보호하기 위한 다양한 장치들을 두고 있는데, 그 중 하나가 일반 투자자에게 금융상품을 쉽게 설명하고 투자자에게 맞은 상품을 권하는 최적권유(Best Advice)제도이다. 만일 금융기관이 이를 어기고 금융상품을 불완전 판매했을 경우에는 전액 손해배상 책임을 져야 함은 물론이고 제재 조치까지 받을 수 있다. 그러나 이러한 제도들이 금융소비자들에 대한 완전한 보호 장치가 될 수 있을 지에 대해서는 장담하기 어렵다.

왜냐하면 일반투자자와 전문투자자를 구분함에 있어 문답 조사 등을 활용하고, 금융상품 판매업자와 투자자 간의 분쟁소지를 최소화하기 위해 투자자가 금융상품에 가입할 때 금융상품 판매업자의 투자설명서 제공 및 설명의무 이행 사실에 대해 자필로 서명토록 하는 제도가 요식행위에 그칠 수 있기 때문이다. 금융감독 당국이 금융상품 판매업자에게 배상액을 정해 줄 수는 없는 일이므로 고객은 소송을 통해서만 배상을 받을 수 있을 것인데, 그 입증 책임이 고객에게 있는 한 뚜렷한 반증을 내놓을 수 없는 고객으로서는 금융상품 판매업자에게 손해배상 책임을 묻기가 어려운 것이 현실이다. 이는 금융감독원이 2008년 4월 21일에 발표한 자료에서 2005~2007년 중에 증권사를 상대로 한 펀드 분쟁조정 신청 건수가 211건으로 전체 증권분쟁의 14%를 차지했지만 손해배상 결정이 내려진 사례는 단 한 건도 없었다는 사실에서도 잘 알 수 있다.[3] 결국 투자자는 금융상품 손실분쟁에서 필패하게

---

3) 연합뉴스, 2008년 4월 21일자 기사 참조.

되어있다고 해도 과언은 아니라고 할 것이다.

2008년 6월 6일 서울 고등법원 항소심 재판부는 은행이 펀드에 가입한 고객에게 원금 손실의 위험성을 명확하게 설명하지 않아 나중에 고객이 손해를 본 사건에서 원심을 깨고 약관이나 투자설명서를 제대로 살피지 않은 고객에게도 절반의 책임은 있지만 은행에게도 50%의 책임이 있다는 판결을 내린 바 있다. 이 판결은 펀드 판매회사들이 고객에게 해당 상품의 기대수익률만 설명하고, 위험정도를 설명하지 않거나 투자설명서를 제공하지 않는 등의 모럴헤저드 때문에 고객들에게 투자손실이 발생했을 경우, 고객들이 펀드 판매회사로부터 일정 부분 손해배상을 받을 수 있는 길이 열렸다는 점에 그 의의가 있다.

그 후 2009년 8월 31일 남부지방법원 민사11부는 판매사와 운용사의 불완전 판매로 투자자에게 손해를 끼친 점을 인정하고 투자자별로 손해액의 15~40%를 판매사와 운용사가 공동으로 투자자들에게 지급하라는 판결을 내린 바 있다.[4] 앞서의 판결이 판매사의 불완전 판매책임을 묻는 판결이었다면 이 판결은 전문지식을 가진 투자자에게나 적합한 펀드를 불특정 다수를 대상으로 판매하는 공모펀드 형식으로 만든 경우에 자산운용사도 불완전 판매책임을 질 수 있다고 한 최초의 판결이다. 하지만 대법원에서 이와 같은 판결을 내린 예는 아직 없는 것 같다.

금융상품 판매과정에서 판매 인력이 준수하여야 할 여러 가지 원칙들은 자본시장법 제50조 제1항 및 금융투자협회(구 자산운용협회)의 '표준투자권유준칙'에 따라 각 금융투자회사들이 정한 '표준투자권유원칙'에 구체적으로 기술되어 있다. 예컨대 집합투자증권의 판매에 차별적인 판매촉진 노력(영업직원에 대한 차별적인 보상이나 성과보수의 제고 및 집중적 판매 독려 등), 회사가 행한 집

4) 서울경제신문, 2009년 8월 31일자 기사 참조.

합투자증권의 판매의 대가로 집합투자업자를 상대로 집합투자재산의 매매주문을 회사나 제3자에게 배정하도록 직접 또는 간접으로 요구하는 행위, 집합투자증권의 판매의 대가로 회사에게 위탁하는 집합투자재산의 매매거래에 관하여 다른 투자자의 매매거래보다 부당하게 높은 수수료를 요구하는 행위, 집합투자기구 판매와 관련한 회사와 그 임직원의 금지행위에 예상수익률의 보장, 예상수익률의 확정적인 단언 또는 이를 암시하는 표현, 실적배당상품의 본질에 반하는 주장이나 설명 등이 바로 그것들이다(표준투자권유준칙 제21조).

이 표준투자권유준칙을 각 금융투자회사나 임직원들이 성실하게 준수한다면 불완전판매의 가능성은 사라질 것이다. 그러나 이러한 기대는 실효성 확보를 위한 장치가 마련되어 있어야 한다는 점을 전제로 하지 않으면 안 되는데, 문제는 금융상품 판매회사가 투자자를 유치하면서 약관을 제대로 설명하지 않거나, 투자설명서상에 기재된 위험성을 제대로 설명하지 않고, 해당 금융상품의 장점과 수익률만 설명하는 경우도 적지 않다는 점이다. 따라서 본고에서는 현행 자본시장법과 금융 선진국의 입법례 등을 비교하면서 현행 자본시장법상의 금융소비자들에 대한 금융상품의 불완전판매를 막음으로써 금융소비자들을 보호할 수 있는 방법을 모색해보고자 한다.

II. 금융소비자의 보호와 금융소비자의 개념

1. 금융소비자의 보호의 필요성

계약자유의 원칙 하에서는 거래의 양 당사자가 거의 대등한 경제적·사회적 지위에 있다는 점을 전제로 하여 자기책임의 원칙에 따라 계약이 체결되었으므로 소비자의 지위가 크게 부각되지 않았었다. 그러나 산업혁명 후 대량생산 및 대량소비의 시대가 도래하면서 사업자와 소비자 간에 거래에 관한 정보나 교섭력 등에서 커다란 격차가 생기게 되었고 상대적으로 열위적 위치에 놓여 있는 소비자 보호의 문제가 크게 부각되었다.

그런데 소비자 보호의 문제는 결국 정부의 개입 정도와 연결될 수밖에 없고, 규제강화와 규제완화의 문제는 이데올로기와도 밀접한 관련을 갖는다. 예를 들어 1970년대를 중심으로 유럽에서 전개된 소비자 보호의 철학은 복지국가의 입장에서 사회적 약자인 소비자를 보호하기 위해 정부의 개입을 강화해야 한다는 측면이 강했지만, 1980년대 유럽과 미국 등에서 전개된 소비자 보호의 철학은 자기결정과 자기책임의 원칙 하에서의 소비자의 자립에 초점이 맞추어진 것으로서 정부의 개입을 최대한 자제하고 규제를 완화하자는 측면이 강했다.[5] 후자의 경우는 정부의 개입을 줄임으로써 시장에 있어서 자유와 경쟁을 촉진하고, 소비자가 자기책임의 원칙에 따라 자기 결정권을 행사할 수 있도록 시장에서의 경쟁시스템을 정비하며, 자기 결정에 필요한 정보를 제공해주는 데 정부의 역할이 있음을 강조한다. 이러한 철학을 기반으로 하게 되면 소비자 정책은 공법적 규제보다 사법적 규제를 더 필요로 하게 된다. 이는 결국 당사자 간의 계약에 정부가 개입하는 것을 최대한 줄이려는 것이지만 계약자유 원칙 하에서처럼 자유방임의 상태에 두어서는 안 되고 국가가 경쟁메커니즘을 구축하고 소비자가 자기결정을 할 수 있는 환경을 조성해주려는 데 그 의의가 있는 것이다.[6]

---

5) 황진자, "규제완화 시대에 있어서 소비자 정책 어떻게 추진할 것인가?," 한국소비자보호원 소비자보호칼럼(http://www.cpb.or.kr/front/information/inf_06_view.jsp?no=729, 최종방문, 2010. 4. 12).

6) 위의 칼림 참조.

종래에 금융소비자의 주된 투자대상인 주식투자는 투자자의 자유로운 판단에 근거하는 것이므로 그 결과도 또한 스스로 자신이 부담해야 한다는 자기책임의 원칙에 그 기반을 두고 있었으며,[7)] 정부는 정보공시나 시장 감시 등 행정 주도형의 역할에 치중했다. 그러다보니 다른 분야에 비해 '소비자 보호'에 대한 문제제기가 상대적으로 적었다. 또한 일반 소비재의 경우에는 각종 소비자보호기관이나 단체 등에서 상품에 대한 리스크를 파악하여 지속적으로 소비자를 보호하려는 운동 등을 펼쳐온 측면이 있지만 금융상품의 경우 그 복잡성과 전문성 때문에 그 리스크를 파악하기가 매우 어려운 측면이 있고, 일반 상품의 경우에는 그 질을 측정하기가 매우 용이하여 리스크 관리가 용이한데 반해 금융상품의 경우에는 그렇지 못하다 보니 소비자 보호 문제가 크게 부각되지 않은 측면이 있다.

그러나 여기서 유의해야 할 점은 본래 금융소비자의 자기결정·자기책임의 원칙은 일반소비재의 경우와 달리 모든 적절한 정보를 이용자가 신뢰할 수 있고, 이해하기 쉽게, 적시에, 접근이 용이하도록 제공하는 경우에 적용된다고 하는 것이다. 하지만 금융상품의 경우에는 이와 같은 요건이 충족된다고 하더라도 상품이 갖는 리스크를 일반 소비재와 같이 취급할 수 없는 측면이 있으므로 노련함(sophistication)의 정도에 따라 일반투자자와 '기관 투자자' 또는 '전문적 투자자'를 구분하여 후자를 보호대상에서 제외해야 한다는 차이가 있다. 하지만 이러한 구분을 제외하고는 일반적인 소비자보호법제와 금융소비자보호법제가 양립할 수 없는 것은 아니라고 본다.[8)]

7) 안문택, 「증권거래법체계」, 육법사, 1985, 52쪽.
8) 같은 생각: 정순섭, "금융규제개혁과 금융소비자 보호," 한국상사판례학회 제101회 정기학술대회 발표 논문(2010. 2. 9), 5~6쪽 참조.

2. 금융소비자의 개념

백과사전 상에서의 소비자는 “경제 안에서 만들어진 재화와 용역을 사용하는 개인이나 가구”를 의미한다.[9] 경제학이나 마케팅 영역에서의 소비자는 “제품이나 용역을 사용하는 사람”이며, 일반적으로 말하는 소비자는 소비생활을 위하여 물품 및 용역을 이용 또는 사용하는 자연인을 의미한다. 그러나 개별법에 따라 소비자에 대한 개념 및 규정이 조금씩 다른데,[10] 소비자가 물품 등의 거래과정에서 가장 말단에 위치한다는 점에서 보면 물품 등에 관한 정보나 자본 그리고 조직 등에 있어 사업자에 비해 상대적으로 열위적인 위치에 놓여 있고, 그 결과 소비자의 이익이 부당하게 침해되는 문제가 발생할 가능성이 크므로 사업자가 제공한 물품 또는 서비스로 인해 이들의 생명·신체 및 재산에 피해가 발생

---

9) 위키백과 참조.

10) ‘전자상거래 등에서의 소비자보호에 관한 법률’ 제2조 5호와 동법 시행령 제2조에서의 ‘소비자’는 “사업자가 제공하는 재화 등을 소비생활을 위하여 사용(이용을 포함)하는 자와 사업자가 제공하는 재화 또는 용역을 소비생활 외의 목적에 사용하거나 이용하는 자”로서 재화 등을 최종적으로 사용하거나 이용하는 자를 말하며, ‘방문판매 등에 관한 법률’ 제2조 10호와 동법 시행령 제4조에서의 ‘소비자’는 “사업자가 제공하는 물품 등을 소비생활을 위해 사용하는 사람과 사업자가 제공하는 물품 등을 소비생활 외의 목적으로 사용하는 사람”으로서 물품 등을 원재료(중간재 포함) 및 자본재로 사용하는 것이 아니라 최종적으로 사용하거나 이용하는 사람을 말하고, 할부거래에 관한 법률 제2조 제1항에서의 ‘소비자’는 “물품 등을 제공받는 사람”을 말하며, ‘약관의 규제에 관한 법률’ 제2조 3항에서의 ‘고객’은 “계약의 한쪽 당사자로서 사업자로부터 약관을 계약의 내용으로 할 것을 제안 받은 사람”을 말하고, ‘표시·광고의 공정화에 관한 법률’ 제2조 5호에서의 ‘소비자’는 “사업자가 생산 또는 제공하는 물품 등을 사용하거나 이용하는 사람”을 말하며, ‘예금자보호법’ 제2조 제3호에서의 ‘예금자 등’이라 함은 “부보금융기관에 대해 원금·원본·이자·이익·보험금 및 제지급금과 그 밖에 약정된 금전채권을 가진 사람”을 말한다.

하지 않도록 법으로 보호하려는 취지는 다르지 않다고 할 것이다.

소비자기본법에서 말하는 소비자의 개념은 "사업자가 제공하는 물품 등을 소비생활을 위해 사용하는 사람 및 생산 활동을 위해 최종적으로 사용하는 사람"을 말한다(동법 제2조 제1호). 사업자에 대응하는 개념으로서 거래과정의 최종단계에서 소비를 하는 자이다. 그리고 사업자는 물품을 제조(가공 또는 포장을 포함)·수입·판매하거나 서비스를 제공하는 사람을 말한다(소비자 기본법 제2조 제2호). 이와 같이 소비자기본법에서의 소비자는 최종적으로 상품을 구매하여 소비하는 자로서 그 상품에 대한 위험을 감수하는 자라고 볼 수 있는데 자본시장법상 등에서 말하는 투자자는 자신이 매입한 금융상품을 타인에게 매도함으로써 위험을 전가할 수 있다는 차이가 있다. 그렇다면 소비자기본법에서 말하는 소비자의 범주에 자본시장법상에서 사용하고 있는 금융상품거래에서의 '투자자'와 은행법 제1조 상의 '예금자', 그리고 보험업법 제1조의 '보험계약자' 등을 포함시킬 수 있는가에 강한 의문이 생길 수 있다.

Black's Law Dictionary에서는 소비자(consumer)를 "재매매(resale) 할 의도 없이, 개인, 가족, 또는 가족이 이용하기 위하여 상품 또는 서비스를 구매하는 사람" 또는 "영업을 위해서라기보다 개인 자신을 위하여 상품을 구매하는 자연인"이라고 정의해놓고 있다. 하지만 미국의 금융지주회사법인 Gramm-Leach-Bliley Act에서는 소비자를 "주로 개인, 가족, 또는 개인의 법적 대리인이 이용할 수 있도록 금융기관으로부터 금융상품이나 서비스를 획득하였거나 획득하는 자"라고 정의하고 있다.[11)]

앞에서 본 바와 같이 우리나라의 법들도 소비자의 개념을 정의함에 있어 모든 법률이 "최종적으로 사용하거나 이용하는 자"라는 개념을 사용하고 있는 것은 아니다. 뿐만 아니라 프랑스나

---

11) 15 U.S.C. § 6809(9).

오스트리아, 스페인, 일본 등에서는 포괄적인 소비자보호법을 제정함으로써 소비자의 개념에 대하여 법에서 명확하게 정의하지 않고 있거나, 경우에 따라 편의적으로 사용하고 있는 추세이다. 그럼에도 불구하고 소비자의 개념을 종래의 사전적 개념이나 전통적인 개념으로만 묶어두는 것은 문제가 있으며, 이는 입법으로 충분히 해결할 수 있는 문제라고 본다.

그렇다면 자본시장법 등에서 사용하고 있는 '투자자' 개념을 소비자의 개념과 동일시 할 수 있는 것인가? 전통적인 소비자의 개념으로 본다면 재매매가 가능하여 투자 상품에 내재하는 리스크를 타인에게 전가할 수 있는 투자자는 소비자의 범주에서 완전히 제외하지는 않지만 그 보호수준을 완화하려는 것으로 볼 수 있다. 그러나 신종금융상품의 경우 매입한 금융상품에 대한 리스크의 전가가 불가능하다는 점에서 그 지위가 일반소비자와 다르다고도 할 수 없고, 유통시장이 발달되어 있지 않은 금융상품의 경우에는 전매가 불가능하거나 제한적이어서 최종 소비자의 지위에 머무르는 경우도 있는데, 이러한 경우에는 일반 소비자와의 차별성을 찾기 어렵다.[12] 결국 금융투자자를 일반소비자와 동일시 할 수 있는가 하는 점은 애초부터 소비자의 개념이 일의적으로 정해지지 않은 입법상의 문제이며, 충분히 다의적으로, 또는 포괄적으로 해석할 수 있고, 그것은 시대의 변화에 따른 어쩔 수 없는 선택의 문제라고 보아야 한다. 따라서 금융소비자의 개념을 정의함에 있어서는 정보와 협상력이 열위에 있는지의 여부,[13] 금융상품거래에 대한 전문성이 있는지의 여부,[14] 금융상품거래의

12) 같은 생각: 안수현, "(가칭)자본시장통합법과 소비자보호의 접점－'금융소비자의 보호'－," 증권법연구 제7권 제2호, 2006, 203~205쪽 참조.

13) 정보와 협상력이 열위에 있다면 자연인뿐만 아니라 소규모 기업의 경우에도 금융소비자의 범주 속에 포함시켜야 할 것이다.

14) 금융 상품에 대한 전문성이 결여되어 있다면 그 보호대상을 자연인으로만 한정할 일은 아니라고 본다.

상대방이 누구인지의 여부[15] 등을 고려해서 결정해야 한다.

특히 금융소비자를 보호함으로써 시장의 신뢰가 구축되고, 이를 통해 금융상품의 공급자와 그 대리인을 보호할 수 있어, 궁극적으로는 금융시장의 붕괴를 막을 수 있다. 그리고 금융상품이 갖고 있는 위험을 사전적으로 예측하는 것은 KIKO사건에서 보는 바와 같이 전문가들 간에도 첨예한 의견대립이 있을 정도로 쉬운 일이 아니고, 투자자들은 금융상품 공급자들에 비해 정보접근성이나 정보 분석력에서 열위적 위치에 있다. 또한 어느 정도 내구성을 갖는 일반 상품에 비해 금융상품은 그 상품의 가치가 수시로 변동하고 심지어 소멸되어 버릴 가능성이 상존하고, 제조물책임법에서와 같이 일반 소비재가 제품의 하자를 치유할 수 있는 방법이 있는 반면에 금융상품은 그러한 하자를 치유할 수 있는 방법이 없다는 점 등에서 볼 때 일반 소비재에 비해 그 보호의 필요성은 오히려 더 크다고 할 수 있다.[16]

Ⅲ. 자본시장법상의 금융소비자 보호의 문제점 및 개선방안

1. 금융소비자 보호의 원칙

(1) 금융소비자 보호의무

앞에서 본 바와 같이 자본시장법상에서 말하는 투자자 또한 금융소비자라고 할 수 있고, 이러한 측면에서 자본시장법 제37조는 금융투자업자의 투자자보호, 곧 금융소비자보호를 위한 일반

15) 금융상품을 거래하는 자라면 금융회사뿐만 아니라 금융 상품 및 서비스를 제공하는 모든 사업자를 규제 대상으로 하여야 할 것이다.

16) 이와 같은 이유로 자본시장법상에서 말하고 있는 투자자도 금융소비자 개념으로 포섭될 수 있을 것이므로 이 논문에서는 투자자와 소비자라는 용어가 혼재되어 사용되고 있음을 미리 밝혀 둔다.

적인 의무를 규정해 놓은 것이라고 볼 수 있을 것이다. 이에 따르면 금융투자업자는 신의성실의 원칙에 따라 공정하게 금융투자업을 영위하여야 하며(법 제37조 제1항), 금융투자업자는 금융투자업을 영위함에 있어서 정당한 사유 없이 투자자의 이익을 해하면서 자기의 이익을 얻거나 제3자가 이익을 얻도록 하지 못한다(법 제37조 제2항). 동법 제37조는 국제증권관리위원회(International Organization of Securities Commissions, IOSCO) 총회에서 채택된 행위규범원칙 중 제1원칙인 "업자는 그 업무에 있어서 고객의 최대의 이익 및 시장의 건전성을 도모하기 위해 성실하고 공평하게 행동하여야 한다"고 규정해 놓고 있는 것을 자본시장법에서 명문화한 것으로 보아야 하며,[17] 후술하는 적합성 원칙이나 설명의무 등도 이러한 일반 원칙에서 나온 것으로 보아야 한다.[18]

한편 동법 제37조에는 건전성 유지에 관한 언급은 없고, 동법 제30조와 제31조에 재무건전성과 경영건전성 유지에 관한 규정만 두고 있다. 하지만 동법 제37조상의 "공정하게 금융투자업을 영위"해야 한다는 문언 속에는 시장의 건전성을 도모하기 위한 의무가 당연히 포함되는 것으로 해석해야 한다고 본다. 왜냐하면 '건전하다'는 말의 사전적 의미 속에는 "사상이나 사물 따위의 상태가 한쪽으로 치우치지 않고 정상적이며 위태롭지 않다"는 의미도 들어 있고 치우치지 않는다는 말은 바로 공평하다는 말과 다르지 않기 때문이다.

(2) 투자자의 분류

자본시장법 제46조 제1항은 "금융투자업자는 투자자가 일반투자자인지 전문투자자인지의 여부를 확인하여야 한다"고 하고

17) 田中誠二・堀口亘, 再全訂 コンメンタ-ル證券取引法, 勁草書房, 511頁, 2006.

18) 川村正幸, 金融商品取引法, 中央經濟社, 293頁, 2008.

있다. 종래의 증권거래법은 일반투자자와 전문투자자를 명시적으로 구분하지 않았었으나 일반투자자와 노련한(sophisticated) 투자자를 구별하여야 한다는 점에는 이견이 없었다. 그러므로 위 조항은 이를 명시적으로 밝혀 스스로 자신을 보호할 수 없고, 정보를 요청할 수 있는 방책도 부족하며, 설령 정보를 입수한다 하더라도 이를 스스로 분석할 수 있는 능력이 부족하기 때문에 무리수를 두어 잘못된 선택을 할 수 있는 일반투자자와 노련한 전문투자자를 구별하여 후자에 대해서는 보호대상에서 완전히 제외하지는 않지만 보호수준을 완화하려는 취지인 것이다.[19] 이러한 사실은 전문투자자에게는 설명의무나 적합성의 원칙 등이 적용되지 않는 반면에 부당권유 금지에 관한 규정은 적용을 받을 수 있다는 사실에서도 알 수 있다.

한편 전문투자자로 분류함에 있어 전문성을 가지고 있는지의 판단은 그 투자자가 실제로 전문성을 가지고 있는지를 기준으로 하여서는 안 되고, 일반적이고 객관적으로 전문성을 가지고 있다고 볼 만한지의 여부로 판단하여야 할 것이다. 그러다 보니 실제로는 전문성을 갖추고 있지 못하지만 전문투자자로 분류됨으로써 투자자 보호를 받지 못하는 결과를 낳을 수 있다. 따라서 동법 제9조 제5항은 전문투자자에 대하여 "금융투자상품에 관한 전문성 구비 여부, 소유자산 규모 등에 비추어 투자에 따른 위험감수 능력이 있는 투자자"로 정의하고 "국가, 한국은행, 대통령령으로 정하는 금융기관, 주권상장법인, 그 밖에 대통령령으로 정하는 자" 등을 들면서(법 제9조 제5항, 동법 시행령 제10조) "전문투자자 중 대통령령으로 정하는 자(영 제10조 제1항)가 일반투자자와 같은 대우를 받겠다는 의사를 금융투자업자에게 서면으로 통지한 경우

---

19) 서완석, 「유가증권 발행시장의 공시제도」, 한국학술정보(주), 2007, 50~51쪽 참조.

금융투자업자는 정당한 사유가 있는 경우를 제외하고는 이에 동의하여야 하며, 금융투자업자가 동의한 경우에는 해당 투자자는 일반투자자로 본다"(법 제9조 제5항 단서)는 규정을 두고 있다.

역으로 투자 경험 등이 많은 노련한 투자자이지만 일반투자자로 분류되어 각종 투자자 보호 규제를 꺼리는 일반투자자도 전문투자자의 대우를 받을 수 있다. 다만 투자자보호 규제의 입법취지가 몰각될 염려가 있기 때문에 자본시장법 시행령에서는 개인은 관련 자료를 제출한 날 전날의 금융투자상품 잔고가 50억 원 이상, 법인은 100억 원 이상이어야 하며, 전문투자자로 전환된 경우에도 2년마다 갱신을 할 것을 요구하는 제한을 두고 있다(영 제10조 제3항 16, 17호). 하지만 일반투자자가 전문투자자로 전환을 희망하는 경우에 그 불이익을 경고하도록 하고, 이를 기록으로 남겨 분쟁의 소지를 줄일 필요가 있다고 생각한다.

한편 주권상장법인은 일반적으로 전문투자자로 분류되지만 KIKO사건 등에서 주권상장법인이 엄청난 손실을 본 사례를 거울삼아 장외파생상품을 거래하는 경우에 본인이 전문투자자와 같은 대우를 받겠다는 의사를 서면으로 통지한 경우에만 전문투자자로 분류되고, 그렇지 않은 경우에는 일반투자자 대우를 받게 될 수 있도록 법을 개정하였다(영 제9조 제5항 4호 단서).

2. 금융상품에 대한 정보 제공

(1) 금융상품에 대한 설명의무

1) 설명의무

자본시장법 제47조에서 정하고 있는 '설명의무'라 함은 금융투자업자가 일반투자자를 상대로 투자권유를 하는 경우에는 금융투자상품의 내용, 투자에 따르는 위험, 그 밖에 대통령령으로 정하는 사항을[20] 설명하고(동조 제1항), 설명사항을 일반투자자가 이해하였음을 확인받도록 하는 제도로서 적합성의 원칙과 마찬가지로 일반 투자자에게만 적용된다. 또한 이 의무는 투자계약이 성립되기 전에 금융투자업자가 일반투자업자에게 지는 의무로서 이는 금융투자계약의 성립에 따르는 금융투자업자의 급부의무와 직접적인 관련이 없으며, 단지 신의성실의 원칙에 근거하여 법이 특별히 정하고 있는 고객보호의무의 한 유형일 뿐이다.[21] 이 의무는 고객이 자기 책임 하에 합리적인 투자판단을 할 수 있도록 필요한 정보를 적극적으로 제공하여야 할 작위의무와 설명 시 투자자를 오도하는 부실기재 또는 중요한 사항을 누락한 채 설명해서는 안 되는 부작위의무로 구성되어 있다.[22]

따라서 금융투자업자는 설명사항을 일반투자자가 이해할 수 있도록 설명하여야 하고(동조 제2항), 설명한 내용을 일반투자자가 이해하였음을 서명, 기명날인, 녹취, 전자우편 및 그 밖에 이와 비슷한 전자통신, 우편, 전화자동응답시스템 등의 방법[23] 중 하나 이상의 방법으로 확인을 받아야 한다(동조 제3항). 그리고 금융투자업자는 설명을 함에 있어 투자자의 합리적인 투자판단 또는 해당 금융투자 상품의 가치에 중대한 영향을 미칠 수 있는 사항("중요사항")을 거짓 또는 왜곡하여 설명하거나 중요사항을 누락하지 못한다. 여기서 왜곡이라 함은 불확실한 사항에 대하여 단정적 판단을 제공하거나 확실하다고 오인하게 할 소지가 있는 내용

---

20) ① 금융투자상품의 투자성에 관한 구조와 성격, ② 수수료에 관한 사항, ③ 조기상환조건이 있는 경우 그에 관한 사항, ④ 계약의 해제·해지에 관한 사항(영 제53조).

21) 권기훈, "선물업자의 설명의무," 『상사판례연구』 제17집, 한국상사판례학회, 2004, 259쪽.

22) 정준우, "증권업자의 부당한 투자권유행위의 합리적 규제방안," 『비교사법』 제11권 제3호, 한국비교사법학회, 2004, 434쪽.

23) 영 제52조의2 제3항.

을 알리는 행위를 말한다(동조 제3항).

그런데 설명사항을 일반투자자가 이해하였음을 확인받는 방법 중 서명 또는 기명날인하는 방법이 과연 투자자 보호책으로 적합한지에 관해서는 의문이다. 이러한 방법은 자칫 요식행위로 흐를 염려가 있고, 후일 분쟁의 소지가 될 염려가 많기 때문이다. 금융상품을 판매하는 측에서는 위와 같은 자필확인서의 작성·보관이 금융상품의 판매과정에서 준수하여야 할 모든 원칙을 준수한 것으로 판단하는 경향이 있지만, 사후에 그 자필확인서는 하나의 입증자료가 될 수는 있겠으나 금융투자업자의 손해배상책임을 완전히 면제해 줄 수 있는 유력한 입증자료일 수는 없다고 본다. 왜냐하면 고객에 따라서는 투자설명서의 내용을 충분히 설명하고 이해시키는 데에는 많은 시간과 노력이 소요됨에도 현실적으로 창구에서 이루어지는 설명시간은 그리 많지 않은 경우가 많고, 더욱이 일반투자자들이 이해하기 곤란한 투자 상품의 경우에는 상대적으로 설명하는 시간이 길어질 수 있기 때문이다. 게다가 투자 권유 상품의 단점은 생략한 채 장점만을 주로 부각시켜 설명하는 경우에는 투자자를 오도할 염려도 있다.

따라서 자필확인서의 증명력을 담보하기 위해서는 금융투자업자가 상품을 판매한후 고객에게 전화통화 등의 방법으로 모니터링을 실시하여 판매과정에서 누락된 사항을 사후적으로 보완하는 절차를 마련하는 것이 필요하다고 본다. 그러나 이러한 절차는 번거로울 뿐만 아니라 또 다른 분쟁의 소지가 있으므로 설명과정을 녹화하여 보관하도록 하는 방법이 더 좋지 않을까 싶다. 이러한 방법은 기술의 발달로 비용에 대한 걱정도 그만큼 줄었고, 설명의무의 실행력도 담보해줄 수 있다. 또한 금융투자상품을 판매한 금융투자업자의 직원이 전문성이 부족하여 잘못된 설명을 했음에도 불구하고 이를 인지하지 못한 일반투자자가 기명날인 또는 서명하였으나 그 후 이러한 사실을 이유로 손해배상을 청구

하는 경우에 입증의 도구로 이용할 수 있는 장점도 있다.[24)]

한편 일반투자자가 해당 금융상품의 중요 사항을 충분히 인식하고 있는 경우까지도 설명의무를 이행하여야 할 필요는 없다고 본다. 일본의 금융상품 판매법은 투자자 보호라는 요청이 침해되지 않고 이러한 경우까지 설명의무를 부과하는 것은 원활한 거래를 방해할 수 있다고 보아 고객이 설명이 필요 없다는 사실을 밝힌 때에는 설명의무를 적용하지 않도록 하고 있다[일본 금융상품판매법(이하 '금판'이라 함) 제3조 제7항].

설명의무를 이행할 경우에 설명의 정도도 문제가 된다. 이 경우 일본의 금융상품판매법은 "설명의무의 이행행위인 설명은 고객의 지식, 경험, 재산상황 및 해당 금융 상품의 판매에 관한 계약을 체결할 목적에 비추어 해당 고객에게 이해시키기 위하여 필요한 방법 및 정도에 의한 것이어야 한다(금판 제3조 제2항)"고 구체적으로 정해 놓고 있다. 이는 우리 자본시장법 제47조가 일반투자자가 이해할 수 있도록 설명해야 한다고 추상적으로 정해 놓고 있는 것과는 대조를 이룬다. 왜냐하면 위 일본금융상품판매법 제3조 2항을 문리적으로 해석할 경우, 이해시키기에 필요한 방법 및 정도의 기준은 일반적인 고객이 아니라 해당고객이라고 해석해야 하기 때문이다.[25)] 우리 자본시장법도 후술하는 적합성의 원칙처럼 투자자의 속성을 이해하여 해당 고객과 똑같은 속성을 가진 투자자라면 이해할 수 있는 방법 및 정도의 설명을 해야 한다고 구체적으로 정하는 것이 투자자를 분류하여 달리 대우하고자 하는 자본시장법의 입법취지에도 부합하는 것으로 본다.

---

24) 설명의무에 대해서는 서완석, "KIKO 분쟁에 있어서 판례의 동향과 자본시장법상의 쟁점," 『상사판례연구』 제23집 제1권, 2010, 438~440 쪽의 내용을 수정·보완한 것임.

25) 川村正幸, 주(18), 293頁.

2) **계약서류 교부의무**

금융투자업자는 투자자와 계약을 체결한 경우 그 계약서류를 투자자에게 지체 없이 교부하여야 한다(법 제59조 제1항). 다만, 계약내용 등을 고려하여 투자자 보호를 해할 우려가 없는 경우로서 ① 매매거래계좌를 설정하는 등 금융투자상품을 거래하기 위한 기본 계약을 체결하고 그 계약내용에 따라 계속적·반복적으로 거래를 하는 경우, ② 투자자가 계약서류를 받기를 거부한다는 의사를 서면으로 표시한 경우, ③ 투자자가 우편이나 전자우편으로 계약서류를 받을 의사를 서면으로 표시한 경우로서 투자자의 의사에 따라 우편이나 전자우편으로 계약서류를 제공하는 경우, ④ 그 밖에 투자자 보호를 해칠 염려가 없는 경우로서 금융위원회가 정하여 고시하는 경우에는 그 계약서류를 교부하지 아니할 수 있다(영 제61조 제1항). 이 규정은 계약이 체결된 금융상품거래 내용 중 중요사항을 확인할 수 있는 기회를 제공하려는 취지이다.

그런데 일본의 경우 투자자 보호에 지장이 없는 경우를 제외하고 계약체결 전에도 법정 기재사항이 적힌 계약서류를 교부하도록 하여[일본의 금융상품거래법(이하 '금상법') 37조의3 제1항] 투자자가 계약을 체결하기 전에 투자 판단에 반드시 필요한 사항을 알 수 있도록 투자자 보호에 만전을 기하고 있는 점은 참고할 만하다.

(2) 판매권유의 적정성 확보

1) **요청하지 않은 권유**(unsolicited call)**의 금지**

금융투자업자는 투자자로부터 투자권유의 요청을 받지 아니하고 방문·전화 등 실시간 대화의 방법을 이용하는 행위가 금지된다(법 제49조 제3호). 이는 적합성 원칙의 준수를 대부분 기대할 수 없는 계약유형에 관하여 방문 또는 전화에 의한 권유를 일률적으로 금지하는 것으로서[26] 그 보호법익에 관해서는 사생활 보호라고 해석하는 견해[27]도 있지만 원치 않는 권유를 금지하는 것이므로 투자자가 자기 결정을 적절하게 행할 기회를 주기 위한 것이라고 해석하는 것이 옳을 것이다.[28]

그런데 "투자자 보호 및 건전한 거래질서를 해할 우려가 없는 행위로서 대통령령으로 정하는 행위는 증권과 장내파생상품에 대한 투자권유행위"를 말한다(영 제54조 제1항). 따라서 요청하지 않은 권유의 금지는 증권과 장내파생상품에 대해서는 허용되고 장외파생상품에 대해서만 금지된다. 이에 대하여 증권과 장내파생상품에 대한 투자권유 행위라고 하여 "투자자 보호 및 건전한 거래질서를 해할 우려가 없는 행위"로 볼 만한 합리적인 근거가 없다는 이유로 증권과 장내파생상품과 장외파생상품을 구별하여 요청하지 않은 권유의 허용여부를 결정하는 것에 의문을 제기하는 견해가 있는가 하면,[29] 구조적으로 복잡한 상품에도 요청하지 않은 권유의 금지대상에 포함시킬 것을 주장하는 견해도 있다.[30]

하지만 일본에서는 레버리지가 높은 것 등의 상품성, 집요한 권유나 피해발생의 실태를 고려한 것으로,[31] 악질적인 외환증거금거래업자의 권유에 의해 외환증거금거래를 개시한 다수의 고객이 막대한 손해를 입은 것이 사회 문제화 된 것이 그 원인이라고 한다.[32]

생각건대 이와 같은 규제를 모든 금융투자상품에 적용할 경우 금융투자업을 과도하게 위축시킬 우려가 있다는 점과 과다한 규제비용을 고려한다면 현행 제도에 큰 문제는 없는 것으로 보인

---

26) 金融審議会 金融分科会 第一部会 報告 '投資サ-ビス法(假称)に 向けて' (2005년 12월 22일), 15頁 참조.
27) 변제호 외 4인 공저, 자본시장법, 지원출판사, 2009, 209쪽.
28) 川村正幸, 주(18), 303頁.
29) 임재연, 「자본시장법」, 박영사, 2010, 147쪽 주(27) 참조.
30) 안수현, 앞의 논문(주12), 240쪽.
31) 川村正幸, 주(18), 304頁.
32) 변제호 외 4인 공저, 주(27), 209쪽.

다. 다만 법 제49조 제3호 단서 및 영 제54조를 문리적으로 해석할 경우 증권과 장내파생상품이 투자자보호 및 건전한 거래질서를 해할 우려가 없는 행위로 해석될 수 있다는 점이 인정되므로 입법적 보완이 필요할 것이다.[33)]

한편 일본의 금융상품거래법 제36조 제6호에서는 우리 자본시장법 제49조 제3호가 금지하는 것과 같은 권유를 할 목적이 있다는 사실을 명시하지 않고서 해당 고객을 모아서 금융상품거래계약을 체결하는 행위를 금지하고 있다. 이는 요청하지 않은 권유의 금지 규제를 탈법하는 행위를 막고자 하는 것이다.[34)] 이러한 경우는 우리도 충분히 예상해볼 수 있는 것으로 입법적인 고려가 필요하다고 본다.

2) **의사에 반하는 재권유(solicitation against will)의 금지**

금융투자업자는 투자권유를 받은 투자자가 이를 거부하는 취지의 의사를 표시하였음에도 불구하고 투자권유를 계속해서는 안 된다(법 제49조 제4호). 이는 투자자가 명시적으로 거부의 의사를 밝혔음에도 투자권유를 계속하는 행태는 투자자의 사생활과 평온한 삶을 침해할 우려가 있고 건전한 거래질서를 해할 우려가 있기 때문이다. 따라서 투자성 있는 보험계약, 일정 기간 경과 후의 재권유 및 다른 종류의 금융투자상품에 대한 매수의 권유 등과 같이 이러한 우려가 없는 행위는 설령 의사에 반한 재권유에 해당하더라도 금지되지 않는다(법 제49조 제4호 단서, 영 제54조 제2항). 재권유가 가능해지는 기간과, 같은 종류의 투자권유인지의 여부 등은 금융투자업규정에 정해져 있다(영 제54조 제2항).

이 규정은 원칙적으로 모든 금융투자상품에 대해 적용되는데, 일본의 경우 일정한 시장 장외파생상품거래를 대상으로 하는

---

33) 같은 생각: 위의 책, 209쪽.

34) 松尾直彦・松本圭介, "金融商品賞取引法制の政令・内閣府令等の概要," 商事法務 1807号, 46頁.

(금상법 시행령 제16조의4 제2항) 점과 다르다. 또한 영국의 금융감독청(FSA: Financial Services Authority)도 COB(Conduct of Business)의 적용대상이 되어 있는 금융상품을 '위험의 정도'에 따라 분류하여 규제 수준에 차이를 두고, 고객이 동의하지 않거나 사회관습상 부적절한 시간(unsocial hour) 및 관련단체에 등록되지 않은(unlisted) 전화번호의 경우에 전화권유를 금지하고 있다.[35)]

생각건대 법 제49조 제4호의 입법취지에 비추어 본다면 모든 투자 상품에 재권유를 금지하는 것이 합리적인지에 대해서는 의문이다. 그러므로 영국처럼 위험성에 따라 재권유 금지대상 금융 상품을 법정하는 것이 옳다고 본다.

3) **계약해제권**(cooling-off)

자본시장법은 투자자가 금융투자상품 거래계약을 체결한 후 일정한 기간 내에 동 계약을 무조건 해제할 수 있는 규정을 두고 있다. 이는 지나치게 서두르는 데서 오는 거래의 위험으로부터 투자자를 보호하기 위한 것으로 투자자가 이미 계약을 체결하였다 하더라도 숙고기간(cooling-off period) 중에 냉정한 자세로 이해득실을 따져 손해가 생길 수 있다는 판단을 내린 경우라면 투자자의 거래상대방의 이익을 희생시켜 정보력에서 뒤지는 투자자를 보호하려는 취지이다. 그러나 계약해제권은 이미 체결된 계약을 소급하여 소멸시키는 제도로서 투자일임계약의 경우 이미 금융투자상품에 대한 시장가격의 변동 내용이 투자일임재산의 운용의 결과에 반영되어 있는데 이를 소급하여 무효로 하는 것은 법적 안정성을 해칠 우려가 있으므로 투자자문계약에 대해서만 적용되도록 하고 있다(영 제61조 제2항).

금융투자업자는 투자자와 계약을 체결한 후 계약 내용 등을 고려하여 투자자보호를 해할 우려가 없는 경우로서 ① 매매거래

35) COB 3.5, 3.10.

계좌를 설정하는 등 금융투자상품을 거래하기 위한 기본계약을 체결하고 그 계약내용에 따라 계속적·반복적으로 거래를 하는 경우, ② 투자자가 계약서류를 받기를 거부한다는 의사를 서면으로 표시한 경우, ③ 투자자가 우편이나 전자우편으로 계약서류를 받을 의사를 서면으로 표시한 경우로서 투자자의 의사에 따라 우편이나 전자우편으로 계약서류를 제공하는 경우, ④ 그 밖에 투자자 보호를 해칠 염려가 없는 경우로서 금융위원회가 정하여 고시하는 경우 등을 제외하고는 그 계약서류를 투자자에게 지체 없이 교부하여야 한다(법 제59조 제1항, 영 제61조 제1항).

해제할 수 있는 시간은 계약서류를 수령한 날로부터 7일이다(법 제59조 제2항, 영 제61조 제2항). 일본의 경우에는 그 기간을 10일로 하고 있다(금상법 시행령 제16조의3 제2항). 할부거래의 경우 소비자가 청약을 철회할 수 있는 기간이 7일이고, 방문판매의 경우 14일, 보험계약의 경우 15일로 되어 있는데, 금융투자상품의 경우 높은 수준의 금융지식을 필요로 한다는 점과 그 복잡성을 고려할 때 너무 짧은 감이 있다. 계약의 해제는 해당 계약의 해제를 하는 취지의 서면을 해당 금융투자업자에게 송부한 때에 그 효력이 발생한다(법 제59조 제3항).

금융투자업자는 계약이 해제된 경우 해당 계약의 해제까지의 기간에 상당하는 수수료, 보수, 그 밖에 해당 계약에 관하여 투자자가 지급하여야 하는 대가를 초과하여 계약해제에 따른 손해배상금 또는 위약금의 지급을 청구할 수 없다(법 제59조 제4항). 그 대가는 기본적으로 계약 해제 전까지 금융투자업자가 제공한 서비스에 대한 대가를 의미하며, 그 대가를 미리 지급받은 때에는 이를 투자자에게 반환하여야 한다(법 제69조 제5항). 다만 반환해야 할 금액이 계약해제 전까지 제공한 서비스의 대가 이내일 경우에는 반환하지 않을 수 있다(법 제69조 제5항 단서). 투자자의 계약해제권을 제한하는 특약으로서 투자자에게 불리한 것은 무효이다(법 제59조 제6항).

4) 적합성의 원칙

자본시장법은 금융상품의 가격을 보증하는 시스템이 아니라 투자자의 공정한 투자판단에 따른 투자 결정들이 시장에 집적됨으로써 금융상품의 가격이 형성되는 시스템을 채용하고 있다. 이러한 시스템은 투자자가 자기책임의 원칙하에 투자기회를 이용하는 데 따른 위험을 예측하여 투자판단을 한다는 점에 그 기반을 두고 있다. 그리고 이와 같은 투자판단은 공정한 투자판단으로 평가되지만 투자자 중에는 기회의 이용에 따른 위험을 예측할 수 없는 경우나 위험을 예측할 수 있어도 무리하게 파격적인 투기적 행동을 하는 경우도 있는 법이다. 적합성 원칙은 이러한 투자자를 위험한 투자판단으로부터 보호하려는 측면도 있지만 이들에 대한 시장 참가를 제한함으로써 시장의 공정한 가격형성을 제도적으로 보장하려는 의미도 있을 것이다.[36)]

'적합성 원칙'이라 함은 일반투자자의 투자목적·재산상황 및 투자경험 등에 비추어 그에게 적합하지 아니하다고 인정되는 투자권유를 해서는 안 된다는 원칙(법 제46조 제3항)으로 'know your customer rule' 또는 'suitability rule'이라고 한다.[37)] 이 원칙은 전문투자자가 아닌 일반투자자에게만 적용된다. 따라서 자본시장법은 이 원칙을 적용하기 전에 투자자가 일반투자인지 전문투자자인지의 여부를 확인하도록 하고(법 제46조 제1항), 일반투자자에게는 투자권유를 확인하기 전에 면담·질문 등을 통하여 투자목적·재산상황 및 투자경험 등의 정보를 파악하도록 하고 있다(법 제46조 제2항).

이러한 적합성의 원칙은 협의의 적합성 원칙과 광의의 적합성 원칙으로 나눌 수 있는데, 전자의 경우는 특정한 투자자에 대

36) 같은 생각: 川村正幸, 앞의 책 (주18), 306頁.

37) 적합성 원칙에 대해서는 앞의 서완석 논문(주24), 432~433쪽의 내용을 수정·보완한 것임.

하여는 어떤 일이 있더라도 특정한 금융상품의 권유·판매를 행해서는 안 된다는 원칙이며,[38] 후자의 경우는 금융상품거래업자 등이 투자자의 지식·경험, 재산상황, 투자목적에 적합한 형태로 권유·판매를 해야 한다는 원칙이다.[39] 미국의 경우 적합성 원칙은 그 공급원이 다양한데, 적합성을 관리하는 특별 규정인 NASD Conduct Rule 2310[40]이나 거래의 공정성과 정당성을 담보하기 위한 연방 반사기법률과 규정 등과 같이 수많은 공급원에서 유래하였다고 할 수 있으며, 전미증권업협회(National Association of Securities Dealers, NASD)와 뉴욕증권거래소(New York Stock Exchange, NYSE)가 그 주요한 기관이다.[41] 그리고 이러한 적합성 원칙의 실질적 규제는 다양한 자율규제기관(Self Regulatory Organizations, 'SROs')과 증권거래위원회 등으로부터 나온 징계 절차(disciplinary proceeding)에 의해 시행되고 있다.[42]

---

38) 일본 金融審議会 第一部会 「中間整理 (第一次)」(1999년 7월 6일) 17頁.

39) 위의 자료 18頁; 미국의 NASD Rule 2310에 따르면 적합성은 두 가지 개념으로 구체화되어 있는데, 그것들은 고객지정의 적합성(customer-specific suitability)과 합리적 근거의 적합성(reasonable basis suitability)이다. 전자는 브로커-딜러가 고객의 재산 상황 및 투자 목적 등에 맞추어 상품을 추천해야 할 의무이므로, 만약에 동 상품이 브로커-딜러가 고객으로부터 획득한 재정 정보와 투자 목적 등에 적합하다고 믿지 않는 한 그 상품을 고객에게 추천해서는 안 된다. 후자는 추천을 받은 고객이 누구인지와 관계없이 브로커-딜러의 추천이 적절하고 합리적인 근거를 가지고 있어야 할 의무를 말한다.

40) NASD Conduct Rule 2310, NASD Manual (CCH) 4261(Dec. 2003).

41) Roger W. Reiinsch·J. Bradley Reich·Nauzer Balsara, Trust your Broker?: Suitability, Modern Portfolio Theory, and Expert Witness, 17 St. Thomas L. Rev. 173, 174, 2004).

42) 브로커에 대한 이러한 징계절차는 법률 규정 위반에 대한 것이 아니라 윤리적 규범을 위반한 것에 대한 것이다. 그러나 이러한 적합성원칙은 브로커 때문에 고통을 입은 고객들이 그들에게 제기하는 사적 소송에 있어서의 손해배상 청구에 대한 근거로도 제시될 수 있다(Reiinsch, Reich & Balsara, supra note 41, FN 5).

NASD의 Rule 2310은 가장 유명한 적합성 원칙으로 적합성 원칙을 근거로 내세우는 민원사례가 발생한 경우에 가장 많이 이용되는데,[43] 동 규정은 (a) 고객에게 증권의 구매, 판매 또는 교환을 권유함에 있어 회원사는 고객의 다른 증권 보유 상황과 재산 상황 및 필요성에 관하여 고객이 공개한 사실에 근거하여 그 권유가 고객에게 적합하다고 믿을 만한 합리적인 근거를 가지고 있어야 하며, (b) 투자가 MMF(Money Market Mutual Fund)로 제한된 경우의 고객들과의 거래를 제외하고 비기관투자자 고객(non-institutional customer)에게 권유하는 거래를 실행하기에 앞서 회원사는 ① 고객의 재산 상황, ② 고객의 조세 지위(tax status), ③ 고객의 투자 목적, 그리고 ④ 고객에게 상품을 권유할 때 그 회원사나 등록된 대리인이 합리적인 것으로 간주하거나 이용한 기타 정보에 관한 정보를 입수하려는 합리적인 노력을 하여야 한다고 규정해놓고 있다.[44]

적합성원칙은 본래 윤리적 규범(ethical rule)에서 법원칙으로 진화해온 것으로,[45] 동 원칙은 브로커에게 특정 고객의 적합성에 대한 구체적인 결정을 내리고 고객의 재무 상태(financial profile)와 투자목적 등에 맞는 권유를 할 것을 요구한다.[46] 따라서 브로커는 무엇이 고객이 필요로 하는 것에 적합한지를 결정하기 위해 투자자의 금융적 욕구(financial needs)가 무엇인지에 관하여 알아야 한다.[47] 그러기 위해서 브로커는 투자자의 투자성향(investor profile)

---

43) Reiinsch, Reich & Balsara, supra note 41, FN 6.

44) NASD Conduct Rules 2310: Recommendations to Customers(Suitability).

45) Norman S. Poser, Liability of Broker-Dealers for Unsuitable Recommendation to Institutional Investors, 2001 BYU L. Rev.1493 (2001); Louis Loss & Joel Seligman, Securities Regulation (3d ed. 1980) 참조.

46) Robert N. Rapp, Rethinking Risky Investments for that Little Old Lady: A Realistic Role for Modern Portfolio Theory in Assessing Suitability Obligations of Stockbrokers, 24 Ohio N.U. L. Rev. 189, 190, 1998.

47) 적합성 원칙은 두 가지 측면에서 위반이 이루어질 수 있는데 그 하나는 브로커가 투자자의 재산, 연령, 다른 개인적 특징이나 위험을 감수하

을 알아야 하고. 그것은 고객이 성취하고자 하는 투자목적과 그 투자자가 감수하려고 하는 위험수준의 정도로 구성된다.[48] Rule 2310과 기타 적합성 원칙들은 브로커가 정확한 투자성향을 알아내서 이를 적절한 투자를 하거나 권유하는 데 사용할 것을 요구하고 있다.[49]

NASD Rule은 "recommend"나 "recommendation"이란 용어에 대한 정의 규정을 두고 있지 않으므로 그 요건은 사실관계나 정황에 의해 결정된다. NASD나 SEC는 브로커-딜러가 자신의 수수료 수입을 올릴 목적으로 노련하지 않은 투자자에게 합리적인 근거를 갖추지 않은 매매기법을 추천하는 행위는 Rule 2310을 위반한 것으로 보고 강제조치를 취한다.[50] 이러한 경우에 물론 브로커-딜러들은 자신들이 이러한 기법을 추천한 것이 아니라 고객 스스로 이러한 매매기법을 수행할 것을 선택한 것이라는 주장을 하지만, NASD와 SEC는 문제의 고객들이 아직 추천을 받은 매매기법에 대한 경험도 부족할 뿐만 아니라 성숙한 사람들이 아니라는 점을 들어 그러한 주장을 배척한 바 있다.

최근에는 온라인 브로커-딜러들에 의해 제공된 서비스들이 Rule 2310 위반인지에 관한 문제들이 제기되고 있다. 온라인 판

려는 의지 등과는 관계없이 그 권유의 결과가 어떤 특정 투자자에게는 부적합한 권유인 때이고, 또 다른 하나는 일반적으로 어떤 자에게는 적합할지 모르나 특정 투자자에게는 적합하지 않은 권유를 했을 때이다 [F.J. Kaufman & Co., Exchange Act Release NO. 34-27535, 50 S.E.C. 164(Dec. 13, 1989)].

48) Rapp, supra note 46, at 212~17.

49) NASD Conduct Rules, 2310, available at <http://www.cchwallstreet.com/ /nasd.asp?print=1&printnode=3.35&SelectedNode=3&FileName=/ nasd/nasd_rules/RulesoftheAssociationmg.xml>.

50) In the Matter of Terry Wayne White, Exchange Act Rel. No. 27,895 (Apr. 11, 1990), 50 S.E.C. 211 (1990); In the Matter of F.J. Kaufman & Co. of Va., Exchange Act Rel. No. 27,535 (Dec. 13, 1989), 50 S.E.C. 164, 1989.

매는 대개 비용도 저렴하며 투자권유가 없기 때문에 판매직원과의 대면거래에 비하여 투자자가 원하는 펀드에 쉽게 가입할 수 있지만 현실적으로 적합성 원칙이 적용될 여지가 없으므로 그 책임은 전적으로 투자자가 부담해야 하는 난점이 있다. 실무계에서는 '투자자 정보확인서' 등의 설문을 통해 투자목적 등 정보를 수집하여, 투자성향설문을 근거로 고객의 투자성향을 분류하고, 고객 투자성향에 적합한 상품을 권유하는 절차를 진행하고 있는데, 온라인 거래시에는 "투자자 정보확인서" 작성 등의 절차를 생략하는 경우가 대부분인 것으로 알고 있다. 따라서 온라인 거래시에도 이러한 절차를 강제하도록 하여 투자자 보호에 만전을 기할 필요가 있다고 본다.

한편 투자자의 정보를 확인한 금융투자업자는 이에 대해 서명, 기명날인, 녹취, 전자우편, 우편, 전화자동응답시스템 등을 통해 투자자의 확인을 받아 기록을 유지·관리하여야 하며, 이를 투자자에게 제공하여야 하는데(법 제46조 제2항), 이는 추후 분쟁이 발생할 경우 입증 자료가 되도록 하기 위함이며, 특히 대면거래가 아닌 인터넷 등 다양한 방법을 통해 투자권유가 이루어지는 점을 감안한 것으로 보아야 한다. 그리고 투자권유 관련 자료를 10년간 유지해야 한다(법 제60조, 영 제62조).

일본의 경우 적합성 원칙을 위반한 판매회사나 그 임직원에 대해 행정벌이 부과되도록 하고 있으며(금상법 제52조 제1항 제6호), 미국의 NYSE도 동 협회의 회원들이 부적합한 권유를 했을 때 NYSE Rule 476(a)(6)에 의한 제재조치를 취하도록 하고 있는데, 우리 자본시장법은 금융투자업자가 적합성 원칙을 위반한 경우에 자본시장법 제64조에 따라 손해배상책임을 물을 수 있을 것이나, 금융투자업자나 그 임직원 또는 투자권유대행인에 대해 행정벌이나 형사벌을 부과하는 규정은 두고 있지 않다. 적합성 원칙의 실효성을 확보하기 위해서는 입법의 보완이 필요하다고 본다.

(3) 광고규제

광고는 직접적인 구매뿐만 아니라 소비자의 가치관 및 소비 태도에도 상당한 영향력을 행사하는 마케팅 도구로서 존재하지만, 그것이 미치는 영향이나 효과는 마케팅의 차원을 넘어 한 사회와 인간 생활 저변까지 광범위하며, 소비자의 의사결정에 지대한 영향을 미칠 수 있다. 그럼에도 불구하고 허위 또는 부실·과장 광고를 통해 소비자들을 오인 또는 오도할 위험성도 있다. 특히 리스크가 큰 금융상품에 대한 광고의 경우는 더욱 그렇다.

따라서 자본시장법은 특정 투자자를 상대로 금융투자상품의 매매 등을 권유하는 행위인 투자권유와 불특정 투자자를 상대로 하는 투자광고를 구분하고 후자에 대해서는 그 주체 및 내용을 제한하고 있다.

그 주체에 대한 제한은 투자광고를 할 수 있는 자를 금융투자업자 및 협회와 금융투자업자를 자회사·손회사로 하는 금융지주회사나 증권의 발행인·매출인만으로 한 것이며, 내용에 대한 제한은 ① 당해 금융투자업자의 명칭, ② 금융투자상품의 내용, ③ 당해 금융투자상품의 투자에 따르는 위험, ④ 금융투자업자는 금융투자상품에 대하여 충분한 설명의무가 있다는 점, ⑤ 금융투자업자로부터 금융투자상품에 대한 충분한 설명을 듣고 투자할 것을 권고하는 내용, ⑥ 수수료에 관한 사항 등은 반드시 표시하여야 하지만(법 제57조 제2항, 영 제60조 제1항), 손실보전이나 이익보장이 가능한 일부신탁상품을 제외하고는 손실보전 또는 이익보장으로 오인케 하는 표시를 해서는 안 된다는 것이다. 주체를 제한하는 이유는 광고자를 금융투자업자로 오인할 가능성을 막기 위한 것이고, 내용에 대한 제한은 투자자의 의사결정에 영향을 미칠 수 있는 요인들을 positive방식과 negative방식을 이용해서 규제하려는 것이다.

이 외에도 집합투자증권에 대한 투자광고를 하는 경우에는 ① 집합투자증권을 취득하기 전에 투자설명서를 읽어 볼 것을 권고하는 내용, ② 운용결과에 따라 원금손실이 발생할 수 있으면 그 손실이 투자자에게 귀속된다는 사실, ③ 운용실적을 포함하여 광고하는 경우 그 실적이 미래의 수익률을 보장하는 것이 아니라는 내용이 반드시 포함되어야 하며, 또한 ① 집합투자기구의 명칭, ② 집합투자기구의 종류에 관한 사항, ③ 집합투자기구의 투자목적 및 운용전략에 관한 사항 등 이외의 사항, ④ 그 밖에 집합투자증권의 특성을 고려하여 시행령에서 정하는 사항 외의 사항은 투자광고에 포함시켜서는 안 된다.

그런데 광고의 속성상 금융투자업자들이 투자자에게 유리한 내용은 부각시키고 불리한 내용이나 투자자가 입을 손해 등에 대해서는 작게 표시하거나 특수한 상황에서나 적용될 수 있는 왜곡된 정보를 주는 사례가 있을 수 있으므로 투자자에게 불리하거나 손해를 입힐 수 있는 사항은 더 크게, 금융투자업자에게 유리한 내용은 작게 표시하라는 등의 문언을 명시적으로 둘 필요가 있다고 본다.

3. 금융소비자 보호의 실효성 확보

(1) 분쟁해결

자본시장법은 분쟁의 자율조정을 위하여 필요한 분쟁조정규정을 정하고(법 제405조 제1항), 분쟁조정을 위하여 필요하다고 인정되는 경우에는 당사자에 대하여 사실의 확인 또는 자료의 제출 등을 요구할 수 있으며(법 제405조 제2항), 당사자 그 밖의 이해관계인의 의견을 들을 필요가 있다고 인정되는 경우에는 이들에게 회의에 출석하여 의견을 진술할 것을 요청할 수 있다(법 제405조 제3항). 소송제도는 그 결과를 집행함에 있어 강제성이 부여되는 장점이 있는 반면에 많은 시간과 비용이 소요되는 단점이 있기 때문에, 시장감시위원회에 분쟁조정을 맡겨 금융소비자들이 가능한 적은 비용과 시간으로 목적을 달성할 수 있도록 한 것이다.

또한 금융감독원의 금융조정위원회는 금융기관과 예금자 등 금융수요자 기타 이해관계인 간에 발생하는 금융관련 분쟁의 조정에 관한 사항을 심의·의결하는 기구이며(금융감독기구의 설치 등에 관한 법률 제51조), 한국금융투자협회도 정관이 정하는 바에 따라 회원의 영업행위와 관련된 분쟁의 자율조정(당사자의 신청이 있는 경우에 한한다)에 관한 업무를 수행한다(법 제286조 제1항). 그 밖에 소비자보호원도 증권관련 분쟁에 대한 조정업무를 수행하고 있다(소비자보호법 제60조).

그런데 조정은 중립적인 입장에 있는 제3자(조정인, mediator)가 분쟁에 개입하여 분쟁 당사자들로 하여금 효율적인 협상을 하도록 도와주는 형태의 분쟁해결방식으로 협상과 달리 조정에는 당사자들이 합의에 도달할 수 있도록 도와주는 역할을 하는 조정인의 개입이 필수적이라는 특성이 있다. 그러나 조정인은 당사자들이 제시한 합의안이나 조정안 등을 받아들이도록 강제할 수 있는 권한이 없다. 다시 말해 조정인의 역할은 어디까지나 협상의 진전을 위해 조언하는 역할에 그치며, 분쟁의 궁극적인 해결은 결국 당사자에게 달려 있기 때문에 당사자 쌍방이 분쟁 조정 내용을 수락하는 경우에만 재판상 화해 또는 민법상 화해계약과 동일한 효력이 발생하도록 되어 있다. 따라서 당사자 일방이 이를 수락하지 않을 경우 분쟁조정의 실효성이 크게 떨어지게 되어 있으므로 당사자들의 합의가 없다면 결국 법원의 역할에 기대는 수밖에 없다.

다만 여기서 금융소비자와 금융투자업자 간의 분쟁은 비용의 발생을 의미하며, 이는 국가적으로도 낭비의 요인이 될 것이다. 이러한 점에서 볼 때 국가는 금융소비자와 금융투자업자 간의 분쟁이 법적 분쟁으로 비화하기 전에 해결될 수 있도록 하는 유인을 제공할 필요가 있다. 그러기 위해서는 분쟁 조정 결과의 승복에 대한 사전 합의 절차의 수립 및 합의에 대한 법률적 근거를 마련하는 등의 조치가 필요하다고 본다.

(2) 손해배상책임

자본시장법 제48조 제1항은 설명의무에 관한 동법 제47조 제1항 또는 제3항을 위반한 경우에 이로 인하여 발생한 일반투자자의 손해를 배상할 책임이 있다고 규정하고 있다. 이에 관하여 법원은 "고객들에게 거래행위에 필연적으로 수반되는 위험성에 관한 올바른 인식형성을 방해하거나 고객들의 투자 상황에 비추어 과대한 위험성을 수반하는 거래를 적극적으로 권유한 행위로서 투자자 보호 의무를 위반한 불법행위를 구성하기 때문이다"라고 설명한 바 있다.[51]

동조 제2항은 손해액에 대해서 정해 놓고 있는데, 손해액은 금융투자상품의 취득으로 인하여 일반투자자가 지급하였거나 지급하여야 할 금전 등의 총액(대통령령으로 정하는 금액 제외)에서 그 금융투자상품의 처분, 그 밖의 방법으로 그 일반투자자가 회수하였거나 회수할 수 있는 금전 등의 총액(대통령령으로 정하는 금액 포함)을 뺀 금액을 손해액으로 추정한다고 규정하고 있다. 손해액으로 추정한다 하였으므로 채무불이행의 사실(설명의 불충분), 손해발생 사실 등에 대해서는 일반투자자가 입증하여야 할 것이지만 손해와의 인과관계나 고의·과실이 없었다는 입증책임은 금융투자업자에게 있다고 하여야 할 것이다.[52] 왜냐하면 동법 제48조

51) 서울중앙지방법원 2009. 6. 23. 선고 2008가합99578 판결.

52) 이에 대해서는 손해액의 추정만을 명시적으로 규정할 뿐이므로 인과관계상 입증책임의 전환까지 의도한 것은 아니라는 견해[한기정, "자본시장통합법 제정방안과 금융고객보호제도의 선진화," BFL 제18호, 서울대

제2항에 손해액으로 추정한다는 명문 규정이 있으므로 인과관계의 입증책임은 금융투자업자가 당연히 지는 것이고, 고의・과실이 없다는 입증책임은 민법 제390조의 단서 규정을 해석함에 있어 채무자 자신이 고의・과실이 없었음을 입증하지 못하는 한 면책되지 못하는 것으로 해석하는 것이 통설적 견해이고, 판례의 일관된 입장이기 때문이다.[53]

다시 말해 법에서 정한 원본손실액(지급하였거나 지급할 금액에서 회수하였거나 회수할 금액을 차감한 금액)까지는 투자자가 입증할 필요가 없으며, 오히려 금융투자업자가 피해액이 원본손실액보다 적다고 주장해야 한다. 물론 투자자가 원본손실액 이상의 손해를 주장하려면 그 입증책임은 투자자에게 있을 것이나 현실적으로 원본 손실액 이상의 손해가 발생할 여지가 없다 할 것이므로 이러한 상황을 가정하는 일은 별로 의미가 없다.

하지만 투자자 입장에서 보면 손해액의 입증보다 설명이 불충분했다는 사실을 입증하는 것이 훨씬 더 어려울 것이다. 뿐만 아니라 설명의무 불충분에 따른 손해배상의 경우 투자자의 과실도 감안하기 때문에 실제 배상액은 원본 손실액보다 적게 될 가능성도 많다. 그렇다면 손해액의 입증책임 전환만으로 설명의무 위반으로 인한 피해자의 완전한 구제를 기대하는 것은 무리일 것이다.

그런데 입증책임의 전환은 입증책임을 지는 금융투자업자들에게 불필요할 정도의 절차에 집착하게 하는 폐해를 낳을 수 있고 현실적으로 그런 현상이 나타나고 있다. 투자자가 판매권유내

학교 금융법 센터, 2006, 24쪽]와 동 조항은 고객의 손해액 산정부담을 입법으로 해결하여 손해액 산정의 어려움을 완화하려는 취지로 입법된 것이지 손해액의 증명책임은 여전히 고객에게 있으므로 입증책임이 전환되어 금융투자업자에게 있다고 풀이할 것은 아니라는 견해[정상근, 경원대학교 법학연구소・한국소비자법학회 공동 학술대회(2010. 5. 18) 제2주제 토론]가 있다.

53) 김준호, 「민법강의」, 법문사, 2000, 761쪽.

용을 완전히 이해했는지를 측정하는 것은 불가능하므로 금융투자업자들은 제도가 정한 절차를 충실히 따랐다는 사실을 가지고 자신들에게 잘못이 없다는 점을 입증하려 할 것이기에 오히려 서명을 받는 등의 요식행위에 더 비중을 둠으로써 정작 중요한 설명에는 신경을 쓰지 않는 경향이 바로 그것이다. 그러므로 설명의무 위반에 대한 사후적 구제보다 사전적 예방 즉 설명의무의 충실성을 담보해줄 수 있는 방법을 모색하는 것이 더 바람직하다고 본다. 그러기 위해서는 앞에서 말한 바와 같이 서명이나 기명날인, 우편, 전자통신 등의 방법은 적절치 않고 도리어 녹취 이외에 녹화의 방법을 추가하는 것이 옳을 것이다. 녹취나 녹화는 사후 검열을 담보해주므로 금융투자업자들에게 심리적 강제가 가능하기 때문이다.

한편 자본시장법은 적합성의 원칙을 위반한 경우 투자권유행위를 한 자가 부담하여야 할 법적 책임에 관해서는 명문의 규정을 두고 있지 않다. 하지만 동법 제64조가 "법령 · 약관 · 집합투자규약 · 투자설명서에 위반한 행위를 하거나 그 업무를 소홀히 하여 투자자에게 손해를 발생시킨 경우에는 그 손해를 배상할 책임이 있다"고 하고 있고, 법원도 적합성의 원칙을 위반한 경우 일정한 요건을 갖춘 경우에 불법행위책임을 진다고 하고 있으므로[54] 손해배상책임을 인정하여야 할 것이다. 그러나 이러한 문제는 법문에 손해배상책임에 관한 명문의 규정을 두어 해결하는 것이 보다 효율적일 것이다.

그런데 자본시장법은 입증책임에 있어 금융투자업자가 법령 · 약관 · 집합투자규약 · 투자설명서에 위반하는 행위를 하거나 업무를 소홀히 함으로써 투자자에게 손해를 발생시킨 경우(투자매매업 또는 투자중개업과 집합투자업을 겸영한 경우에 한함)에 손해배상책임

54) 대법원 2007. 4. 12. 선고 2004다62641 판결.

을 지되, 손해배상책임이 있는 금융투자업자가 상당한 주의를 하였음을 증명하거나 투자자가 거래시 그러한 이해상충을 알았던 경우에만 입증책임이 전환되는 것으로 해놓고 있다(법 제64조 제1항). 그리고 관련된 임원에게도 귀책사유가 있는 경우에는 양자가 연대하여 손해배상책임을 지도록 하고 있다(법 제64조 제2항).

미국의 경우에는 금융투자업자의 이해상충행위와 관련한 손해배상청구 건에서 입증책임을 전환해놓고 있다. 손해를 입은 일반투자자가 손해의 사실을 입증하는 것은 불가능하고 투자자 보호라고 하는 측면에서 본다면 입증책임을 전환하는 것이 옳다고 본다. 자본시장법 제1조의 직접적인 목적이 투자자 보호에 있음을 상기한다면 남소의 우려나 금융투자업자의 사내겸영을 허용하려는 자본시장법의 입법취지가 몰각된다는 주장은 설득력이 약하다고 생각한다. 또한 입증책임의 전환은 금융투자업자들이 적극적으로 투자자들에게 투자대상 상품의 특성을 자세히 설명하고 특히 손실의 정도와 범위를 알려 주어 투자자가 합리적 투자 판단을 할 수 있도록 하게 하는 긍정적인 효과가 있다. 다만 현재로서는 자본시장법 제64조 제1항의 단서규정이 현실적으로 사내겸영이 쉽지 않은 점을 감안하여 만들어진 것이라는 점은 이해할 수 있다.

(3) 금융소비자 보호원의 설립

1) 외국 사례

글로벌 금융위기 이후 금융소비자 보호 문제가 국제적 이슈로 확대되고 있다. 그런데 금융선진국들의 대처 방법의 저변에는 피해를 입은 소비자를 보호해준다는 단순함을 넘어 금융 소비자를 보호하는 일이 궁극적으로 국가 전체의 이익이라는 철학이 담겨 있는 것으로 보인다. 또한 금융 소비자의 권리와 금융회사의 의무를 분명히 함과 동시에 엄격한 사전감독으로 금융소비자의 권익을 보호하는 방식으로 법을 통합하고, 소비자 보호 정책에 있어 금융회사와 소비자 간 이해상충 등으로 인해 법제화를 통한 강제 구속력을 강화하는 경향도 보이고 있다.

금융소비자 보호에 대한 전반적인 법제 정비를 시행한 국가로는 대표적으로 미국, 영국, 호주, 캐나다, 프랑스 등이 있다. 미국의 경우에는 목적에 따라 다수의 특별법을 만들었고, 영국과 캐나다, 호주, 프랑스는 국가적 차원에서 금융 소비자보호 문제를 접근해야 한다는 취지에서 목적의식을 갖고 특별법을 제정하거나 관련법을 대대적으로 정비했으며, 이 과정에서 금융감독당국이 금융소비자 보호 관련 규정 제·개정과 감독의 주도적인 역할을 수행했다. 캐나다의 경우에는 2001년에는 금융소비자보호기구(FCAC)를 신설해 대대적으로 금융개혁 관련 법안을 제정했지만 FCAC는 사후 점검 업무만 수행하고 있다고 한다.[55)]

최근 미국 상원을 통과한 오바마의 금융개혁안에는 소비자금융보호청(Consumer Financial Protection Agency, 이하 'CFPA')을 신설해 금융권에 발생하는 시스템 측면의 리스크를 조기에 파악하는 한편 파생상품 거래 규정과 청산소를 마련해 투명성을 높인다는 계획이 포함되어 있다. 오바마 행정부는 서브프라임 모기지 사태로 촉발된 금융위기의 주요인이 금융기관에 대한 감시, 감독체계가 제대로 가동되지 않은 데 있고, 이로 인해 일반 소비자들이 가장 큰 피해를 입었으므로 금융소비자를 보호하기 위해서는 보다 '강력한' 기관이 필요하다고 인식하고 있다. 이러한 소식에 대해 은행업계는 업계의 성장저해를 우려하는 목소리도 있다.

CFPA법안의 취지 및 목적은 크게 ① 금융회사들에 대한 강력한 감독과 규제를 증진하고, ② 금융시장에 대한 포괄적인 감

55) 머니투데이 2020년 5월 12일자 기사 참조.

독 및 규제체제를 확립하며, ③ 금융시장의 남용으로부터 소비자와 투자자를 보호하고, ④ 금융 위기를 관리할 수 있는 수단을 개선하며, ⑤ 국제적인 협력 증진과, 국제적인 규제기준을 마련하는 것 등 크게 5가지로 요약할 수 있는데,[56] 소비자를 단순한 구매자가 아니라 '시장 참여자'로 이해하고, 이들을 적극적으로 보호할 수 있는 새로운 기준과 패러다임을 제시하고 있다.

동 법안은 금융소비자를 보호하기 위한 5가지 원칙 즉 ① 금융상품 및 서비스에 대하여 시장에서의 투명성(transparency), 단순성(simplicity), 공정성(fairness), 책임성(accountability)과 접근성(access)의 증진, ② 소비자들이 금융상품이나 서비스에 관하여 책임 있는 결정을 내리는 데 필요한 정보를 가질 수 있고, 이용할 수 있으며 이해할 수 있도록 보장해주는 일, ③ 소비자들이 시장의 남용, 불공정, 기망, 그리고 차별로부터 보호받을 수 있도록 보장해주는 일, ④ 소비자들에게 금융상품이나 서비스를 제공하는 시장이 충분히 지속가능한 성장과 혁신을 할 수 있을 만큼 공정하고 효율적으로 기능할 수 있도록 보장해주는 일, ⑤ 전통적으로 금융서비스의 사각지대에 놓여 있는 저소득취약계층들에 대한 금융서비스 접근성을 보장해주는 일 등[57]을 명시적으로 밝히고 있다.

그리고 이러한 목적과 원칙을 달성하기 위해서 CFPA에게 금융소비자 보호를 위한 명령, 지침의 제정 권한은 물론 해당 법령의 이행 여부를 확인할 수 있는 조사 및 보고요구 등의 집행권한과 각 주의 소비자보호법(state consumer protection law)에 위배되지 않는 한 은행 및 비은행 금융기관 모두를 감독할 수 있는 권한도 부여함으로써 법적 실효성 확보 장치를 두고 있다.

---

56) Kyle Gaffaney, Overview of the proposed Consumer Financial Protection Agency (CFPA), 22 Loy. Consumer L. Rev. 269, 269, 2009.

57) Consumer Financial Protection Act of 2009, H.R. 3126, 111th Congress, §121, 2009.

하지만 캐나다나 미국의 경우와 달리 일본은 금융소비자를 보호하기 위한 독립된 기관을 신설하기보다 금융상품의 불완전판매 입증책임을 금융사업자가 지도록 하는 '금융상품판매법'을 제정하는 등 법률의 제·개정을 통해 금융소비자를 보호하는 정책으로 대처하고 있으며, 영국의 경우에도 '금융서비스시장법'을 통해 금융사업자에게 설명의무와 적합성의무를 부여하고 이를 위반하면 손해배상 책임을 지도록 하고 있지만 독립된 기관을 두고 있지는 않다.

2) 우리나라의 사례

현재 우리나라의 경우 한국소비자보호원과 예금보험공사, 공정거래위원회 등의 정부기관 및 일부 소비자 시민단체에서 소비자 보호 업무를 부분적으로나마 보조해주고 있다. 그러나 금융소비자 권익을 위한 각종 업무를 종합적으로 다루고 있는 기관은 '금융위원회의 설치 등에 관한 법률'에 따라 설립된 금융감독원이다. 다만 금융감독원은 소비자 보호 규정과 시행령 제·개정권을 갖고 있지 않은 집행 기관이며, 관련 권한은 금융위원회에서 행사하는 구조이다. 이 때문에 금융상품의 복잡성과 전문성이 가중되면서 위험을 제대로 알지 못한 채 상품을 가입하는 소비자들이 발생할 수 있고, 이들을 보호하기 위해 별도의 전담기구인 금융소비자 보호원을 신설하여 '금융위원회' 직속의 독립 기관으로 두고, 그간 금융감독원, 한국소비자원, 한국거래소 등으로 분산되어 존재하던 소비자 분쟁업무를 통합 관리하자는 취지로 '금융소비자보호원 설립에 관한 법'(금융위원회의 설치 등에 관한 법률 개정안)이 현재 국회에 발의되어 있다.

하지만 새로운 기구의 설립을 둘러싸고 이해당사자들 간에 첨예한 의견 대립이 있어 그 접점을 찾기가 쉬워 보이지만은 않은 것 같다. 특히 소비자보호 업무를 취급하고 있는 금융감독원은 별도의 소비자보호 기구를 만드는 것에 마뜩잖아 하는 눈치이고,[58] 공정거래위원회와 한국소비자보호원 등도 반대의 움직임을 보이고 있다.[59] 법률에 금융소비자들을 보호할 수 있는 기본적인 규정이 다 들어 있음에도 새로운 규제기구를 더하는 것은 비효율적이라는 이유에서 일 것이다. 이러한 견해를 취하는 쪽에서는 금융소비자 문제를 해결하기 위해서는 관련 법규나 제도를 정비하는 일이 우선이고, 기존의 한국소비자원이나 금융감독원을 활용하는 것이 보다 효율적이라는 입장을 취하고 있는데, 그 이유로 금융 감독 체계 혼란 및 금융사 부담 가중, 행정기관 효율화 역행, 금융 감독과 소비자 보호기능 분리로 실질적인 효과가 없을 것이라는 점 등을 들고 있다.

그러나 아무리 좋은 법이 있더라도 그 법을 운용하는 데 있어 공정성과 신뢰성이 결여된다면 그 법이 처음에 의도한 목적을 달성하는 것이 쉬운 일이 아님을 우리는 수없이 보아 왔다. 금융감독 당국이 투자자나 소비자보다 금융회사 쪽을 편드는 것이 아니냐는 비판을 받아온 것은 어제 오늘의 일이 아니다. 특히 투자자와 금융회사의 이해가 엇갈리는 사안에 대해서 직간접으로 금융감독원이 금융회사 편에 서는 적이 많다는 비판도 적지 않았다. 감사원이 발표한 '금융감독기구 운영 및 감독 실태' 자료에는 금융감독원이 금융상품에 대한 투자자보호를 소홀히 했다는 사실

58) 머니투데이 2010년 5월 17일자 기사 참조.

59) 김학근, '금융소비자보호원 신설 비효율적이다', 한국일보 2009년 12월 12일자 기사 참조(금융 감독 부처 산하기관에서 금융소비자 보호업무를 수행할 경우 그 태생적 한계로 인해 사업자 중심의 시각에서 벗어나 공정하게 소비자 분쟁을 바라보기 어려우므로 소비자 입장에서 사건을 조사하고 분쟁을 조정하며 소송까지 지원할 수 있는 기관에서 그 역할을 담당하여야 하며, 새로운 기관의 설립보다는 20년 이상의 경험과 노하우를 축적하고 금융 분야를 포함한 모든 분야의 소비자 문제를 전문적으로 다루어 온 한국소비자원과, 독립성과 객관성이 보장되고 소비자분쟁업무를 전문적으로 수행해 온 소비자분쟁조정위원회에서 그 역할을 맡아야 한다는 주장이다).

이 고스란히 드러나 있다.

특히 금융감독원은 형식적으로 독립된 기구이지만 '금융감독기구의 설치 등에 관한 법률'에 의거하여 만들어진 특수법인으로서 재정의 상당 부분을 금융회사가 낸 출연금과 분담금에 의존하고 있다는 점은 그 독립성을 의심하기에 충분하다. 기관의 재정독립 없이 공정한 상거래 질서를 확립한다는 것은 불가능하며, 이러한 현실 때문에 금융소비자들이 금융회사와의 분쟁에서 필패하게 된다는 의심을 가지고 있는 이유이기도 하다. 다시 말해 금융감독원의 설립목적인 금융기관의 건전성 확보와 공정한 시장질서 확립을 통한 금융소비자보호라는 구호가 먹혀들지 않는 구도인 것이다.

파생상품의 주가연계증권(ELS)의 경우, 일부 운용사들이 주가를 조작하여 수많은 투자자에게 손실을 떠넘긴 사건의 경우에도 금융감독원이 이러한 제도적 허점을 내버려 둠으로써 투자자들이 많은 손해를 보았고, 사후 대처에 대해서도 미흡했다는 비판이 지배적이다. 금융소비자를 보호해야 하는 이유는 그들이 상대적인 약자이기 때문이다. 소비자들의 권익보호와 공정한 상거래 질서 확립의 책임을 지고 있는 금융감독원이 이러한 책무를 소홀히 하여 새로운 금융소비자 보호기구의 탄생을 자초한 측면이 금융감독원에 없다고는 말할 수 없을 것이다. 하지만 새로 설립될지도 모르는 기구가 정치적 이해관계와 거래의 질서가 통용될 수 없는, 투명하고 공정한 금융소비자보호기구가 아니라면 옥상옥이라는 비판에서 자유로울 수 없다. 그러므로 미국의 CFPA 법안이 수수료(fee) 및 부과금(assessments)을 기반으로 한 독립채산형 조직운영 모델을 갖고 있는 점은 우리에게 시사하는 바가 매우 크다고 생각한다.

또한 금융서비스에 있어 소비자 보호의 역할을 다양한 기구들이 나누어 갖고 있다 보면 어떠한 기관도 금융서비스에 있어서 소비자 보호에 관한 배타적인 역할을 하지 못함으로써 소비자 보호의 문제가 단지 고아선교(orphan mission)정도로 취급될 수 있는데,[60] 현재의 금융감독원이 생래적으로 소비자 보호 업무보다 금융규제·감독에 치중하는 구조라는 점은 이러한 우려를 낳기에 충분하다. 또한 영국이나 미국, 호주, 캐나다 등과 같은 나라들도 정도의 차이는 있지만 금융 감독 업무와 민원분쟁처리 업무 그리고 금융소비자 보호 업무를 나누어 갖고 있는데, 우리나라의 경우에는 위 세 가지 업무가 금융감독원에 집중되어 있고, 소비자원 또한 일반적인 소비자 업무를 담당하는 구조로 되어 있어 금융민원은 늘어가는 데 금융소비자 보호업무는 상대적으로 소외되어 있는 것이 현실이다. 결국 현재의 체제가 금융소비자 보호를 달성할 수 있는 최적의 시스템이 아니기에 금융소비자들은 계속해서 부당한 대우를 받을 것이고, 시스템 리스크의 가능성 또한 상존하고 있다고 할 수 있다.

생각건대 금융감독원, 공정거래위원회, 한국소비자원 등으로 분산된 소비자 보호 업무를 한 곳으로 모아 폭발적으로 증가하고 있는 금융민원에 효과적으로 대처하고, 금융업계와 금융감독원의 유착의 고리를 끊어 진정한 소비자 보호가 이루어질 수 있도록 하기 위해서는 독립기구화 해야 한다는 견해에 찬성하는 바이다.

Ⅳ. 결 론

금융선진국들이 소비자 보호제도를 대대적으로 정비하고 있는 이유는 소비자 보호가 단순히 금융투자업자에 비해 상대적 약

60) Adam J. Levitin, The Consumer Financial Protection Agency, 1789 PLI/Corp 105, 112, 2010.

자를 보호하기 위한 것만이 아니라 자본 시장의 신뢰를 공고히 구축하는 일이 오히려 국부를 늘리는 일이요, 금융투자업자를 보호하는 길로서 상생의 길이라는 점을 인식하고 있기 때문이다.

그리하여 앞에서 살펴본 바와 같이 우리 자본시장법도 금융소비자보호제도에 관한 다양한 규정을 두고 있다. 하지만 이에 관하여는 몇 가지 문제점이 있다고 보여지므로 그 대안을 제시하면 다음과 같다.

① 자필확인서의 증명력을 담보하기 위해서는 금융투자업자가 상품을 판매한 후 고객에게 전화통화 등의 방법으로 모니터링을 실시하여 판매과정에서 누락된 사항을 사후적으로 보완하는 절차를 마련하는 것이 필요하다고 보지만 요식행위에 그칠 염려가 있으므로 자필확인서 제도는 폐지하고 녹취나 녹화 등의 방법만을 남겨 두는 것이 설명의무 등의 실행력을 담보할 수 있다고 본다.

② 일반투자자가 해당 금융상품의 중요 사항을 충분히 인식하고 있는 경우까지도 설명의무를 부과하는 것은 원활한 거래를 방해할 우려가 있으므로 고객이 설명이 필요 없다는 사실을 밝힌 경우에는 설명의무를 적용하지 않도록 하고 있는 것이 좋을 것이다.

③ 설명의무를 이행할 경우에 설명의 정도에 대해 보다 구체화할 필요가 있다고 본다.

④ 일본의 경우처럼 투자자 보호에 지장이 없는 경우를 제외하고 계약체결 전에도 법정 기재사항이 적힌 계약서류를 교부하도록 하여 투자자가 계약을 체결하기 전에 투자 판단에 반드시 필요한 사항을 알 수 있도록 투자자 보호에 만전을 기하는 것이 좋을 것이다.

⑤ 자본시장법 제49조 제3호 단서 및 동법 시행령 제54조를 문리적으로 해석할 경우 증권과 장내파생상품이 투자자보호 및 건전한 거래질서를 해할 우려가 없는 행위로 해석될 수 있다는 점이 인정되므로 입법적 보완이 필요하다고 본다.

⑥ 일본의 금융상품 거래법 제36조 제6호에서는 우리 자본시장법 제49조 제3호가 금지하는 것과 같은 권유를 할 목적이 있다는 사실을 명시하지 않고서 해당 고객을 모아서 금융상품거래계약을 체결하는 행위를 금지하고 있다. 이는 요청하지 않은 권유의 금지 규제를 탈법하는 행위를 막고자 하는 것인데, 우리도 이에 대한 입법적 고려가 있어야 한다고 본다.

⑦ 법 제49조 제4호의 입법취지에 비추어 모든 투자 상품에 재권유를 금지할 것이 아니라 영국의 경우와 같이 위험성에 따라 재권유 금지대상 금융 상품을 법정하는 것이 옳다고 본다.

⑧ 계약을 해제할 수 있는 시간이 계약서류를 수령한 날로부터 7일로 되어 있으나 금융투자상품의 경우 높은 수준의 금융지식을 요한다는 점과 그 복잡성을 고려할 때 7일은 너무 짧다고 본다.

⑨ 온라인 거래시에도 투자자정보확인서 등의 절차를 거치도록 하는 것이 좋을 것이다.

⑩ 적합성원칙의 실효성 확보를 위해 금융투자업자나 그 임직원 또는 투자권유대행인에 대해 행정벌이나 형사벌을 부과하는 규정을 둘 필요가 있다고 본다.

⑪ 분쟁 조정 결과의 승복에 대한 사전 합의 절차의 수립 및 합의에 대한 법률적 근거를 마련하는 등의 조치가 필요하다고 본다.

⑫ 손해를 입은 일반투자자가 손해의 사실을 입증하는 것은 불가능하고 투자자보호라고 하는 측면에서 본다면 입증책임을 전환하는 것이 옳다고 본다.

마지막으로 광고의 속성상 금융투자업자들이 투자자에게 유리한 내용은 부각시키고 불리한 내용이나 투자자가 입을 손해 등에 대해서는 작게 표시하거나 특수한 상황에서나 적용될 수 있는 왜곡된 정보를 주는 사례가 있을 수 있으므로, 투자자에게 불리하거나 손해를 입힐 수 있는 사항은 더 크게, 금융투자업자에게 유리한 내용은 작게 표시하라는 등의 문언을 명시적으로 둘 필요가 있다고 본다.

색인어

금융소비자의 개념, 금융소비자의 보호, 금융상품판매업자, 최적권유제도, 불완전판매, 일반투자자, 기관투자자, 전문투자자, 표준투자권유준칙, 집합투자증권, 소비자보호, 소비자의 개념, 투자자, 예금자, 재매매, KIKO사건, 설명의무, 중요사항, 판매권유의 적정성, 요청하지 않은 권유의 금지, 의사에 반하는 재권유의 금지, 계약해제권, 적합성의 원칙, 광고규제, 금융소비자보호원, 손해배상책임

참 고 문 헌

1. 국내문헌

권기훈, "선물업자의 설명의무," 『상사판례연구』 제17집, 한국상사판례학회, 2004.

금융감독원 자료, 신동아, 2009. 1. 1 통권 592호.

김병연, "증권투자권유규제에 대한 소고－자본시장통합법(안)과 관련하여－," 『비교사법』 제14권 제1호 한국비교사법학회, 2007.

김성태·이희동, 대한민국을 바꾸는 자본시장통합법, 한스미디어, 2008.

김준호, 「민법강의」, 법문사, 2000.

김학근, '금융소비자보호원 신설 비효율적이다,' 한국일보 2009년 12월 12일자 기사.

변제호 외 4인 공저, 「자본시장법」, 지원출판사, 2009.

서완석, "KIKO 분쟁에 있어서 판례의 동향과 자본시장법상의 쟁점," 『상사판례연구』 제23집 제1권, 2010.

서완석, 유가증권 발행시장의 공시제도, 한국학술정보(주), 2007.

안문택, 「증권거래법체계」, 육법사, 1985.

안수현, "(가칭)자본시장통합법과 소비자보호의 접점 －'금융소비자의 보호'－," 『증권법연구』 제7권 제2호, 2006.

안수현, "금융소비자의 보호와 자본시장법의 과제," 한국기업법학회 추계학술대회(2008. 11. 1) 발표자료.

안수현, "은행소비자보호의 개선과제 － 펀드판매를 중심으로," 은행법연구, 제1권 제1호, 2008.

임재연, 「자본시장법」, 박영사, 2010.

자본시장법(주석서 I), 박영사, 2009.

자본시장연구원 보도자료, '2010 자본시장 전망과 주요이슈 세미나 개최,' 2010. 1. 22.

정순섭, "금융규제개혁과 금융소비자 보호," 한국상사판례학회 제101회 정기학술대회 발표 논문, 2010. 2. 9.

정준우, "증권업자의 부당한 투자권유행위의 합리적 규제방안," 『비교사법』 제11권 제3호, 한국비교사법학회, 2004.

대법원 2007. 4. 12. 선고 2004다62641 판결.

머니투데이 2010년 5월 17일자 기사.

머니투데이 2020년 5월 12일자 기사.

서울경제신문, 2009년 8월 31일자 기사.
서울중앙지방법원 2009. 6. 23. 선고 2008가합99578 판결.
연합뉴스, 2008년 4월 21일자 기사.

2. 외국문헌

Bahlke, Conrad G. "Suitability" and "Appropriateness" of Derivative Instruments, 931 PLI/Corp 29, 1996.

Consumer Financial Protection Act of 2009, H.R. 3126, 111th Congress, §121, 2009.

Gaffaney, Kyle, Overview of the proposed Consumer Financial Protection Agency (CFPA), 22 Loy. Consumer L. Rev. 269, 2009.

Levitin, Adam J. The Consumer Financial Protection Agency, 1789 PLI/Corp 105, 112, 2010.

Loss, Louis & Joel Seligman, Securities Regulation (3d ed. 1980).

Poser, Norman S. Liability of Broker-Dealers for Unsuitable Recommendation to Institutional Investors, 2001 BYU L. Rev. 1493, 2001.

Rapp, Robert N., Rethinking Risky Investments for that Little Old Lady: A Realistic Role for Modern Portfolio Theory in Assessing Suitability Obligations of Stockbrokers, 24 Ohio N.U. L. Rev. 189, 1998.

Reiinsch, Roger W., J. Bradley Reich & Nauzer Balsara, Trust your Broker?: Suitability, Modern Portfolio Theory, and Expert Witness, 17 St. Thomas L. Rev. 173, 2004.

http://www.finra.org/web/groups/industry/@ip/@reg/@notice/documents/notices/p005098.pdf

近藤光男・吉原和志・黒沼悦郎, 証券取引法入門 (新訂 第二版) (商事法務 2003年).

金融審議会 金融分科会 第一部会 報告 '投資サ-ビス法(假称)に 向けて' (2005년 12월 22일).

松尾直彦・松本圭介, 金融商品賞取引法制の政令・內閣府令等の概要, 商事法務 1807号.

田中誠二・堀口亘, 再全訂 コンメンタ-ル證券取引法, 勁草書房, 511頁 (2006).

川村正幸, 金融商品取引法, 中央經濟社, 293頁 (2008).

집합투자규약의 약관성

이병준* · 김도년**

차 례

Ⅰ. 들어가며

1) 지난 수년간 많은 개인투자자들이 간접투자시장에 진입하게 되면서 소위 펀드 열풍이 불어 다양한 금융투자상품에 대한 국민들의 관심이 높아지면서 증권회사, 은행 등 금융기관을 통하여 금융투자상품에 가입하는 예가 빈번하였다. 그런데 급작스런 세계금융위기가 발생하면서 금융투자상품에 가입한 금융소비자들이 예기치 못한 피해를 입는 경우가 다수 발생하였다. 이에 펀드

* 한국외국어대학교 법학전문대학원 교수.
** 부산대학교 법과대학 강사.

상품을 포함한 금융투자상품에 대한 분쟁이 사회적 이슈로 떠오르고 있다. 이러한 과정에서 금융투자상품과 관련하여 체결한 계약의 공정성을 의문시 하는 시각이 제기되었는데, 특히 금융투자업 관련 약관의 불공정성이 이슈가 되고 있는 실정이다. 즉, 대부분의 금융투자 상품들은 사전에 금융기관에 의하여 마련된 다양한 서식을 통하여 계약이 체결되고 있기 때문에 이러한 서식들이 약관규제법 제2조에 해당하는 약관인지, 따라서 약관규제법의 적용을 받는지 여부가 문제된 것이다.

2) 금융투자상품 중 소위 펀드로 불리는 간접투자상품과 관련된 우리나라의 법제를 살펴보면, 이른바 자본시장법이라고 약칭하여 불리고 있는 "자본시장과 금융투자업에 관한 법률(이하 자본시장법이라고 칭함)[1]"에서 규율하고 있다. 이 법률에서는 펀드를 집합투자[2]라고 칭하고 있으며, 펀드를 모집하여 수행하는 기구를 집

1) 자본시장법이 제정되기 이전까지는 기존 펀드 판매와 관련한 규제체계는 일반증권의 공모규제체계와는 달리 증권거래법상 증권신고서 규제 대신 간접투자자산운용법상 투자설명서 교부 및 설명의무로 요약할 수 있다. 펀드와 일반증권을 구분하여 공모시 서로 다른 규제를 적용하는 것과 관련하여 자본시장법은 간접투자자산운용법과 증권거래법을 하나의 법률로 통합하여, 증권의 공모발행규제의 실질을 가지고 있는 두 제도를 하나의 규제의 틀로 포섭하게 되었는데, 그 결과 증권발행규제는 증권신고서(투자설명서) 규제로, 증권·파생상품을 포함한 모든 금융투자상품에 대한 일반적인 투자권유규제인 적합성원칙이나 설명의무 등은 별도의 규정에 의하여 모든 금융투자 상품에 대해 공통적으로 적용되도록 하는 체계를 취하고 있다(김은집, "자본시장통합법상 펀드 증권신고서제도에 대한 소고,"『증권법연구』 제9권 제2호, 2008, 4면).

2) 자본시장법은 집합투자를 "2인 이상에게 투자권유를 하여 모은 금전등 또는 국가재정법 제81조에 따른 여유자금을 투자자 또는 각 기금관리주체로부터 일상적인 운용지시를 받지 아니하면서 재산적 가치가 있는 투자대상자산을 취득·처분, 그 밖의 방법으로 운용하고 그 결과를 투자자 또는 각 기금관리주체에게 배분하여 귀속시키는 것"으로 규정하고 있다(자본시장법 제6조 제5항). 따라서 집합투자라고 하기 위해서는 ① 자산의 집합, ② 일상적 운용지시 배제, ③ 운용결과 배분이라는 요소가 충족되어야 한다.

합투자기구라고 통칭하고 있다. 자본시장법에 의하여 다양한 법적 형식으로 인정되고 있는 집합투자기구가 어떠한 형태로 구성되든 지간에 집합투자기구의 조직, 운영 및 투자자의 권리 · 의무를 정해야 하므로 계약, 정관 등의 집합투자규약에 의하여 투자자의 권리 · 의무가 규율된다. 자본시장법은 집합투자기구의 유형에 따라 집합투자규약을 투자신탁의 경우 신탁계약이라 하고, 투자회사 · 투자유한회사 · 투자합자회사의 경우 정관이라 하며, 투자조합 · 투자익명조합의 경우 조합계약으로 명시하고 있다(동법 제9조 제22항).

집합투자 및 집합투자기구에 대해 적용되는 자본시장법 규정들은 특별법의 성질을 띠고 있으므로 이 법에 규정이 없으면 기타 법률이 보충 적용될 수 있음은 당연하다.[3] 따라서 위에서 열거된 집합투자규약이 약관의 성질을 갖고 있으면 비록 자본시장법상 약관에 관한 규정을 두고 있다고 할지라도 약관규제법의 적용을 받아 약관의 편입요건 및 불공정조항에 대한 내용통제 등의 대상이 될 수 있을 것이다. 약관규제법상 약관은 "그 명칭이나 형태 또는 범위에 상관없이 계약의 한쪽 당사자가 여러 명의 상대방과 계약을 체결하기 위하여 일정한 형식으로 미리 마련한 계약의 내용"을 말하므로(약관규제법 제2조 제1호) 집합투자규약이 사전에 마련된 계약의 내용이면 약관에 해당된다. 여기서 집합투자규약을 제시받는 자가 금융소비자로서 일반투자자인지 아니면 금융투자상품에 관한 전문성을 구비하고, 소유자산규모에 비추어 투자에 따른 위험감수능력이 있는 전문투자자(자본시장법 제9조 제5항 참조)인지는 중요하지 않다. 왜냐하면 약관규제법은 약관을 제시받는 고객의 제한을 두지 않아 소비자거래뿐만 아니라 상인 사이의 거래에도 당연히 적용되기 때문이다. 그런데 약관규제법은

3) 이에 따라 집합투자기구는 당해 법률에서 정한 경우를 제외하고 상법 및 민법의 적용을 받음을 명시적으로 규정하고 있다(자본시장법 제181조).

내용통제에 관한 규정 중 구체적인 내용통제 규정의 경우 필요하다면 업종별 제한을 할 수 있도록 규정하고 있는데(동법 제15조), 국제적으로 통용되는 금융업 및 보험업에 대하여는 위 규정들이 적용되지 않도록 하는 예외규정을 두고 있지만(동법 시행령 제3조 제2호),[4] 국내 금융업에 대한 약관에 대하여는 명시적으로 그 적용을 배제하는 규정을 두고 있지 않다.

한편 단체의 정관과 같이 당사자가 단체의 구성원으로서 그 내용을 변경할 수 있는 가능성이 열려 있는 경우에는 이를 약관으로 볼 수 없고, 그 내용통제도 원칙적으로 가능하지 않다고 할 수 있다.[5] 따라서 상업적 목적의 회사를 설립하는 경우에 사용되는 정관의 경우에는 약관규제법이 적용될 수 없을 것이다. 자본시장법상 집합투자기구의 집합투자규약 중에는 상법에 근거한 주식회사·유한회사·합자회사의 정관도 포함되어 있으므로 위의 논리에 따라 약관규제법의 적용대상에서 제외된다고 볼 여지가 크다고 할 수 있다. 하지만 회사형태의 집합투자기구의 집합투자규약은 집합투자기구의 조직과 운영에 관한 사항과 더불어 투자자의 권리와 의무에 대한 규정 역시 담고 있기 때문에 약관규제법의 적용필요성이 제기되고 있는 것이다. 특히 집합투자를 통해 수익을 얻으려고 하는 금융소비자의 시각에서 집합투자규약은 집합투자기구를 실질적으로 운영하는 집합투자업자가 금융투자를 하고자 하는 고객에 대하여 제시하는 일종의 계약서로 볼 여지가 높아서 사전에 마련된 계약내용으로 보게 된다. 특히 집합투자규

4) 이처럼 약관규제법상 구체적 내용통제가 제한될 수 있도록 한 조항은 1987년 약관규제법 제정 당시부터 존재했었다. 제7조 내지 제14조는 국내의 전형적인 거래에서 불공정한 약관조항의 사례들을 예시적으로 열거한 규정이기 때문에, 국제거래나 특수한 분야의 거래에는 적합하지 못한 경우가 발생할 수 있고, 이를 배려한 조항이 약관규제법 제15조인 것이다(이은영, 『약관규제법』, 박영사, 1994, 360면).

5) 이에 관하여 자세한 것은 Ⅳ. (2) 참조.

약은 집합투자업자가 사전에 작성한 투자자의 권리와 의무를 내용으로 한다는 점에서 약관성이 인정될 여지가 높다고 할 수 있다. 따라서 집합투자규약이 외관상 단체의 자치규약으로서 정관의 모습을 띠고 있다고 하더라도 이를 약관으로 보아 약관규제법상의 내용통제를 적용해야 할 필요가 있는 것이 아닌가 하는 논의가 진행되고 있는 것이다.

3) 이하에서는 우선 자본시장법상 집합투자기구의 구조와 그 규약이 어떠한 형태로 존재한지를 살펴본 후(II), 집합투자기구의 법률관계를 분석을 통하여(III), 동일한 명칭을 사용하고 있지만 다른 형태의 집합투자기구의 규율을 목적으로 사용되고 있는 집합투자규약의 약관성에 대하여 집중 조명을 하려고 한다(IV).

II. 자본시장법상 집합투자기구의 구조와 그 규약

1. 자본시장법상의 집합투자기구

집합투자를 수행하기 위한 기구는 자본시장법에서 집합투자기구라고 규정하고 있으며 총 7개 유형의 집합투자기구를 인정하고 있다(자본시장법 제9조 제18항). 이를 유형화하면 크게 다음과 같이 나눌 수 있다.[6]

6) 현행법상 자본시장법에 규정된 다양한 집합투자기구를 인정함으로써 집합투자를 하기 위한 법적 수단이 다양화·자율화되었다고 볼 수 있고, 한편 펀드규제의 대상범위도 그만큼 확대된 것이다. 이는 집합투자의 개념범위와 밀접한 관련성이 있다. 즉 자본시장법상 집합투자는 불특정다수의 투자자로부터 자금을 모아 제3의 전문운용자가 이를 대신 투자·운용하고 그 결과 투자자에게 분배하기 위한 것인데, 이러한 집합투자목적을 달성하는 데 이용될 수 있는 모든 법적 형태의 집합투자를 위한 법적 도구(기구)로 사용 가능하도록 함으로써 집합투자의 외연을 넓히는 동시에, 유사 비정형 간접투자제도를 규제대상에 포함시켜

첫째, 집합투자업자인 위탁자가 신탁업자에게 신탁한 재산을 신탁업자로 하여금 그 집합투자업자의 지시에 따라 투자·운용하게 하는 신탁 형태의 집합투자기구를 투자신탁이라 하여 신탁형 집합투자기구가 규율되고 있다. 둘째, 주식회사 형태의 집합투자기구(투자회사: 상법상의 주식회사 형태)와 유한회사 형태의 집합투자기구(투자유한회사: 상법상 유한회사 형태), 합자회사 형태의 집합투자기구(투자합자회사: 상법상 합자회사 형태)[7] 등 소위 회사형 집합투자기구가 있다. 마지막으로 민법상 조합 형태의 집합투자기구(투자조합)와 상법상 익명조합 형태의 집합투자기구(투자익명조합)를 인정하여 조합형 집합투자기구를 규율하고 있다.[8] 투자자는 신탁형 집합투자기구에서는 수익자, 회사형 집합투자기구에서는 주주 또는 사원, 조합형 또는 계약형 집합투자기구에서는 조합원 또는 출자자의 지위를 가지게 된다.

집합투자기구를 구성하는 집합투자업자 및 신탁업자는 자본시장법상 금융투자업자에 해당하므로 자본시장법 제4장에서 규정하는 영업행위 규칙을 기본적인 행위의무로서 준수해야 하는데, 크게 고객에 대한 신의성실의무(동법 제37조), 거래형태 등의 사전

규제공백을 최소한 것으로 볼 수 있다(김은집, "자본시장통합법상 펀드 증권신고서제도에 대한 소고," 전게논문, 11면).

7) 경영권 참여, 사업구조 또는 지배구조의 개선 등을 위하여 지분증권 등에 투자·운용하는 투자합자회사로서 지분증권을 사모로만 발행하는 집합투자기구로서 사모투자전문회사가 있다(자본시장법 제9조 제18항 제7호 참조).

8) 이 외에도 자본시장법은 집합투자재산의 운용대상에 따라 집합투자기구를 5가지로 분류하고 있다. 즉, 집합투자재산의 50%를 초과하여 증권에 투자하는 기구, 부동산에 투자하는 기구, 증권 및 부동산을 제외한 투자대상자산에 투자하는 집합투자기구를 각각 ① 증권집합투자기구, ② 부동산집합투자기구, ③ 특별자산집합투자기구라 하고, 위 세 가지 형태에 속하지 않는 경우를 혼합자산집합투자기구, 집합투자재산 전부를 대통령령으로 정하는 단기금융상품에 투자하는 집합투자기구를 단기금융집합투자기구로 분류하고 있다(자본시장법 제229조 참조).

명시의무 및 계약체결 전의 서면의 교부(동법 제47조), 부당권유의 금지(동법 제49조) 등이 규정되어 있고 그 외 직무관련 정보이용의 제한(동법 제54조 이하)에 관한 조항을 두고 있다. 더 나아가 자본시장법은 금융투자업별 영업행위에 따른 행위의무를 규제하고 있는데, 집합투자기구가 준수해야할 행위의무는 동법 제79조부터 제95까지 규정하고 있다. 이에 의하면 집합투자업자는 자산운용의 지시 및 실행에 있어서 투자자보호를 위한 각종 의무 및 자산운용의 제한을 받게 되고(동법 제80조 및 제81조), 자기집합투자증권의 취득 및 이해관계인과의 거래가 제한되며(동법 제82조 및 제84조), 자본시장법이 규정하고 있는 각종 불건전 영업행위를 하지 못한다(동법 제85조). 또한 자산운용보고서 교부의무(동법 제88조), 집합투자재산에 대한 보고의무(동법 제90조), 장부 · 서류의 열람 및 공시에 관한 의무(동법 제91조)를 투자자에게 부담하도록 하고 있다.

2. 집합투자규약

집합투자규약이라 함은 집합투자기구의 조직, 운영 및 투자자의 권리 · 의무를 정한 것을 말한다. 투자신탁의 신탁계약, 투자회사 · 투자유한회사 · 투자합자회사의 정관 및 투자조합 · 투자익명조합의 조합계약이 이에 해당한다(자본시장법 제9조 제19항).

자본시장법상 집합투자규약의 공정성과 관련한 규제장치로는 집합투자기구 등록시 금융위원회에 의해 이루어지고 있다. 집합투자기구는 반드시 금융위원회에 등록하여야 하는데(자본시장법 제182조 제1항), 이때 집합투자규약이 법령을 위반하거나 투자자의 이익을 명백하게 침해하지 않아야 할 것을 등록요건으로 하고 있다(자본시장법 제182조 제2항 제2호). 따라서 집합투자규약 자체의 적법성과 공정성이 담보될 수 있는 장치가 마련된 것으로 볼 수 있다. 그러나 약관의 규제에 관한 자본시장법의 태도를 약관규제법과의 비교적 관점에서 보면 집합투자규약에 대한 규제는 상당히 소극적인 심사에 그치는 것으로 평가될 수 있다.

금융투자업자는 금융투자업의 영위와 관련하여 약관을 제정 또는 변경하고자 하는 경우에는 미리 금융위원회에 신고하여야 하고, 약관내용 중 투자자의 권리 또는 의무와 관련 없는 사항을 변경하거나 표준약관을 그대로 사용하는 경우 등에는 약관을 제정 또는 변경한 후 7일 이내에 금융위원회 및 협회에 보고하여야 한다(동법 제56조 제1항). 그리고 약관을 신고 또는 보고받은 금융위원회는 그 약관을 공정거래위원회에 통보하여야 한다. 이 경우 공정거래위원회는 통보받은 약관이 약관규제법 제6조 내지 제14조에 위반하고 있는 사실이 있다고 인정될 때에는 금융위원회에 그 사실을 통보하고 그 시정에 필요한 조치를 취하도록 요청할 수 있으며, 금융위원회는 특별한 사유가 없는 한 이에 응하여야 한다(동법 제56조 제5항). 그 외에 금융위원회는 약관이 자본시장법 또는 금융과 관련되는 법령에 위반되거나 기타 투자자의 이익을 침해할 우려가 있다고 인정되는 경우에는 금융투자업자 또는 금융투자협회에 그 내용을 구체적으로 기재한 서면에 의하여 약관을 변경할 것을 명할 수 있다(동법 제56조 제6항).

이처럼 집합투자규약에 대한 자본시장법상의 규제장치는 약관규제법[9] 및 자본시장법이 약관을 규제[10]함에 있어 추구하고 있

9) 약관규제법 제1조는 "이 법은 사업자가 그 거래상의 지위를 남용하여 불공정한 내용의 약관(約款)을 작성하여 거래에 사용하는 것을 방지하고 불공정한 내용의 약관을 규제함으로써 건전한 거래질서를 확립하고, 이를 통하여 소비자를 보호하고 국민생활을 균형 있게 향상시키는 것을 목적으로 한다"고 하여 불공정한 내용의 약관이 통용됨으로써 발생하는 소비자피해를 막고, 건전한 거래질서를 확립함과 아울러 민사법의 기본적 법이념을 재수립하고자 함을 입법목적으로 선언하고 있다(이은

는 목적과 비교해 보았을 때 최소한에 불과한 것이다. 따라서 이것만으로 집합투자업자로부터 금융투자상품을 매수한 투자자가 충분하고 적정하게 보호된다고 볼 수 없고, 집합투자규약이 약관으로서 규제대상이 되어야 한다는 요구가 필연적으로 대두된다. 회사형 집합투자기구에서의 집합투자규약처럼 그 명칭만 보면 단체의 조직, 운영 등에 관한 사항을 담고 있는 회사 정관의 성질이 강한 것으로 볼 수 있으나, 많은 경우에는 집합투자규약의 일부 내용으로서 투자자의 권리와 의무까지 담고 있는 것도 사실이기 때문이다.

Ⅲ. 자본시장법상 집합투자기구의 법률관계 분석

자본시장법은 집합투자를 수행하는 개별적인 유형들을 그 기능을 중심으로 집합투자기구와 집합투자규약이라는 동일한 개념을 통하여 규정하고 있다. 하지만 집합투자기구와 투자자 사이의

영, 『약관규제법』, 박영사, 1994, 82면 이하 참조).

10) 자본시장법에서는 금융투자상품이라는 포괄적인 개념으로 정의하고, 집합투자증권이 되기 위해서는 당연히 금융투자상품으로서의 속성도 가지고 있어야 한다. 즉 집합투자증권이 되기 위해서는 ① 이익을 얻거나 손실을 회피할 목적이 있어야 하고, ② 금전 등을 지급하기로 약정함으로써 취득하는 권리로서의 속성을 가지고 있어야 하며, ③ 투자성, 즉 원본손실가능성이 있어야 한다. 따라서 위 세 가지 요건 중 어느 하나의 요건이라도 충족하지 못하는 경우에는 자본시장법상 집합투자증권으로 보기 어렵다. 예컨대 투자성이 없는 예금이나 보험상품 등은 은행법, 보험업법 등 해당 법령의 적용만 받게 되고, 자본시장법의 적용은 받지 않는다. 한편 집합투자증권에 대한 별도의 특례규정이 없는 한 집합투자증권은 증권관련규정의 적용을 받으므로, 일반투자자를 대상으로 판매하는 경우에는 일반증권과 마찬가지로 투자권유규제 및 증권신고서 규제를 받게 되며, 이를 업으로 하는 자는 그 실질에 따라 투자중개업 또는 투자매매업자로 규제를 받는다.

법률관계를 중심으로 보았을 때 각 유형별로 집합투자기구와 투자자가 맺고 있는 법률관계의 성질이 전혀 다르고, 그에 따라 그 관계를 규율하는 집합투자규약도 그 법적 성질이 매우 다르다고 할 수 있다. 이에 따라 기본적으로 신탁형, 회사형 그리고 조합형 집합투자기구를 구분하여 각각 그 관계를 살펴보려고 한다.

1. 개　관

앞서 살펴본 바와 같이 집합투자기구는 ① 신탁형 모델(Treuhandmodell), ② 회사형 모델(Korporationsmodell), ③ 조합형 모델(Gesellschaftsvertragsmodell)로 분류할 수 있다. 신탁형 모델의 경우에는 집합투자업자가 법인격 없는 특별재산의 형태로 투자된 재산을 관리하고 이러한 펀드재산에 대하여 투자자들은 각자 다수의 투자계약을 체결하게 된다. 이때 투자자들은 사전에 마련된 계약서식으로서 감독관청의 인가 등을 받은 계약관련 서식들을 통하여 투자계약을 맺게 된다.

회사형 모델의 경우에는 주식회사와 같은 법인을 설립하여 단체법적인 재산투자가 이루어지고 이러한 단체는 법인의 정관을 통하여 규율된다. 이 모델에서는 권리능력을 갖고 있는 펀드법인은 스스로 자신을 관리한다. 즉 자신의 이름과 자신의 계산으로 투자된 재산을 관리한다. 투자자들은 펀드법인의 구성원이 되어 사원으로서 공익권을 갖게 된다. 따라서 투자자들은 법인과의 사이에 투자된 금액의 관리에 관하여 계약을 체결하지 않는다.

조합형 모델의 경우에는 두 사람 이상이 서로 출자하여 일정한 공동사업을 경영할 것을 약정하는 하는 계약관계가 펀드관리를 위하여 성립한다(민법 제703조). 조합은 그 의사의 내용과 이에 따른 법률효과가 조합이라는 단체의 운영에 관한 것이라는 점에서 일종의 단체적 성질을 갖고 있지만, 조합 자체가 법인격을 갖고 있는 것은 아니고 조합원의 의사의 합치로 조합의 구성 · 운영에 관한 사항이 이루어진다는 점에서 순수한 계약관계에 해당한다. 이 모델에서는 조합이 펀드를 관리하게 되고 투자자들은 조합의 조합원으로서 펀드관리에 참가하게 된다. 당사자 한쪽이 상대방을 위하여 출자를 하고 그 영업에서 생기는 이익의 분배를 받는 상법상 익명조합은 민법에서의 조합은 아니지만[11] 또 하나의 조합형 모델로서 투자익명조합이 자본시장법상 인정되고 있다. 마찬가지로 익명조합계약의 체결을 통해 투자익명조합이 설립되고, 회사형 모델과 달리 독립된 법인격을 가지지 않는 집합투자기구라는 점[12]에서 민법상 조합 형태를 띠는 투자조합과 함께 조합형모델 중 하나로 평가된다.

2. 자본시장법상 집합투자기구의 유형별 법률관계

(1) 신탁형 모델(Treuhandmodell)

자본시장법은 신탁형 모델로서 투자신탁을 "집합투자업자인 위탁자가 신탁업자에게 신탁한 재산을 신탁업자로 하여금 그 집합투자업자의 지시에 따라 투자 · 운용하게 하는 신탁 형태의 집합투자기구"라고 정의하고 있다(동법 제9조 제18항 1호). 따라서 투자신탁은 조합형 모델과 아울러 계약형 간접투자기구에 속하고, 신탁법에 의한 신탁제도를 기반으로 한 집합투자기구에 해당한다.

자본시장법 제정 이전에는 투자신탁의 법적 성질과 관련하여 학설상의 대립이 있었다.[13] 이중신탁설에 의하면 투자자가 위탁

11) 곽윤직, 『채권각론』, 300면.
12) 한국증권법학회, 「자본시장법(주석서Ⅱ)」, 박영사, 2009, 283면 이하 참조.

회사에게 신탁을 하고, 위탁회사는 수탁회사에 다시 신탁을 하는 소위 이중신탁이 이루어지는 것으로 본다. 이때 투자자와 위탁회사간에 주된 신탁관계가 있다고 보고, 위탁회사와 수탁회사간의 신탁계약은 투자자로부터 신탁 받은 신탁재산의 보관을 위한 부차적이고 형식적인 신탁관계로 본다. 실질적 신탁계약설에 의하면 투자신탁 법률관계의 기본이 되는 것은 위탁회사와 수탁회사간의 신탁계약이 되고, 투자자는 수익증권을 매입함으로써 수익자로서 투자신탁관계에 가담한다고 본다. 그리고 투자자와 신탁재산의 운용을 위임받은 수탁회사 간에는 직접적인 신탁관계는 없지만, 신탁유사관계가 존재한다고 본다. 조직적 계약설은 투자신탁관계를 위탁회사와 수탁회사가 투자자산 보유도구로서 신탁이라는 수단을 채택하여 마련한 투자신탁계획에 투자자가 참여하는 집단적 조직계약이라고 한다. 다만 어느 학설에 의하더라도 집합투자업자인 위탁회사와 신탁업자인 수탁회사 사이의 법률관계는 신탁법상 신탁이며, 신탁업자가 보관·관리하는 투자신탁재산은 신탁법에 의하여 보호되는 신탁재산이라는 데 이견이 없고, 대법원 판례도 이를 인정한바 있다.[14)]

자본시장법상 투자신탁을 설정하고자 하는 집합투자업자는

---

13) 투자신탁의 법적 성질에 대한 학설상의 논의가 이루어진 이유는 투자신탁이 신탁의 일반적인 모습과 달리 수익자－위탁회사－수탁회사라는 3자가 관여되기 때문이다. 투자신탁이 그 본질상 3자관계인 것은 아니지만, 3자관계가 된 것은 일본의 특유한 사정에서 비롯되었고, 우리가 일본의 시스템을 받아들였기 때문이라고 한다. 즉 일본에서 투자신탁관련법이 제정될 당시 신탁회사는 증권투신업무를 달가워 하지 않았던 반면에 증권회사는 이에 적극적이었고, 투자자의 지분을 소액단위로 분할하기에 적합한 법형식이 신탁 말고는 존재하지 않았기 때문에 신탁회사가 형식상 수탁자가 되지만 핵심 업무인 운용지시는 증권회사가 맡는 다소 기이한 구조가 탄생하였다고 한다[김건식, 『증권거래법』(제2판), 두성사, 2004, 409면].

14) 대법원 2002. 11. 22. 선고 2001다49241 판결.

신탁업자와 신탁계약을 체결하여야 한다(동법 제188조 제1항). 투자자는 집합투자업자가 발행하는 수익증권을 취득하여 수익자가 된다. 신탁법에서는 신탁계약에 대해 일정한 양식을 요구하고 있지 않으나, 자본시장법은 반드시 신탁계약서[15]에 의하여 신탁계약을 체결하여야 한다고 하여 서면의 형식을 요구한다.

(2) 회사형 모델(Korporationsmodell)

원래 우리나라에는 집합투자제도로 신탁형 모델만이 존재하였다. 그러나 투자자들에게 다양한 투자수단을 제공하고 집합투자제도의 국제적 정합성을 제고[16]하여 투자자들의 신뢰를 회복하기 위해 1998년 9월 16일 증권투자회사법이 제정되면서 회사형 모델이 등장하게 되었다. 회사형 모델을 처음 도입할 당시 어떤 법적 형태로 규정할 것인가가 논의되었었는데 결국 증권투자회사는 상법상 주식회사로 설립하도록 하였었다.[17] 그러나 집합투자기구의 형태가 한정되어 다양한 집합투자기구의 활용이 곤란하고, 법에 규정되어 있지 않은 간접투자기구를 이용한 간접투자에 대해서는 투자자보호를 위한 규제의 적용이 불분명하다는 지적이 있었다.[18] 이에 현행 자본시장법은 다양한 투자수단을 활용한 집합투자기구 운용이 실현되도록 하기 위해서 투자회사(주식회사), 투자유한회사, 투자합자회사의 총 3가지 유형에 대한 법률관계를 규율하고 있다.

1) 투자회사

투자회사란 집합투자기구 중 상법에 따른 주식회사 형태의 집합투자기구를 말한다. 즉, 투자회사는 기본적으로 투자자의 자

---

15) 구 간접투자자산운용업법에서는 신탁계약서가 아니라 신탁약관에 의해서 신탁계약을 체결하도록 하고 있었고, 각종 표준신탁약관을 이용할 수 있도록 하고 있었다.

16) 국회 재정경제위원회, 증권투자회사법안 심사보고서, 1998, 3면.

17) 박삼철, 「투자신탁해설」, 삼우사, 2001, 564면.

18) 한국증권법학회, 「자본시장법(주석서 II)」, 박영사, 2009, 183면.

금을 모아 투자대상자산을 취득, 처분하는 등의 방법으로 운용하고 그 결과를 투자자에게 배분하여 귀속시키는 것을 목적으로 하는 기구이나 그 법적 형태가 주식회사이기 때문에 투자자의 투자자금은 회사의 자본금을 구성하고, 투자자는 회사의 주주의 지위를 취득하게 되며, 주주총회・이사・이사회 등 회사법상의 조직구조를 갖추어야 한다는 데 특색이 있다.

투자회사 형태에 있어 집합투자규약이라고 할 수 있는 정관은 투자회사를 설립할 때 발기인 전원에 의해 기명날인 또는 서명되어야 하고(동법 제194조 제2항), 자본시장법상 강제되는 절대적 기재사항이 정관에 기재되어야 한다. 정관을 변경할 수 있는 권한은 원칙적으로 이사회[19]에 있고, 주주총회는 정관의 내용 중 집합투자업자・신탁업자 등이 받는 보수 및 수수료의 인상, 집합투자업자 또는 신탁업자의 변경 등 주주의 이익과 관련된 중요한 사안에 대해서만 결의할 수 있도록 되어 있다(동법 제195조 제1항).

2) **투자유한회사**

투자유한회사는 집합투자기구 중 상법상 유한회사 형태의 집합투자기구를 말하는데, 투자자의 투자자금은 회사의 출자금을, 투자자는 회사의 사원을 구성하게 되고, 사원총회・이사 등 회사법상 유한회사로서의 조직구조를 갖추어야 한다. 투자유한회사의 집합투자재산의 운용업무는 법인이사가 수행하지만 집합투자재산의 보관・관리업무는 신탁업자가 위탁받아 수행하며, 신탁업자는 집합투자업자에 대한 감시기능을 수행한다(동법 제184조 제2항, 제3항 및 제247조 제2항).

투자유한회사를 설립하기 위해서는 집합투자업자가 기명날인 또는 서명한 정관이 필요하다. 투자회사와 마찬가지로 정관이 집합

---

19) 투자회사의 이사회는 집합투자업자인 이사(법인이사)와 감독이사로 구성된다.

투자규약에 해당하는데 이를 변경함에 있어서는 투자회사에 관한 자본시장법 규정이 준용된다. 그러나 투자유한회사의 경우 주식회사처럼 이사회가 존재하지 않기 때문에 집합투자업자인 법인이사가 단독으로 정관을 변경할 수 있음이 원칙이고, 사원의 이익에 중대한 사안은 사원총회의 결의에 의한다(동법 제211조 제1항 및 제195조).

3) **투자합자회사**

투자합자회사는 집합투자기구 중 상법에 따른 합자회사 형태의 집합투자기구를 말한다. 위에서 언급한 회사형 모델과 유사하나 합자회사의 형태이기 때문에 기본적으로 1인 이상의 무한책임사원과 1인 이상의 유한책임사원으로 구성되며, 무한책임사원이 업무집행권을 가지고 유한책임사원은 출자가액을 한도로 책임을 부담하는 등 합자회사로서의 구조를 갖추어야 한다. 다만 투자합자회사 재산을 운용하는 집합투자업자 1인이 무한책임사원이 된다.

투자합자회사를 설립하는 경우 집합투자규약인 정관을 작성하여 무한책임사원 1인과 유한책임사원 1인이 기명날인 또는 서명하여야 하고(동법 제213조 제1항), 정관 변경과 관련해서는 투자유한회사와 마찬가지로 투자회사에 대한 자본시장법 규정이 준용되기 때문에 업무집행사원인 집합투자업자가 직접 정관을 변경할 수 있고, 사원의 이익에 중대한 사안은 사원총회에 의하게 된다(동법 제216조 제1항 및 제195조).

4) **정관 변경의 권한귀속**

이처럼 회사형 모델에서 집합투자규약에 해당하는 정관을 변경할 수 있는 권한이 주주나 사원의 지위에 있는 투자자들에게 있는 것이 아니라, 집합투자업자인 이사회, 법인이사, 업무집행사원에게 원칙적으로 부여되는 것은 구 간접투자자산운용업법을 제정하면서 도입된 새로운 제도이다. 예컨대 자본시장법 제정 전 투자회사의 경우 상법상으로는 정관변경에 주주총회의 결의가 필요하고, 종전 증권투자회사법에서도 이에 대한 특칙이 규정되어 있지 않아 주주총회를 통해서만 정관변경이 가능하였었다. 그러나 현실적으로 투자회사가 정관변경을 위하여 주주총회 결의를 거치는 것이 주주총회 불성립 등의 사유로 곤란하게 되자 구 간접투자자산운용업법에서 중요한 사항을 변경하는 때에는 주주총회를 거쳐야 하되 그 이외의 사항에 대하여는 이사회의 결의를 통하여 정관변경이 가능하도록 규정하였고, 자본시장법도 그 태도를 유지하고 있는 것이다.[20]

(3) 조합형 모델(Gesellschaftsvertragsmodell)

1) 투자조합

조합형 모델은 주식회사 이외의 형태로도 회사형 집합투자기구를 설립할 수 있도록 해야 한다는 취지로 자본시장법 제정과 함께 새롭게 도입된 집합투자기구 형태이다.[21] 이 중에서 투자조합은 민법상 조합의 법적 형태를 가지는 집합투자기구로서 2인 이상의 조합원이 상호 출자하여 집합투자를 수행할 것을 약정으로 하는 계약으로서의 성질을 가지며, 투자조합재산을 조합원들의 합유의 형태로 소유한다. 그러나 민법상 조합은 모든 조합원이 조합채무에 대해 공동책임과 개인적 책임을 부담한다고 이해됨에 반해 투자조합에 있어서는 무한책임조합원이 되는 집합투자업자와 투자자인 유한책임조합원으로 구분된다. 또한 조합원 각자가 직접 업무집행을 할 수 있고, 조합원으로 구성되는 조합원총회가 없는 민법상 조합과 달리 투자조합은 전문적 운용자인 집합투자업자 1인이 업무집행조합원으로서 단독으로 투자조합재산

20) 한국증권법학회, 「자본시장법(주석서Ⅱ)」, 박영사, 2009, 137면.

21) 법적인 측면에서 보았을 때 투자조합이 별도의 법인격을 갖지 못하는 데 따른 조합의 권리 행사와 조합에 대한 권리 행사상의 불명확성과 지분증권 양도상의 제약 등의 문제로 인해 제도적 보완이 없는 한 실제 활용에 어려움이 예상된다는 견해로 한국증권법학회, 「자본시장법(주석서Ⅱ)」, 박영사, 2009, 239면.

운용의 업무집행을 담당하고(동법 제184조 제2항 및 제219조 제1항), 조합원총회를 통해 조합원의 이익에 중대한 사안에 대해 결의한다(동법 제220조 제1항).

투자조합의 집합투자규약에 해당하는 조합계약은 집합투자업자가 투자조합을 설립할 때 작성하여 업무집행조합원과 유한책임조합원 1인에 의해 기명날인 또는 서명되어야 한다. 조합계약을 변경하기 위해서는 민법상 전조합원의 합의 또는 조합계약에 정한 바에 따라 다수결 결의에 의하는 것과 달리 투자조합의 조합계약의 변경은 자본시장법상 조합원총회 결의를 요하도록 명시된 사항을 제외하고는 집합투자업자인 업무집행조합원이 단독으로 할 수 있다(동법 제222조 제1항 및 제195조 제1항).

투자조합이 민법상 조합의 법적 형태를 빌리기는 하지만 내용상 상당한 차이가 발생하는 이유는 민법상 조합이 공동사업을 목적으로 하고 사적 자치를 그 지도원리로 함에 반해, 투자조합은 전문적 자산운용자인 집합투자업자가 다수의 투자자로부터 모은 자금으로 집합투자를 수행하려는 목적을 가지고, 투자자보호를 위한 집합투자의 규제를 지도원리로 삼고 있다는 데에서 기인한다.[22)]

2) 투자익명조합

투자익명조합은 상법상 익명조합 형태의 집합투자기구로서, 종래 소위 네티즌 펀드를 통한 영화 등 투자금 모집 · 운용 · 배분을 계기로 구 간접투자자산운용업법에서의 간접투자인지 문제가 되었다가[23)] 자본시장법상 집합투자기구중 하나로 인정받게 된 유형이다. 투자익명조합을 설립하려는 경우 집합투자업자는 익명조합

---

22) 한국증권법학회, 「자본시장법(주석서Ⅱ)」, 박영사, 2009, 242면 참조.

23) 이에 대한 논의로 조상욱, 간접투자자산운용업법 적용범위에 관한 소고: 익명조합 영화펀드/패션플라원 사례 분석 및 비판적 검토, 투신 제55호, 2006, 5면 이하 참조.

계약을 작성하여 영업자 1인과 익명조합원 1인이 기명날인 또는 서명하여야 하고, 투자익명조합재산은 집합투자업자인 영업자 1인이 운용하게 된다. 익명조합원이 출자한 금전 기타의 재산은 영업자의 재산으로 보게 되고(상법 제79조), 익명조합원의 출자가 손실로 인하여 감소된 때에는 그 손실을 전보한 후가 아니면 이익배상을 청구하지 못하며, 다만 손실이 전보액을 초과한 경우에도 이미 받은 이익의 반환 또는 증자할 의무가 없다(상법 제82조).

투자익명조합의 집합투자규약에 해당하는 익명조합계약을 변경하기 위해서는 상법상 익명조합의 익명조합계약은 영업자와 익명조합원 간 합의로 변경됨에 반해 익명조합원총회 결의를 요하도록 명시된 사항을 제외하고는 집합투자업자인 영업자가 단독으로 할 수 있다(동법 제227조 제1항 및 제195조 제1항).

3. 독일에서의 입법과 모델의 기능에 대한 논의

지금까지 한국법상 집합투자기구의 형태를 중심으로 살펴보았지만, 그 형태가 너무 다양하고 각 모델이 순수하게 그 특색을 유지하고 있지 못하고, 변용되어 있음을 알 수 있다. 이에 반하여 모델의 순수성을 유지하고 있는 독일법을 살펴보는 것은 의미가 있어 아래에서 잠시 고찰하도록 하겠다.

독일에서는 원래 신탁모델만이 인정되어 투자자들이 투자회사가 만든 펀드재산의 지분을 취득하는 것이 펀드투자의 기본모델이었다. 그런데 1998년 법의 개정을 통하여[24] 투자주식회사의 설립을 통한 단체모델이 제한적으로 인정되었다. 하지만 1998년 법의 투자주식회사 형태는 실무에서 크게 사용되지 않았다고 한

24) Gesetz über Kapitalanlagegesellschaften-Gesetz vom 23. 3. 1998, BGBl. I, 1998, 529.

다. 첫째 이유는 투자주식회사가 폐쇄된 펀드형태로만 운영될 수 있어서 투자자의 해지권이 존재하지 않았다. 즉 자본금이 고정되어 있고 변경할 수 없는 형태의 투자주식회사만이 인정되었다. 주식을 반환할 수 없었기 때문에 일정한 시기가 지난 후에는 증시에서 주식을 공개해야만 하였다. 이와 같은 형태의 주식회사에서는 투자된 금액을 회수할 수 있는 장치가 없어 자본이 고정되어 있었기 때문에 비교적 위험성이 높은 투자를 하는 것에 적절할 것으로 판단되었다.

독일의 입법자는 2003년 법의 개정을 통하여 투자주식회사와 관련된 법률규정을 대폭적으로 수정하여 입법의 개선을 도모하였다.[25] 가장 중요한 변화는 세금문제의 투명성을 기하는 것 외에는 자본을 변화할 수 있도록 하였다는 점에 있었다. 독일의 입법자의 시각에서는 변경 가능한 자본을 갖는 투자주식회사가 신탁형 투자펀드의 대안으로 기능할 것을 기대하였다. 하지만 이와 같은 경제적으로 유사한 기능에도 불구하고 두 모델은 근본적으로 다르게 규정되었다. 즉 하나는 전형적인 신탁형 모델에 따라, 다른 하나는 단체형 모델에 따라 입법된 것이다. 따라서 독일의 경우 단체모델을 준수하기 위하여 의결권 없는 주식의 발행을 금지시키고 있으며, 그에 따라 투자자는 주식회사법상의 공익권을 모두 갖는다. 우리나라 자본시장법상의 단체모델에 있어서 의결권이 상당히 제한되어 단체모델의 특성이 상당히 훼손되어 있는데 반하여 독일법상으로는 그 특수성이 고스란히 남아 있다는 점이 큰 차이점이며, 이는 약관성을 인정함에 있어서 반드시 고려할 점에 해당한다.

---

25) Investmentmodernisierungsgesetz vom 15. 12. 2003, BGBl. I, 2003, 2676.

Ⅳ. 집합투자기구 유형별 집합투자규약의 약관성

이에 핵심적인 주제인 집합투자규약의 약관성에 관하여 자세히 살펴보려고 한다. 여기서 다양한 집합투자기구 모델별로 나누어서 별도로 살펴보려고 한다. 다만 여기서 주의할 쟁점으로는 ① 정관과 같은 단체법상의 규율을 약관으로 볼 수 있는지, 특히 정관을 변경할 수 있는 의결권이 부정되거나 상당히 제한된 경우에 약관으로 볼 수 있는지의 여부, ② 법적 안정성이 요구되는 자본시장 거래의 특성상 구체적인 계약관계 안에서 해당 약관조항을 불공정하다는 이유로 무효라고 선언하는 것이 정당한지의 여부, ③ 행정기관의 통제를 받는 약관의 경우에도 약관규제법에 의한 내용통제가 가능한지의 여부 등이 논의될 것이다. 이러한 쟁점들은 아직 우리나라에서는 거의 논의가 이루어지지 않았기 때문에 독일 문헌과 판례 입장을 주로 참고하여 우리법상의 특수성을 반영하여 논의를 진행하려고 한다.

1. 약관규제법상 약관의 적용범위

약관규제법상 약관이라 함은 그 명칭이나 형태 또는 범위를 불문하고 계약의 일방 당사자가 다수의 상대방과 계약을 체결하기 위하여 일정한 형식에 의하여 미리 마련한 계약의 내용을 말한다(동법 제2조 제1항).[26] 따라서 약관은 계약조건에 관한 것이므로 약관사용자가 계약내용을 규율하려는 의사표시가 약관에 담겨져 있어야 한다.

---

26) 곽윤직, 『채권각론』, 21면; 권오승, 『소비자보호법』, 144면; 고형석, 『소비자보호법』, 149면.

사업자의 의사에 근거하지 않고 계약관계의 내용이 직접적으로 법률 또는 법질서를 통하여 확정되는 경우에는 약관규제법이 적용되지 않는다. 정관이 이러한 역할을 하는지에 관하여 이를 부정하는 견해[27]와 긍정하는 견해[28]가 있다. 실무적으로는 체약강제가 이루어지고 있는 전기, 가스 등에서 이러한 적용제외가 의미가 있다고 한다. 하지만 행정관청의 인가가 사전에 필수적으로 요구되는 약관이라고 하더라도 이와 같은 인가약관이 약관으로서의 성격을 잃게 하는 것은 아니므로 약관규제법의 적용대상이 될 수 있다.[29]

한편 자본시장법에서는 금융투자업자에 대한 영업행위규제를 6개 금융투자업자에 공통적으로 적용되는 공통규제와 금융투자업자별 고유특성을 반영한 업별 규제로 2원화하고 있다. 공통 영업규제의 경우 신의성실의 원칙, 설명의무, 손실보존 금지, 고객숙지의무, 원하지 않는 투자권유금지 등이 모든 금융투자회사에 적용된다. 특히 신의성실의 원칙과 설명의무 등은 현행 약관규제법 제6조 일반원칙 및 동법 제3조 3항의 설명의무와 대응되는 규정이라고 볼 수 있다. 그런데 자본시장법상의 행위규제를 위반한 효과는 손해배상으로, 약관규제법상의 효력인 계약의 내용으로 주장할 수 없는 것과 내지 무효인 것과는 일응 차이가 있다. 따라서 집합투자규약의 내용이 신의성실에 위반되는 공정성을 잃은 조항이 있거나 설명의무를 다하지 못하고 불완전판매가 된 경우 자본시장법과 약관규제법의 법률효과의 차이가 있으므로, 자본시장법뿐만 아니라 약관규제법도 적용될 필요성이 있다.

은행 등 금융기관의 경우에 많이 존재하지만 사내의 내부적인 지시사항 내지 지침은 원칙적으로 고객을 위하여 존재하는 것

---

27) Münchkomm/Basedow, §305 Rn.5.
28) Stoffels, AGB-Recht, 2.Aufl., 2009, S.37.
29) BGH NJW 1983, 1322(1324); Erman/Roloff, §305 Rn.4.

도 아니고 이들에게 알려지지도 않으므로 이러한 지시사항이나 지침은 계약관계를 규율하는 것이 아니라, 사실상의 행위를 통제하려는 목적을 갖고 있다.[30] 하지만 내부적 지침도 탈법행위 차원에서 약관규제의 통제를 받을 여지는 있다.[31]

2. 집합투자기구 유형별 집합투자규약의 약관성

(1) 신탁모델과 집합투자규약의 약관성

앞서 살펴본 바와 같이 우리나라 자본시장법상의 신탁형 모델로써 투자신탁은 집합투자업자인 위탁자가 신탁업자에게 신탁한 재산을 신탁업자로 하여금 그 집합투자업자의 지시에 따라 투자 운용하게 하는 신탁 형태의 집합투자기구이다. 하지만 실제의 운영은 소액의 투자자가 위탁회사에게 신탁을 하고, 위탁회사는 수탁회사에 대사 신탁을 하는 소위 이중신탁이 일반적이다. 이와 같은 신탁구조 속에서, 자본시장법에서는 반드시 신탁계약서를 통한 계약이 체결되어야 한다고 규정하고 있다(자본시장법 제188조). 당해 계약서에는 ① 집합투자업자 및 신탁업자의 상호, ② 신탁원본의 가액 및 수익증권의 총좌수에 대한 사항, ③ 투자신탁재산의 운용 및 관리에 관한 사항, ④ 이익분배 및 환매에 관한 사항, ⑤ 집합투자업자 및 신탁업자 등이 받는 보수, 그 밖의 수수료의 계산방법과 지급시기 방법에 관한 사항, ⑥ 수익자총회에 관한 사항, ⑦ 공시 및 보고서에 관한 사항, ⑧ 그 밖에 수익자 보호를 위하여 필요한 사항 등이 반드시 기재되어 있어야 하는데, 특히 "수익자 보호를 위해 필요한 사항" 등은 집합투자업자가 발행하는 수익증권을 취득한 투자자 보호에 관한 내용을 담

30) Stoffels, AGB-Recht, S.39.
31) BGH NJW 2005, 1645(1646f.).

고 있는 것으로 이는 이들 사이에 중요한 계약내용이 되므로 약관의 성질을 가진다고 할 것이다.

한편 독일에서도 이와 같은 유가증권의 조건이 약관의 성질을 갖고 있는지에 관하여 상당한 논의가 있다.[32] 유가증권을 직접 취득하는 직접발행의 경우에는 계약조건이 되므로 약관성에 의문이 없으나, 타인을 통하여 유가증권을 취득하는 타인발행의 경우에 약관으로 볼 수 있는지에 관하여 논의가 많이 대립하고 있다. 독일 판례는 소위 Klöckner판결을 통하여 용익증권타인발행(Genussscheinfremdemission)의 경우에 약관성을 인정하였고[33] 타인발행의 경우에 대여조건(Anleihebedingung)도 약관성을 갖는다고 보는 것이 다수설의 입장에 해당한다.[34]

그러나 약관규제법에 의한 내용통제에 대하여는 처음부터 학설에서 상당히 제한적으로 보아야 한다는 입장이 강하게 제기되었다.[35] 부정적인 논거로는 대여조건의 경우 규범적인 내용통제의 척도가 존재하지 않아서 내용통제가 불가능하거나 제한적으로만 가능한 점, 약관의 내용통제는 시장의 단체적인 현상을 잘 이해하지 못한다는 점 그리고 투자자인 수요자 측면에서 필연적으로 존재하게 되는 조건경쟁을 제대로 반영하게 하지 못하게 하는 점 등을 들고 있다. 또한 계약구조적으로 보았을 때 투자자들은 대여조건이 편입되는 발행자와의 사이에서 교부계약(Begebungsvertrag)의 계약당사자가 아니었기 때문에 이를 약관으로 내용통제를 할 수 없다는 점도 강하게 주장되었다.

32) 이에 관하여 Assmann, WM 2005, 1053; Gottschalk, ZIP 2006, 1121; Ekkenga, ZHR 160(1996), 59ff.; M. Wolf, FS Zöllner, 1999, S.651ff.

33) BGH NJW 1993, 57.

34) Wolf/Horn, §23 AGBG Rn.75b; Hopt, FS Steindorff, 1999, S.364; Lutter, DB 1993, 2442; Masuch, Anleihebedingungen und AGB-Gesetz, 2001, S.115ff. 다른 견해로 Assmann, WM 2005, 1057f.

35) 예컨대 Ekkenga, ZHR 160(1996), S.59ff.

이에 반하여 내용통제를 할 수 있다는 긍정설[36]에서는 비록 투자자들이 교부계약의 당사자는 아니지만, 발행자와의 증권화된 법률관계에서 최종적으로 자리를 하게 되어 약관의 내용통제가 필요한 전형적인 상황에 처하게 된다고 본다. 즉 약관의 내용통제가 필요한 상황이라고 함은 투자자가 비록 신탁재산에 대한 지분을 구입할지의 여부에 대한 선택의 자유는 갖고 있어(계약체결의 자유) 대여조건이 적용되는 법률관계를 맺을 지를 선택할 수 있지만, 내용을 자유롭게 결정할 수 없어서(계약내용형성의 자유) 조건에 정해진 내용이 투자자에게 공정한지를 충분히 보장할 수는 없다는 것이다. 또한 투자자가 대여조건의 내용을 충분히 검토하여 자신의 이해관계와 부합하는지를 판단할 수 있는 능력이 일반적으로 부족하고 대여조건이 대부분 발행자의 이익을 위하여 작성되어 진다는 점도 내용통제 필요성의 논거로 제기되었다.

긍정설은 유가증권 거래가 제대로 이루어지는 것을 보장해야 하는 자본시장의 목적을 침해해서는 안 되기 때문에 내용통제가 가능하더라도 제한적으로 변형된 형태로만 약관규제법이 적용가능한 것으로 보고 있다.[37] 왜냐하면 증권화된 권리의 내용이 개별적인 취득자의 사정에 따라서 다르게 구성된다면 유가증권의 기능이 제대로 보장될 수 없기 때문이다. 이에 따라 독일 연방법원은 무기명채무증서(Inhaberschuldverschreibung)의 대여조건에 대하여 약관규제법의 적용범위를 기능적으로 제한해야 한다고 보았다.[38]

이와 관련하여 우리나라에서는 주로 금융파생상품으로 증권형태로 구입한 경우에 있어서 큰 손실을 입은 사례를 둘러싸고 많은 문제제기가 있었다.[39] 대표적인 분쟁사례가 KIKO 사례[40]이

36) Masuch, Anleihebedingungen und AGB-Gesetz, S.149ff.
37) Masuch, Anleihebedingungen und AGB-Gesetz, S.149ff.
38) BGH NJW 2005, 2917.
39) 펀드와 같은 집합투자증권은 금융투자상품인 동시에 증권의 일종이다.

며, 최근에는 다이아몬드 펀드 사례[41] 등이 그러하다. 필자의 입

왜냐하면 금융투자상품은 증권 또는 파생상품으로 나누어지는데 집합투자증권은 증권에 해당하기 때문이다. 증권의 경우 투자자가 증권 취득과 동시에 지급한 금전등 외에 어떠한 명목으로든지 추가로 지급할 의무를 부담하지 않아야 하는데, 왜냐하면 '추가지급가능성 여부'는 증권과 파생상품을 구분하는 중요한 기준이 되기 때문이다. 다만 자본시장법은 파생결합증권의 경우 투자자가 장래에 기초자산에 대한 매매를 성립시킬 수 있는 권리를 행사하게 됨으로써 추가지급의무를 지게 되는 경우가 발생할 수 있는 점을 감안하여 파생결합증권의 경우에는 장래 추가지급의무가 있음에도 불구하고 증권으로 보도록 입법적으로 이를 명확히 하고 있다(자본시장법 제4조 제1항 참조). 따라서 파생결합증권을 제외하고는 투자자가 장래 추가지급의무를 부담하는 금융투자상품은 파생상품으로 분류된다(증권과 파생상품의 구분기준에 대하여 제시하는 자본시장통합법연구회 편저, 자본시장통합법 해설서, 한국증권업협회, 2007, 27-29면 참조).

40) KIKO 통화옵션계약의 구조는 개별적 교섭에 의하여 결정된 구체적인 계약조건에 결부되어 계약 내용을 이루고 있다. 이에 대하여, 수원지방법원 2011년 1월 14일 선고 2009가합3756 판결에서는, '구체적인 계약조건에 의하여 보충되지 않은 계약구조에 관한 조항만으로는 계약 내용에 편입할 수 없으므로, 계약구조에 관한 부분만을 약관에 해당한다고 하기는 어려운 점을 더하여 보면, 이 사건 통화옵션 계약의 구체적인 계약조건 및 계약구조 등 기본적인 내용이 약관에 해당한다고 할 수 없다'고 판단하였다. 그러나 KIKO 통화옵션계약은 서울중앙지방법원 2009년 4월 24일자 2009카합393 결정 등에서 파악한 바와 같이 '① 환율하락에 따른 은행들의 손실은 제한된 반면, 환율상승에 따른 기업들의 손실은 무한대로 확대될 수 있도록 되어 있는 점, ② 각 계약은 은행들이 취득하는 옵션의 이론가를 기업들이 취득하는 옵션의 이론가에 비해 크게 설계하여 그 차액 상당을 은행들이 마진으로 수취하는 구조로 되어 있음에도 마치 옵션거래의 대가 지급은 전혀 없는 것 같은 외관으로 되어 있는 점, ③ 시장환율이 일정 환율(넉아웃환율) 아래로 하락하는 경우 기업들이 환위험에 그대로 노출되어 환위험 회피의 목적을 달성할 수 없게 되어 있는 점' 등의 특성을 갖고 있으므로, 이러한 특성들이 기본적인 구조를 이루게 된다. 우리나라 법원의 각 판결에서는 KIKO 통화옵션 계약 구조에 대하여 공정하다고 판단하였다. KIKO 통화옵션계약의 구조에 관한 보다 구체적인 내용은 나태영, "키코(KIKO)통화옵션계약의 효력에 관한 소고", 한양법학 제22권 제1집, 2011. 2, 255~274면 참고.

41) 다이아몬드 펀드는, 1997년 2월 SK증권 등이 조세회피지역인 말레이시아 라부안에 설립한 역외펀드이고, 이들 회사들은 출자금으로 3400만

장에서 보았을 때 독일의 다수설 및 판례의 입장처럼 타인발행의 경우에도 계약내용의 일부가 일방적으로 정해져 사적자치가 제한될 수 있다는 점에서는 약관으로 볼 여지는 강하다고 볼 수 있다. 그렇다고 하더라도 자본시장의 특성을 반영하여 상당히 제한적인 범위 안에서 내용통제가 가해져야 할 것이다. 즉 기본적으로 금융상품 자체에 대해서는 계약의 내용을 형성하더라도 약관규제법의 내용적 통제보다 명시설명의무 위반을 이유로 사법적인 효과를 검토할 여지가 있다고 볼 것이며,[42] 이와 달리 적합성의 원칙에 벗어난 구매자에게 부적절한 금융상품이거나, 앞서 살펴본 바와 같은 파생금융상품에서 무제한적인 손실이 발생하는 비대칭적 구조의 경우에는 금융상품자체에 대하여도 약관규제법을 적용하여 불공정한 계약으로써 판단되어야 할 것이다.[43]

(2) 단체모델과 집합투자규약의 약관성

1) 정관의 약관성

약관은 계약의 체결을 전제로 하고 있기 때문에 단체의 정관

달러를 조성하면서 JP Morgan의 자회사인 Morgan Guaranty Trust of New York과 신용파생상품의 일종인 총수익스왑(Total Return Swap: 이하 'TRS') 거래를 통해 5300만 달러를 차입하였다. 그런데 위 펀드는 총 자금 8700만 달러를 인도네시아 루피아화, 바트화 등 동남아시아 통화에 연계된 채권에 투자하였다가 루피아화 등의 폭락으로 대규모 손실을 당하였다. 위 투자구조의 가장 큰 문제점은, 선물환 구조의 비대칭적인 구조에 있었다. 바트화가 절상되면 다이아몬드 펀드가 이익을 보고, JP Morgan이 손실을 보는 구조(그 반대도 성립한다)이지만, 다이아몬드 펀드가 이익을 보는 경우에는 캡이 씌워져 있어서 JP Morgan의 손실액은 5300만 달러로 제한되었으나, 그 반대의 경우인 바트화의 가치 하락시 다이아몬드 펀드의 손실규모에는 제한이 없었기 때문이다.

42) 현행 자본시장법에서는 설명의무위반이 있는 경우에 손해배상책임을 인정하고 있지만(제48조), 설명의무위반을 이유로 계약내용의 편입을 부정하는 사법적인 효력을 부여하고 있지는 않다.

43) 김학민, 다이아몬드 펀드 사례를 통해 본 키코 상품구조의 불공정 여부 검토, 법률신문, 2011. 8. 1일자 기사 참조.

과는 그 성질을 달리한다. 즉 정관은 일반적으로 다음과 같은 점에 있어서 계약과 구분된다. 우선 정관의 내용은 법령의 규제에 따른다. 두 번째로 정관은 제3자에게 법적 효과를 가지고, 셋째로 정관의 해석은 객관적 기준으로 이루어진다. 마지막으로 정관의 변경은 다수결에 의하여 이루어진다. 따라서 동창회나 친목단체의 회칙, 법인의 정관이나 아파트나 상가의 관리규약, 주택조합규약 등은 약관과 유사한 형태를 취하고 있으나, 이들은 단체구성원들의 내부관계를 자율적으로 규율할 목적으로 제정한 것이고 설사 부당한 내용이 있다 하더라도 내부적 합의를 거쳐 수정될 수 있으므로 사업자가 일방적으로 작성·통용하는 약관과는 그 성격이 다르다고 할 수 있다.[44]

이처럼 정관은 계약과는 달리 다수결에 의하여 변경이 가능하므로 약관법에서 전제하고 있는 계약 당사자 사이의 계약내용형성의 자유 및 계약체결의 자유의 침해 또는 제한과는 본질적으로 그 성격이 다르다고 보는 것이다. 만약 정관의 작성에 있어서 일방이 우월적 지위를 가지고 다른 당사자에게 당해 정관을 강제하여 계약상의 권리와 의무를 부여하였다고 하더라도 계약 아닌 정관인 이상 다수결로 변경의 가능성[45]이 있으므로, 약관법에서 말하는 '약관'이 되기는 어렵다.

또한 우리나라 약관규제법 제30조 제1항에서는 상법 제3편

---

44) 공정거래위원회 편집, "약관규제의 실제 －약관규제법 시행 20주년을 기념하여－," 공정거래위원회, 2008, 32면.

45) 정관의 약관성에 관한 논의는 아니나, 약관에 계약당사자 사이에 개별적인 흥정을 거쳐서 고객이 자신의 이익을 반영할 수 있는 이익조정의 기회를 가졌다면, 사업자가 일방적으로 계약의 내용을 정한 것이 아니므로 약관규제법상의 약관이 아니라고 보며, 이때 흥정이 있었다고 하기 위해서는 계약당사자가 당해 조항에 대하여 충분한 검토와 고려를 하고 상대방에게 영향력을 행사하여 그 내용을 변경할 수 있는 가능성이 있어야 한다고 본다(조관행, "약관규제의 법리와 불공정한 면책약관의 효력, 경제법의 제문제," 재판자료 87집, 법원도서관, 2000, 881면).

회사법이나 단체협약 등 근로기준법에 관한 계약, 비영리사업분야에 속하는 계약의 경우 약관규제법의 적용을 배제한다고 명시하고 있다. 단 비영리사업분야에 속하는 계약의 경우에는 시행령이 제정되지 않아 전체적으로 적용되는 경우는 아직 없다.[46] 때문에 영리법인의 정관에 대한 약관성에 관한 논의는 이루어지고 있지 않다.

정관은 앞서 살펴본 바와 같이 채권자와 장래의 주주 보호를 위해서 회사법 등에서 강행규정으로 그 목적에 맞는 범위 내에서 보호를 하고 있다. 특히 채권자는 강행규정에 의해서 보호되지만, 장래의 주주에 대해서는 주식양도의 과정에서 정관의 내용을 확인할 수 있는 상황이 있기 때문에 회사법의 강행규정은 새로운 주주의 권리가 과도하게 제약되는 경우에 이를 방지할 목적으로 규제된다고 볼 것이다. 때문에 정관에 약관규제법의 적용은 어렵다는 것이 일반적인 시각이다.

2) 정관인 집합투자규약의 약관성

독일에서는 이미 살펴본 바와 같이 단체형 모델 중에서 주식회사인 경우만을 인정하고 있으므로 이를 중심으로 해서 논의가 진행되고 있다. 주식회사의 경우 투자자가 획득하는 주주로서의 지위에서 각 권리와 의무의 내용이 정해지며, 주주로서의 지위는 주식회사의 정관에 의하여 자세히 규정되는데, 주식회사의 정관은 여러 가지 이유로 약관규제법의 적용을 받지 않은 것으로 보는 것이 일반적인 견해이다.[47] 첫째, 정관은 강행규정인 회사법상의 규정에 부합하게 규정되어 있는 경우가 원칙이고 이러한 강행규정을 벗어나는 경우에는 그 이유로 이미 무효이므로 약관규제

46) 대법원 1999. 4. 27. 선고 97다24009 판결.

47) 이에 관하여 자세한 것은 Henkel, Inhaltskontrolle von Finanzprodukten nach der Richtlinie 93/13/EWG des Rates über mißbräuchliche Klauseln in Verbraucherverträgen, 2004, S.72 참조.

법에 의한 통제가 필요하지 않게 된다. 둘째, 약관은 계약체결을 전제로 하기 때문에 계약내용형성의 자유와 연관되어 있으나, 정관은 단체의 규율로서 단체자치와 연관되어 있기 때문에 정관은 약관과 그 성질을 달리 하는 것으로 보고 있다. 셋째, 주주로서의 지위를 통하여 투자자는 다양한 권리구제 수단들이 제공되고 있으므로 약관규제법에 의한 보호가 필요하지 않다는 것이다.

따라서 정관이 완전한 단체형을 취하면 정관으로서 약관의 내용통제가 불가능하다고 생각된다. 그러나 현재 우리 자본시장법은 완전한 단체형을 취하지 않고 있어 투자자가 완전한 단체구성원으로서의 권리를 누리는 것이 아니라, 정관의 변경에 대하여 제한적 권리만을 갖고 있는 것으로 보아 단체형에 신탁형을 가미한 중간적 형태로 볼 가능성이 있다. 이러한 경우에 형식적으로 정관의 성격을 갖고 있는 경우에도 당사자의 권리, 의무를 담는 부분 한도에서는 최소한 약관으로 볼 여지가 있다.

(3) 조합형 모델과 집합투자규약의 약관성

조합은 적어도 두 사람 또는 그 이상의 당사자가 요구되므로 조합을 단체의 일종이라고 볼 여지도 있다. 그러나 조합은 사단과는 구분되는데, 조합원의 수가 많을 경우에는 사단으로 될 가능성이 크다. 조합계약을 체결할 때 조합업무의 집행 · 손익분배 · 존속기간 등 조합의 구성 즉 조합규약을 정해둘 수 있으나, 반드시 갖추어야 할 요소는 아니다.[48]

조합계약 역시 계약의 일종이다. 조합계약의 본질적 특성상, 단체성을 가질 수밖에 없지만, 그 재산의 귀속이 합유로 이루어지고 있으므로 조합계약이 체결됨에 있어서 정관(조합규약)의 작성이 강제되지 않고 당사자의 의사 및 임의법규를 통해서 규율된다

48) 곽윤직, 『채권각론』, 300면.

고 볼 것이다.

조합계약을 체결함에 있어서 조합원 중의 일인이 사전에 일정한 형식에 의하여 미리 마련한 계약의 내용을 제시하였다면 약관법에서 말하는 약관에 해당한다고 볼 여지가 있다. 즉 당사자 사이의 계약을 전제로 하고 있고, 계약의 일방당사자가 우월적 지위에서 사전에 준비한 계약서로 계약을 하였다면, 약관규제법에서 말하는 약관에 의한 거래가 성립된다고 볼 것이다. 더 나아가 조합원 사이에서 작성되는 약정서, 규정, 규약, 규칙, 회칙, 특별약관, 특약조항, 부가약관 등 명칭을 불문하고 계약서 가운데 포함 또는 별지로 되어 있거나, 영업소나 출입구에 게시되는 등은 약관성 판단에 영향을 미치지 않는다.[49]

Ⅴ. 마치면서

1) 자본시장법은 집합투자기구와 집합투자규약이라는 동일한 용어 아래 다양한 법률관계를 규율하고 있고 그에 따라 집합투자규약의 법적 성질을 달리 한다. 따라서 집합투자규약이라는 명칭과 상관없이 해당 내용이 당사자 사이의 계약관계의 내용을 형성하는지의 여부 등을 고려하여 약관성을 따져야 할 것이다.

49) 판례는 채권자인 주택사업공제조합이 채무감면지침에 따라 채무자인 조합원들과 채무감면약정을 각각 체결하기 위하여, 대부분의 내용을 부동문자로 기재하고, 다만 그 약정의 상대방에 따라 내용이 달라질 부분 즉, 각 조합원의 채무액과 감면액, 분할상환방법에 관하여만 공란으로 둔 서식을 이용하여 채무자인 조합원이 그 공란을 채우는 방식으로 체결된 채무감면약정은 양 당사자 사이에 약정서 내용에 대한 개별적인 합의가 있다고 보기 어려우므로, 위 약정서는 약관의 규제에 관한 법률 제2조 제1항에 정한 약관에 해당한다고 보았다(전주지법 2005. 4. 29. 선고 2004가합3405 판결).

2) 다만 약관성이 있다는 점과 약관에 의한 내용통제가 가능한지의 여부는 별도로 논의해야 할 사항이라고 생각된다. 왜냐하면 집합투자규약에 대한 내용통제가 가해지게 되면 자본시장법이 목적하고 있는 집합투자의 통일적 규율의 목적이 저해될 수 있고, 그에 따라 자본시장이 지향하는 궁극적인 구조가 흔들릴 수 있기 때문이다.

3) 약관의 내용통제를 함에 있어서 집합투자에 대하여 자본시장법에서 규율하는 바를 내용상으로 조직규범과 행위규범으로 구분하여 파악하는 것이 필요해 보인다. 자본시장법의 행위규범을 위반하는 경우에는 행정적 제재를 바탕으로 하는 데 반하여, 약관규제법의 적용이 있는 경우에는 사법적 효력까지 부여되어 보다 적극적인 금융상품투자자를 보호할 수 있는 여지가 있기 때문이다. 이는 집합투자의 약관성을 검토하는 의의가 된다.

4) 집합투자규약의 약관성을 검토함에 있어서는 특히 집합투자기구의 조직과 운영에 관한 사항과 투자자의 권리와 의무에 관한 사항을 나누어서 권리, 의무에 관한 사항에 관하여 구체적으로 약관의 구조를 갖는 계약에 의한 편입이 있는지, 당사자가 그 내용형성에 있어서 실질적으로 관여할 여지가 있는지의 여부를 구체적으로 살펴볼 필요가 있다.

5) 종합적으로 보았을 때 자본시장법상 다양한 형태의 집합투자기구를 인정하고 있지만, 그 실질에 있어서는 투자자를 모집하는 형태로 되어 있고 이러한 투자자들이 모집될 때 실질적인 계약의 내용을 형성하기 위하여 집합투자규약이 제시되고 있다고 할 수 있다. 이러한 측면에서 보았을 때 집합투자규약이 갖고 있는 법적 성질의 다양성에도 불구하고 집합투자규약은 투자계약의 내용을 구성하고 있고 일방적으로 사전에 마련되어 있다는 측면에서 약관으로서의 성질을 갖고 있다고 할 수 있다. 특히 투자자들의 집합투자규약을 변경할 수 있는 권리가

사실상 배제되어 있는 우리 자본시장법의 경우에는 더욱 그러하다고 할 수 있다.

색인어

자본시장법, 집합투자, 집합투자기구, 집합투자규약, 약관

참 고 문 헌

1. 국내문헌

고형석, 「소비자보호법(제2판)」, 세창출판사, 2008.

공정거래위원회 편집, "약관규제의 실제 －약관규제법 시행 20주면을 기념하여 －," 공정거래위원회, 2008.

곽윤직, 「채권각론(제6판)」, 박영사, 2007.

국회 재정경제위원회, 증권투자회사법안 심사보고서, 1998.

권오승, 「소비자보호법」, 법문사, 2005.

김건식, 「증권거래법(제2판)」, 두성사, 2004.

김은집, "자본시장통합법상 펀드 증권신고서제도에 대한 소고," 『증권법연구』 제9권 제2호, 2008.

김학민, 다이아몬드 펀드 사례를 통해 본 키코 상품구조의 불공정 여부 검토, 법률신문, 2011. 8. 1일자 기사.

나태영, "키코(KIKO)통화옵션계약의 효력에 관한 소고," 『한양법학』 제22권 제1집, 2011. 2.

박삼철, 「투자신탁해설」, 삼우사, 2001.

서현우, "펀드의 이해: 자본시장통합법에 의한 집합투자기구를 포함하여," 『금융법연구』, 2007.

안성포, 집합투자기구로서 신탁제도의 적합성에 관한 고찰, (최신)외국법제정보, 2007.

오성근, "일본의 금융상품거래법상 조합형집합투자기구에 관한 규제," 『금융법연구』, 2005.

_____, "일본의 금융상품거래법상 집합투자기구(펀드) 법제에 관한 고찰," 『법과정책』(제주대학교 사회과학연구소), 2007.

오주만, "자본시장법상 집합투자규제와 투자자보호에 관한 연구," 연세대학교 석사학위논문, 2009.

이은영, 「약관규제법」, 박영사, 1994.

자본시장통합법연구회 편저, 『자본시장통합법 해설서』, 한국증권업협회, 2007.

조관행, "약관규제의 법리와 불공정한 면책약관의 효력, 경제법의 제문제," 재판자료 87집, 법원도서관, 2000.

조상욱, "간접투자자산운용업법 적용범위에 관한 소고: 익명조합 영화펀드/패션플라원 사례 분석 및 비판적 검토," 『투신』 제55호, 2006.

한국증권법학회, 「자본시장법(주석서Ⅱ)」, 박영사, 2009.

2. 외국문헌

Assmann, Heinz-Dieter, Anleihebedingungen und AGB-Recht, WM 2005.

Ekkenga, AGB-Kontrolle von Wertpapierbedingungen? ZHR 160(1996).

Fock, Till, Das neue Recht der Investmentaktiengesellschaft, BB, 2006, 2371ff.

Henkel, Inhaltskontrolle von Finanzprodukten nach der Richtlinie 93/13/EWG des Rates über mißbräuchliche Klauseln in Verbraucherverträgen, 2004.

Masuch, Anleihebedingungen und AGB-Gesetz, 2001.

Stoffels, AGB-Recht, 2.Aufl., 2009.

Wolf, Manfred, Anlegerschutz durch Inhaltskontrolle von Emissionsbedigungen bei Kapitalmarkttiteln, FS Zöllner, 1999, S.651ff.

금융상품 불완전판매와 소비자보호 법정책 방향*

황 진 자**

차 례

Ⅰ. 서 론

금융산업의 규제완화, 대형화, 겸업화, 국제화의 추세가 급속히 진전되면서 금융산업에 있어 소비자와 사업자와의 정보격차, 교섭력 격차는 더욱 커져갔다. 이에 세계각국은 금융소비자보호를 위한 정책적 아젠다(agenda)를 금융질서의 확립과 공정거래질서

* 본고는 경원대학교 「법학연구」 제3권 제2호(2010년 8월)에 게재된 논문을 근간으로, 본인의 학위 논문 "금융상품의 불완전판매와 소비자보호"를 참조하여 수정 작성함.
** 한국소비자원 정책연구실 책임연구원.

의 확립에서 금융소비자의 기본권리를 함양하는 방향으로 나아가고 있는 실정이다.

최근 우리나라의 경우도 이러한 금융환경의 변화 속에서 금융상품의 복잡화·다양화, 교차판매 허용, 금융투자상품 판매권유대행인 등장 등은 소비자와 금융기관과의 정보 비대칭성을 심화시키고 교섭력 불균형을 더욱 확대시키고 있다. 특히 금융소비자 문제 중 설명의무 위반 등 계약체결과정상 하자로 인한 불완전판매는 규제완화에 따른 금융기관의 겸업화 추세에 따라 그 피해는 커지고 있는 실정이다. 이러한 상황 속에서 보험 불완전판매, 변액보험 불완전판매, 펀드 불완전판매, KIKO상품 불완전판매 등의 소비자문제가 계속 터져 나오고 있는 실정이다.

이에 본고에서는 금융상품 중 펀드와 보험을 중심으로 불완전판매 피해 현황을 살펴보고, 이에 대한 민사적 규율과 행정적 규제를 중심으로 양 법제의 규제에 대해서 분석해보고, 이를 토대로 금융상품의 불완전판매를 억제하기 위한 금융소비자보호 법정책 방향을 제시하고자 한다.

II. 금융소비자 문제와 소비자정책 방향

1. 금융소비자 문제

금융거래의 특징을 보면 ① 금융상품의 물리적 부존재, ② 정보의 중요성, ③ 위험의 내재, ④ 판단의 곤란, ⑤ 정보의 불균형, ⑥ 업자의 기회주의적·강압적 행동에 쉽게 노출, ⑦ 위험의 특수성 등을 들 수 있다.[1)]

1) 안수현, "(가칭) 자본시장통합법과 소비자보호법의 접점-금융소비자보호," 「증권법연구」 제7권 2호, 증권법학회, 2006년, 209면.

금융소비자 문제의 근원은 금융거래의 이러한 특징으로 인하여 정보의 비대칭성과 교섭력의 불균형으로 인한 소비자의 자기결정권 침해를 들 수 있는데, 최근 들어 규제완화, 빅뱅을 통한 업무의 겸업화, 금융공학 등을 근거로 한 파생상품의 등장 등은 소비자에게 투자에 따른 이득이라는 기회를 줌과 동시에 정보의 비대칭성과 교섭력의 불균형의 심화로 인하여 소비자주권을 침해하는 양상을 보이기도 한다.

(1) 정보의 비대칭성

금융상품과 관련된 피해와 분쟁은 주로 금융업자와 소비자간의 지식격차, 정보의 비대칭 때문에 발생한다.

첫째, 재화는 탐색재(search good), 경험재(experience good), 신뢰재(credence good)로 구분될 수 있는데 정보의 비대칭성은 신뢰재[2]에서 가장 큰 것으로 알려지고 있다. 그런데 금융상품의 경우 은행의 요구불예금, 정기예금, 증권거래 중개, 신용카드서비스 등과 같이 탐색재에 불과한 상품도 있지만 파생옵션상품[3]과 같은 신뢰재도 혼재되어 있고, 점차 이러한 상품들의 판매가 저금리 현상에 따른 대안으로 증대되고 있는 실정이다.[4]

---

2) 이때 신뢰재(credence good)란 교육이나 비타민 보충제와 같은 속성을 가지는 재화로 소비를 결정했더라도 특정한 상황이 벌어지지 않을 경우에 그 최종효용이나 비효용을 측정하기가 곤란한 상품을 말한다. 또 소비자의 만족도는 본인의 취향 또는 성격에 따라 변경될 여지도 있다고 한다.

3) 최근에 등장하는 금융상품 가운데에는 계약조건이 복잡할 뿐만 아니라 미래에 벌어질 경제상황에 의존하는 상황조건부(옵션 등 contingent)상품이 늘어나면서 소비자들이 인지하지 못하는 단서조항이 증가하고 있다. 이런 옵션상품의 경우 계약상의 초기 하자에도 불구하고 문제 상황이 실현되지 않을 경우에는 하자가 발견되지 않고 넘어가기도 한다. 반대로 계약상에 언급된 상황조건이 실현될 경우에는 구매자에게 엄청난 손실을 유발시키기도 한다. 또한 이러한 상황조건부 상품의 경우 일반상품과 달리 구매자의 유형에 따라 적합성(suitability)에서 차이가 발생하기도 한다.

둘째, 소비자들 자신도 자신의 니즈를 정확하게 파악하지 못하는 경우가 많으며 아울러 각 상품이 소비자니즈 및 수익률 등 면에서 어떻게 소비자 적합성을 갖추고 있는지를 알 수 있는 경우가 드물다. 그 결과 상품 선택의 용이성 면에서도 다른 소비자 상품에 비해서 뒤떨어지며 적정가격을 판단하기가 어렵다.[5)]

(2) 교섭의 불균형

금융업자와 소비자간 거래에서 소비자의 교섭력이 낮을 경우 불공정거래행위가 발생할 수 있다. 특히 끼워팔기, 담합을 통한 불리한 수수료 책정 등을 들 수 있는데, 이러한 소비자의 교섭력 약화는 금융기관의 대형화 및 금융기관의 정보독점에 기인하는 것이라고 할 수 있다.[6)]

한편 금융상품 판매권유대행인의 등장과 같이 금융상품의 공격적 판매로 인하여 거래의사를 갖지 않은 상태의 소비자에 대해 전화나 방문 등으로 적극적으로 행동하여 권유를 하는데, 이러한 권유 자체는 기본적으로 자기결정권과 대립한다.

금융상품의 거래에서의 자기결정권이란 이익의 가능성과 위험의 존재, 내용, 정도를 이해한 다음, 당해 금융상품 거래를 할지말지 자발적인 의사로 결정하는 권리이다. 이 권리를 행사하는 경우, 이익의 가능성과 위험을 세트로 받아들이려는 의사를 가지고 위험을 부담하는 것이기 때문에 부담했던 위험이 현실화된 경우, 그 효과는 계약의 구속력에서 오는 당연한 결과이다.[7)] 그런

---

4) 한재준・이건범, "사전적 금융소비자 보호의 필요성과 정책 과제," 한국금융연구센터 2009년 하반기 정례 정책심포지엄 ―금융소비자보호: 현안과 정책과제―, 2009. 11. 11, 56면.

5) 김병연, 『금융소비자보호제도의 주요 이슈와 개선방안』, 한국금융연구원, 2009. 11, 6면.

6) 한재준・이건범, 앞의 논문, 57~58면.

7) 桜井健夫・上柳敏郎・石戸谷豊, 『金融商品去來法 ハンドブック』, 日本

데 그런 의도가 없는 사람에게 그런 의도를 불러일으키는 것을 목적으로 하는 것이 권유이고, 이것은 "그런 의도가 없다"라는 자발적인 의사에 변경을 가하는 것이기 때문에 자기결정권으로 모든 책임을 전가할 수는 없다. 혹자는 "생명보험을 들고 싶은 사람만 모은다면 생명에 관계되는 병을 가진 사람만이 모이게 되어 보험 자체가 성립할 수 없어서, 생명보험에서 권유는 불가결하다"라고 하고 있지만, 이것은 보험에 가입하고 싶지 않은 사람도 무리해서 가입하지 않으면 보험이 성립하지 않는다고 하는 것과 같고 보험의 존재가치를 부당하게 경시하는 근거 없는 억측이고 잘못이라고 본다.[8)]

문제는 최근 금융기관 간 판매경쟁은 금융기관 직원에 대한 보상을 판매실적에 더욱 연동시키는 결과, 전화와 방문 등의 방법으로 금융상품을 더욱 공격적으로 판매하고, 소비자는 교섭의 불균형 속에서 자기결정권을 침해당한다고 볼 수 있다.

2. 소비자정책 방향

(1) 소비자정책

계약자유의 원칙 하에서는 거래의 양 당사자가 거의 대등한 경제적·사회적 지위에 있다는 점을 전제로 하여 자기책임 원칙에 따라 계약을 체결하므로 소비자의 지위는 크게 부각되지 않았었다. 그러나 산업혁명 후 대량생산 및 대량소비의 시대가 도래하면서 사업자와 소비자 간에 거래에 관한 정보나 교섭력 등에서 커다란 격차가 생기게 되었고 상대적으로 열위적 위치에 놓여 있는 소비자보호의 문제가 크게 부각되게 되었다.

評論社, 2004, 300頁.

8) 桜井健夫・上柳敏郎・石戸谷豊, 앞의 책, 302頁.

소비자정책은 "시장실패"에 대하여 정부의 개입정도와 연결될 수밖에 없는데, 이는 규제강화 혹은 규제완화의 이데올로기와 밀접한 관련을 가진다. 예를 들어 1970년대를 중심으로 유럽에서 전개된 소비자보호의 철학은 복지국가의 입장에서 사회적 약자인 소비자를 보호하기 위해 정부의 개입을 강화해야 한다는 측면이 강했지만, 1980년대 이후 유럽과 미국 등에서 전개된 소비자보호의 철학은 자기결정과 자기책임의 원칙에 따른 소비자의 자립에 초점이 맞추고 정부의 개입을 최대한 자제함으로써 규제를 완화하자는 측면이 강했다.[9] 이러한 철학을 기반으로 하여 최근의 소비자정책 방향은 "사법상의 소비자보호 모델"(상황관련적 소비자보호관)을 주 모델로 하여, 규제완화에 따른 공법적 규제 대신 소비자에게 정보를 제공하고, 민사적 규율을 정비하여 소비자의 자립에 초점을 맞추어 소비자를 보호한다고 볼 수 있다.

(2) 우리나라 금융규제 현황

우리나라의 금융규제는 크게 구조규제,[10] 건전성규제,[11] 소비자보호규제로 준별할 수 있다. 금융소비자보호규제의 기본 원칙

---

9) 潮見佳男, "일본의 소비자계약법 입법의 움직임과 문제점," 「동아법학」 Vol.-No 26, 동아법학연구소, 1999, 361~362면.

10) 구조규제는 자금배분, 진입, 금리, 상품개발, 업무영역 등과 관련된 업무로서 금융시장의 효율성에 직접적으로 영향을 미치는 것으로서 외환위기 이후 상당부분 완화되거나 폐지되었다. 다만 상품개발규제는 사전에 감독당국과 협의를 요하는 비명시적 규제로 남아 있거나 상품약관심사의 형태로 행해지고 있는데, 신상품에 대한 상품약관심사에 대해서는 실질적인 규제라는 지적과 함께 특히 외국 금융회사로부터 비판의 목소리가 높다.

11) 건전성규제는 금융시장의 안정성과 공정성을 확보하기 위한 것으로 외환위기 이후 오히려 강화되었다. 몇몇 금융회사의 부실이 외부불경제 내지 전염효과를 통해 금융시스템 및 실물경제 전반에 악영향을 끼치지 않도록 하기 위해서는 건전성규제와 같은 안정성 확보수단이 필요한 실정이다.

은 정보의 비대칭성, 교섭력의 격차를 어느 수준에서 해소하는가에 주안점을 둔다고 볼 수 있다. 금융기관이 경제적 약자에 해당하는 금융고객을 보호해 주어야 할 여러 가지 법적 의무를 다하지 않았을 때 민사적, 행정적 또는 형사적 제재를 가하고 있는데[12] 우리나라는 주로 공법적 규제(행정적 또는 형사적 제재)를 중심으로 운영되고 있는 실정이다.

1980년대 이후 선진국들의 소비자보호 정책은 "사법상의 소비자보호 모델"을 근간으로 사법적 규제를 기본 축으로 공법적 규제를 적정하게 활용하고 있다고 볼 수 있다. 법경제학에서도 금융소비자보호 정책의 최적화는 "공시의무화를 통해 민사적 소송을 촉진시키도록(facilitating) 짜여진 증권거래법은 주식시장의 발달에 기여하지만, 공적 집행의 강도는 그러하지 못하다"고 결론지었다. 즉, 행정명령 또는 형사벌칙의 제재수단을 사용하는 공법적'(행정)규제' 대신 이를 위반하거나 피해가 발생하면 私法的 손해배상 즉 '민사책임 원리(liability rule)'를 사용하는 것이 억지시스템 방향에서 더 효율적이라고 보고 있다.[13]

---

12) 오승현외 7인, "금융고객 보호시스템 통합 및 개선방안," 「금융연구」 18권 별책, 58면.

13) 최근 La Porta, Lopez-de-Silanes, and Shleifer(2006; 이하 LLS)의 발행공시와 관련된 국제비교분석에 의하면, 공시와 관련한 위법행위의 억지수단을 크게 ① '공시규제(disclosure requirements)의 구체성 및 범위', ② '배상책임(liability)에 근거한 소송제기의 용이성', ③ '규제집행기관의 재량권 및 규제 위반시의 벌칙수준을 반영하는 공적 집행(public enforcement) 강도'의 세 가지로 대분하여 각 억지수단의 수준을 세밀히 측정한 결과, "공시의무화를 통해 民事的 訴訟을 촉진시키도록(facilitating) 짜여진 증권거래법은 주식시장의 발달에 기여하지만, 공적 집행의 강도는 그러하지 못하다"고 결론지었다. 논의를 종합하면, LLS는 자신들이 상정한 세 가지 상이한 억지시스템 중 두 번째인 '증권거래법의 규제를 통한 사적 소송의 촉진시스템'이 가장 우월하다는 사실을 입증하였다. 즉, '증권거래법에서 책임의 정형화(standardization)를 통해 사적 소송을 촉진시키는 시스템'은 민법 등 '일반법 단독시스템'만 사용한다면, 민사소송의 핵심사안들을 일일이 법원에서 가려야 하

이와 같은 논의를 종합하여 판단해 볼 때, 현재 우리나라의 금융소비자 관련 법제도는 선진국의 소비자정책 방향과 달리, 금융소비자를 합리적이라고 보고 정보공시를 강화하거나 소비자를 경제적 약자로 보고 시장감시 등 정부의 행정주도형 역할에 치중하는 것으로 볼 수 있다.[14] 즉, 소비자문제의 핵심인 정보 격차, 교섭력 격차를 해소하고자 공시규제, 공적 집행의 행정규제, 민사적 규제의 삼각구조 정책 속에서 민사적 규제를 도외시한 채 행정규제, 공시규제를 중심으로 금융소비자보호 정책이 실현되고 있다.[15]

3. 소 결

소비자문제의 해결을 위해서 소비자와 기업 사이에 공정한

므로 투자자들은 소송결과에 대한 극심한 불확실성에 직면하게 된다는 점이 논리의 핵심이다(김일중 · 김진호 · 모병욱, "규제와 사적 책임원리의 조합에 관한 법경제학적 분석," 「비교사법」 제14권 3호(상) (통권38호), 2007, 94~104면 요약.

14) 물론, 2006년 「소비자보호법」을 「소비자기본법」으로 전면 개정하고, 2007년 3월 한국소비자보호원을 한국소비자원으로 개명하는 일련의 과정들을 보면 소비자는 "보호해야 할 대상"에서 "자립의 대상"으로 전환된 듯한 인상을 받지만, "금융소비자 보호"라는 용어의 뉘앙스에서 보듯이 실제 현상에 있어서는 소비자는 여전히 경제적 · 사회적으로 약자의 위치에 놓여 있다고 보고, 금융소비자 보호는 금융감독원을 필두로 공법적(행정적) 규제를 통해 실현하는 것으로 인식하고 있음을 알 수 있다. 이는 펀드 관련 금융감독원의 대책 펀드 수수료 구체적 공시, 파생펀드의 위험등급 표시, 펀드의 판매인력 등급제, 펀드판매 광고 규제, 노인 등 펀드투자자 교육, 미스터리쇼핑 실시 등 들을 보아도 알 수 있다.

15) 소비자정책의 핵심 키가 소비자가 피해를 입었을 경우 사법적으로 권리구제가 용이할 수 있는 민사적 규율시스템을 기반으로 소비자의 자립기반을 확보해주는 것인데, 최근 우리나라의 소비자정책은 소비자를 경제적 약자로 보고 행정중심의 규제로 소비자를 보호하려는 정책과 정보제공만 제대로 해주면 소비자가 합리적 선택을 해서 소비자피해를 줄일 수 있다는 정보공시 정책이 혼합되어 사용되고 있다.

경쟁조건의 유지, 소비자정보의 적정화 등 소비자거래가 공정하게 행해질 수 있는 기반의 조성 측면에는 공법적 규제가 중요하지만, 주요 수단인 벌칙 등의 강제적 수단을 사용한다고 해도 행정기관의 처리 능력에서 한계가 있다. 이에 반해서 거래조건에 대해서 사법적 효과를 법률로 명확히 하는 민사적 규율은 분쟁의 당사자가 그것을 직접 원용할 수 있다고 하는 점에서 강력하다고 볼 수 있고, 이념적 측면에서도 소비자에게 권리실현의 수단이 주어지고 소비자의 자발성에 의해 사법적 현실에 참가하는 것이므로 그것이 가장 바람직한 수단이라고 할 수 있다.

문제는 지금과 같은 공법적 규제 중심인 현행법 체계하에서는 금융소비자 피해가 발생하지만, 공법 영역에서 행정처분 및 벌금만 부과될 뿐 사법의 영역에서 피해를 보상받지 못하는 사각지대가 발생하고 있어, 기존의 사법 체계, 사법이론은 소비자문제의 해결에는 무력하고 심지어는 그 이론체계가 장애가 될 수도 있다.[16)]

이에 본고에서는 금융소비자 문제가 금융상품 판매과정(계약체결과정)에서 대부분 발생하는 점에 착안하여 "불완전판매"를 중

16) 즉, 계약자치 · 당사자 대등 · 계약자유의 원칙에 기초하고 있는 민법하에서는 금융소비자의 지위 내지 그의 보호라는 목적에 충분히 대응할 수 없다. 특히 민법상 거래질서는 대등한 그리고 경제적으로 합리적인 자를 '매수인주의 원칙'에 기초하여 이루어지고 있는바, 금융거래에는 이러한 원칙이 속성상 맞지 않다. 더구나 갈수록 복잡해지는 금융거래에서는 경제적으로 합리적인 자로 상정하고 현실적으로 정보를 수집하고 분석할 능력을 갖고 있는 자가 아니다. 바쁜 현대사회에서 정보를 수집하고 분석할 시간이 없다. 이러한 상황에서 합리적인 자라면 거래를 단념하는 것을 선택할 것이다. 그 결과 거래의 원활화를 저해하고 비효율적인 사회가 될 것이다. 반대로, 충분한 정보와 분석 없이 거래를 체결하는 경우 분쟁이 발생하고 결국 누구에게도 유리하지 못한 상황을 만들게 된다. 따라서 이러한 민법상의 원칙을 고수할 경우 소비자와 사업자 모두에게 불리함은 자명하다[안수현, "(가칭)자본시장통합법과 소비자법의 접점 —금융소비자 보호—," 「증권법연구」 제7권 제2호, 2006년, 223면].

심으로 사례 및 현황을 파악해보고, 이를 공법적 규제와 민사적 규율로 구분하여 분석하고, 이를 토대로 금융소비자보호 법정책을 민사적 규율의 정비 방향에서 제시하고자 한다.

Ⅲ 금융상품 불완전판매 현황 및 유형

1. 서 설

금융상품의 추상성, 금융약관의 복잡성, 금융가격의 사후확정성 등 금융의 특성으로 인하여 소비자는 합리적인 금융계약의 선택에 필요한 정보를 충분히 얻기 어렵기 때문에, 금융상품 판매자가 금융계약 체결 시 금융상품에 대한 중요정보를 적절히 제공하였느냐 하는 것이 소비자보호 관점에서 주요 쟁점이라 볼 수 있다.

본고에서는 "불완전판매"를 금융상품판매자(금융회사 임직원, 투자권유대행인, 보험설계사 등으로 이하에서는 "금융사업자"로 한다)가 계약체결과정에서 하자가 존재하여 소비자에게 손해를 끼치는 것을 말하는 것으로 정의하였다. 이는 소비자의 만족도, 후생의 증대 관점에서 파악하기보다는 법규상의 저촉 여부를 파악하여 소비자의 권리를 찾아 소비자를 보호하려는 정책을 구현하고자 하는 시각에서 접근한 것이어서, 계약체결과정에서 하자의 귀책사유가 판매자 측에 존재하여 소비자에게 손해발생이 존재하는 것만을 한정하는 개념으로 정의한 것이다.

그리고 계약체결과정에서의 하자를 크게 "정보제공의무 위반", "적합성원칙 위반", "부당권유행위"로 보았다. 이는 민사적으로는 정보제공의무 위반으로, 행정적으로는 권유방침 위반으로 표출되고, 법적으로는 사법과 공법적 영역이 혼재되어 나타난 개념이라고 할 수 있다.

2. 불완전판매 현황

(1) 연도별 추이 및 민원 현황

금융감독원에 접수된 민원을 근거로 연도별 추이를 보면 2008년을 기점으로 민원이 급격히 증가하는 것으로 나타났다. 이는 2008년 발생한 세계적인 금융위기로 인하여 투자금융상품의 손실을 초래하는 과정에서 금융기관의 불완전판매에 대한 민원이 급증한 데 따른 것으로 보인다.

〈표 1〉 업종별 금융민원 연도별 추이

(단위: 건, %)

연도 / 금융기관	2005	2006	2007	2008	2009
은행 / 비은행	30,579	22,127	20,669	25,917	27,992(38.6)
증 권	1,348	1,584	2,102	3,258	4,963(6.8)
보 험	19,487	22,245	25,538	28,370	39,611(55.6)
계	50,892	45,956	48,309	57,545	72,566(100.0)

* 자료: 금융감독원, 「금융소비자보호 업무백서」.

2009년을 기준으로 소비자민원 현황을 업종별로 보면, 보험 부분이 39,611건으로 전체의 55.6%, 은행 부분이 27,992건으로 38.6%, 증권 부분이 4,963건으로 6.8%를 점하였다. 이를 보면, 보험과 은행 부문이 증권 부문보다 상대적으로 민원 건수가 많았음을 알 수 있다.[17)]

17) 연태훈, "금융소비자보호법 제정의 필요성과 개요," 「금융소비자 보호에 관한 법률(가칭) 금융소비자 보호 강화를 위한 기본방향 토론회」, 한국개발연구원 · 자본시장연구원 · 서울대학교 금융법센터, 2010. 6. 30, 4면.

금융거래 관련 민원의 내용을 보면, '판매 및 모집'이 21.6%, '유지 및 관리'가 15.7%, '정산 및 환매'가 30.5%로 나타났다. 그러나 가장 많은 비중을 차지하고 있는 과정은 정산 및 환매에서의 문제이나, 이러한 문제들의 근원은 판매 및 모집단계에서의 잘못된 정보제공과 자문인 경우가 대부분이라고 볼 수 있어 실질적으로는 판매 및 모집에서 피해가 많이 발생한다고 볼 수 있다.[18]

〈표 2〉 업권별/소비과정별 민원 현황(처리 기준, 2009년)

(단위: 건, %)

연 도	은행 및 비은행 수신기관	증권 및 투신	보 험	합 계
판매 및 모집	3,296	2,256	9964	15,516 (21.4%)
유지 및 관리	3,427	1,495	6,497	11,419 (15.7%)
정산 및 환매	7,939	123	14,077	22,139 (30.5%)
기 타	13,330	1,098	9073	23,492 (32.4%)
합 계	27,992 (38.6%)	4,963(6.8%)	39,611 (54.6%)	72,566 (100.0%)

* 금융거래과정을 판매→유지→정산의 과정으로 구분하고, 금융감독원이 분류한 소분류 민원 유형을 재분류.
** 기타는 소분류 항목만으로 분류하기 어려운 항목들을 합한 수치.
자료: 금융감독원.

(2) 금융상품별 민원 현황

금융상품별 피해현황은 상담사례를 자세하게 분석할 수 있는

18) 연태훈, 앞의 논문, 4면.

점을 이용하여 한국소비자원에 접수된 민원사례를 근거로 분석하였다.

1) **보험상품**

한국소비자원에 2009년 보험 관련 피해구제 신청된 767건(생명보험 442건, 손해보험 325건)에 대해서 분석한 결과, 보험금지급 불만이 60.6%, 사업자의 부당행위가 17.7%, 불완전판매가 16.3%로 나타났다.[19]

보험의 경우 보험금지급 불만이 60.6%로 가장 높게 나타났는데, 이의 민원도 결국은 보험가입시의 설명과 차이가 나 발생하는 경우가 대부분이라고 볼 수 있다. 예를 들면 보험가입시에는 "사고가 나면 무엇이든지 보상해준다"고 설명해서 보험에 가입하였는데 실제 사고가 나서 보험금을 청구하면 보험회사는 약관 등 여러 가지 제약조건을 제시하면서 보험금 지급을 거절하는 것으로 나타났다. 결국, 보험금 지급불만도 불완전판매에 기인하고, 사업자의 부당행위 대부분도 불완전판매의 넓은 의미로 포섭된다면, 모집단계의 민원 점유율은 훨씬 높아지리라 본다.

보험 불완전판매의 증대 원인은 ① 금융겸업화에 따른 금융형 보험상품의 등장, ② 홈쇼핑 등 비대면 모집 채널의 증가, ③ 고령층 등 정보 사각계층의 증가, ④ 보험설계인의 과당경쟁

19) <표> 보험 피해유형별 현황

(단위: 건, %)

피해유형	생명보험	손해보험	계
보험금 지급 불만	265	200	465(60.6)
불완전 판매	98	27	125(16.3)
사업자의 부당행위	51	85	136(17.7)
기타	28	13	41(5.4)
계	442	325	767(100.0)

* 자료: 한국소비자원, 「금융상품 소비자피해 실태조사」, 2010. 5, 6면.

에 따른 과장설명 등으로 볼 수 있다. 특히 변액보험이 성장하면서 원본 손실이 발생한 변액보험에 대해서 기납부 보험료의 환급을 요구하는 민원이 발생하고 있는데, 이는 다른 부문의 경우와 마찬가지로 상품이 복잡해지고 투자상품의 성격이 강화되면서 상품 판매와 관련한 소비자보호의 이슈가 보험 부문에서도 마찬가지로 확대되고 있음을 확인할 수 있다.

한편, 보험 불완전판매로 인하여 소비자가 피해를 본 경우, 계약체결과정에서 발생하는 사안이어서 소비자들이 입증하기가 어려운 것으로 나타났다.[20] 게다가 보험소비자에게는 청약철회권과 계약취소권이 부여되는데, 한국소비자원의 실태조사에 의하면 청약철회권은 청약철회기간(청약일로부터 15일)의 기산점이 "계약서 교부일"이 아닌 "청약일"이란 점을 악용하여 금융사업자가 계약서 교부를 청약철회 기간에 임박하여 늦게 교부하거나 교부하지 않은 것으로 나타나고,[21] 소비자들이 보험계약 체결시, 불완전판

---

20) 2008년 한국소비자원의 「보험계약 취소요건에 관한 연구」에 의하면, 2007.1.1.~12.31. 한국소비자원에 상담으로 접수된 보험 1,126건에 대해서 피해 유형별로 분석해보면 보험체결단계에서 36.0%(405건), 보험유지단계에서 7.8%(88건), 보험지급단계에서 56.2%(633건)로 나타났다.
피해사례 중 보험체결단계에서 문제가 된 405건에 대해서 불완전판매 유형을 분석해 보면, '약관의 중요 내용을 사실과 다르게 고지'한 경우가 39.6%, '약관의 중요내용을 단정적으로 고지'한 경우가 21.1%, '보험계약시 자필서명을 하지 않은 경우'가 17.5%의 순으로 나타났다.
문제는 보험소비자가 계약 내용과 다르게 설명을 듣거나 잘 설명 듣지 못해도 보험계약서에 "위 내용을 잘 들었다"는 난에 서명을 하거나 보험해피콜 확인시 보험내용을 잘 들었냐는 확인에 "예", "예"로 답변을 해 놓다보니 나중에 불완전판매를 계약을 하였다 하더라도 서명 등의 확정적 증거로 인하여 불완전판매를 거의 주장하지 못하는 것으로 나타났다.

21) 2007년 한국소비자원의 「보험청약철회제도의 문제점 및 개선방안」에 의하면 조사대상 사업자를 상대로 청약서부본 교부시기를 조사한 결과 "청약당일"에 교부한 경우가 38.1%, "청약일로부터 1~2일"에 교부한 경우가 26.8%, "청약일로부터 3~4일"에 교부한 경우가 10.3%, "청약일

매로 계약하였다는 그 사실을 통상 늦게 인지한 반면, 불완전판매에 따른 계약취소 기간이 계약체결일로부터 1개월로 지나치게 짧게 규정하여 소비자들은 계약취소를 하지 못하는 것으로 나타났다.[22)]

2) 펀드 · 증권

금융투자상품 중 소비자원에 민원이 많이 들어온 것은 집합투자상품인 "펀드"를 들 수 있다. 펀드상품은 은행과 증권회사를 통해 판매되고 있는데 이들 업종의 소비자 민원사례를 분석해 보면 다음과 같다.

㈎ 은 행

한국소비자원에 2009년 은행 관련 피해구제 신청된 65건에 대해서 분석한 결과 펀드 등 불완전판매가 17건(26.1%)으로 가장 높게 나타났다.[23)]

로부터 5~6일"에 교부한 경우가 10.3%로 나타났다. 실제로 방문판매의 경우 모집인이 직접 교부하다보니 즉시성이 있으나, 전화권유판매, 통신판매의 경우 "청약일로부터 5~6일" 이후 교부시, 소비자에게 도달되는 기간까지 감안해보면, 청약일로부터 상당 기일이 지나서야 청약서 부본을 받는 소비자가 있을 수 있다.

22) 2008년 한국소비자원의 「보험계약 취소요건에 관한 연구」에 의하면 불완전판매로 계약되었다는 280건에 대하여 불완전판매에 대한 인지시기를 계약일 기준으로 보면, '14일 이내'에 인지한 경우가 0.7%, '14일 초과 30일 이내'에 인지한 경우가 3.9%, '30일 초과 90일 이내'에 인지한 경우가 7.5%로 나타나 90일 이내 인지한 경우는 12.1%에 불과한 것으로 나타났다.
참고적으로 보험은 펀드와 달리 불완전판매로 소비자가 피해를 입었을 경우, 일정기간(상법 계약성립일로부터 1개월, 표준약관 계약청약일로부터 3개월) 이내에 계약취소를 요구하면, 보험회사들은 계약 정황을 조사하여 소비자의 주장이 타당성이 있을 경우 계약 취소를 해주고, 소비자가 지급한 보험료 및 보험계약대출 이율을 연단위 복리로 계산한 이자를 더하여 환급하여 준다.

23) <표> 은행 피해유형별 현황

(단위: 건, %)

구 분	피해유형	건 수
대 출	내출원리금, 수수료	15(23.1)

은행의 경우 기존에 예·적금을 위주로 판매를 하다 보니, 주로 안전적 자산운용을 하는 소비자들이 주로 선호하던 금융기관이었다. 그런데 소비자들의 인식과 달리 방카슈랑스(은행연계보험)제도 도입으로 인하여 보험판매가 가능해지고, 원본손실이 발생할 수 있는 펀드 등의 금융투자상품까지 판매하면서 민원이 많이 발생하고 있는 것으로 나타났다. 이는 은행들이 교차판매가 진행되고 상품구성에서 금융투자상품의 비중이 확대되면서, 상품의 복잡성으로 인한 소비자보호의 문제가 은행 판매에서도 확대되고 있음을 보여주고 있다. 은행에서 펀드상품 관련 불완전판매의 피해는 펀드 가입 시 은행원이 원금손실이 발생할 수 있다는 사실을 고지하지 않거나 상품에 대한 설명을 제대로 하지 않아, 금융소비자는 펀드상품을 예·적금상품으로 오인하여 가입하고, 이로 인하여 피해가 발생하지만, 권유과정에서 발생하는 사안이어서, 대부분 입증불가로 피해보상을 받지 못하는 것으로 파악된다.[24]

	명의도용	1(1.5)
	부당 기한이익 상실	2(3.1)
	보증범위, 기간	1(1.5)
	기타 대출 관련	14(21.5)
	소계	33(50.7)
예 금	예금 금리	2(3.1)
	자금이체	3(4.6)
	현금지급기 장애	4(6.2)
	불완전판매	17(26.1)
	기타 예금 관련	2(3.1)
	소계	28(43.1)
	기타	4(6.2)
	계	65(100.0)

* 자료: 한국소비자원, 『금융상품 소비자피해 실태조사』, 2010. 5, 20면.

㈏ 증 권

한국소비자원에 2009년 증권 관련 피해구제 신청된 32건에 대해서 분석한 결과, 금융업자의 부당행위 18건(56.3%), 불완전판매 9건(28.1%)으로 나타났다.[25)]

증권 부문에 대한 불만과 민원은 전통적으로 증권사의 일임, 위탁 매매 또는 유가증권 중개와 관련한 사항이 가장 많은 비중을 차지하였다. 특히 단순한 중개업무상의 문제보다는 일임매매와 위탁매매 관련한 민원이 많으며 그 건수 역시 줄어들지 않고 있어 증권사의 고질적인 관행이 개선되지 않고 있음을 알 수 있다.

그런데 최근의 추세는 민원이 전통적인 중개 및 매매업무에서 펀드 및 상품판매로 그 비중이 옮겨가고 있다는 점이다. 과거

24) 2008년 한국소비자원의 「금융투자상품 소비자피해사례 연구」에 의하면, 한국소비자원에 2005.1.1.~2008.9.30까지 펀드 관련하여 상담 접수된 249건에 대해서 상담이유 현황에 대해서 살펴보면, '계약체결상 불완전판매'가 52.2%, '운용부실 등'이 4.4%, '직원실수로 인한 피해'가 19.7%로 나타났다.
계약체결상 불완전판매를 한 130건에 대해서 분석해보면, '계약서 미서명·미교부'가 2.3%, '중요내용 설명 미고지'가 45.4%, '중요내용 설명과 다르게 고지'가 40.8%, '단정적 고지'가 8.5%, '강요에 의한 계약'이 3.0%로 나타났다. 그런데 불완전판매는 계약체결과정에서 대부분 구두설명에 의해 발생하다보니 실제로 소비자는 피해를 입었다고 민원을 제기하지만 이에 대한 입증을 하지못해 피해구제로 연결되지는 못한 것으로 나타났다.

25) <표 3-5> 증권 피해유형별 현황

(단위 : 건, %)

피해유형	건 수
불완전판매	9(28.1)
금융업자의 부당행위	18(56.3)
업무과실 피해	4(12.5)
자산운용 과실	1(3.1)
계	32(100.0)

* 자료: 한국소비자원, 「금융상품 소비자피해 실태조사」, 2010. 5, 16면.

펀드와 관련한 민원은 원리금 보장각서나 환매중지에 대한 손해 배상과 같이 펀드의 손실을 어떻게 증권사가 책임질 것인가에 대한 사후적 정리 방안에 대한 것이었던 반면, 최근의 민원은 증권사가 정보를 정확히 제공하지 않았거나 적합하지 않은 상품을 권유했다는 불완전판매와 관련한 민원 비중이 높아지고 있다. 이는 금융투자상품의 경우에도 마찬가지여서 파생상품의 기준가격 설정이나 중도상환 조건 등에 대한 설명부족 등이 주요 민원의 대상이 되고 있다.[26]

3. 불완전판매 유형

한국 소비자원에 민원 접수된 금융상품 불완전판매 유형은 ① 계약서 교부 위반, ② 부실고지, ③ 불이익사실의 불고지, ④ 단정적 판단의 제공, ⑤ 적합성원칙 위반, ⑥ 불초청권유로 "정보제공의무"와 "부당권유행위"가 혼재되어 나타났다.

정보제공의무 위반은 계약체결과정에서 정보를 제공하여야 하는데 소극적으로 정보를 제공하지 않거나 다르게 제공하는 것으로 설명의무 위반, 부실표시 등을 모두 포함한 의미로 확정한다면, 소비자원 사례 유형으로 계약서 교부 위반, 부실고지, 불이익사실의 불고지, 단정적 판단의 제공을 들 수 있다. 한편, 부당권유행위는 금융업법에 부작위의무로 규정된 것으로 단정적 판단의 제공, 적합성원칙 위반, 불초청 권유 등을 들 수 있다.

그러나 위와 같은 불완전판매는 계약체결과정에서 발생하고, 대부분 "구두"로 이루어지는 과정에서, 금융판매자와 금융소비자가 서로 자기에게 유리한 상황을 주장하게 됨에 따라, 어느 쪽이

26) 원승연, "금융소비자 보호의 필요성 사례분석을 중심으로," 한국금융연구센터 2009년 하반기 정기 정책 심포지엄, 25면.

진실인지 식별하지 못한 경우가 많아, 소비자들은 피해를 입어도 불완전판매에 대해 입증을 하지 못해, 피해보상을 거의 받지 못하는 것으로 파악되었다.

(1) 계약서교부 위반

금융계약은 무형의 상품이어서 금융의 보장내용 등 조건을 기재한 계약서를 소비자가 교부받는 것은 계약에서 중요하다.

"계약서 미교부" 관련 소비자불만은 <사례 1>과 같이 금융상품판매자가 계약자 등의 동의(서명)도 받지 않고 일방적으로 계약을 체결하거나 <사례 2>와 같이 전화권유판매 등 통신판매와 같은 비대면 거래에서 녹취가 서명을 대신할 수 있다는 규정을 이용해, 금융상품 구매의사도 명확하지 않고, 계약서도 교부받지 않은 상태에서 소비자의 내면의사와 달리 계약이 일방적으로 체결된 점을 들 수 있다.

"계약서 미교부"의 경우 대부분이 계약서를 받지 못해, <사례 3>과 같이 보험가입을 한 사실을 몰라 보험 청약철회나 취소기간을 지나친 예도 있고, 보험설계사가 약관과 다른 설명을 하여도 계약 당시에는 그것을 파악하지 못하고, 취소기간이 지난 후에야 그 사실을 알고 계약취소를 요구하는 것으로 나타났다.

한편, 이를 방지하고자 금융상품 판매시 설명사항을 확인하는 방법으로 자필서명을 강제하고 있는데, 이러한 방법은 금융사업자가 설명하지 않거나 다르게 설명하였음에도 불구하고 자필확인서가 금융사업자의 손해배상책임을 완전히 면제하는 입증자료로 활용되는 측면도 있다.

사례 1 서명 없이 펀드에 가입된 경우

신청인을 ○○은행 담당직원에게 좋은 상품이 나오면 가입시켜 달라고 의뢰하였더니, 담당직원은 2007년 11월에 임의로 펀드상품에 일방적으로 가입하였다. 신청인은 해당 펀드상품의 가입사실을 몰랐고 서명하지 않았으며 상품의 위험성, 원금손실여부 등에 대한 설명도 듣지 못한 상태인데, 당해 펀드는 현재 50%의 손실을 보고 있다.

사례 2 서명(동의) 없이 가입된 경우

신청인은 2004년 12월 전화로 보험가입을 권유받아 가입유지 중 2007년 3월 보험계약을 해지하기 위해 보험 가입현황에 대해서 문의하니 가입 보험 이외에도 신청인의 동의 없이 다수의 보험이 가입되어 자동이체계좌로 보험료가 인출되고 있는 사실을 알게 되었다. 이에 보험회사에 가입사실 없음을 알린 후 가입 시 녹취를 요청하였으나 보험회사는 녹취 사실도 확인해주지 않고 있다.

사례 3 계약체결 사실을 인지하지 못한 상태에서 계약취소기간이 지난 경우

신청인은 2006년 3월 27일에 운전을 하고 있는데, 보험회사 텔레마케터로부터 전화가 와 ○○카드 고객들의 건강체크를 한다며 신청인의 건강상태 문의 후 보험가입을 권유해, 운전 중이라 제대로 알아들을 수 없어 '네', '네' 하고 답변을 하다가, 추후 보험청약서를 보내주면 확인하고 가입여부를 결정한다고 했으나 보내오지 않았다. 신청인은 당연히 보험계약이 체결되지 않은 줄 알고 있었는데, 2006년 8월 신청인의 카드로 보험료가 결제된 것을 확인했다. 신청인은 너무 바빠 즉시 처리를 하지 못하고 있다가 2006년 10월경 계약 취소를 요구하였으나 보험회사는 3개월이 지났다는 이유로 거절한다.

(2) 설명의무 위반

1) 부실고지

"부실고지"는 중요사항에 대해 사실과 다른 사항을 고지하는 것을 말한다. 중요사항은 금융거래 계약에 있어 계약의 목적이

되는 내용과 소비자가 당해 계약을 체결할 것인가를 판단함에 있어 통상 영향을 미치는 사항을 의미한다. 보험상품의 경우는 보험상품의 내용, 보험요율의 체계, 보험청약서상 기재사항의 변동 및 보험자의 면책사유, 보험금의 지급사유, 보험계약자 또는 피보험자가 부담하는 의무와 그 의무를 해태한 경우에 받을 불이익, 보험계약의 해지사유, 보험자의 책임개시 시기 등을 들 수 있고,[27] 투자성 상품의 경우 상품구조, 투자위험, 수수료, 계약해지조건, 조기상환 조건 등을 들 수 있다.

계약의 중요내용에 대해 사실과 다르게 고지하는 것은 진실 또는 진정하지 않은 말을 한 것을 의미한다. 사실과 다르다는 것의 평가는 객관적인 사실에 의해 평가되어야 하고, 사실과 다르다는 판단은 계약 체결시점을 기준으로 계약 체결에 이르기까지 사업자 고지의 내용을 전체적으로 평가해서 결론을 내린다.[28]

대표적으로 투자의 유리함에 대해서 지나치게 치우친 설명을 하다 보니 <사례 1>과 같이 펀드 조건을 사실과 다르게 설명하거나, <사례 2>과 같이 보험계약 당시 추후 연금으로 전환가능하다고 설명하였는데 전환이 안 되는 경우 등 사실과 다르게 설명하는 것을 들 수 있다.

사례 1 3년 만기가 되면 원금보장이 된다고 사실과 다르게 설명

신청인은 2006년 5월 8일 OO은행에서 OOO펀드에 가입하였다. OOO펀드는 만기 기간이 6개월 단위로 3년 만기인 상품인데 가입한 날짜로 6개월 후에 현대차가 82,000원, 한국전력이 38,000원 정도가 되면 자동해지가 되는데 그 기간에 한 상품이라도 그 가격에 미치지

27) 양승규, "보험자의 약관설명의무 위반과 보험계약자의 고지의무 위반의 효과," 「저스티스」, 1996년 9월호, 137면.

28) 經濟企劃廳國民生活局消費者行政第一課, 『消費者契約法 解說』, 2000.6, 10頁.

못하면 다시 6개월로 연장되고, 이런 식으로 만 3년 동안 유지가 되고, 만약 3년 동안 유지를 하게 되면 원금은 보장된다고 해서 가입을 하였다. 계약 당시 은행 담당자는 은행이자보다 조금 높은 10% 정도의 이자가 고정으로 나온다고 하였고, 은행에서는 "고객님이 가입한 펀드는 원금이 보장되는 상품"이라고 문자까지 보내왔다. 그래서 3년 동안 그것을 위안삼아 내년 5월 8일 3년 만기되는 날만 기다리고 있었다. 그런데 2008년 10월 중순경에 은행에 볼일을 보러 가니 담당자가 요즘 주가가 너무 떨어져 현대차가 4만 원대로 내려와서 만기가 되어도 현대차가 82,000원대가 안 되면 원금손실이 된다고 통보를 하였다.

사례 2 연금으로 전환된다고 하여 계약하였으나 전환 안 되는 경우

신청인은 2007년 6월 29일 직장상사의 소개로 피신청인인 설계사와 무배상보험 상품을 구입하면서 신청인의 모(母)를 계약자로 신청인을 피보험자로 계약을 체결하였다. 당시 설계사가 향후 연금으로 전환된다고 설명하였으나, 최근 이 보험상품은 연금으로 전환되지 않는 사실을 확인하고 피신청인에게 계약해지 및 납입한 보험료 반환을 요구하였으나 설계사는 그러한 사실을 말한 적이 없다면서 책임을 회피한다.

2) 불이익사실의 불고지

"불이익사실의 불고지"는 사업자가 소비자에게 계약체결을 권유할 때 '중요사항'에 대하여 이익이 된다는 취지를 알리면서 반대로 소비자에게 불이익으로 되는 사실을 고의로 알리지 않은 경우이다. 적극적으로 부실한 정보를 제공한 것은 아니지만, 이익이 된다는 취지를 알리면서 반대로 불이익한 사실을 고의로 알리지 않은 경우가 문제된다.[29]

"불이익사실의 불고지"는 소비자의 입장에서 볼 때, "그러한

---

29) 經濟企劃廳國民生活局消費者行政第一課, 앞의 책, 12頁.

내용을 알았더라면 계약을 하지 않았다"라는 민원이 주로 접수되는데, <사례 1>과 같이 펀드를 판매하면서 원본손실의 가능성을 일절 언급하지 않은 경우, <사례 2>와 같이 파산 등의 위험에 대하여 언급하지 않은 경우, <사례 3>과 같이 환차손에 대한 추가비용에 대해서 설명하지 않은 경우 등을 들 수 있다. 이들 사례의 특징은 계약 당시 불이익한 사실에 대해 고지를 하였다면 펀드가입을 하지 않을 것을, 불이익한 사실을 의도적으로 설명하지 않아 펀드가입을 체결하였다는 것이다.

이에 소비자들이 뒤늦게 원금이 손실되어 손해를 입었음을 알고 계약의 취소 혹은 손해배상을 요구하면, 금융기관은 소비자가 주장한 내용이 약관 및 청약서를 보면 당연히 알 수 있거나 중요 내용에 속하지 않음을 이유로 소비자의 요구를 거절하고 있는 것으로 나타났다.

사례 1 원금이 손실된다는 사실에 대해서 설명하지 않은 경우

신청인의 모친(73세)은 2006년 12월 10일에 ○○은행에서 1억3천만 원 펀드를 가입하여 유지 중 8천만 원의 손실이 발생한 상황이다. 신청인의 모친은 글을 모르고, 눈도 백내장으로 보이지 않는 상황에서 금리가 높은 것으로 가입 요구를 하니 판매직원이 원금이 손실될 수 있다는 설명도 전혀 하지 않은 채 펀드를 예금으로 오인시켜 가입을 하게 하였다. 신청인의 모친은 지금도 예금에 가입한 줄 알고 있다.

사례 2 약관은 받았으나 파산 등의 위험에 대한 설명을 하지 않은 경우

신청인은 2007년 2월 27일에 ○○은행에서 ○○투스타 투이월 16-1호 펀드상품을 가입하면서 4,000만 원을 예치하였는데, 얼마 전 리먼브라더스가 파산되면서 동 상품이 80%로 감가되고 환매가 중단된 상황이다. 피신청인에게 이의제기하니, 약관상에 '파산할 경우 위

험할 수 있다'는 내용이 명시되어 있다며 책임을 회피하고 있다. 그러나 신청인은 동 상품 가입 당시, 상기 위험성에 대한 설명을 전혀 듣지 못했다.

사례 3 환차손에 대한 추가비용 미 설명

신청인은 2008년 10월에 ○○은행 콜센터에서 전화가 와 펀드 연장을 하려고 했는데, 연장을 하려면 환차손이 발생해 추가매입을 해야 한다며 300여만 원을 더 내야 된다고 설명을 들었다. 펀드 가입 당시 직원은 "1년 후에 방문해 연장만 하면 된다"고 했지, 연장할 경우 환차손에 따른 추가비용을 내야 한다는 말을 전혀 하지 않았다. 이렇게 추가비용을 낼 수도 있다고 처음부터 설명했다면 가입을 하지 않았을 것이다.

(3) 적합성원칙 위반

"적합성원칙"이라 함은 판매업자가 일반 금융소비자에게 금융상품을 권유(적극적인 판매행위)할 때, 거래목적·상황 등 해당 금융소비자의 특성에 비추어 적합한 상품을 권유해야 한다는 일반 원칙으로 'Know your customer rule' 또는 'suitability rule'이라고 한다.

적합성원칙은 일반적으로 적극적인 의무와 소극적인 의무 두 가지를 포함하는 것으로 설명되는데, 적극적인 의무로서의 적합성원칙이란 투자권유자가 자신의 투자권유에 대하여 충분하고 합리적인 근거를 가지고 있고, 상대방의 지식, 경험 및 재산의 상황에 비추어 권유하여야 하는 것으로 고객에게 적합한 금융상품을 제공하는 의무이다. 반면, 소극적인 의무로서의 적합성원칙이란 일정한 고객에 대해서는 그들에게 맞지 않는 상품은 금융소비자가 아무리 요구해도, 또한, 업자가 충분히 설명한 후라 해도 그러한 상품의 판매·권유를 해서는 안 되는 의무를 의미한다.[30)]

적합성원칙은 현재 투자성 상품에 적용을 하고 있는데, 펀드의 경우, ① 펀드 판매사가 펀드 구매의 경험이 전혀 없는 고객에게 펀드 구매를 감언이설로 강권하여 결국 고객이 아무런 지식 없이 펀드를 구매한 경우, ② 펀드의 경험이 없는 평범한 가정주부 또는 퇴직한 가장, 고령의 노인이 평생 푼돈을 모아 만든 자금이나 퇴직금 등으로 자녀학자금, 주택마련, 노후대비 등을 위해 펀드를 구매하는 것인데도 이러한 고객에게 고위험이 수반되는 펀드를 권유하여 판매한 경우, ③ 펀드를 구입하는 자금이 고객의 전 재산 또는 많은 융자로 이루어 진 것이어서 원금 손실 시 치명적인 결과를 초래함에도 불구하고 고위험 펀드 상품을 권유하여 구매하게 한 경우 등을 들 수 있다.

변액보험의 경우 <사례 1>와 같이 소비자가 한시적 운동선수인데 월 100만 원씩 10년간 납부하는 상품을 권유하거나 <사례 2>와 같이 경제적 여건은 월 80만 원씩 받는데 변액 보험료로 월 160만 원씩 권유하는 등 소비자의 경제사정을 고려하지 않고 보험설계사의 수당 등에 치우쳐서 보험을 가입시킨 피해가 접수되고 있다.

사례 1 월 150만원 운동선수에게 월 100만원씩 10년간 납입 상품 권유

신청인은 운동선수이고 월급은 150만 원 받는 정도이고 선수생활은 5~6년 정도 할 수 있는 상황이다. 그런데 보험설계사가 신청인에게 2006년 6월 11일에 18개월만 납부하면 해약을 해도 원금보장이 되며, 3년 이후 수익이 25% 발생되는 상품이라고 설명을 하여 그 말을 믿고 보험상품에 가입하였다. 지금 경제적 여건이 안 되어 원금이 보장되는 줄 알고 해약을 하려고 하니 10년간 납부하는 변액보험에 가입시킨 것이었다. 신청인은 운동선수여서 선수 생명도 짧고, 월급도 150만 원 정도여서 경제적 능력이 여유롭지 않은데,

30) 변제호 외 4인 공저, 『자본시장법』, 지원출판사, 2009, 206~207면.

보험모집인이 신청인의 경제적 상황도 고려하지 않고, 월 100만 원씩 10년간 납부하는 보험에 가입시키는 것은 적합성원칙을 위반했다고 생각한다.

사례 2 한달 80만 원 받는 사람에게 월 보험료 160만 원 상품 권유

신청인의 父는 월 80만원씩 받는 월급생활자인데 보험설계사의 재정설계에 따라 월 160만 원씩 평생 보험료를 납입하는 변액보험에 가입하였다. 신청인의 父는 2년만 납입하면 보험금을 받는 줄 알고 계약서에 사인하고 보험금을 지급하였는데 지금에 와서 평생 보험료를 납입해야 한다는 사실을 알고 혼절한 상태이다.

(4) 부당권유

1) 단정적 판단의 제공

"단정적 판단의 제공"은 장래에 있어 불확실한 변동 사항에 대해 소비자가 재산상의 이득을 얻을지 아닌지를 판단하는 것이 계약의 성질상 원래 곤란한 사항에 대해서 사업자가 단정적 판단을 제공하여 소비자를 오인시키는 행위를 말한다.[31]

한국소비자원에 접수된 사례를 보면 <사례 1>과 같이 '연 4.5% 수익률 보장', <사례 2>와 같이 '국고채금리보다 1.2% 높은 확정금리 보장' 등으로 금융소비자에게 단정적으로 설명하여 고객을 유인하는 것으로 나타났다.

사례 1 4.5% 수익률을 보장

신청인은 1년 전 ○○은행에서 4.5% 수익률을 보장한다는 말에 따라 MMF펀드에 가입하였다. 그런데 1년이 경과한 현재 수익률이 3%로 최초 약정과 다르다.

---

31) 經濟企劃廳國民生活局消費者行政第一課, 앞의 책, 11頁.

사례 2 국고채금리보다 1.2% 높은 확정금리 보장

신청인은 2005년 조선, 동아일보에 「○○투신운용(판매회사: ○○은행)」에서 신문에 대대적으로 상품특징, 위험도에 대한 설명 없이 국고채금리보다 1.2% 높은 확정금리를 준다고 광고를 해서 ○○ Power Income 파생상품투자신탁 제1호에 가입하였다. 국고채 운운하기에 안전하다고 믿었고, 전국적으로 신문에 광고를 했기에 정기예금과 같은 것이라고 생각했다. 신문에 상품특징과 위험도에 대한 설명도 없어서 금융회사가 알아서 수익을 내고, 일정 수익은 소비자에게 주고, 잉여수익은 투신과 은행에서 가져가는 줄 알았다. 혹시 의심스러워 은행창구 직원에게 안전한지, 원금 손실은 없는지 문의했더니 IMF만 일어나지 않으면 전혀 상관없다고 해서 ○○은행에 4,000만원을 가입하였다. 그런데, 어제 갑자기 은행에서 원금손실이 50%쯤 된다고 하면서 환매하러 오라는 연락이 왔다.

2) 불초청권유 등

부당권유의 한 형태로서 "불초청권유"(unsolicited call)와 "의사에 반하는 재권유"(solicitation against will)를 들 수 있다. 불초청권유란 소비자가 요청하지 않은 판매권유를 말한다. 의사에 반하는 재권유란 판매권유를 받은 투자자가 이를 거부하는 취지의 의사를 표시하였음에도 불구하고 판매권유를 계속하는 행위를 말한다.

불초청권유의 경우 보호법익이 사생활보호라고 해석하는 견해[32]도 있지만 원치 않는 권유를 금지하는 것이므로 소비자가 자기 결정을 적절하게 행할 기회를 주기 위한 것이라고 해석하는 견해[33]도 있다. 우리나라의 경우 자본시장통합법에서 불초청권유의 상품은 "장외파생상품"에만 적용하고, 의사에 반하는 재권유는 모든 금융상품에 적용한다. 그런데 소비자들은 흔히 직장으로 방문하여 금융상품의 판매를 권유하거나 무작위적인 전화통화를 통

---

32) 변제호 외 4인 공저, 앞의 책, 209면.

33) 三村正幸, 『金融商品去來法』, 中央經濟社, 2008, 293頁, 주(20).

하여 일상생활에 일어나는 판매행위에 익숙하고, 규제가 거의 없다 보니, 불초청권유 등으로 피해를 당하여도 이를 피해로 인식하지 못해 이에 대한 피해사례는 거의 나타나지 않고 있다.[34)]

4. 소 결

우리나라의 경우 금융상품 불완전판매로 소비자가 피해를 입은 경우, 소비자가 구제받을 수 있는 민사적 권리(보험의 경우 청약철회권・계약취소권, 금융투자상품의 경우 손해배상)와 연계하여 살펴보면 다음과 같다.

보험의 경우 보험설계사가 소비자도 모르게 일방적으로 계약을 체결한 경우나, 전화권유 판매 시 보험상품 내용도 잘 모르고 계약을 체결한 경우 등 여러 사례를 볼 때, 소비자가 계약서를 교부받지 못하거나 늦게 교부받은 것으로 나타났다. 이러한 경우 소비자는 계약이 체결된 줄도 모르고 있다가 청약철회기간이 지난 후 계약된 사실을 알거나, 계약서를 청약철회 기간이 지난 후에야 받아, “청약철회 기간”을 놓쳐 계약을 철회하지 못한다는 소비자민원이 접수되고 있다.

또한, 보험소비자가 불완전판매로 계약을 체결할 경우, 보험소비자는 계약일로부터 1개월 이내에는 상법에 의거하여 불완전판매의 경우 계약을 취소할 수 있다. 그런데, 한국소비자원의 조사에 의하면, 보험설계사가 약관과 다른 사실을 설명하였다는 사실 등 불완전판매로 계약하였다는 사실을 보험계약 취소기간(상법 성립일로부터 1개월, 표준약관 청약일로부터 3개월) 이내에 인지한 경우는 전체 피해사례의 12.1%에 불과한 것으로 나타났다. 결국 보

34) 소비자들이 보험 등에 있어 전화권유판매가 판매방식에 문제가 있다고 건의를 하는 정도의 민원이 들어오고 있다.

험소비자는 보험사고가 난 경우나 보험계약을 해지하려고 할 때서야 계약 당시 불완전판매로 계약을 했다는 사실을 뒤늦게 인지하는 경우가 많아, 대부분 소비자는 보험취소 기간을 지나치게 짧게 규정한 상법 때문에 보험소비자 계약취소권이 침해당하고 있는 것으로 나타났다.[35)]

한편, 금융투자상품인 펀드 불완전판매의 경우, 불완전판매가 대부분 계약체결과정에서 구두설명에 의해 발생하다 보니 실제로 소비자는 불완전판매로 인한 피해를 입었다고 민원을 제기하지만 이에 대한 사실의 입증을 하지 못해 손해배상을 거의 받지 못한 것으로 파악되었다.[36)]

Ⅳ. 불완전판매 법규제 현황

1. 서 설

금융상품의 불완전판매는 민사적으로는 정보제공의무・설명

35) 제 외국의 동향을 보면, 일본은 「소비자계약법」에서 계약의 설명의무가 제대로 지켜지지 않은 경우 그 사실을 알 수 있는 날로부터 6개월간 취소 기간을 두었고, 미국에서는 약관내용과 의도적으로 다르게 하여 설명한 경우 부실표시법리 및 합리적 기대원칙에 근거하여 계약취소 및 손해배상 법제가 확립되어 있고, 독일의 경우는 보험모집인이 말한 내용이 보험계약으로 편입되어 소비자를 보호하고 있어 상대적으로 우리나라 보험소비자의 민사적 권리 보호가 낮은 수준에 있다고 본다.

36) 예를 들어 일본의 경우 금융상품 판매 시 설명의무를 위반하여 손해배상을 청구 시, 판례법리보다 금융상품판매법상의 설명의무 쪽이 의무수준이 높다고 말할 수 있다. 금융상품판매법은 고의・과실을 필요로 하고 있지 않다는 점, 권유를 요건으로 하지 않는다는 점, 리스크의 정도에 관계없이 설명의무를 부과하고 있는 점, 신용 리스크에 관하여 설명의무를 명확하게 하고 있다는 점, 손해액과 인과관계를 추정하고 있다는 점 등을 들 수 있다(桜井健夫・上柳敏郎・石戸谷豊, 『金融商品去來法 ハンドブック』, 日本評論社, 292頁).

의무 위반과 행정적으로 권유방침의 위반이 혼재되어 나타나다보니, 법적으로는 사법적 영역과 공법적 영역이 혼재되어 규제된 개념으로 볼 수 있다.

우리나라에 있어서 사업자의 불완전판매를 규제하는 방안은 크게 민사적 규율과 공법적 규제로 구분하여 볼 수 있다. 즉 소비자 피해를 당사자간 사이에서 해결하도록 사법적 규율을 제정하는 것을 생각해 볼 수 있고, 또 다른 하나는 사업자가 사업활동을 함에 있어서 소비자이익을 침해하거나 소비생활의 안정을 방해하는 행위를 하지 않도록 행정기관이 사업자를 직접 감독하는 등의 공법적 규제를 생각할 수 있다. 이에 금융상품의 불완전판매를 민사법에 의한 규율과 업법에 의한 규제를 구분하여 살펴보면 다음과 같다.

2. 민사법에 의한 규율

민사적 규제의 법제로는 크게 「민법」, 「약관규제에관한법률」, 「상법」을 들 수 있다. 이들 법제가 규율하는 내용은 다음과 같다.

(1) 민법을 통한 해결

정보제공의무나 설명의무를 위반 시 먼저 착오·사기에 의한 취소, 공서양속위반에 기한 무효 등과 같이 계약을 무효 내지 취소함으로써 계약의 효력 자체를 부정하는 것을 생각할 수 있다. 또한 채무불이행·불법행위에 의한 책임 등 손해배상에 의하여 해결하는 것을 생각할 수 있다. 그러나 이러한 법리에 관해서는 종래의 판례나 전통적인 학설에 의하면 그 요건을 엄격하게 해석하고 있어서, 바로 정보수집·분석능력이 뒤떨어지는 소비자의 구제에 곧바로 연결되는 것은 아니다.

1) 계약의 취소 · 무효형

㈎ 사기 · 기망에 의한 취소

우선 사업자가 스스로 제공하여야 할 정보를 주지 않았기 때문에 소비자에게 오인이 생겼다고 하는 사업자의 행위에 착안하여 민법 제110조의 사기의 성립을 인정하고자 하는 견해가 있다.[37] 즉 소비자가 계약을 체결할 것인가 어떤가를 결정하기 위하여 필요한 정보에 관하여 정보제공의무를 부담하는 사업자가 고의로 당해 정보를 제공하지 않았던 경우, 사업자의 부작위를 위법한 기망행위라고 하여 사업자에게 사기의 성립을 인정할 수 있다고 한다. 그러나 사기에 관하여 통설에 의하면 그 요건이 엄격하게 해석되어 있다. 예를 들면 사기에 관해서는 상대방을 기망하여 착오에 빠뜨리게 하려는 고의와 착오에 의하여 의사표시를 하게 하려고 하는 고의라고 하는 이중의 고의의 입증이 필요하다.[38] 따라서 소비자계약과 같이 정보제공 의무 또는 설명의무가 문제되는 경우에는 그와 같은 고의를 입증하는 것은 매우 곤란하다고 본다. 또한 요건의 하나인 기망행위에는 침묵이나 평가적 의견의 진술도 포함될 수 있지만, 법률상 또는 신의칙상 진실을 알릴 의무가 있는 경우 이외의 침묵은 위법성을 결하게 되어 사기에는 해당되지 않는다고 본다. 즉 적극적인 기망 혹은 사실의 은폐가 사기의 성립요건으로 되어 있지만 당사자간의 정보력에 커다란 격차가 있는 계약에서는 그 입증은 매우 곤란하다고 할 수 있다.[39]

---

37) 최상호, "계약상의 정보제공의무에 관한 연구 ―사기와 착오법리의 적용관계를 중심으로―," 「김형배교수 화갑기념논문집」, 1994, 173면 이하.

38) 곽윤직, 『민법총칙(신정수정판)』, 1998, 349면; 김상용, 『민법총칙(전정판)』, 1998, 507면.

39) 박정기, "계약체결과정에 있어서의 정보제공의무," 「토지법학」 제18호, 2002, 68면.

(나) 공서양속위반에 의한 무효

정보제공의무위반에 의한 소비자의 의사결정 침해라는 것에 착안하여, 공서양속위반에 의한 무효를 인정하여야 할 것을 주장하는 견해도 있다.[40] 이에 따르면 공서양속 규범은 원래부터 법률행위의 내용을 문제 삼는 것이지만 요건이 엄밀하게 특정되어 있지 않는 일반조항이고, 법률행위법의 흠결을 메우기 위하여 미리 제도적으로 준비된 것이라고 한다. 그러나 이는 계약자유 내지 자기결정권 침해를 대상으로 한 독립의 법리가 형성되기까지의 과도기적인 이론에 불과할 뿐만 아니라, 공서양속규범은 어디까지나 계약내용의 규제수단이므로 권유 방법의 부당성만이 아니라, 거래내용·거래행위의 부당성이 구비되지 않는 한 적용되어서는 안 된다고 본다.[41]

2) 손해배상형

(가) 계약책임

정보제공의무위반을 부수의무가 아니라 본래의무로 강제력을 부여하여 계약효과에 직접적인 영향력을 행사할 수 있도록 하자는 견해도 있다.[42]

---

40) 山本敬三, "民法における「合意の瑕疵」論の展開とその検討," 棚瀬孝雄 編, 契約法理と契約慣行, 1999, 170면 이하.

41) 今西康人, "消費者取引と公序良俗違反," 「法律時報」 제64권 제12호, 1992, 85면 참조.

42) 이에 따르면 당사자의 지식과 정보 격차가 현저한 경우에 발생하는 문제에 대해서 지식과 정보의 양이 상대적으로 적은 일방당사자에게 계약체결 당시 계약의 목적물에 대한 정보를 제공받을 수 있는 권리를 부여받아야 형평성 있는 계약이 성립하게 될 것이다. 당사자 사이에 지식과 정보의 격차가 특히 심한 분야의 계약에 대해서는 정보제공의무를 부수의무가 아니라 본래의무로 강제력이 부여되는 것이 타당하다고 보았다. 이는 당사자의 알권리를 보호하고 정보량이 많은 당사자가 상대방에게 정보를 제공함으로써 조사의무가 결여된 부분을 충족함과 동시에 사회전체적인 비용을 절감할 수 있기 때문이다. 최현숙, "서비스계약에 있어서 정보제공의무에 관한 고찰," 「경성법학」 제15집 제2호, 경성대학교

이러한 시각에서 보면, 정보제공의무 위반의 경우 민법 제390조의 채무불이행책임에 의거하여, 금융사업자가 투자권유로 소비자와 금융상품에 대한 계약을 체결하였으나, 그 계약상의 채무이행을 하지 않음으로 손해가 발생하였다면 계약해제 및 손해배상을 청구할 수 있다는 것이다. 이 경우 계약책임은 금융사업자와 소비자와의 계약이 존재하여야 하며, 과실책임으로 계약상의 합의 또는 신의측으로부터 주의의무를 전제요건으로 하고 있다. 과실의 입증책임은 계약의 불이행이 밝혀지면 그에 관한 금융사업자의 과실이 추정됨이 원칙이다. 금융사업자의 부당한 투자권유행위로 계약을 맺은 경우에 계약책임을 인정한다면 피해자인 소비자는 10년이 소멸시효에 적용을 받는다(민법 제162조). 또한 계약책임의 경우에 상계에 대한 제한이 없다[43]

그러나 금융상품 판매자와 소비자 간에 명시적으로 위임 계약서를 작성하고 그 계약서상에 위임의 상세한 내용을 명시하는 것은 어렵고 또 실제 드물다보니 계약책임을 묻기가 곤란한 실정이다.

㈏ 불법행위 책임

금융사업자의 부당한 투자권유행위에 민법 제750조는 "고의 또는 과실로 인한 위법행위로 타인에게 손해를 가한 자는 그 손해를 배상할 책임이 있다"고 규정하고 있고, 제753조와 제754조는 책임능력이 있는 자만이 손해배상책임을 지는 것으로 명시하고 있다. 따라서 금융사업자의 소비자에 대한 불법행위가 성립되기 위하여는 ① 금융사업자의 고의 또는 과실에 의한 부당한 투자권유행위가 있어야 하고, ② 금융사업자에게 책임능력이 있어야 하며, ③ 금융사업자의 부당한 투자권유행위가 위법해야 하고,

---

법학연구소, 2006. 12, 248면.

43) 이은영, 『채권총론(제3판)』, 박영사, 2006. 8. 10, 177~182면.

④ 금융사업자의 위법행위로 인해 소비자에게 손해가 발생되어야 한다. 문제는 투자금융상품의 불완전판매인 경우 불법행위로 인한 손해배상이 원용되어 손해액을 과실상계하여 배상이 이루어지지만 금융소비자가 불법행위요건에 맞추어 피해의 입증을 하는데 어려움이 많아 기각으로 처리될 확률이 높아 소비자의 입장에서 볼 때 손해배상을 받기 어렵다고 볼 수 있다.

㈐ **계약체결상 과실책임**

계약체결상 과실책임의 문제로 계약체결상의 정보제공의무 위반의 문제를 해결하고자 하는 움직임이 있다. 계약체결상의 과실책임에 대해서는 목적이 불능한 계약을 체결할 때에 그 불능을 알았거나 알 수 있었을 자는 상대방이 그 계약의 유효를 믿었음으로 인하여 받은 손해를 배상하여야 한다(민법 제535조)고 규정하고 있다. 여기서 주목해야 할 부분이 계약체결상의 과실책임을 물어 손해배상을 청구할 수 있기 위해서는 그 목적이 원시적으로 불능인 경우라고 명시되어 있다는 점이다. 그러나 학설을 통해서 세 가지 정도를 추가로 인정할 수 있는데, 첫째 계약체결상의 과실이 있고, 계약이 무효로 된 경우, 둘째, 계약의 준비 단계에 과실이 있고, 불리한 내용의 계약이 체결되어버린 경우, 셋째, 계약체결의 준비 단계에 있어서 과실이 있었지만, 계약 체결에는 이르지 않았던 경우가 그것이다. 이 중에서 정보제공의무와 관련하여서는 두번째 것, 즉 계약이 체결되었지만 불리한 내용의 계약을 체결해 버린 경우이다.[44] 학설에 따르면 계약체결 당시에 설명의무가 부족함으로 인해 손해가 발생한 경우 손해를 배상할 수 있도록 주장하고 있다. 그러나 이를 인정하고 있는 판례는 아직 없다.

3) **소 결**

금융투자상품의 불완전판매 관련 우리나라의 판례를 보면 금

---

44) 박정기, 앞의 논문, 75면.

융투자상품의 설명의무위반을 민법 제750조의 불법행위책임에 따른 손해배상 문제로 접근하고 있다. 이 경우 투자권유자의 불법행위책임이 성립하기 위해서는 ① 부당권유행위에 있어서 고의·과실, ② 책임능력, ③ 부당권유행위의 위법성, ④ 부당권유행위와 손해간의 인과관계 등의 요건을 원칙적으로 청구자인 소비자가 입증하여야한다.

대법원은 금융회사 권유행위의 위법성 여부 판단기준에 관하여 "증권회사의 임직원이 고객에게 적극적으로 투자를 권유하였으나 투자 결과 손실을 본 경우에 투자가에 대한 불법행위책임이 성립되기 위하여는, 이익보장 여부에 대한 적극적 기망행위의 존재까지 요구하는 것은 아니라 하더라도, 적어도 거래경위와 거래방법, 고객의 투자상황(재산상태, 연령, 사회적 경험 정도 등), 거래의 위험도 및 이에 관한 설명의 정도 등을 종합적으로 고려한 후, 당해 권유행위가 경험이 부족한 일반 투자가에게 거래행위에 필연적으로 수반되는 위험성에 관한 올바른 인식형성을 방해하거나 또는 고객의 투자상황에 비추어 과대한 위험성을 수반하는 거래를 적극적으로 권유한 경우에 해당하여, 결국 고객에 대한 보호의무를 저버려 위법성을 띤 행위인 것으로 평가될 수 있는 경우라야 한다"고 판시하고 있다.[45] 따라서 위법성 판단여부는 고객에 대한 보호의무 이론이 정립되었다고 볼 수 있으나 불법행위를 요건으로 하는 손해배상청구에서는 원칙적으로 채권자인 피해자가 고의·과실을 포함한 배상청구요건을 모두 입증해야 한다.[46]

---

45) 대법원 2003. 1. 10. 선고 2000다50312 판결.

46) 최근의 판례 및 조정결정 판례 경향을 보면 통상 계약서 및 투자설명서 교부사실에 대해서 자필서명을 하지 않은 경우는 손해금액의 50% 배상, 투자설명서에 서명은 하였는데 투자설명을 듣지 못했다고 주장한 사안에 대해서는 고령자 혹은 펀드를 처음 가입한 자, 팜플렛 등에 단정적 표시 등의 객관적 증거, 파생상품 관련 펀드로서 손실액이 큰 경우 등의 조건을 충족한 경우에 한해서 손해금액의 50%를 배상하는 것

이러한 사실을 판단하기 위해 가장 중요한 것은 가입 당시에 대한 객관적인 사실 관계의 확인이 우선되어야 하나, 그 경위나 상품의 주요내용 설명 여부에 대하여 분쟁 당사자의 주장이 상이하고, 입증이 어려운 경우가 대부분이고, 더욱이 간접투자신청서 등의 서류에 투자자의 자필서명이 이루어졌다면 은행이 상품의 내용에 대하여 설명한 것으로 인정할 수밖에 없는 실정이다. 투자자들은 가입신청서상에 기재된 작은 글씨의 내용을 어떻게 다 읽어 볼 수 있느냐, 형식적인 서명이라고 항변하나, 결국 상품 계약을 하면서 계약의 내용을 읽어보지 않은 책임을 투자자에게도 묻고 있다.

결국 신청인이 은행 직원으로부터 본건 상품의 주요내용을 설명받지 못하였다는 이유를 들어 손해배상을 청구할 수 있으나, 은행이 신청인에게 교부한 투자설명서 등에 본건 상품의 수익구조가 명시되어 있고, 주요내용 설명 여부에 대한 신청인과 은행 직원의 주장이 상이하다면, 은행 직원이 동 투자설명서와 다르게 상품내용을 설명하였다는 사실이 객관적으로 입증되지 아니하므로, 금융감독원은 불완전판매의 판단이 곤란하다며 기각으로 처리하고 있다.

결론적으로 펀드 등 금융투자상품의 부당권유 거래로 소비자가 피해를 입었을 경우 손해배상에 대해서 현행 민법인 불법행위에 의한 손해에 대한 책임을 금융소비자들이 소송제기 시 입증곤란으로 인하여 여전히 손해배상을 받기 어렵다고 볼 수 있다.

(2) 약관의 규제에 관한 법률 및 상법을 통한 해결

보험상품 불완전판매의 경우, 약관규제법 제3조와 「상법」 제638조의3의 적용을 생각해 볼 수 있다.

으로 나타났다.

1) **약관규제법 적용**

「약관규제법」 제3조에서는 약관의 명시·교부·설명의무를 규정하고 있다. 사업자는 계약체결에 있어서 고객에게 약관의 내용을 계약의 종류에 따라 일반적으로 예상되는 방법으로 명시하고, 고객이 요구할 때에는 당해 약관 사본을 고객에게 교부하여 이를 알 수 있도록 하여야 한다. 사업자는 약관에 정하여져 있는 중요한 내용을 고객이 이해할 수 있도록 설명하여야 한다. 다만, 계약의 성질상 설명이 현저하게 곤란한 경우에는 그러하지 아니하고(제3조 제2항), 사업자가 제1항 및 제2항의 규정에 위반하여 계약을 체결한 때에는 당해 약관을 계약의 내용으로 주장할 수 없다(제3조 제3항).

그러나 약관규제법상의 설명의무는 어디까지나 약관의 중요한 내용을 고객이 이해할 수 있도록 설명하는 것에 불과하므로 금융업자의 권유내용이 ① 계약의 내용에 해당하지 않는 경우,[47] ② 계약의 내용에 해당하더라도 그것이 약관의 중요한 내용이 되지 못하는 경우, ③ 아예 처음부터 약관을 이용하여 투자권유를 하지 않는 경우에는 약관규제법이 적용될 여지가 없다.

2) **상법의 적용**

「상법」 제638조의3에서는 보험약관의 교부·명시의무를 규정하고 있다. 보험약관의 교부 및 설명 의무란 보험계약을 체결할 때 보험회사가 청약자에게 보험약관을 교부하고 그 약관의 중요한 내용을 알려야 하는 의무를 말한다. 그러므로 보험약관을 교부하지 않고 중요한 내용만을 설명하거나 반대로 약관은 교부하

47) 약관은 그 명칭이나 형태 또는 범위를 불문하고 계약의 일방 당사자가 다수의 상대방과 계약을 체결하기 위하여 일정한 형식에 의하여 미리 마련한 계약의 내용이 되는 것을 말하므로(약관규제법 제2조 제1항) 투자권유내용이 계약의 내용이 될 만한 사항이 아닌 경우에는 약관에 포함되지 않는다.

였어도 그 중요한 내용을 설명하지 않은 경우 보험계약이 성립한 날로부터 1월내에 계약을 취소할 수 있다.

3) 소 결

우리나라의 경우 보험계약 성립일로부터 1개월이 지나 계약 취소 기간이 지난 경우, 약관에 대해 설명을 받지 못한 소비자에게 해당 보험상품의 약관을 적용할 것인가 말 것인가의 편입통제가 논의의 주요쟁점이 되고 있다.

즉, 보험약관의 본질에 대하여 일부 상법학계의 견해와 판례의 입장이 다르다. 이로 인하여 약관을 교부하지 않거나 중요 내용을 설명하지 않은 경우, 「상법」 제638조의3과 「약관규제법」 제3조 제3항을 어떻게 적용하느냐의 문제인데, 이에 관해서는 설명부분에 있어 상법규정만 적용설,[48] 약관규제법 중복적용설[49]이 혼재되어

48) 보험제도의 특성을 근거로 하여 보험약관이 존재하는 거래에 있어 특별한 사정이 없는 한 그 거래는 약관에 의한다는 사실인 관습 또는 상관습이 존재하는 결과라고 본다.[1] 이 설은 「상법」 제638조의3을 중요한 근거로 보험약관은 개별적인 보험계약의 내용을 정하고 있긴 하나 그것은 보험에 든 위험의 개별적 차이를 고려함이 없이 동질적인 위험에 관한 다수의 보험계약을 기초로 작성된 계약조항으로서 보험계약의 단계적 구조에서 보험계약자가 약관에 따를 것에 동의하지 아니하였더라도 취소 없이 1개월 경과한 후에는 그 구속력을 인정하는 것이 마땅하다고 한다.

49) 「약관규제법」과 판례는 약관에 대해서 계약설에 입각해 있다. 계약설에서는 약관의 예문에 불과하고 그 자체로서 효력을 가지는 것이 아니라 당사자 사이의 편입합의에 의하여 계약의 내용이 된다고 한다. 보통보험약관도 당사자가 이를 개별 계약의 내용으로 하였기 때문에 법률행위의 일반이론에 의하여 당사자를 구속하는 것이라고 보는 입장이다.

판례는 「상법」 제638조의3 제2항이 「약관규제법」 제3조 제3항과의 관계에서 그 적용을 배제하는 특별 규정이라고 할 수 없으므로, 보험계약자가 보험계약을 취소하지 않았다 하더라도 보험자의 설명의무 위반의 법률효과가 소멸하는 것은 아니라고 한다.

한편 「상법」의 특별법으로서의 지위와 관련하여 「약관규제법」 제30조 제3항에서 다른 법률에 특별한 규정이 있는 경우에 그 규정이 우선 적용되는 것으로 규정하고 있는 것은 법률의 상호 모순 저촉시의 특별법

있지만, 판례는 약관규제법 중복적용설을 원용하고 있다.

따라서 보험소비자의 입장에서 볼 때 계약일로부터 1개월 이내에는 「상법」에 의거하여 불완전판매의 경우 계약취소를 할 수 있고, 1개월이 경과된 후부터 소비자는 「약관규제법」에 근거하여 해당 약관을 계약의 내용으로 주장할 수도 있고, 안 할 수도 있는 결정권을 부여받았다고 볼 수 있다.

3. 행정법(업법)에 의한 규제

일반적으로 금융감독기관의 주요 역할은 금융소비자를 보호하고 시장의 신뢰성을 유지하는 데 있으며, 금융기관에 대한 제재는 이러한 목적을 달성하기 위한 감독당국의 도구로 인식될 수 있다. 이에 이를 규제하는 업법(자본시장통합법, 보험업법)에는 금융업자의 판매행위에 대해서 행정규제를 행하고 있다. 하나는 투자자의 투자판단에 필요한 정보를 충분히 제공하거나 투자자의 주관적 사정(투자목적, 재산상태, 투자경험 등)에 적합한 투자권유를 해야 하는 작위의무이고, 다른 하나는 투자자의 올바른 투자판단을 저해할 우려가 있는 부당권유행위를 하지 않을 부작위의무이다. 이에 자본시장통합법과 보험업법을 중심으로 행위규제를 살펴보면 다음과 같다.

우선 적용의 원칙이 약관에 관하여도 적용됨을 밝히고 있는 것이라 할 것인데 「상법」 제638조의3 제2항은 보험자의 설명의무위반의 효과로 취소권을 부여하고 있으나 그 취소권을 행사하지 아니하는 경우의 효과까지 규율하고 있는 것은 아니므로 「상법」 제638조와 「약관규제법」 제3조의 모순은 없다고 본다. 따라서 보험계약자가 계약을 취소하지 않더라도 보험자는 당해 약관을 계약의 내용으로 주장할 수 없다. 다만, 보험계약자는 보험자와 달리 교부·설명의무 위반의 경우에도 당해 약관을 계약 내용으로 주장할 수 있다(대법원 1998. 11. 17. 선고 98다 32546).

(1) 자본시장통합법

1) 작위의무

㈎ 설명의무

i) 의 의

설명의무는 금융투자회사가 투자자에게 금융투자상품의 투자를 권유하는 경우, 상품의 내용과 위험 등 법령에 정한 사항[50]을 투자자가 이해하도록 설명하여야 할 의무를 말한다. 그리고 금융투자업자는 설명을 함에 있어서 투자자의 투자판단에 중대한 영향을 미칠 수 있는 사항을 거짓으로 설명하거나 투자자의 투자판단에 중대한 영향을 미칠 수 있는 사항을 누락하지 않도록 규정하고 있다(법 제47조 제3항). 동 법은 설명의무가 형식적인 설명에 그치지 않도록 하기 위해 설명내용을 투자자가 이해하였음을 확인하는 서명을 받도록 하고 있다.

위반 시 제재로는 금융투자업자가 위의 내용을 위반하는 경우 이로 인하여 발생한 손해에 대해 일반투자자에게 배상할 책임이 있다. 손해액은 금융투자상품의 취득으로 인해 일반투자자가 지급하였거나 지급하였어야 할 금전 등의 총액에서 그 금융투자상품의 처분 등의 방법으로 일반투자자가 회수하였거나 회수할 수 있는 금전 등의 총액을 뺀 금액으로 추정한다(법 제48조 제1항 및 제2항).

ii) 위반의 책임

설명의무를 위반 시 행정적 제재로는 첫째, 설명의무위반은 자본시장통합법을 위반한 행위에 해당하므로 금감위는 이유를 제시하고 ① 6월 이내의 영업의 전부 또는 일부의 정지, ② 신탁계약 그 밖의 계약의 인계명령, ③ 위법행위의 시정명령 또는 중지명령, ④ 위법행위의 공표 또는 게시명령, ⑤ 기관경고, ⑥ 기관

50) 시행령에서는 금융투자상품의 투자성에 관한 구조와 성격, 수수료에 관한 사항, 조기상환 조건이 있는 경우 그에 관한 사항, 그리고 계약의 해제·해지에 관한 사항을 설명사항으로 규정하고 있다(시행령 제53조 제1항).

주의, ⑦ 그 밖에 대통령령이 정하는 조치 가운데 어느 하나에 해당하는 조치를 취할 수 있다(법 제371조 제2항). 둘째, 투자권유 과정에서 설명의무를 위반한 금융투자업자의 임원 또는 직원에 대해서도 금감위는 해임 또는 면직, 6월 이내의 직무정지 또는 정직, 감봉, 견책 등의 조치를 취할 수 있다(법 제373조). 다만 임직원에 대한 해임 또는 면직요구는 침익적 행정처분으로서 당사자에 미치는 불이익이 크다는 점에서 금감위가 이들 조치를 취하는 경우에는 사전에 청문을 실시하여야 한다(법 제374조 제2호). 셋째, 설명의무를 위반한 금융투자업자에게는 5,000만 원 이하의 과태료가 부과된다(법 제420조 제1항 제11호).

한편, 민사적 제재로 자본시장통합법은 금융투자업자가 설명의무를 이행하지 않거나 이행하더라도 중요사항에 관하여 허위사실을 설명하거나 누락한 경우에는 이로 인하여 발생한 투자자의 손해에 대하여 별도의 손해배상책임을 인정하고 있다(법 제47조 제1항). 문제는 현행법상 금융투자업자의 권유에 따라 금융투자상품거래를 한 투자자가 금융투자업자의 설명의무위반으로 손실을 입은 경우에 그 손실을 회복하기 위해서는 ① 설명의무 위반의 존재, ② 손해의 발생과 손해액, ③ 의무위반과 손해 사이의 인과관계의 세 가지 입증책임을 부담하여야 하는데 현행법에서는 손해액만 추정되어 있고, 인과관계의 추정까지는 되어 있지 않다. 따라서 소비자들의 경우 인과관계 추정을 입증하는 데 있어 여전히 곤란하다고 볼 수 있다.[51)]

---

51) 법 제47조 ② 금융투자상품의 취득으로 인하여 일반투자자가 지급하였거나 지급하여야 할 금전 등의 총액(대통령령이 정하는 금액을 제외한다)에서 당해 금융투자상품의 처분, 그 밖의 방법으로 당해 일반투자자가 회수하였거나 회수할 수 있는 금전 등의 총액(대통령령이 정하는 금액을 포함한다)을 공제한 금액은 제1항에 따른 손해액으로 추정한다.
Cf. 일본 '금융상품의 판매 등에 관한 법률' 제5조(손해액의 추정) ① 고객이 제4조의 규정에 의하여 손해배상을 청구하는 경우에, 원본결손액은

(나) **적합성 원칙**(Suitability Rule)

i) 의 의

적합성 원칙이란 일반투자자의 투자목적·재산상황 및 투자경험 등에 비추어 그에게 적합하지 아니하다고 인정되는 투자권유를 해서는 안 된다는 원칙이다(법 제46조 제3항). 전문투자자에 대해서는 동 원칙이 적용되지 않고 일반투자자에 대해서만 동 원칙이 적용되는 것이다. 금융투자업자 입장에서 동 원칙을 이행하기 위해서는 그 투자자가 어떤 투자자인지를 먼저 파악해야 할 것이다. 따라서 자본시장법에서는 적합성 원칙을 적용하기에 앞서 금융투자업자로 하여금 투자자가 일반투자자인지 전문투자자인지 여부를 확인하도록 하고(법 제46조 제1항), 일반투자자임이 확인될 경우 투자권유를 하기 전에 면담·질문 등을 통하여 투자목적·재산상황 및 투자경험 등의 정보를 파악할 것을 요구하고 있다(법 제46조 제2항). 이를 고객파악의무(Know-Your-Customers-Rule)라고 한다.

적합성 원칙이 투자자의 의사에 반하는 권유를 엄격히 제한한다는 점에서 뒤에서 설명할 불초청권유금지, 재권유금지제도와 같은 취지를 갖는다고 이해할 수 있다(협의의 적합성 원칙). 한 걸음 더 나아가 적합성의 원칙이란 투자자의 속성에 적합하도록 투자권유를 하라는 적극적 의미가 녹아 있다고도 볼 수 있을 것이다(광의의 적합성 원칙).[52)]

ii) 위반의 책임

자본시장법에서는 금융투자업자가 투자자에게 금융투자상품을 권유함에 있어서 법 제46조에 따른 적합성의 원칙에 위반한 경우 그 금융투자업자의 임직원이나 투자권유대행인에 대하여 형사벌 및 행정벌을 부과하는 명문의 규정을 두고 있지 않다.[53)] 또

금융상품 판매업자등이 중요사항에 대하여 설명을 하지 아니함으로써 당해 고객에게 발생한 손해액으로 추정한다.

52) 변제호 외 4인 공저, 앞의 책, 2009, 206~207면

한 민사적 제재를 명확하게 규정한 규정은 없다.

㈐ **적정성의 원칙**(Appropriateness)

적정성 원칙이란 금융투자업자가 일반투자자에게 투자권유를 하지 아니하고 파생상품 등을 판매하려는 경우에 일반투자자에게 적정하지 아니하다고 판단되는 경우에는 그 사실을 일반투자자에게 알리고 일반투자자로부터 확인을 받아야 한다는 원칙이다(법 제46조의2).[54]

금융투자업자는 일반투자자의 투자목적・재산상황 및 투자경험 등에 비추어 해당 파생상품 등이 그 일반투자자에게 적정하지 아니하다고 판단되는 경우에는 ① 해당 파생상품 등의 내용, ② 해당 파생상품 등에 대한 투자에 따르는 위험, ③ 해당 파생상품 등이 일반 투자자의 투자목적・재산상황 및 투자경험에 비추어 그 일반투자자에게 적정하지 아니하다는 사실을 알리고, 일반투자자로부터 ① 서명, ② 기명날인, ③ 녹취, ④ 전자우편・그 밖에 이와 비슷한 전자통신, ⑤ 우편, ⑥ 전화자동응답시스템의 방법으로 확인을 받아야 한다(법 제46조의2 제2항, 영 제52조의2 제2항).

그런데 이의 위반의 책임에 대해서는 적합성원칙 위반과 동일하게 행정적, 민사적 제재 내용은 법에 명시되어 있지 않다.

2) **부작위의무**

자본시장통합법은 금융투자상품 체결 또는 모집에 관한 금지행위(법 제49조 제3호, 제4호)에서 아래와 같은 유형에 대해서 부작

---

53) 일본의 경우 적합성의 원칙에 위반하면 판매회사나 그 임직원에 대해 금융상품거래법상의 행정처벌이 부과되나(금상법 제52조 제1항 제6호), 형사벌에 관한 명문의 규정을 두고 있지는 않다.

54) 이는 EU 금융상품투자지침(Market in Financial Instrument Directive: MiFID)에 의하여 2007년 11월에 새로이 도입된 원칙을 계수한 것으로 적합성원칙이 모든 금융투자상품에 적용된다면, 적정성원칙은 파생상품, 원본손실형 파생결합증권, 파생펀드, 원본손실형 파생결합증권에 50% 이상 투자한 펀드에 적용된다.

위 의무로 금지행위를 지정하였다.

① 거짓의 내용을 알리는 행위

② 불확실한 사항에 대하여 단정적 판단을 제공하거나 확실하다고 오인하게 할 소지가 있는 내용을 알리는 행위

③ 투자자로부터 투자권유의 요청을 받지 아니하고 방문・전화 등 실시간 대화의 방법을 이용하는 행위. 다만, 투자자 보호 및 건전한 거래질서를 해할 우려가 없는 행위로서 대통령령으로 정하는 행위를 제외한다.[55]

④ 투자권유를 받은 투자자가 이를 거부하는 취지의 의사를 표시하였음에도 불구하고 투자권유를 계속하는 행위. 다만, 투자자 보호 및 건전한 거래질서를 해할 우려가 없는 행위로서 대통령령으로 정하는 행위를 제외한다.[56]

---

55) 불초청권유(unsolicited call) 금지: 금융투자업자는 투자자부터 투자권유의 요청을 받지 아니하고 방문・전화 등 실시간 대화의 방법을 이용하는 행위가 금지된다(법 제49조 제3호). 이를 불초청권유금지라 하며 자본시장법을 통해 우리나라에 새롭게 선보인 금융규제이다. 투자자가 원하지 않는 투자권유는 투자자의 사생활과 평온한 삶을 침해할 가능성이 크므로 자택 또는 회사로의 방문, 전화, 길거리에서 호객행위 등 실시간 대화에 의한 투자권유는 투자자가 원할 경우에만 가능하도록 하여 투자자의 권익을 보호하고자 함이다.
그러나 동 규제를 모든 금융투자상품에 대해서 적용할 경우 금융투자업을 과도하게 위축시킬 수 있으며 변액보험 등 투자성 있는 보험계약의 경우 현행의 보험 모집관행과도 충돌이 발생하기 때문에 규제의 비용과 편익을 감안하여 장외파생상품에 대해서만 적용하도록 하고 있다(법 제49조 제3호 단서).

56) 의사에 반하는 재권유(Solicitation against will) 금지
금융투자업자는 투자권유를 받은 투자자가 이를 거부하는 취지의 의사를 표시하였음에도 불구하고 투자권유를 계속하는 행위가 금지된다(법 제49조 제4호). 이들 의사에 반하는 재권유금지라고 하며 역시 자본시장법에서 새롭게 도입된 것이다.
자본시장법에서는 원칙적으로 모든 금융투자상품에 대해 이 규제를 적용하되 투자성 있는 보험계약, 일정기간을 경과한 이후의 재권유 및

⑤ 그 밖에 투자자 보호 또는 건전한 거래질서를 해할 우려가 있는 행위로서 대통령령으로 정하는 행위

이를 위반 시 제49조(제52조 제6항에서 준용하는 경우를 포함한다)를 위반하여 같은 조 제1호 또는 제2호에 해당하는 행위를 한 자는 3년 이하의 징역 또는 1억 원 이하의 벌금에 처하고, 제49조(제52조 제6항에서 준용하는 경우를 포함한다)를 위반하여 같은 조 제3호부터 제5호까지의 어느 하나에 해당하는 행위를 한 자는 5천만 원 이하의 과태료를 부과한다. 그런데 동 규정을 위반 시 행정벌만 규정되어 있지 민사벌은 규정되어 있지 않은 실정이다.

(2) 보험업법

「보험업법」에서는 계약체결 시 지켜야 할 소비자보호 사항을 규정하고 있으며, 이를 위반 시 과태료, 과징금을 부과한다.

1) 작위의무

보험 모집을 위하여 사용하는 보험 안내자료에는 다음 각호의 사항[57]을 명료하고 알기 쉽게 기재하도록 하였다. 위반 시 500만 원의 과태료를 물게 하였다(보험법 제95조).

또한 보험 안내자료에 보험회사의 자산과 부채에 관한 사항

다른 종류의 금융투자상품에 대한 권유에 대해서는 적용을 배제(법 제49조 제4호 단서 및 영 제54조 제2항)하고 있다. 그리고 재권유가 가능하게 되는 기간, 같은 종류의 투자권유인지 여부 등을 금융투자업규정에서 규정하고 있다. 재권유가 가능하게 된 기간 및 같은 종류의 투자권유인지 여부의 문제는 일종의 예외라기보다는 실제 재권유의 범위를 구체적으로 확정하는 데 의의가 있다.

57) 다음 각호의 사항은 소속보험회사의 상호나 명칭 또는 보험설계사나 보험대리점 또는 보험중개사의 성명·상호나 명칭, 보험가입에 따른 권리·의무에 관한 주요사항, 보험약관에서 정하는 보장에 관한 사항, 해약환급금에 관한 사항, 「예금자보호법」에 의한 예금자보호와 관련된 사항, 그 밖에 보험계약자의 보호를 위하여 대통령령이 정하는 사항을 말한다.

을 기재하는 경우에는 제118조의 규정에 의하여 금융위원회에 제출한 서류에 기재된 사항과 다른 내용의 것을 기재하지 못하고, 보험 안내자료에는 보험회사의 장래의 이익의 배당 또는 잉여금의 분배에 대한 예상에 관한 사항을 기재하지 못하도록 하였다.

2) **부작위의무**

㈎ **보험계약의 체결 또는 모집에 관한 금지행위**(제97조)

보험계약의 체결 또는 모집에 종사하는 자는 그 체결 또는 모집에 관하여 다음의 행위를 하지 않도록 하였다. 위반 시 500만 원의 과태료를 물게 하였다. 자본시장통합법과 마찬가지로 민사벌은 규정하지 않았다.

① 보험계약자 또는 피보험자에게 보험계약의 내용을 사실과 다르게 알리거나 그 내용의 중요한 사항을 알리지 아니하는 행위
② 보험계약자 또는 피보험자에게 보험계약의 내용의 일부에 대하여 비교대상 및 기준을 명시하지 아니하거나 객관적인 근거 없이 다른 보험계약과 비교하여 당해 보험계약이 우량 또는 유리하다고 알리는 행위
③ 보험계약자 또는 피보험자가 보험계약의 중요한 사항을 보험회사에 알리는 것을 방해하거나 알리지 아니할 것을 권유하는 행위
④ 보험계약자 또는 피보험자가 보험계약의 중요한 사항에 대하여 부실한 사항을 보험회사에 알릴 것을 권유하는 행위
⑤ 보험계약자 또는 피보험자로 하여금 이미 성립된 보험계약(이하 이 조에서 “기존보험계약”이라 한다)을 부당하게 소멸시킴으로써 새로운 보험계약을 청약하게 하거나 새로운 보험계약을 청약하게 함으로써 기존보험계약을 부당하게 소멸시키거나 그 밖에 부당하게 보험계약을 청약하게 하거나 이러한 것을 권유하는 행위

㈏ **특별이익의 제공금지**(제98조)

보험계약의 체결 또는 모집에 종사하는 자는 그 체결 또는 모집과 관련하여 보험계약자 또는 피보험자에게 다음에 해당하는 특별이익[58]을 제공하거나 그 제공을 약속하지 않도록 하였다. 위반 시 금융위원회는 보험회사가 제98조의 규정을 위반한 때에는 과징금을 특별이익의 제공대상이 된 해당 보험계약의 연간 수입보험료의 100분의 50 이하로 부과할 수 있고, 정상에 따라 제200조 또는 제202조의 규정에 의한 벌칙과 과징금을 병과할 수 있도록 하였다(법 제196조).

(3) 소 결

금융상품 불완전판매(계약체결상의 하자)에 대한 규제는 우리나라는 전통적으로 행정규제를 중심으로 이루어졌다. 그런데 사업자측에서 불완전판매로 영업행위를 했다 하더라도 과태료 금액이 적은데다가, 실제 이를 이유로 과태료 부과도 거의 이루어지지 않다보니 불완전판매로 인한 소비자의 피해는 클지라도 사업자의 피해부담 비용은 미미한 실정이라고 볼 수 있다.

예를 들면 「자본시장통합법」의 경우 작위의무(설명의무, 적합성원칙, 적정성원칙 등)의 경우 설명의무 조항에만 손해배상 조항이 들어갔으나 제일 중요한 입증책임 전환의 내용은 빠져 있어 소비자들은 입증의 어려움으로 피해보상을 받기 어렵고, 부작위의무 위반의 경우 과태료 등만 부과될 뿐 민사책임, 형사책임이 빠져 있어 업법에서 실질적으로 소비자를 보호하고 있다고 볼 수는 없다.

---

58) 금품, 기초서류에서 정한 사유에 근거하지 아니한 보험료의 할인 또는 수수료의 지급, 기초서류에서 정한 보험금액보다 많은 보험금액의 지급의 약속, 보험계약자 또는 피보험자를 위한 보험료의 대납, 보험계약자 또는 피보험자가 당해 보험회사로부터 받은 대출금에 대한 이자의 대납, 보험료로 받은 수표 또는 어음에 대한 이자상당액의 대납, 「상법」 제682조의 규정에 의한 제3자에 대한 대위청구권 행사의 포기.

이 경우 문제점은 소비자들의 경우 금융상품 불완전판매로 피해를 입어도 민사적 규율이 미흡하여 실제 피해를 직접적으로 보상받기 어렵고, 사업자측에서 볼 때 행정규제로 인한 과태료 금액도 적은데다가 법은 있지만 규제가 활발하게 이루어지지 않다보니 불완전판매로 인한 사업자의 이득에 비해 불이익이 미미해 사업자들은 끊임없이 불완전판매의 유혹에 노출되어 있는 실정이라고 볼 수 있다.

또한, 보험 계약의 경우 보험소비자의 권리인 계약철회권, 계약취소권이 보험업법에 전혀 규정되지 않아 이를 사업자가 위반해도 이에 대한 행정벌도 없고, 표준약관에서 보장하는 계약철회권과 계약취소권도 소비자의 권리를 크게 제한하고 있어 이에 대한 개정도 필요한 실정이다.

Ⅴ. 결　론

1. 서　설

외국의 경우 금융법을 민사특별법으로 제정하여 금융소비자의 민사적 권리를 보호하는 방향으로 나아가고 있다. 예를 들면 독일은 「보험계약법」을 제정하여 보험계약상 나타나는 다양한 계약관계를 규율하였고, 일본은 「금융상품판매법」을 제정하여 금융상품 판매에 있어 설명의무 위반의 입증을 금융사업자로 전환하였다.

우리나라도 이와 같이 민사특별법으로 상법에 규정된 보험편을 분리하여 「보험계약법」을 제정하거나, 「금융상품판매법」을 제정하여 금융소비자를 보호하는 것도 생각해 볼 수 있으나, 본 논문에서는 현행법을 기준으로 개정(안)을 제시하고자 한다. 불완전판매에 대응하는 금융소비자의 민사적 권리를 크게 ① 보험계약의 청약철회권, ② 보험계약의 계약취소권, ③ 금융투자상품에서의 손해배상청구권을 들 수 있다. 이에 이를 규율하는 법을 중심으로 법 개정(안)을 제시한다.

2. 법 개선방향

(1) 보험업법

우리나라의 보험업법은 전형적인 "업법"의 성격을 지니고 있어, 민사적 규율이 전혀 언급되고 있지 않다. 사정이 그렇다보니, 보험소비자의 기본 권리인 "보험 청약철회" 제도에 대해서도 언급되지 않고 있다.

보험청약철회 관련하여서는 외국의 경우 법에 직접적으로 규정하고 있다. 미국은 주 보험법, 영국은 금융서비스시장법, 독일은 보험계약법, 일본은 보험업법에서 청약철회를 규정하고, 청약철회에 있어 기산점이 청약서, 보험증권 등의 교부일로 하고 있다. 예를 들면, 미국은 "보험증권을 받은 날로부터 10일 이내", 독일은 "보통보험약관을 포함한 보험증권의 서류가 도달한 날로부터 2주 이내", 영국은 "계약서 교부일로부터 순수보장성 계약은 30일, 손해보험상품은 14일", 일본은 "보험계약서 교부일로부터 8일"로 하고 있고, 청약서에 '중요사항 설명서', '약관'의 수령여부를 표시 및 날인하도록 되어 있다.

반면, 우리나라의 경우 보험업법에 청약철회 규정이 존재하지 않고, 표준약관에 "청약을 한 날 또는 제1회 보험료를 납입한 날부터 15일 이내"로 규정되어 있다. 청약철회의 기준 시점을 "계약서 교부일 혹은 보험증권 교부일"이 아닌 "청약일"로 정하다 보니, 보험회사의 귀책사유에 의해 청약서, 약관이 교부되지 않더라도 일정기간만 지나면 계약을 유지시키는 효과가 있어 계약서 미교부에 대한 민사적 규율과 연계되지 못해 소비자에게 불이익을 주고 있다고 볼 수 있다. 이에 보험업법에 청약철회 규정을 두고, 보험청약 철회의 기산점을 “계약일”이 아닌 “청약서나 보험증권 교부일”로 변경하여 보험업법을 개정할 필요가 있다.

(2) 상 법

상법 제638조의3에는 보험자는 보험계약을 체결할 때에 보험계약자에게 보험약관을 교부하고 그 약관의 중요한 내용을 알려주어야 하고, 이 규정을 위반한 때, 보험계약자는 보험계약이 성립한 날부터 1월내에 그 계약을 취소할 수 있도록 하였다.

이 규정으로 인하여, 우리나라의 경우 보험계약 성립일로부터 1개월이 지나 계약취소 기간이 지난 경우, 약관에 대해 설명을 받지 못한 소비자에게 해당 보험상품의 약관을 적용할 것인가 말 것인가의 편입통제가 논의의 주요쟁점이 되고 있다.

따라서 보험소비자의 입장에서 볼 때 계약일로부터 1개월 이내에는 「상법」에 의거하여 불완전판매의 경우 계약취소를 할 수 있고, 1개월이 경과된 후부터는 「약관규제법」에 근거하여 해당 약관을 계약의 내용으로 주장할 수도 있고, 안 할 수도 있는 결정권을 부여받다 보니, 불완전판매로 인해 계약을 해소하고 싶은 소비자의 요구(니즈)가 충족되지 못한 면이 많았다.

외국은 불완전판매로 계약을 해소하고자 하는 소비자의 요구를 감안하여, 미국에서는 약관내용과 의도적으로 다르게 하여 설명한 경우 부실표시법리 및 합리적기대원칙에 근거하여 계약취소 및 손해배상 법제가 확립되어 있고, 영국은 「부실표시법」에서 부실표시로 계약을 체결한 경우 부실표시자가 표시된 사실이 진실하다고 믿는 데에 합리적인 이유가 있고, 계약체결 시까지 그것을 믿고 있던 것을 입증하면 면책이 되고, 계약을 취소할 수 있다. 일본은 「소비자계약법」에서 계약의 설명의무가 제대로 지켜지지 않은 경우 그 사실을 알 수 있는 날로부터 6개월간 취소기간을 두어 소비자를 보호하고 있다. 한편, 독일에서는 보험회사의 영업사원이 보험가입자에게 보험계약의 내용이나 보험약관을 사실과 다르게 설명해주었을 경우, 관습법상 발달된 신뢰책임의 원칙에 따라 이에 대한 책임을 지고, 판례는 그들의 설명도 계약내용으로 되어 이 부분에 관하여도 유효하게 계약이 체결된 것으로 인정하여야 할 것이라고 판시하고 있다.

따라서 우리나라의 경우 현재 보험자가 보험 약관의 교부·명시의무를 위반한 경우 보험계약자에게 성립한 날부터 1개월 이내에 취소권을 행사하도록 하고 있는 규정은 소비자의 권리를 지나치게 제약하는 것으로 부당하다고 볼 수 있다. 최근 이러한 주장에 힘입어 법무부 상법 개정(안)[59]에 취소기간의 시기를 보험계약 성립일로부터 1개월에서 보험증권을 받은 날로부터 3개월 내로 기간을 연장하겠다고 하나 이 또한 기간이 짧아 소비자의 취소권을 지나치게 제한한다고 볼 수 있다. 이에 대한 대안은 일본 소비자계약법의 예를 따라 그러한 사실을 안 날로부터 3개월로 개정하는 것도 생각해 볼 수 있다.

(3) 자본시장통합법

1) 설명의무 관련

금융소비자들은 제한된 합리성에 기초한 의사결정을 하며, 많은 편견에 영향을 받으며 휴리스틱한 판단을 하고, 따라서 이러한 점을 염두에 두면 금융회사측에 중요사항에 대한 설명의무

---

59) 【第638條의3 (보험약관의 교부·설명의무)】 ① 보험자는 보험계약을 체결할 때에 보험계약자에게 보험약관을 교부하고 그 약관의 중요한 내용을 알려주어야 한다.
② 보험자가 제1항의 규정에 위반한 때에는 보험계약자는 보험증권을 받은 날로부터 3월내에 그 계약을 취소할 수 있다.

를 부담시킬 필요가 있다.[60] 그런데 중요한 점은 금융소비자가 실제에 있어서 위험의 크기를 충분히 인지하지 못하고, 요식적인 서명이나 표시에 그치게 될 경우 소비자피해는 여전히 존재한다고 볼 수 있다.

현행 자본시장통합법 제47조에서 설명의무에 관한 근거규정을 두고 그 실효성 확보를 위해 투자자의 이해확인절차를 거치는 것과 함께 위반 시 원본결손액을 손해배상액으로 추정하는 것은 금융소비자보호 측면에서 한걸음 진보한 것으로 평가될 수 있다. 그러나 설명의무와 관련하여 입법상 보완해야 할 것으로 다음과 같은 과제들이 여전히 남아 있다.

첫째, 설명의무는 단순히 무엇을 알리는 고지의무뿐만 아니라 금융소비자의 상황에 맞추어 자주적 판단이 가능하도록 투자판단에 중요한 사항들을 알려주어야 하는 것은 물론, 이를 이해하도록 배려하는 행위, 즉 이해하였는지의 확인이 무엇보다도 중요하다. 따라서 현행법에 ① 설명사항과 ② 설명 정도를 구체화하고 있지 않은바, 중요사항의 범위[61]를 어느 정도로 명확히 규정하여 이에 대해 구체화해야 할 것이다.[62]

둘째, 자본시장통합법 이전에는 설명의무는 자기책임원칙의 전제요건이 되는 것임을 고려하여 의무 위반 시 사업자에 대한

60) 최승재, "금융시장에서 금융소비자의 행동양태를 고려한 투자자보호규범의 설계에 대한 연구 －소위 '행동경제학'적 관점을 반영하여," 「증권법연구」 제9권 제2호, 2008, 263면.

61) 설명하여야 할 중요사항의 범위를 어느 정도로 명확히 정할 것인지 신중히 생각해야 할 것이나 적어도 수익 내지 손실에 영향을 미칠 사항에 해당하는 한 중요사항에 해당한다고 할 것이다. 이에는 기본적으로 상품에 내재하는 위험들이 해당될 것이다. 예컨대 원본상실위험, 상품발행기업의 도산위험, 수익률 감소의 시장리스크 등을 들 수 있으며 그 외 상품의 구조, 헤지 여부 등도 해당될 것이다.

62) 안수현, "(가칭) 자본시장통합법과 소비자보호의 접점 ―'금융소비자'의 보호," 「증권법연구」 제7권 제2호, 증권법학회, 2006. 5. 27, 226면.

행정처분이나 벌칙이 부과되나 그 사법상의 효력에 대해서는 언급하고 있지 않다. 따라서 일반적으로 그 위반으로 인해 당연히 손해배상책임이 인정되지 않는다고 있다.[63] 그러나 앞서도 말한 바와 같이, 법에 설명의무 위반 시 원본결손액을 손해배상액으로 추정하는 것으로 규정한 것은 금융소비자보호를 위한 큰 진전이라 할 수 있으나, 설명의무 위반이 계약체결과정에서 발생한다는 점을 감안하면 의무 위반에 대한 입증책임이 경감 혹은 전환되어야만이 이 조항이 실효성이 있다 할 것이다. 따라서 설명의무 위반에 대한 입증을 금융사업자가 지도록 일본의 금융상품판매법과 같이 법개정을 하면, 금융사업자는 설명했다는 사실을 입증하려고 투자설명 시 기록의 보관과 교부가 실효적으로 이루어지리라 본다.

2) 적합성원칙 관련

적합성원칙 관련하여서는 소위 "Know-Your-Customer-Rule"로 불리는 것으로 고객에 대한 조사의무를 금융업자에게 부과하는 것으로 이해될 수 있다. 이 원칙이 중요한 이유는 금융투자의 상황이 많은 경우 '제한된 합리성' 또는 '제한된 의지'와 연관되어 결정되는 경우가 많고, 충분한 숙려 없이 의사결정을 발생할 이벤트인 투자성공에만 매몰되어 '낙관주의 편향'(optimistic bias)에 기초한 판단을 할 가능성이 높다는 점 때문이다.[64] 그러므로 '고객조사서' 등을 작성하는 과정에서 자신이 스스로 숙려를 할 수 있는 시간을 주고, 권유자에게도 이미 고객의 위험부담능력에 대한 서면을 제공받게 되므로, 서면의 자료에 의하여 권유자가 이를 무시하고 고객을 착취할 수 있는 가능성을 차단

63) 법원의 판결례들을 보면 단순히 설명의무 위반만으로 불법행위로 인한 손해배상을 인정하지 않고, 다른 행위와 종합하여 투자판단을 저해한 사실로 인정될 경우 이를 인정하는 경향이 있다.

64) 최승재, 앞의 논문, 265면.

할 수 있다는 점에서 의미가 있다. 만일 적합하지 않은 상품 권유로 고객이 감당할 수 없는 손해를 부담하게 될 경우에는 이에 대하여는 제재를 하여야, 판매자의 인간의 낙관주의 편향이나 극단회피편향 등을 활용한 착취행위를 방지함으로써 투자자를 보호할 수 있게 되는 것이다. 따라서 적합성원칙 관련하여서는 영국과 같이 "조사서"를 서면(letter)으로 교부할 필요가 있고, 독일의 증권거래법처럼 적합성원칙의 판단기준을 구체적으로 법에 명시할 필요가 있고, 영국과 같이 이 의무의 준수를 소홀히 하거나 생략할 경우 그 책임을 분명하게 물을 수 있도록 사법상의 효과에 대해서 설명의무 위반과 같이 명시하는 것이 필요하다고 본다.

3) 금지행위 관련

금지행위 중 불초청권유(unsolicited call)를 규제하는 것과 관련하여 적용되는 금융상품의 범위를 어디까지 정할 것인가는 논의의 여지가 있다. 다만, 법에서는 "장외파생상품"에 한해 적용하고 있는데, 이는 금융투자상품 중 고위험투자상품을 지극히 협소하게 고려하여 법적용을 한 것으로 보인다.

금융소비자보호 차원에서 보면 장외파생상품만이 아니라 파생상품적 속성을 가진 상품도 사실상 이해하기 어려운 상품이라 볼 수 있다. 상품의 고도화와 복잡화는 분쟁의 발생과도 관련성이 있는바, 적어도 구조적으로 복잡한 상품의 경우에도 요청하지 않는 권유의 금지대상이 되어야 할 것이다.[65]

아울러 이러한 불초청권유·재권유규제는 실제 실효성 있는 감독과 집행이 관건이 된다. 따라서 불초청권유·재권유규제에 대한 감독기구의 모니터링이 적극적으로 이루어질 수 있는 조치도 함께 강구되어야 할 것이다. 그러한 방안의 하나로서

---

65) 안수현, 앞의 논문, 240면.

소비자로부터 직접 모니터링을 위한 정보를 제공받을 수 있는 방법이 고려될 수 있으며, 이 외에도 다양하게 고안해 두어야 할 것이다.[66]

3. 소 결

세계적으로 금융규제가 완화되고 투자위험이 높은 금융상품이 출연하면서, 소비자와 사업자의 정보격차에서 오는 소비자피해가 늘어나게 되었다. 이에 선진국들의 경우 이미 소비자모델을 자유주의적 소비자보호관에서 시장교정적 소비자관을 지나 정보모델로 전환하여 사법적 규율을 주축으로 공법적 규제를 적정하게 활용하고 있다고 볼 수 있다. 법경제학에서도 행정명령 또는 형사벌칙의 제재(penalty)수단을 사용하는 공법적 '(행정)규제'와 이를 위반하거나 피해가 발생하면 사법적 손해배상, 즉 '책임원리(liability rule)'를 조합하여 사용하는 억지시스템 방향으로 나아가면서, 행정업법에 사적 소송을 촉진시키는 시스템이 가장 우월하다고 보고 있다.

반면, 우리나라 금융소비자보호정책의 현재 기조는 「소비자보호법」에서 「소비자기본법」으로 전환되었음에도 불구하고, 소비자를 사회적·경제적 약자로 보고 행정규제로 소비자를 보호하려는 정책과 소비자에게 정보를 제공해 주는 공시규제의 두 가지 축으로 소비자정책을 수행한다고 볼 수 있다. 그런데, 소비자문제의 핵심인 정보 격차, 교섭력 격차를 해소하는 정책을 수행하는 데 있어 "민사규제"가 빠진 행정규제, 공시규제를 중심의 정책은 소비자를 지나치게 보호하거나 혹은 자기책임을

66) 예컨대, 소비자로부터 신고 내지 모니터링 관련 정보를 받을 수 있는 정보서식과 hot-line을 마련할 필요가 있다.

지나치게 강조한 정책이라 볼 수 있다. 민사규제가 빠질 경우, 소비자는 피해를 입어도 손해를 보상받지 못하고, 이로 인해 발생한 부당이득은 사업자에게 고스란히 넘어가 소비자의 피해는 해결되지 않은 상태에서, 사업자의 불완전판매 욕구는 그대로 상존한다고 볼 수 있다.

이에 본고에서는 금융상품 불완전판매를 둘러싼 소비자피해, 판례 및 관련 법규를 분석한 결과, 우리나라의 경우 불완전판매로 손해를 입은 소비자가 취할 수 있는 민사적 권리(보험의 경우 청약철회권・계약취소권, 금융투자상품의 경우 손해배상)가 외국과 비교시, 아직도 낮은 수준에 머무르고 있어 이를 중심으로 대안을 제시하였다.

마지막으로 이러한 연구 및 법 개정 시도가 긍정적으로 받아들여져 우리나라의 금융소비자 권리가 향상되기를 바란다.

색인어

금융상품, 불완전판매, 사법적 규율, 설명의무, 정보제공의무, 영업행위규제, 자본시장통합법, 소비자보호

참 고 문 헌

1. 국내문헌

김동환, “불공정금융거래에 대한 규제체계 정비방향,” 금융연구원 「주간금융브리프」 15-14호, 2006. 3. 31.

김병연, 『금융소비자보호제도의 주요 이슈와 개선방안』, 한국금융연구원, 2009. 11.

김은경, “상법상 보험약관 교부 및 설명의무와 독일 보험계약법 개정안의 소비자정보제공 등의 의무에 대한 고찰,” 「외법논집」 제25집, 2007. 2.

김일중 · 김진호 · 모병욱, “규제와 사적 책임원리의 조합에 관한 법경제학적 분석,” 「비교사법」 제14권 3호(상), 2007.

김진호, “부적절한 금융상품 판매로부터의 금융회사 이용자 보호,” 「금융리스크리뷰」, 2005년 겨울.

박정기, “계약체결과정에 있어서의 정보제공의무,” 「토지법학」 제18호, 한국토지법학회, 2002. 12.

백경일, “소비자보호법의 존재의의 및 효용성에 대한 비판적 고찰 —소비자보호법의 규범적 정당성과 경제적 실효성에 대한 분석—,” 「법학연구」 제49권 제2호, 부산대학교 법학연구소, 2009.2.

변제호 외 5인 공저, 『자본시장법』, 지원출판사, 2009.

서희석 · 백경일, 『소비자법의 민법전 편입에 관한 연구』, 2009년 법무부 연구용역 과제 보고서, 2009.

안수현, “(가칭)자본시장통합법과 소비자보호법의 접점 —금융소비자보호방안의 모색,” 「증권법연구」 제7권 제2호, 증권법학회, 2006. 5. 27.

양승규, “보험자의 약관설명의무 위반과 보험계약자의 고지의무 위반의 효과,” 「저스티스」 1996. 9월호, 한국법학원, 1996.

연태훈, “금융소비자보호법 제정의 필요성과 개요,” 금융소비자 보호에 관한 법률(가칭) 금융소비자 보호 강화를 위한 기본방향 토론회, 한국개발연구원 · 자본시장연구원 · 서울대학교 금융법센터, 2010. 6. 30.

오성근, “영국 금융서비스시장법상 금융프로모션규제와 입법적 시사점,” 「한양법학」 제21집, 한양대학교 법학연구소, 2007. 8.

오승현 외 7인 공저, “금융고객 보호시스템 통합 및 개선방안,” 「한국금융연구」 제18권, 한국금융연구원, 2004.

원승연, “금융소비자 보호의 필요성 사례분석을 중심으로,” 한국금융연구센터 2009년 하반기 정기 정책 심포지엄, 2009.

이기형, 『일본 금융상품판매법의 주요내용과 보험산업에 대한 영향』, 보험연구원, 2008. 6.

이상우, "선진국 보험상품에 대한 적합성 원칙의 비교분석과 시사점," 「보험동향」 가을호, 보험연구원, 2007.

이종환 · 전창환 · 송원근, 『주요국 금융규제개혁에 관한 비교연구』, 한국행정연구원, 2006.

임경묵, "영업상 법령위반에 대한 제재 개선방안," 한국금융학회 금융정책 심포지움 「금융관계 법률 체제정비의 바람직한 방향」에 관한 KDI 발표자료, 2004.

차일권 · 이상우, 『보험상품의 불완전판매 개선방안』, 보험개발원, 2007. 3.

최상호, "계약상의 정보제공의무에 관한 연구 —사기와 착오법리의 적용관계를 중심으로—," 『김형배교수 화갑기념논문집』, 1994.

최승재, "금융시장에서 금융소비자의 행동양태를 고려한 투자자보호규범의 설계에 대한 연구 －소위 '행동경제학'적 관점을 반영하여", 「증권법연구」 제9권 제2호, 2008, 265면.

최현숙, "서비스계약에 있어서 정보제공의무에 관한 고찰," 「경성법학」 제15집 제2호, 2006. 12.

한재준 · 이건범, "사전적 금융소비자 보호의 필요성과 정책 과제," 한국금융연구센터 2009년 하반기 정례 정책심포지엄 - 금융소비자보호: 현안과 정책과제, 2009. 11. 11.

황진자, 『금융투자상품 소비자피해사례 연구』, 한국소비자원, 2008.

『보험계약 취소요건에 관한 비교연구』, 한국소비자원, 2008

『보험청약철회 제도의 문제점 및 개선방안』, 한국소비자원, 2007.

2. 외국문헌

經濟企劃廳國民生活局消費者行政第一課編, 『消費者契約法解說』, 大藏省印刷局, 2000.6.

國民生活センタ-編, 『金融商品の多様化と消費者保護-横斷的に金融市場ルールに向けての提言』, 財務省, 2002.

今西康人, "消費者取引と公序良俗違反," 法律時報 제64권 제12호, 1992.

內閣府國民生活局, 『諸外國における消費者契約に關する情報提供, 不招請勸誘の規制, 適合 性原則についての現狀調査』, 2006. 3.

山本敬三, "民法における「合意の瑕疵」 論の展開とその檢討," 棚瀨孝雄編, 契約法理と契 約慣行, 1999.

三村正幸, 『金融商品去來法』, 中央經濟社, 2008.

潮見佳男, "일본의 소비자계약법 입법의 움직임과 문제점," 「동아법학」 제26집,

동아법학연구소, 1999.
国民生活センタ-編,「金融商品に係る消費者トラブル問題 調査結果」, 2000. 3. 23.
桜井健夫・上柳敏郎・石戸谷豊, 『金融商品去來法 ハンドブック』, 日本評論社, 2004.

http://www.fss.or.kr(금융감독원)
http://www.fsa.go.jp(일본 금융청)
http://www.seiho.or.jp(일본 생명보험협회)

심리학에서의 '권위에 대한 복종현상(Obedience to Authority)'과 금융상품 불완전판매 소송에서 투자자보호 문제에 대한 소고(小考)

나 승 철*

차 례

Ⅰ. 서 론

변호사로서 불완전판매[1])로 인해 금융상품[2])에 투자했다가 손실을 본 일반 투자자들 편에서 금융회사를 상대로 소송(이하에서

---

* 법무법인 청목 변호사.

1) '불완전판매'는 통상적으로 금융투자상품을 판매함에 있어서 설명의무나 적합성원칙이 지켜지지 않은 경우를 의미하지만 법률적 용어는 아니다. 하지만 언론이나 방송에서 널리 쓰이고 있는 용어이므로 이하에서는 편의상 '불완전판매'라는 표현을 계속 쓰기로 한다.

2) '금융상품'이라고 하면 은행의 정기예금처럼 원금이 보장되는 상품이 포함되므로 정확하게는 '금융투자상품'이라는 표현을 써야 한다. 그러나 이 글에서의 논의는 '투자'를 전제로 하고 있으므로 편의상 '금융투자상품'이라는 표현 대신 '금융상품'이라는 표현을 사용하기로 한다.

는 '불완전판매 소송'이라고 한다)을 한다는 것은 쉬운 일이 아니다. 일단 투자권유 단계에서 금융회사의 직원의 부실한 설명을 입증할 수 있는 증거가 남아 있지 않는 경우가 대부분이고 금융상품과 관련한 모든 정보를 금융회사가 가지고 있기 때문에 상당한 지식과 경험 없이는 금융회사의 과실을 밝혀 내기가 쉽지 않다. 게다가 법원은 투자자의 '자기책임원칙' 때문에 금융회사의 과실을 인정하는 데에 매우 소극적인 경향을 보인다. 설사 금융회사의 과실이 입증됐다고 해도 투자자가 모든 손해를 배상받을 수 있는 것도 아니다. 그 이유는 바로 금융회사의 손해배상액을 감경해 주는 '과실상계' 혹은 '신의칙상 책임제한'의 법리 때문이다. 예를 들어 일반 투자자가 금융회사의 잘못된 설명으로 인해 위험성이 매우 높은 펀드 상품에 가입한 결과 총 1억 원의 손실을 입었다고 하자. 이때 법원은 1억 원을 모두 금융회사가 배상해야 할 손해액으로 인정하는 것이 아니라 거의 예외 없이 과실상계 혹은 신의칙상 책임제한의 법리를 적용하여 투자자의 손해배상액을 감경하고 있다.[3] 게다가 그 비율 역시 많게는 80%까지 이르

3) "증권거래법 제15조가 적용되는 손해배상청구소송에 있어서도 손해의 공평 부담이라는 손해배상법의 기본 이념이 적용된다는 점에 있어서는 아무런 차이가 없으므로, 피해자에게 손해의 발생 및 확대에 기여한 과실이 있다는 점을 이유로 과실상계를 하거나 공평의 원칙에 기한 책임의 제한을 하는 것은 여전히 가능하다. 특히, 주식 가격의 변동요인은 매우 다양하고 여러 요인이 동시에 복합적으로 영향을 미치는 것이기에 어느 특정요인이 언제 어느 정도의 영향력을 발휘한 것인지를 가늠하기가 극히 어렵다는 점을 감안할 때, 허위공시 등의 위법행위 이외에도 매수시점 이후 손실이 발생할 때까지의 기간 동안의 당해 기업이나 주식시장의 전반적인 상황의 변화 등도 손해 발생에 영향을 미쳤을 것으로 인정되나, 성질상 그와 같은 다른 사정에 의하여 생긴 손해액을 일일이 증명하는 것이 극히 곤란한 경우가 있을 수 있고, 이와 같은 경우 손해분담의 공평이라는 손해배상제도의 이념에 비추어 그러한 사정을 들어 손해배상액을 제한할 수 있다"(대법원 2007. 10. 25. 선고 2006다16758, 16765 판결).

러 사실상 금융기관의 책임을 면제해 주는 것과 다름없는 결과가 야기되기도 한다. 실제로 서울남부지법 2009. 8. 14. 선고 2008가합20578 판결은 금융상품에 투자한 경험이 전혀 없을 뿐만 아니라 초등학교조차 나오지 못하여 글을 읽고 쓸 줄 모르는 만70세의 노인에게 고위험의 펀드를 정기예금처럼 매우 안전한 상품으로 설명한 사안에서 금융회사의 손해배상책임을 인정하면서도 '자기책임원칙'을 이유로 금융회사가 배상하여야 할 금액을 총 손해액의 40%로 감경하였고, 최근 대법원은 이 판결 중 손해배상액 감경 부분이 부당하지 않다고 판시한 바 있다.[4)]

그러나 법원의 위와 같은 소극적인 태도는, 금융상품에 고도의 수학적 기법이 동원됨에 따라 구조가 갈수록 복잡해지고, 그 결과 일반 투자자들의 합리적 투자결정을 기대하기가 점점 어려워지는 최근의 상황을 간과한 것으로서 그 타당성에 상당한 의문이 든다. 특히 최근의 심리학과 경제학의 연구 성과에 따르면 인간의 의사결정은 항상 합리적으로 이루어지는 것은 아니며 특히 전문가라고 하는 사람들의 의견에 복종하는 경향이 강하다고 한다.[5)6)] 이러한 인접학문의 연구성과를 고려할 경우 '자기책임원

---

4) 대법원 2011. 7. 28. 선고 2010다76382 판결.

5) 최승재 교수는 "인간은 투자결정의 경우에 그 복잡성이 증가할수록 독자적인 판단 대신 전문가의 의견이나 과거의 성공, 다른 주변인들의 투자성향 등에 의하여 의사결정을 하게 된다"고 보고 있다. 최승재, "금융시장에서의 금융소비자의 행동양태를 고려한 투자자보호규범의 설계에 대한 연구 — 소위 '행동경제학'적 관점을 반영하여," 증권법연구 제9권 제2호(2008. 12), 236쪽.

6) 심리학의 연구성과에 의해 인간이 합리적이라는 전제는 비판받기 시작하여 현재는 경제학에서도 위와 같은 심리학의 연구결과를 반영하여, 인간의 경제활동은 '제한된 합리성'과 '제한된 의지'에 의해 이루어진다는 사실을 인정하고 있다. 허버트 사이먼(Herbert Alexander Simon) 교수는 이 같은 '제한된 합리성' 이론으로 1978년 노벨경제학상을 수상하게 되었고, 경제학과 심리학의 접목은 행태경제학(Behavioral Economics)으로 발전하였다.

칙'이나 '과실상계' 혹은 '신의칙상 책임제한'은 좀 더 완화될 필요가 있을 것이다. 그러나 필자는 아직 이러한 문제에 대해 깊이 있는 연구를 한 상태가 아니기 때문에 이 글에서는 불완전판매 소송을 진행하는 과정에서 얻게 된 필자의 문제의식을 소개하는 정도에 그치기로 한다.[7]

다만 한 가지 지적해 둘 것은 투자자보호의 문제가 흔히 생각하는 것처럼 단순한 정책적인 문제에 그치는 것이 아니라 우리 민법의 기초를 이루고 있는 의사표시 이론과 밀접한 관계가 있다는 점이다. 의사표시이론은 의사표시가 표의자를 구속하는 근거가 무엇인가에 대한 논의에서 발전된 이론인데, 투자행위 역시 의사표시에 기한 것이므로 자기책임원칙과 투자자보호 문제는 결국 의사표시의 구속력에 관한 문제로 귀결된다. 특히 의사표시의 본질이 '자기결정에서 법률관계를 창조적으로 형성'하는 데에 있다고 이해하면서, '자기결정에는 자기책임도 포함되어 있는데 의사흠결의 경우에 어떤 범위에서 표의자가 자기결정의 상관개념인 자기책임에 기하여 자기결정을 잘못한 위험을 부담하여야 하는가는 실정법이 정할 문제'라고 한 Flume의 견해[8]를 접하게 되면 투자자의 자기책임원칙과 투자자보호 문제가 민법의 일반이론과 직결되어 있는 중요한 문제임을 알 수 있다.

II. '자기책임원칙'의 전제 및 한계

모든 투자에는 투자와 관련된 정보를 수집하고, 이를 분석하

7) 금융 투자자의 의사결정 과정을 행동경제학의 관점에서 설명한 연구로는 최승재, 위의 논문 참조.

8) 곽윤직 편집대표, 『민법주해[II]』, 박영사, 1992, 126~127쪽(송덕수 집필부분).

는 과정이 전제된다. 그리고 투자는 자신의 이익을 추구하는 행위이기 때문에 투자에 필요한 정보는 투자자 스스로 수집·분석하여야 하며, 거래상대방이 이를 제공해야 할 의무는 없다. 이처럼 자신의 행위에 대해서는 자신이 책임을 부담해야 한다는 점에서 투자 결과 역시 스스로 정보를 수집하고 분석한 투자자에게 돌아가는 것이 마땅하며, 이것이 바로 투자자의 '자기책임원칙'이다. 결국 '자기책임원칙'은 투자정보의 수집과 분석에 대한 책임으로 이해할 수 있으며, 따라서 '자기책임원칙'의 전제는 '정보에 대한 접근 및 분석가능성'이다.[9)]

그런데 특정한 투자에 있어서는 구조적으로 일방 당사자가 정보를 독점하는 정보비대칭 현상이 발생하며, 그 대표적인 예가 바로 금융상품의 투자이다. 물론 정보를 독점하고 있는 일방 당사자에게 정보제공의무를 부과하여 정보비대칭을 해소할 것인지 여부는 정책적인 판단이지만, 금융상품 투자의 경우 정보비대칭을 해소하지 않을 경우 정보를 갖지 못한 사람들은 투자 자체를 기피하게 되기 때문에 아예 금융시장 자체가 성립되기 어려워질 것이다. 또한 아무리 많은 정보가 제공되더라도 투자자가 그 정보를 이해할 수 없다면, 아무런 정보도 제공되지 않은 것과 마찬가지의 결과가 발생할 것이다. 이러한 이유 때문에 법령은 금융회사에 금융상품과 관련한 정보를 투자자에게 제공하고 이를 설명할 의무를 부과하고 있는 것이다.

이처럼 일반적인 투자에 있어서는 거래 당사자 모두 스스로 정보를 수집하고 분석할 수 있다는 것을 전제로 하기 때문에 투자자의 '자기책임원칙'이 광범위하게 관철될 수 있다.[10)] 하지만

9) 안수현, "(가칭)자본시장통합법과 소비자보호법의 접점 ―'금융소비자' 보호방안의 모색," 증권법연구 제7권 제2호, 2006, 210쪽.

10) 물론 전통적인 거래에 있어서도 상대방에게 잘못된 정보를 제공하여 투자판단을 그르치게 하는 경우에는 자기책임의 원칙이 부정될 수 있

금융상품 투자에 있어서는 법률이 투자정보의 제공 및 설명의무를 금융회사에 부과하고 있으므로 투자자의 '자기책임원칙'이 적용되는 것은 금융회사에 의해 금융상품에 관한 정보가 제공되고 그 정보에 대한 설명이 이루어지고 난 이후이다. 즉 금융상품 투자에 있어서는 금융회사에 의해 먼저 정보가 제공된 이후가 아니면 '정보에 대한 접근 및 분석가능성'이 인정될 수 없기 때문에 '자기책임원칙'이 적용될 수 없는 것이다. 이러한 이유로 금융회사가 설명의무를 이행하지 않고 투자권유를 했다가 투자자가 손해를 입은 경우 법원은 '자기책임원칙'을 유보하고 투자자에게 손해배상청구권을 인정하는 등 투자금을 회수할 수 있는 기회를 부여하는 것이다. 결국 금융상품 투자에 있어서 '자기책임원칙'의 전제는 바로 금융회사에 의한 정보제공과 제공된 정보에 대한 설명이며, 바로 여기에 '자기책임원칙'의 한계가 존재하는 것이다.

Ⅲ. 금융상품의 특수성과 합리적 투자판단의 제약요인

1. 금융상품의 특징

금융상품의 가장 큰 특징은 여타의 상품과는 달리 물리적으로 존재하지 않는다는 점이다. 따라서 투자자들은 금융상품이 금융회사에서 설명한 특징을 실제로 가졌는지 확인해 볼 방법이 전혀 없다. 그리고 금융상품은 물리적으로 존재하는 것이 아니기 때문에 금융상품에 대한 정보가 사실상 금융상품의 전부라고 할

다. 예를 들어 투자정보를 수집·분석하는 과정에서 착오를 일으켜 거래를 체결하는 경우 이는 거래의 '동기'에 관한 착오이기 때문에 계약의 취소가 인정되지 않지만 법원은 그러한 착오가 상대방에 의해 유발된 경우 착오에 의한 취소를 인정하여 투자금을 회수할 수 있도록 하고 있다.

수 있음에도 불구하고, 금융상품에 관한 정보는 거래의 상대방인 금융회사가 독점하고 있다. 게다가 최근에는 수학, 물리학, 컴퓨터 공학의 기법을 동원한 금융공학의 발달로 인해 일반인들은 아무리 설명을 들어도 이해할 수 없을 정도로 극히 복잡한 금융상품들이 개발되었다.[11] 예를 들어 국내 장외파생상품 거래의 주류를 이루고 있는 ELS의 경우 발행회사는 기초자산의 가격변동에 대한 예측, 각 기초자산 사이의 상관관계 등 여러 가지 정보를 기초로 상품을 설계하지만 투자위험과 직결된 이러한 정보들은 발행회사에 독점되어 있다. 설사 이러한 정보들이 투자자에게 제공되고 설명된다 하더라도 투자자들로서는 그 내용을 이해하기 어려운 경우가 많다. 금융회사가 ELS를 판매하면서 "블랙숄즈 옵션모형을 편미분한 델타값에 따라 헤지를 수행하는데, 조기상환 평가일에 조기상환 조건을 충족할 경우 델타를 청산하는 과정에서 기초자산의 주가가 떨어질 수 있다"고 설명을 한들 이러한 설명을 제대로 이해할 만한 투자자들은 거의 없을 것이다.

2. 금융상품의 판매과정과 '권위에 대한 복종(Obedience to Authority)' 현상

1960년대 이후 사회심리학자들은 전문가의 지시에 대해 인간의 판단능력은 거의 작동하지 않는다는 사실을 밝혀냈는데, 그것이 바로 '권위에 대한 복종(Obedience to Authority)'이라고 불리는 심리현상이다. 예일대학 교수였던 사회심리학자 스탠리 밀그램(Stanley Milgram)은 나치 지배당시 독일인들이 유태인을 학살하게 된 동기에 대해 연구하던 중 소위 '복종실험'(Milgram experiment)을 통해 "인간은 권위자들의 명령에 복종하여 그들이 시키는 어떠한

11) 다른 제조상품과 비교하여 금융상품이 갖는 특수성에 대하여는 안수현, 위의 논문, 206쪽 이하 참조.

명령도 충실히 수행하려는 경향을 가지고 있다"는 결론을 얻게 되고 스탠리 밀그램의 실험을 원형으로 '권위에 대한 복종'과 관련한 아래와 같은 실험들이 이루어졌다.[12)]

① 호플링의 병원실험(Hofling hospital experiment): 1966년에 찰스 호플링(Charles K. Hofling)에 의해 수행된 연구는 사람이 소위 전문가에 대해 얼마나 맹종하는지를 여실히 보여주는 실험인데 그 내용은 다음과 같다. 한 연구자가 미국 중서부 지역 여러 병원의 22개 간호 병동에 전화를 걸어 '의사'라고 신분을 밝힌 다음 특정 환자에게 아스트로겐(Astrogen) 20㎎을 투여하라고 지시했다. 그러나 이러한 지시는 다음과 같은 점에서 잘못된 지시였다. 첫째, 환자에 대한 처방을 전화로 지시하는 것은 병원의 내규에 직접적으로 위반되는 행위였다. 둘째, 아스트로겐(Astrogen)이라는 약은 아직 그 효능이 완전하게 검증되지 않은 약으로서 간호사 병동에 배치되지 않은 상태였다. 셋째, 의사가 처방한 20㎎이라는 분량은 환자에 위험을 초래할 수도 있는 과도한 분량으로서 하루 최대 투여량은 10㎎이라고 약병에 분명하게 쓰여져 있었다. 넷째, 그러한 처방 지시를 내린 의사는 간호사가 전혀 만나본 적도 없는 정체불명의 사람이었다. 의사의 지시가 이처럼 부당하고, 심지어는 환자에게 치명적으로 위험할 수도 있는 것이었음에도 불구하고, 실험결과 전체의 95%가 넘는 간호사들은 의사의 지시를 받자마자 병원의 약제실에 가서 지시받은 분량만큼의 아스트로겐(Astrogen)을 환자에게 투여하려 하였다. 의사라는 직함 앞에 간호사들의 지식은 송두리째 무용지물이 되었던 것이다(Hofling, Brotzman, Dalrymple, Graves, & Pierce, 1966).[13)]

12) 로버트 치알디니, 『설득의 심리학』, 21세기북스, 2007, 292~301쪽.
13) 로버트 치알디니, 위의 책, 311~314쪽.

② 비크만(Leonard Bickman)의 '청원경찰 제복' 실험: 사회심리학자인 비크만은 다음과 같은 실험을 하였다. 비크만의 조교는 길을 지나가는 행인을 멈춰 세우고 20미터 정도 떨어진 곳의 주차구역에 서 있는 남자를 손가락으로 가리키면서 "저쪽에 있는 남자 보이죠? 주차 시간이 넘었는데, 잔돈이 없다고 합니다. 그에게 동전을 주십시오"라고 지시한 뒤 행인의 눈에 띄지 않도록 곧바로 모퉁이를 돌아서 사라졌다. 이때 비크만의 조교는 청원경찰 제복을 입은 상태였거나 아니면 평상복 차림이었다. 실험결과 비크만의 조교가 청원경찰 제복을 입었을 때에는 거의 모든 사람들이 조교의 지시에 따랐으나, 평상복 차림이었을 때 조교의 지시에 따른 사람은 절반도 되지 않았다(Bickman, 1974).[14)]

위와 같은 일련의 실험들이 의미하는 바는, 인간은 권위자나 전문가라고 '생각되는' 사람들의 지시나 혹은 그들이 제공하는 정보에 종속되어 그들의 옳고 그름을 제대로 판단하지 못한다는 것이다. 그리고 '전문가'의 지시에 맹목적으로 따른 사람들의 비율이 90%가 넘는다는 것은 일반인들에게 '전문가'의 의견에 대해 의문을 품는 것을 기대하기 어렵다는 것을 의미한다. '권위에 대한 복종' 현상은 위의 실험에서처럼 전문가와 비전문가 사이 혹은 권위자와 비권위자 사이에서 쉽게 발생하며, 중요한 것은 복종의 대상이 실제로 전문가이거나 권위자가 아니더라도 '의사'라는 직함, 경찰제복 등 전문성과 권위를 상징하는 '상징물'만 갖추고 있으면 사람들은 쉽게 권위에 복종한다는 사실이다.

'권위에 대한 복종' 현상이 금융상품 판매과정에서도 발생하는지, 만약 발생한다면 이러한 현상이 일반 투자자의 투자결정에 어느 정도 영향을 미치는지는 아직 규명되지 않았지만, 한 가지

---

14) 로버트 치알디니, 위의 책, 315~319쪽.

분명한 것은 많은 금융회사들이 이러한 현상을 마케팅에 이용하고 있다는 점이다. 예를 들어 금융회사들은 끊임없이 자신들이 뛰어난 능력을 가진 금융전문가임을 광고하며, 금융회사의 영업점에 가면 직원들은 모두 제복 혹은 양복을 입고 '상담'이라는 명목으로 투자자들과 대면하여 투자권유를 한다. 그리고 새로운 금융상품이 출시되면, 금융회사는 이를 맨 먼저 언론을 통해 홍보하는 경우가 많다. '어느 증권사가 어떤 금융상품을 새로 출시했다'는 식의 기사는 사실상 광고에 불과할 뿐이지만, 금융회사들은 보도자료를 통해 언론사로 하여금 이를 기사로 보도하게 한다. 이처럼 어떤 내용이 '광고'의 형식으로 신문에 게재되었을 경우와 '기사'의 형식으로 보도되었을 경우, 독자의 신뢰는 차이가 날 수밖에 없으며, 이는 금융회사가 언론보도의 사회적 권위를 이용한 홍보전략이다.

Ⅳ. 불완전판매 소송에서 법원의 태도에 대한 비판

1. '자기책임의 원칙' 완화의 필요성

실제 금융상품 판매과정에서는 아무런 설명 없이 마치 상점에서 물건 팔듯이 판매되는 경우는 거의 없고, 대부분의 불완전판매 사건은 상품에 대한 설명은 이루어졌지만 위험성에 대한 설명이 제대로 이루어지지 않거나 충분한 설명이 이루어지지 않은 경우이다. 따라서 불완전판매 소송에서의 쟁점은 금융상품에 대한 '설명의 유무'가 아니라 '설명의 정도'이며, 이는 '자기책임원칙'의 범위와 관련된 문제이다.[15] 법원이 불완전판매 소송에서

15) 최승재 교수 역시 투자자 보호 문제의 본질이 궁극적으로 자기 책임 원칙의 적용범위 한계의 문제로 이해하고 있다. 최승재, 위의 논문, 235쪽.

'자기책임원칙'을 어느 정도로 관철시키고 있는지 명확한 입장이 밝혀진 바는 아니나, 대법원과 하급심의 여러 판결들을 종합하여 볼 때 법원은 금융상품 판매에 있어서 여전히 대등한 거래 당사자를 전제로 '자기책임원칙'을 광범위하게 적용하고 있는 것으로 보인다.[16)]

그러나 금융상품의 무형성, 그리고 정보의 비대칭 및 금융상품의 복잡성으로 말미암아 일반 투자자들은 금융상품에 관하여 스스로 정보를 구하기가 거의 불가능하므로 결국 일반 투자자들은 금융회사가 제공하는 정보에 의존할 수밖에 없다. 게다가 정보비대칭으로 인해 발생하는 의존성이 '권위에 대한 복종' 현상과 결합될 경우 일반 투자자들이 투자권유를 받는 과정에서 상품의 위험성에 대해 금융회사의 직원에게 질문하고, 더 자세한 정보를 요구하며, 금융회사 직원의 설명에 의문을 품는다는 것은 사실상 기대하기 어렵다. 특히 금융회사는 일반 투자자와의 관계에 있어서 거래의 상대방이기 때문에 판매에 유리한 수익성만을 과장하고, 위험성에 관한 정보는 최대한 은폐하려는 경향을 가진다. 그런데 법원이 지금처럼 '자기책임원칙'을 엄격하게 적용하여 금융회사가 이행해야 할 설명의무의 정도를 완화한다면 금융회사로서는 일반 투자자들에게 충분한 정보를 제공해야 할 아무런 인센티브도 갖지 못하게 될 것이며, 결국 금융시장에는 매우 투기적인 투자자와 혹은 투자의 위험성을 과소평가하거나 투자의 위험성에 대해 전혀 모르는 투자자들만 남게 될 것이다.[17)] 따라서 법원이 불완전판매 소송에서 '자기책임원칙'을 고수하여 일반 투

---

16) 대법원 2006. 5. 11. 선고 2003다51057 판결은 "상품안내서 등의 교부를 통하여 투자신탁의 운용개념 및 방법과 신탁약관에서 정하는 사항에 대한 개략적인 정보를 제공한 경우에는 투자신탁설명서나 약관 등을 직접 제시하거나 교부하지 않았다고 하여 설명의무 위반이 된다고 단정할 수 없다"라고 판시한 바 있다.

17) 최승재, 위의 논문, 238~239쪽.

자자로 하여금 금융회사의 과실을 명백히 입증할 것을 요구하거나 혹은 위 대법원 2006. 5. 11. 선고 2003다51057 판결처럼 개략적인 정보만 제공되어도 설명의무를 이행한 것으로 보는 것에 대해서는, 금융상품의 특수성이나 상품판매 과정에서 발생하는 심리적 종속성의 의미를 충분히 이해하지 못하고 있다는 비판이 가능하다. 따라서 '자기책임원칙'과 관련한 법원의 태도는 좀 더 완화될 필요가 있다고 본다.

2. '과실상계' 혹은 '신의칙상 책임제한'의 제한 필요성

한편, 법원이 금융회사의 불완전판매를 인정하더라도 투자자들이 금융상품 투자로 인해 입은 손해를 전부 배상받을 수 있는 것도 아니다. 법원은 금융상품 불완전판매의 경우 거의 예외 없이 과실상계 혹은 신의칙상 책임제한의 법리를 적용하여 손해액을 감경하고 있기 때문이다. 게다가 그 감경비율도 많게는 80%에까지 달해 사실상 금융회사의 책임을 사실상 면제해 주는 결과까지 발생하고 있다. 예를 들어 서론에서 언급한 서울남부지법 2009. 8. 14. 선고 2008가합20578 판결은 금융상품에 투자한 경험이 전혀 없을 뿐만 아니라 초등학교조차 나오지 못하여 글을 읽고 쓸 줄 모르는 만 70세의 노인에게 고위험의 펀드를 정기예금처럼 매우 안전한 상품으로 설명한 사안에서 손해배상액을 60%나 감경하였는데 그 이유는 다음과 같다.

> "위에서 본 바와 같이 원고는 자기책임의 원칙 아래 투자신탁의 개념이나 투자하는 신탁상품의 내용, 손익구조, 투자위험성 등에 관한 내용을 사전에 정확히 파악하여 신중히 검토한 다음 투자하여야 할 것인데도 이를 게을리하여 펀드가입시의 거래신청서 확인사항에 투자원금의 손실이 발생할 수 있다고 기재되어 있고, 약관 및 투자설명서

> 를 반드시 읽어볼 것을 권고하고 있는데도 이를 교부받아 그 내용을 확인해 보지 아니한 점, 원고가 투자한 금액은 3억 원으로서 상당히 큰 금액이므로 상대적으로 투자에 있어 신중을 기하여야 함에도 이 사건 펀드에 관한 검토를 제대로 하지 않은 점, 원고가 이 사건 펀드를 중도해지하기 전에 상당한 펀드수익금을 취득한 점, 원고에게 손해가 발생한 근본적인 이유는 피고 은행 직원의 부실한 설명 이외에 미국 서브프라임 모기지의 부실로 인하여 발생한 전 세계적인 금융위기 때문이기도 한 점 등을 고려하면, 이러한 원고의 과실을 위 손해액 산정에 참작하기로 하되, 원고의 과실비율을 60%로 봄이 상당하여 피고들의 책임을 40%로 제한한다"(서울남부지법 2009. 8. 14. 선고 2008가합20578 판결).

위의 판결에서 보는 것처럼 법원이 불완전판매에 있어서 과실상계나 신의칙상 책임제한의 법리를 적용하는 이유는 일반 투자자 역시 투자과정에서 상품에 대해 독자적으로 알아보거나 확인해 보지 않았다는 것이다. 그러나 투자자들이 금융상품에 관한 정보를 수집하고 확인하기가 어렵다는 점 때문에 금융회사의 정보제공의무를 인정하고 있는데, 거꾸로 투자자들이 금융상품에 관한 정보를 스스로 수집하거나 확인하지 않았다는 이유로 과실상계 혹은 신의칙상 책임제한을 하는 것은 금융회사에게 정보제공의무를 부과하고 있는 법령과 판례의 취지에 반한다.

특히 위에서 살펴본 것처럼 기본적인 의학지식을 갖춘 간호사마저도 의사의 부당한 지시에 95% 이상이 복종했다는 '호플링의 병원실험(Hofling hospital experiment)'은 인간이 전문가 혹은 권위자에 대해 거의 무의식적인 차원에서 자동적으로 복종한다는 것을 보여주는데, 이러한 현상은 금융회사와 일반 투자자 사이에서도 얼마든지 발생가능하다. 즉, 금융회사에 의한 금융상품 관련 정보의 독점, 대형 금융회사의 전문성과 인지도, 새로운 금융상품에 대한 일간지의 홍보성 기사, '상담'이라는 이름의 대면접촉에 의한 판매권유 등으로 인해 투자자들의 정상적인 판단능력은 심각하게 제약되고, 그저 금융회사가 좋은 상품이라고 설명하면 그런 줄로만 알고 금융상품에 가입하게 되는 현상이 나타난다. 법원은 투자자들이 상품을 제대로 알아보지 않고, 금융회사의 말만 믿고 경솔하게 투자했다는 이유로 손해배상책임을 감경하지만, 비전문가인 일반투자자들이 전문가인 금융회사의 설명에 의문을 제기하고 추가적인 정보를 요구하며 독자적으로 투자판단을 내린다는 것은 사실상 기대하기 어렵다.

이러한 현상은 금융회사가 자본시장과 금융투자업에 관한 법률(이하 '자본시장법'이라고 한다) 제47조 제2항에 따라 일반 투자자로부터 '설명내용을 이해하였음을 확인하는 서류'(이하에서는 '설명확인서'라고 한다)를 작성하는 과정에서 현저하게 나타난다. 즉 금융회사는 자본시장법 제47조 제1항에 따라 일반 투자자들에게 금융상품의 내용, 투자위험 등을 이해할 수 있도록 설명해야 할 의무가 있고, 동조 제2항에 따라 일반 투자자들로부터 금융회사가 설명을 제공하였으며, 그 설명을 이해하였음을 확인하는 설명확인서를 받아 두어야 한다. 그러나 실제 금융상품 판매 과정에서 일반 투자자들은 상품의 위험성에 대해서는 아무런 설명도 듣지 못하고, 심지어는 설명내용을 이해하지 못하였으면서도 금융회사 직원이 시키는 대로 설명확인서에 자필로 '설명을 제공받았고, 설명내용을 이해하였다'는 취지의 문구를 기재하고, 서명날인까지 하게 된다.[18] 이는 금융상품뿐만이 아니라 은행에서 계좌를 개설하는 과정에서도 쉽게 경험할 수 있는 일이다. 은행에 계좌 하나를 개설할 때에도 은행 직원들은 보통 서

18) 실제 금융상품 판매과정에서 설명확인서가 작성되는 과정을 보면, 금융회사 직원들이 자필로 기재되어야 할 부분을 형광펜으로 표시해 주면, 일반 투자자들은 단순히 표시된 부분에 서명날인을 하는 식으로 이루어진다.

너 가지씩 되는 서류를 제시하면서 서류의 내용은 알려주지도 않은 채 서류말미에 서명날인을 하라고 시키고, 대부분의 고객들은 서류에 깨알같이 쓰여 있는 글씨가 무슨 내용인지도 모른 채 은행 직원의 지시에 따라 서명날인을 하게 된다. 그리고 금융상품에 가입하면서 설명확인서가 작성되는 과정 역시 이와 다를 바 없다. 그러나 이런 식으로 작성된 설명확인서는 추후 불완전판매 소송에서 거의 예외 없이 금융회사 측에 유리한 결정적인 증거로 제출된다.

이처럼 일반 투자자들이 금융회사 직원의 설명이나 지시를 아무런 의문 없이 받아들이는 현상은 위에서 설명한 '권위에 대한 복종현상'으로 설명될 수 있을 것이다. 법원은 이러한 현상을 투자자 개인의 문제로 보고 과실상계 혹은 신의칙상 책임제한의 사유로 참작하고 있다. 하지만 심리학의 연구성과는 전문가가 제공하는 정보에 대해 비전문가가 그 타당성을 스스로 조사하고, 의문을 제기한다는 것은 기대하기 힘들다는 것을 보여주고 있으며, 이는 법률적으로 책임의 요소인 기대가능성이 충족되기 어렵다는 것을 의미한다. 그렇기 때문에 일반 투자자들이 투자과정에서 금융상품에 대해 충분히 조사하지 않았음을 주된 이유로 높은 비율로 과실상계를 하거나 책임제한을 하는 것은 법이 인간에게 기대하기 어려운 일을 요구하는 것이 아닌가 한다. 따라서 법원이 금융상품에 대해 충분히 조사하고 확인하지 않았다는 이유로 손해배상액을 50%가 넘게 감액하는 것은 문제가 있다고 보며, 과실상계나 신의칙상 책임제한의 법리를 적용하더라도 법원은 그 범위나 비율을 정함에 있어서 신중하게 접근하여야 할 것이다.

Ⅴ. 법적 판단에서 '권위에 대한 복종현상'의 적용가능성

그렇다면 위에서 설명한 '권위에 대한 복종현상'이 과연 법원의 판결에도 반영될 수 있을 것인가? 얼핏 법학과 심리학은 학문적 간극이 상당히 큰 것처럼 보여 '권위에 대한 복종' 실험이 법원 판단의 고려대상이 되기는 어려울 것처럼 보인다. 그러나 우리 민법의 전통적인 의사표시 이론 자체가 심리학적인 분석에 기초하고 있으므로 법학에서 심리학의 연구를 반영하고 법원이 그러한 연구성과를 고려하는 것은 가능한 일이라고 생각된다.

특히 대법원 2003. 4. 11. 선고 2002다70884 판결은 "법률행위 내용의 중요 부분에 착오가 있는 때에는 그 의사표시를 취소할 수 있으나 그 착오가 표의자의 중대한 과실로 인한 때에는 취소하지 못하는 것인바, 여기서 '중대한 과실'이라 함은 표의자의 직업, 행위의 종류, 목적 등에 비추어 보통 요구되는 주의를 현저히 결여한 것을 의미한다(대법원 2000. 5. 12. 선고 99다64995 판결 등 참조). 원심 인정 사실과 기록에 의하여 인정되듯이 원고는 이 사건 계약 체결을 전후하여 건축사 자격이 없다는 것을 묵비한 채 자신이 미국에서 공부한 건축학교수이고 '(명칭 생략)건축연구소'라는 상호로 사업자등록까지 마치고 건축 설계업을 하며 상당한 실적까지 올린 사람이라고 소개하였다면, 일반인의 입장에서는 원고에게 당연히 건축사 자격이 있는 것으로 믿을 수밖에 없었을 것이므로, 피고 측이 원고를 무자격자로 의심하여 건축사자격증의 제시를 요구한다거나 건축사단체에 자격 유무를 조회하여 이를 확인하여야 할 주의의무가 있다고 볼 수는 없고 … 중대한 과실로 인하여 착오에 이르게 되었음을 알아볼 만한 자료가 없다"라고 판시하였다. 위 판결 중 밑줄 친 부분을 보면 대법원이 무의식적으로라도 위에서 설명한 '권위에 대한 복종현상'을 고려하고 있음을 알 수 있다. 즉, 대법원은 전문가의 '외관'을 갖춘 사람이 제공하는 정보나 판단에 대해 일반인이 의문을 제기하기 어렵다는 점을 고려하여 착오에 대해 '중대한 과실'이 없다고 판결한 것이다.

그렇다면 위 대법원 판결의 논리가 금융상품 불완전판매로 인한 손해배상 사건에서도 적용될 수 있을까? 착오로 인한 계약취소나 불완전판매로 인한 손해배상이나 모두 거래상대방으로부터 잘못된 정보가 제공된 경우 자기책임원칙을 수정하는 기능을 하고 다만 그 방법이 계약의 취소이냐 아니면 손해배상이냐의 차이만 있을 뿐이다. 또한 금융상품 판매에서는 심각한 정보비대칭이 발생하고 거래 일방이 대형 금융회사로서 힘의 불균형이 발생하지만 위 대법원에서 문제된 것은 재건축조합과 건축연구소를 운영하는 자 사이에 체결된 설계용역계약으로서 정보비대칭이나 당사자 사이의 힘의 불균형 문제가 발생하지 않는 경우였다. 그리고 금융상품 불완전판매의 경우는 대체로 계약의 효력은 유지하면서 손해배상만을 청구하지만,[19] 위 대법원 판결에서는 착오로 인한 취소를 인정함으로써 계약의 효력 자체를 부정하였다. 따라서 위와 같은 점들을 고려하면 위 대법원 판결의 논리는 금융상품의 불완전판매가 문제된 사안에서 얼마든지 적용 가능할 것으로 보이며, 오히려 금융상품 불완전판매 사건에서 더 적극적으로 적용될 필요가 있다.[20]

---

19) 물론 금융상품 불완전판매 사건에서 착오에 의한 취소, 심지어는 사기에 의한 취소까지 주장되는 경우도 있지만 법원은 이를 거의 받아들이지 않고 있으며, 불완전판매의 문제를 불법행위로 인한 손해배상의 문제로 처리하는 것이 일반적이다.

20) 한편, 대법원이 위 판결에서 착오에 빠진 계약 당사자의 중과실을 부정한 것에 비추어 볼 때, 서울남부지법 2009. 8. 14. 선고 2008가합20578 판결이 금융상품에 투자한 경험이 전혀 없고 무학문맹인 만70세의 노인에게 고위험

VI. 결 론

심리학의 연구성과에 따르면 인간은 권위자나 전문가라고 '생각되는' 사람들의 지시나 혹은 그들이 제공하는 정보에 종속되어 그들에 대해 의문을 제기하거나 그들의 판단에 배치되는 독자적인 판단을 내리기 어렵다. 그리고 금융상품의 특수성으로 말미암아 금융회사와 일반 투자자 사이에서 이와 같은 '권위에 대한 복종현상'이 나타날 가능성이 많다. 따라서 금융상품 불완전판매로 인한 사건에서는 그러한 인간의 심리적 특성이 충분히 고려되어야 할 것이며, 구체적으로는 자기책임원칙의 완화, 과실상계 혹은 신의칙상 책임제한 법리의 제한적 적용이 필요하다고 본다. 그리고 위에서 소개한 대법원 2003. 4. 11. 선고 2002다70884 판결의 취지를 생각해 보면 법원이 금융상품 불완전판매로 인한 손해배상 사건에서 '권위에 대한 복종현상'을 고려하는 것도 충분히 가능하리라 본다. 아직까지 우리 법원은 금융상품 불완전판매 사건에서 '자기책임원칙'을 관철하려는 경향이 강하며, 이는 투자자의 패소, 손해액의 과도한 감경으로 나타나고 있다. 법원의 이러한 보수적인 태도는 금융상품의 특성 또는 금융상품 판매과정에서 나타나는 심리현상에 대한 이해 부족에 기인한 것으로 보인다. 향후 이러한 문제에 대해 충분한 연구가 이루어져 법원의 태도가 변화되기를 기대해 본다.

색인어

금융상품, 불완전판매, 투자자소송, 심리학, 권위에 대한 복종

의 펀드를 정기예금처럼 매우 안전한 상품으로 설명한 사안에서 투자자의 부주의 등을 이유로 손해액을 60%나 감경한 것은 과도한 것으로 보인다.

참 고 문 헌

곽윤직 편집대표, 『민법주해 [II]』, 박영사, 1992.

로버트 치알디니, 『설득의 심리학』, 21세기북스, 2007.

안수현, “(가칭)자본시장통합법과 소비자보호법의 접점 —‘금융소비자’ 보호방안의 모색,” 『증권법연구』 제7권 제2호, 2006.

최승재, “금융시장에서의 금융소비자의 행동양태를 고려한 투자자보호규범의 설계에 대한 연구 —소위 ‘행동경제학’적 관점을 반영하여,” 『증권법연구』 제9권 제2호, 2008. 12.

제 2 편 | 금융분쟁과 ADR

- 금융거래에 있어서 투자자 분쟁해결제도의 법적 쟁점
- 소비자기본법의 금융소비자분쟁해결에 관한 고찰
- 일본에서 금융ADR제도의 창설

금융거래에 있어서 투자자 분쟁해결제도의 법적 쟁점*

맹 수 석**

차 례

Ⅰ. 머 리 말

1. 문제의 제기

금융투자기법의 발전과 금융자유화 정책 등에 의해 복잡다기한 금융상품(예컨대 ELS, ELW와 같은 파생결합증권)이 출현하는 등 금융투자환경이 급변하고 있다. 이와 함께 금융시장의 활성화 정

* 이 논문은 2010. 6. 25. 한국소비자법학회에서 발표한 내용을 『증권법연구』(한국증권법학회) 제11권 제2호(2010. 8. 31)에 게재한 것임을 밝혀둡니다.

** 충남대학교 법학전문대학원 교수.

책 등에 힘입어 일반 소비자의 금융투자기회도 증가하고 있다. 그런데 금융투자회사(증권회사, 선물회사 등)를 통한 투자상품은 그 특성상 높은 수익을 올릴 수도 있지만 가격변동성이 크기 때문에 소비자들이 고위험에 노출되어 있고, 투자과정에서도 고도의 전문성이 요구되기 때문에 당사자간 분쟁이 발생할 가능성이 높다. 이와 같이 금융투자상품에는 원금손실이라는 위험과 당사자간 상품에 대한 정보 판단능력의 비대칭성이 존재하기 때문에 법적 분쟁이 자주 발생하게 된다.[1)]

금융거래관계에서 당사자간에 법적 분쟁이 생긴 경우 분쟁당사자가 선택할 수 있는 해결방안에는 여러 가지가 있다. 전통적인 분쟁해결방법으로 국가 사법작용에 의한 소송(재판)제도와, 당사자 또는 제3자의 관여에 의한 분쟁해결제도로 대별된다. 후자를 분쟁 당사자 사이의 화해, 알선, 조정, 중재 등 이른바 대안적 분쟁해결(Alternative Dispute Resolution, 이하 “ADR”이라 함)제도라고도 한다. ADR제도란 단적으로 재판 이외의 다양한 분쟁해결수단이라 말할 수 있다.

---

1) 2009년 상반기 증권분쟁, 민원 발생 현황[한국거래소 보도자료(2009. 7. 24 발표) 발췌]

구분	2008년		2009년			전년 대비 증감(률)	
	상반기	하반기	1/4분기	2/4분기	상반기	상반기 대비	하반기 대비
분쟁건수 (간접상품)	521 (86)	2,152 (666)	632 (354)	571 (266)	1,203 (620)	130.9% (620.9%)	△44.1% (△6.9%)

분쟁유형별로는 펀드 등 간접투자상품 관련 분쟁·민원이 620건(51.5%)으로 전체의 절반 이상을 차지하였고, 그 밖에 전산장애 114건(9.5%), 임의매매 75건(6.2%), 부당권유행위 62건(5.2%), 일임매매 59건(4.9%), 주문집행·반대매매 분쟁 47건(3.9%) 순으로 나타났다. 펀드 등 간접투자상품 관련 분쟁·민원 발생건수는 전년 하반기(666건)에 비해서는 소폭 감소(△6.9%)하였으나, 전년 상반기에 비해서는 여전히 7.2배나 높은 수준이다[한국거래소 시장감시위원회 분쟁조정실, 「보도자료」(2009. 7. 24) (http://www.krx.co.kr/ 참조)].

당사자간에 생긴 분쟁을 사법제도인 민사소송절차에 의하여 해결하는 경우, 절차 등이 엄격하고 시간과 비용이 많이 들며,[2] 법률에 의해 승자와 패자를 완전히 가르게 되는 등의 단점이 있기 때문에 ADR제도에 의한 분쟁해결의 필요성이 강조되고 있다.[3] 이에 따라 각국은 금융소비자(투자자)를 보호하기 위해 금융기관의 파산에 따른 사후적인 보호방안을 강화하면서도,[4] 분쟁해결절차에 관하여 소송 이외의 다양한 제도를 활용할 수 있도록 하는 감독 규정을 두고 있다. 우리나라도 관련 법률에 금융분쟁사건에 대하여 금융감독원을 중심으로 하는 이른바 행정형 ADR제도와 한국거래소 등을 주축으로 하는 민간형(자율형) ADR제도를 두고 있다.

그러나 금융거래 당사자간 분쟁에 있어서 다양한 형태의 ADR제도 가운데 조정제도만이 거의 유일하게 법정되어 활용되고 있는 실정이다. 또한 금융분쟁조정의 경우에도 조정결정을 당사자 일방이 수용하지 않으면 이를 강제할 수 없는 등 실효성을 확보하기에 미흡한 점이 많다. 따라서 이하에서는 금융투자자를 구제하기 위한 각국의 ADR제도 및 우리 법제의 현황과 문제점을

---

2) Julia A. Scarpino, "Mandatory Arbitration Of Consumer Disputes: A Proposal To Ease The Financial Burden On Low-Income Consumers," American University Journal of Gender, Social Policy and the Law, Vol. 10, No.3, 679, 680(2002).

3) 사법연수원 편, 『ADR(判決 이외의 紛爭解決)』, 2006, 37면 이하 참조. ADR의 특징으로는 법관 이외의 광범위한 구성원(전문가)의 활용 가능, 신속성・간편성, 비공개에 의한 비밀・프라이버시 보호, 절차의 유연성(감정적 대립이 심한 경우 상호 면접 방식 채용 등), 실체법 이외의 조리에 부합하는 해결 기준 채용 등을 들 수 있다(山本和彦, "裁判外紛争解決制度(ＡＤＲ)," 『金融システムと法』, 有斐閣(2000), 46면; 小島武司・伊藤眞編, 『裁判外紛争処理法』, 有斐閣, 1998, 1-10면 참조).

4) 이에 대하여는 맹수석, "자본시장통합법상 금융투자자보호제도의 문제점과 예금보험제도의 개선방안," 『금융안정연구』 제9권 제2호(예금보험공사, 2008), 105면 이하 참조.

살펴보고, 이에 대한 개선방안을 제시하고자 한다.

2. ADR제도의 의의와 기능

(1) ADR제도의 의의와 종류

분쟁해결을 위한 방법으로 재판에 갈음하는 ADR제도로는 화해, 조정, 중재, 알선 등이 있다.[5] 화해(settlement)란 당사자 간의 합의에 의해 분쟁해결을 추구하는 방법으로서, 재판상 화해와 재판외 화해로 구분된다. 재판상 화해는 다시 재판상의 화해와 제소전 화해로 나눌 수 있다. 재판상 화해는 소송이 진행되는 과정에서 양 당사자가 서로의 주장을 상호 양보하여 소송을 종료시키기로 하는 것을 말한다. 제소전 화해는 소송을 제기하기 전에 화해하고자 하는 당사자가 상대방의 보통재판적 소재지의 지방법원에 출석하여 행하는 것을 말한다. 재판상 화해는 법원이 관여하지만, 당사자의 합의를 필요로 하므로 자율적인 분쟁해결방법의 하나로 분류된다. 재판상 화해와 제소전 화해 모두 확정판결과 동일한 효력이 있다. 그리고 재판외 화해는 민법상의 화해계약(민법 제731조 이하)을 의미하는데, 계약의 일반적 요건을 구비해야 한다. 화해가 성립하면 분쟁 당사자 사이의 법률관계는 화해의 내용에 따라 확정된다.

조정(mediation)은 중립적인 위치에 있는 조정자(mediator)가 독자적으로 분쟁해결을 위한 조정안을 마련하여 양 당사자에게 수락을 권고하는 방법이다. 분쟁해결에 관한 결정권을 제3자가 아닌, 분쟁 당사자가 가지고 있다는 점에서 중재와 차이가 있다. 조정은 사적인 절차에 의해 비밀이 유지되고, 절차의 진행이 신속

---

5) 박길준, "한국법문화에서의 금융분쟁해결제도," 『상사법연구』 제20권 제3호(상사법학회, 2001), 430면 이하 참조.

하며 비용이 저렴하다는 장점 등을 갖고 있다.[6] 조정이 성립되면 조정조서에 재판상의 화해와 동일한 효력을 부여하는 것이 일반적이다.

중재(arbitration)란 분쟁 당사자의 중재계약에 의해 선정된 제3자(중재인)가 분쟁 당사자를 구속하는 판정을 함으로써 재판에 의하지 않고 분쟁을 강제적으로 해결하는 제도를 말한다(중재법 제3조). 즉 당사자가 사법상의 법률관계에 관한 현존하거나 장래에 발생할 분쟁의 전부 또는 일부를 법원의 판결에 의하지 아니하고 사인인 제3자를 중재인으로 선정하여 그의 판정에 맡기는 동시에, 그 판정에 따름으로써 분쟁을 해결하는 제도이다. 당사자가 중재회부 여부를 결정하기 때문에 사적 자치에 의한 자율적 ADR 제도에 속하며,[7] 제3자의 판정이 당사자를 구속하게 된다는 점에서 조정이나 화해와 차이가 있다. 중재법상 중재판정은 법원의 확정판결과 동일한 효력이 있다(중재법 제35조).[8] 중재계약이 체결

---

6) 조정제도는 ADR 중에서 가장 널리 이용되는 방식 중의 하나이다. 조정은 당사자가 중립적이고 객관적인 제3자(조정인)에게 조정을 신청하면 조정인의 결정을 통하여 자율적으로 분쟁의 해결을 도모하는 절차인데 이러한 조정제도는 실제 여러 분야에서 이용되고 있다. 우리나라에서도 다양한 분야에서 행정기관이나 특수법인 등 다수의 기관이 자율조정제도를 운영하고 있으며, 법원에서조차 정식 재판에 가기 전 조정위원회 등을 통한 민사조정절차를 시행하고 있다. 조정제도의 가장 큰 특징은 승자와 패자를 가르는 방식의 해결이 아니라 전문성, 객관성, 공정성을 갖는 조정인이 분쟁의 원인이 되는 쟁점에 대한 합리적 해결방안을 제시하여 분쟁을 신속히 종료시킨다는 점이다. 더욱이 조정은 비용이 저렴할 뿐만 아니라, 조정결정에 대하여 당사자가 동의하지 않으면 구속력이 없으므로 소송에 비하여 상대적으로 당사자간의 대립이 덜하며, 우호적인 분위기에서 진행되기 때문에 당사자의 심적 부담이 적다는 장점이 있다(사법연수원 편, 앞의 책, 33-36면 참조).

7) Julia A. Scarpino, *op. cit.*, pp.680-681.

8) 그러나 중재법은 일정한 사정이 있는 경우 당사자가 법원에 중재판정 취소의 소를 제기할 수 있도록 규정하고 있고(동법 제36조), 중재판정을 집행하기 위해서는 별도의 재판절차를 거쳐서 법원의 집행판결을 받아

되었음에도 불구하고 동일한 분쟁에 대하여 원고가 소송을 제기한 경우 피고는 중재계약에 의한 항변을 주장함으로써 법원의 각하를 이끌어 낼 수 있다(중재법 제9조).[9)]

알선(conciliation)은 분쟁의 해결 또는 계약의 성립을 위해 제3자가 당사자를 매개하여 합의를 촉진시키는 제도이다. 즉 제3자는 분쟁 당사자 간의 의견 차이에 대한 원인과 정도를 확인하고 이들 간에 의견접근을 도와주는 조력자로서의 역할을 한다. 따라서 ADR제도 가운데 제3자의 개입 정도가 가장 낮다. 알선은 조정이나 중재와 달리 관련 당사자로 하여금 자율적으로 분쟁을 해결하도록 하고, 제3자는 분쟁 해결책을 제시하지 않는 것이 원칙이다. 이 밖에 ADR제도에는 앞에서 본 각 분쟁해결제도가 혼재되어 있는 절충적 분쟁해결방법, 즉 중재조정(mid-arb), 최종제의중재, 편면적 중재, 옴부즈맨, 사적 판결 등이 있다.[10)]

(2) ADR제도의 기능과 한계

ADR제도는 전통적인 분쟁해결방법인 소송제도에 비하여 일정한 장점을 갖고 있기 때문에, 각국은 이 제도를 활발하게 이용하고 있다. 그 장점으로 첫째, ADR제도는 경제적으로 저렴한 비용 구조를 갖고 있다. 소송은 사법기관이 주관하고 엄격한 절차를 거쳐 진행되는 구조이기 때문에 실체적 진실의 발견이라는 측면에서는 도움이 되지만, 소송을 하기 위해서는 전문지식이 필요할 뿐만 아니라 많은 시간과 비용이 소요된다. 이에 비해 ADR제도는 저렴한 비용으로 분쟁을 해결할 수 있는 제도이다. 특히 소

야 하기 때문에 우리 중재법이 중재판정에 관하여 확정판결과 완전히 동일한 효력을 부여하는 것은 아니라고 본다.

9) 중재는 이러한 강력한 ADR제도로서의 기능을 하기 때문에, 각국에 보편적으로 존재하는 분쟁해결제도의 하나이다(小島武司・高桑昭, 『仲裁法』, 青林書院, 2007, 9-10면).

10) 사법연수원 편, 앞의 책, 103면 이하 참조.

송가액이 적은 경우에는 변호사 선임비용 등으로 분쟁 당사자가 법원에 쉽게 접근하기 어렵기 때문에, 낮은 비용으로 분쟁을 해결할 수 있는 ADR제도는 소비자에게 여전히 매력 있는 수단이라 할 것이다. 또한 ADR제도가 활발히 이용되면 법원의 부담과 비용도 감소된다.[11]

둘째, ADR제도는 절차적으로 신속 간편할 뿐만 아니라, 분쟁해결에 있어서 유연성을 갖는다. 사소한 분쟁이라 하더라도 비용만이 아니라, 이미 법원에 많은 소송이 제기되어 있기 때문에 실제로 재판이 시작되려면 상당한 기간이 지나야 하고, 소송관할 등 그 절차도 번거롭다. 그러나 ADR제도는 소송에 비하여 분쟁해결이 비교적 신속하게 이루어진다. 또한 소송은 대립하는 두 당사자간의 분쟁을 증거에 기초하여 적절한 사실인정에 의해 해결하는 것을 목적으로 하지만, ADR제도는 엄격한 증거법에 매이지 않고 절차를 진행시키기 때문에 일반적으로 유연하게 진행될 수 있게 된다.[12]

셋째, ADR 절차에서는 전문인력을 적극 활용할 수 있다. 즉 ADR은 관련 문제에 관하여 전문적인 식견을 갖거나 오랜 기간 동안 그 직업분야에서 활동하여 얻은 전문지식을 기초로 특정 분쟁을 유효하게 해결할 수 있다. 특히 금융기법의 급속한 발달로 인하여 복잡하게 설계(예컨대 KIKO상품 등)되어 있는 금융상품의 경우[13] 법관의 전문성에 일정한 한계가 있을 수 있기 때문에,[14] 금융분야의 분쟁에 있어서 정통한 금융전문가 등을 활용하여 분

11) 그러나 중재가 일반화되어 있는 미국의 경우 중재비용의 고액화로 소비자의 구제 가능성이 재정적으로 봉쇄된다는 문제점도 지적되고 있다(Julia A. Scarpino, *op. cit.*, pp.686-688).

12) 西村あさひ法律事務所 編, 『最新金融レギュレーション』, 商事法務, 2009, 441면.

13) "펀드손실 집단소송 결국은…" 「머니투데이」(2010. 6. 22)(http://www.mt.co.kr/).

14) 西村あさひ法律事務所 編, 앞의 책, 442면.

쟁을 해결할 수 있다. 이에 비하여 소송과정에서는 전문지식을 갖춘 전문가라 하더라도 단지 감정인으로만 고려될 수 있을 뿐이다.[15)]

그러나 ADR제도에는 일정한 단점도 존재한다.[16)] ADR제도를 이용하는 것이 사회적 관점에서는 공식적인 소송제도의 이용을 감소시키고, 그 결과 판례의 축적을 저해할 수 있다는 점이 지적된다.[17)] 법치주의에 있어서 법률분쟁시 예측가능성의 확보와 일관성 있는 법해석이 중요한데, ADR제도는 그 결과에 대한 예측가능성을 저하시키는 문제도 있다. 특히 ADR제도는 비정형적인 분쟁해결방법이라는 점에서 피해자 권리구제에 필요한 법적 강제수단을 갖추지 않은 경우가 대부분이기 때문에 피해자 권리구제에 소홀할 수 있다. 또한 ADR제도는 증거조사절차에 한계가 있기 때문에 실체적 진실을 발견하기 어렵고, 그 결과 법적 정의가 완벽하게 실현되는 데 있어서 한계가 있다.[18)]

그리고 금융거래에 있어서 발생하는 당사자간 분쟁을 ADR제도에 의해 해결하기로 하는 경우가 있는데, 그에 대한 규정이 양 당사자의 합의에 의해 결정되기보다는 금융회사와 같이 약관을 작성하는 일방 당사자에 의해서 결정되는 경우가 많다.[19)] 이 과정에서 피해자 구제수단이 제한되거나, 분쟁해결비용의 일방적 부담 등의 문제가 발생할 수 있다.[20)] 이는 결국 분쟁 당사자 사

---

15) 김민중, "소송외적 방법에 의한 환경오염피해분쟁의 해결제도,"『比較私法』 제2권 제2호(1995), 363면.

16) Sternlight, Jean R., "Creeping Mandatory Arbitration: Is it Just?" *Stanford Law Review*, Vol. 57, 1631(2005) 참조.

17) 중재의 구속력으로 인해 필연적으로 판례에 따르지 않게 된다는 지적도 있다(Julia A. Scarpino, *op. cit.*, p.686).

18) 사법연수원 편, 앞의 책, 5면.

19) Allen S. Kaplinsky & Mark J. Levin, "Consumer Financial Services Arbitration: Current Trends And Developments," 53 Bus. Lawyer 1075 (1998).

이의 경제적, 사회적 지위의 불균형을 간과한 것으로 강자가 약자로부터 양보를 얻어내는 절차로 전락할 수 있다는 것이다.

II. 각국의 금융분야에 대한 ADR제도 현황

1. 미 국

미국에서는 각종의 소비자 ADR제도가 폭넓고도 활발하게 이용되고 있다.[21] 소비자 분쟁에서 발생하는 손해는 비교적 소액인 것이 많기 때문에 변호사에 의해 이루어지는 소송과 같은 엄격한 절차에 비해, 비용과 시간이 절약되는 ADR제도를 소비자 측에서 희망하기 때문이다. 특히 미국에서 소비자 ADR제도가 다른 나라에 비해 보다 적극적으로 활용되고 있는 것은 소비자 측만이 아니라 기업 측에서도 ADR제도에 의한 분쟁해결을 바라는 요구가 강하게 작용하고 있기 때문이다. 즉 권리의 집합적인 행사인 단체소송이나 고액이 되기 쉬운 징벌적 손해배상이 인정되고 있기 때문에, 소송에 의할 경우 배상액 등이 예상 외로 커질 위험성이 항상 존재한다. 따라서 ADR제도를 활용할 경우 단체소송 등을 배제하는 취지를 일반적으로 미리 명시해 둠으로써,[22]

---

20) Julia A. Scarpino, *op. cit.*, p.685.

21) 미국의 경우 연방 및 주법원에서 ADR제도 이용을 권장하기 위한 프로그램을 두고 있으며, 일정한 경우에는 소송 전에 ADR제도를 거치도록 강제하고 있다. 특히 증권분쟁의 경우에는 투자손실위험이 높고 불특정 다수인 간에 대량거래가 이루어지며, 증권거래와 관련한 전문지식이 필요하다는 점 등에서 법원의 판결절차보다는 ADR제도의 필요성이 강조되고 있다[심영, "미국에 있어서의 소송대체적 분쟁해결제도," 『比較私法』 제11권 제2호(2004), 532-533면].

22) 단체소송의 배제조항에 대해서는, Gregory C. Cook and A. Kelly Brennan, "The Enforceability of Class Action Waivers in Consumer Agreements," 40 UCC L.J. 331(2008) 참조.

단체소송이나 징벌적 손해배상[23]을 회피할 수 있기 때문에 기업에게도 ADR제도가 소송보다 매력적인 분쟁해결수단으로 인식되고 있다.[24]

그러나 금융분야에 있어서 감독 당국이 분산되어 있기 때문에 금융소비자 보호에 관한 체제도 각 분야에 따라 다르고, 아울러 ADR제도도 업종에 따라 차이가 있다.[25] 증권분야[26]에서는 2007년 전국증권협회(NASD) 및 뉴욕증권거래소(NYSE)의 분쟁해결 기능 등을 통합하여 설립한 금융산업규제기구(Financial Industry Regulatory Authority, 이하 "FINRA"라 함)에 소비자와 금융기관 사이에 생긴 금융분쟁을 처리하기 위한 중재·조정기구가 설치되었다.[27] 한편 은행과 보험 분야 등에 있어서는 금융ADR제도가 구

---

23) 징벌적 손해배상 배제조항에 대해서는, 6 Bruner & O'Connor Construction Law Guide §20:136(2007) 참조.

24) 미국에서 많은 금융기관이 중재조항을 약관에 포함시키고 있는데, 그러한 경우 분쟁은 중재로 해결되는 경우가 일반적이다. 중재판정은 당사자를 구속하고, 소비자는 일단 중재판정이 이루어지면 소송을 제기할 수 없게 된다. 그러한 점에서 약관에 중재조항을 삽입시키는 것은 소비자의 재판을 받을 권리를 침해하고 비양심적이기 때문에 주법과 연방법에 저촉되는 것은 아닌가 하는 문제 제기가 있다(Allen S. Kaplinsky & Mark J. Levin, *op. cit,* p.1075).

25) 미국의 경우 1960년대 후반부터 ADR이 분쟁해결방법으로 각광을 받아왔고, 연구도 활발히 진행되었다. 특히 소송의 급증으로 인한 법원의 업무부담을 경감시키기 위하여 1990년 제정된 민사사법개혁법(Civil Justice Reform Act)과 미국 변호사협회(ABA)는 물론 1980년대에는 법원 안에서도 법원중재 등 다양한 ADR제도를 도입하여야 한다는 움직임에 의해 ADR제도가 활성화되었다. 나아가 1997년 민사사법개혁법이 실효되자, 1998년 ADR을 이전보다 강하게 요구하는 ADR법(Alternative Dispute Resolution Act of 1998)을 제정하였다. 이 법률은 모든 민사사건에 대하여 각 지방법원으로 하여금 ADR의 이용에 관한 근거규정으로 두도록 하면서, 각 지방법원은 ADR 프로그램을 시행하고 감독하며 평가하기 위하여 ADR 전문가를 지정하도록 하는 등을 의무사항으로 정하고 있다(사법연수원 편, 앞의 책, 217면 이하 참조).

26) 미국의 증권중재와 관련하여, 黒沼悦郎, 『アメリカ証券取引法』(第2版), 弘文堂, 2004, 219-221면 참조.

27) 금융산업규제기구(FINRA)는 증권업 자율규제기관으로 2007년 7월 미

비되어 있지는 않지만, 이들 분야에서 분쟁해결을 위한 ADR로서는 일반적인 민간 ADR이 주로 이용된다.[28] FINRA는 증권거래법상의 연방증권협회에 등록된, 증권분야에 있어서의 자율규제기관(Self Regulatory Organization, 이하 "SRO"라 함)이다. FINRA에 있어서 ADR의 운영은 FINRA의 자회사인 FINRA DR(Dispute Resolution)[29]이 운영한다.[30]

FINRA가 행하는 ADR은 증권업계의 자율적인 구조로, 법령에 근거한 것은 아니다. FINRA 및 FINRA DR은 자율규제기관이기 때문에 자율규제 내용의 승인과 법률 및 자율규제의 준수에 대해서는 증권거래위원회(SEC)의 감독을 받는다. FINRA에 의한 분쟁처리의 절차에는 조정(mediation)과 중재(arbitration)가 있고, 이 가운데 어느 것을 선택하여 이용할 것인가는 당사자의 재량 사항이다. 먼저 조정은 당사자 쌍방의 합의에 의한 해결을 목적으로 하는 자율적 절차로, 조정인이 당사자 쌍방에 의한 교섭을 중개

증권업협회(NASD)와 뉴욕증권거래소(NYSE)의 감독 부문을 통합시켜 출범한 기관인데, 금융소비자(투자자)를 보호하기 위해 기구 변경 후에도 NASD 등의 투자신탁의 창구판매에 대해 예금과의 오인방지 규정 등을 그대로 채택하고 있다(http://www.finra.org/AboutFINRA/index.htm).

28) 미국에서 활발하게 이용되고 있는 소비자 ADR제도는 ADR 서비스의 제공 주체가 민간이냐 행정기관 또는 법원이냐에 따라 민간형과 행정형 또는 사법형으로 나눌 수 있고, ADR 서비스 제공 내용이 당사자 사이에 분쟁해결책의 합의를 목표로 하는가 제3자의 판정에 의한 분쟁해결을 목표로 하는가에 따라 조정(mediate)과 중재(arbitration)로 나눌 수 있다. 특히 사법형 ADR제도 가운데 소비자분쟁을 다루는 특수한 기관으로서 소액재판소가 있다(http://consensus.fsu.edu/ADR_Project 참조).

29) FINRA DR은 투자자와 증권회사 사이의 금융 및 거래분쟁의 해결을 지원하는 것을 목적으로 설립되었다(http://www.finra.org/ArbitrationMediation/AboutFINRADR/ 참조).

30) 중재와 관련한 최근 이용현황을 보면 2007년 신청건수 3,238건에 종료건수 5,345건, 2008년 신청건수 4,982건에 종료건수 3,757건, 2009년 신청건수 7,137건에 종료건수 4,571건, 2010년 4월 현재 신청건수 1,994건에 종료건수 1,956건으로 집계되었다(http://www.finra.org/ArbitrationMediation/AboutFINRADR/Statistics/ 참조).

하기 때문에 어디까지나 자율적으로 이루어지고, 금융기관은 조정절차에 따를 의무가 없다.[31] 또한 당사자 쌍방은 문서에 의한 통지에 의해 언제라도 조정절차로부터 벗어날 수 있다.[32]

다음으로 중재[33]는 중재인이 당사자 쌍방이 제시하는 증거와 주장의 평가에 의해 중재를 판정하는 것이다.[34] 이 판정은 최종적인 것이기 때문에 당사자를 기속하고, FINRA의 규칙 혹은 연방이나 주의 중재법에 의해 집행된다.[35] 또 당사자 쌍방은 가능한 한 자료의 작성과 증언에 따를 의무가 있고, 중재인에게 따르지 않을 경우에는 제재조치가 가해질 뿐만 아니라, 소환장(issue subpoenas)을 받을 수도 있다.[36] 분쟁은 쌍방의 합의 또는 고객의 요구에 의해 중재에 부쳐지며,[37] 금융기관에게 절차승낙의무는

31) Mediation under the Code 14104.

32) Mediation under the Code 14109.

33) 오늘날 두 개의 핵심적이며 사적인 중재단체는 미국중재협회(AAA)와 국립중재협회(NAF)인데, 이들 단체는 연방중재법(FAA) 하에서 법원이 집행하게 되는 대부분의 중재조항에 대한 규칙들을 공포한다(Julia A. Scarpino, *op. cit.*, p.688).

34) 미국 증권업계에서는 고객이 증권회사에 계좌를 개설할 때에 사전중재합의계약(predispute arbitration agreements)을 체결하는 경우가 대부분인데, 중재조항은 법원의 판단을 회피함으로써 연방법을 실질적으로 무효화하는 것이라고 하여 중재계약을 무효로 한 판례도 있었지만[Wilko v. Swan 346 U.S. 427(1953)], 1980년대부터는 자율규제기관에 의한 중재의 유효성을 인정하기에 이르렀다[Shearson/American Express, Inc. v. McMahon, 482 U.S. 220(1987)]. 그러나 누가 중재판정의 대상으로 되는가(중재적격성)의 판단을 중재인에게 위임한 경우에 법원은 중재인의 해당 판단에 대해 심사해야 한다고 판시하고 있고[First Options of Chicago, Inc. v. Kaplan, 514 U.S. 938(1995)], 2009년 의회에 제출된 중재공정법안(Arbitration Fairness Act of 2009)은 소비자 분쟁 등에 있어서 사전중재합의계약을 맺는 것을 금지하는 내용이 포함되어 있다(법률안의 전문은, http://www.govtrack.us/congress/billtext.xpd?bill=h111-1020 참조).

35) Code of Arbitration Procedure for Customer Disputes 12904.

36) Code of Arbitration Procedure for Customer Disputes 12505-12512.

37) Code of Arbitration Procedure for Customer Disputes 12200.

없지만 중재 신청을 받은 측이 절차에 따르지 않는 경우에도 판정에 이르는 절차를 규정하고 있다.[38)]

2. 영 국

(1) 금융규제법의 개혁과 소비자보호

영국[39)]에 있어서 금융규제는 1980년대부터 각 업계를 중심으로 금융분쟁조정기관을 개별적으로 운영해 오는 등 자율규제가 중시되었지만, 2000년 제정된 금융서비스시장법(Financial Services and Market Act 2000, 이하 "FSMA"라 함)에 의해[40)] 규제시스템이 대폭 수정되었다. 특히 금융분쟁해결 수단으로 이용되던 8개의 금융옴부즈맨기관(Financial Ombudsman Service, 이하 "FOS"라 함)을 하나의 단일 옴부즈맨 제도로 통합[41)]시켜 법정화와 함께 횡단적으

38) Code of Arbitration Procedure for Customer Disputes 12303, 12801.

39) 영국의 금융ADR제도에 대하여, 杉浦宣彦・徐熙錫・横井眞美子, "金融ＡＤＲ制度の比較法的考察―英国・豪州・韓国の制度を中心に―," 『金融庁金融研究研修センターディスカッションペーパー』 No.52(2005) 참조.

40) 2000년 FSMA에 의해 2001년 기존의 투자자보호기구(Investor Compensation System)를 금융서비스보장기구(Financial Services Compensation Scheme, 이하 'FSCS'라 함)에 편입하였다. FSCS는 예금(deposits), 투자(investment business), 보험(insurance) 등 금융시장 전반에 대한 통합 금융소비자업무를 수행한다. FSCS의 보호대상 금융회사는 FSMA에 의거하여 인가받은 투자회사(designated investment business), 보험회사, 예금수취기관, 주택금융회사, 공제조합, 신용협동조합, 일반보험중개업, Lloyds 보험, 모기지이다(맹수석, 앞의 논문, 100면 이하 참조).

41) 개정 전 금융분쟁조정기관은 은행을 대상으로 한 The Office of the Banking Ombudsman, 주택건축조합을 대상으로 한 The Office of the Building Societies Ombudsman, IMRO에 의해 규제되는 회사를 대상으로 한 The Office of the Investment Ombudsman, 보험회사 및 대리점을 대상으로 한 The Insurance Ombudsman Bureau, PIA에 의해 규제되는 회사를 대상으로 한 The Personal Investment Authority Ombudsman Bureau, 보험회사를 대상으로 한 The Personal Insurance Arbitration Service, SFA에 의해 규제되는 회사를 대상으로 한 The Securities and

로 그 기능을 강화하였다. 즉 금융제도개혁의 일환으로 FSMA하의 금융서비스감독기구(Financial Services Authority, 이하 "FSA"라 함)가 금융분야 전체를 감독 대상으로 한 것과 같이, 각 금융분야에 산재하던 옴부즈맨제도를 통합하여 업계 횡단적인 새로운 옴부즈맨법인인 Financial Services Ombudsman Scheme Limited(나중에 Financial Ombudsman Service Limited로 개칭함)를 설립하였다. 이러한 단일의 옴부즈맨제도는 FSMA 제16장(the Ombudsman Scheme)에 근거하며,[42] FSA의 감독하에 있는 금융서비스업자 모두에 대한 강제관할권을 갖는다(FSMA §226).

(2) FOS의 법적 지위

FSA와 FOS의 관계(법적 지위)는 양자간에 교환한 양해각서(MOU)에 나타난다.[43] FOS는 정부조직이 아니라 독립한 법인(회사)

Futures Authority Complaints Bureau and Arbitration Service, FSA(SIB)에 의해 규제되는 회사를 대상으로 한 The FSA Complaints Unit and Independent Investigator로 나뉘어 있던 것을 통합한 것이다. 이러한 배경은 FSA에 의한 4개의 규제목적(regulatory objectives), 즉 금융시스템에 있어서 시장신뢰(market confidence)의 유지, 금융시스템에 대한 국민의 이해증진 및 대중홍보(public awareness), 적절한 수준의 소비자 보호(the protection of consumers)의 확보, 금융범죄의 억지(the reduction of financial crime)의 하나로서 새롭게 명시된 소비자 보호와 밀접한 관련이 있다[斉藤美彦, "英国金融サービス · 市場法について,"『金融』 제644호(2000), 6면; 楠本くに代, "英国金融サービス法と消費者保護,"『信用金庫』 제54호(2000), 24면]. 이와 같은 단일화에 의해 민원신청 접수창구 및 절차의 통일, 인지도의 향상, 기존 옴부즈맨제도간의 괴리 해소, 규모의 이익의 향유, 독립성과 투명성의 확보 등의 이점이 있다고 한다[Joint Committee on Financial Services and Markets-First Report(27 April 1999)(http://www.publications.parliament.uk/pa/jt199899/jtselect/jtfinser/328/32802.htm) 참조].

42) 상세한 것은, Eva Lomnicka, The Financial Services and Market Act: An Annotated Guide, Sweet & Maxwell, 2002, p.362 이하 참조.

43) 이 MOU는 기본적으로 FSMA와 그 schedule에 기초하여 FSA와 FOS간의 법적 관계 등을 정리한 것이다(FSA & FOS, "Memorandum of

형태로서, 구성원도 공무원 신분이 아니다(FSMA schedule 6). 그러나 운영상 독립성(operational independence)은 강조되지만, 여러 측면에서 FSA의 영향력 하에 놓여 있다.[44] 즉 FSA는 기본적으로 FOS의 조직(이사회)의 구성 및 감독에 관한 권한을 갖는다. FSA는 FOS의 이사회 의장과 위원을 임면(의장의 경우 재무부의 승인을 요함)하고,[45] FOS가 법률상 예정하고 있는 옴부즈맨 기능 수행 여부에 대해 감독하여 필요한 조치를 취할 의무를 진다.[46] 또한 FSA는 FOS의 예산 승인,[47] FOS의 관할(jurisdiction)에 관한 규칙·규정의 승인·제정,[48] 재원 확보에 관한 규칙의 제정[49] 등에 대한 권한을 갖는다. 나아가 FSA는 재무부를 통해 의회에 대해 규제당국으로서 FSMA에 근거하는 기능의 하나(FOS의 활동도 포함함)인 소비자 보호 등의 수행에 대한 설명의무를 진다(MOU 2).

한편 FOS는 제도 운영 전반에 관한 권한을 갖는다[MOU 6(a)]. 즉 FOS는 옴부즈맨(대표옴부즈맨을 포함함)의 임명[50]·분쟁처리절차[51]·비용(cost)의 부과[52]·이용 수수료(case fee)의 부과[53]에

Understanding Between the Financial Services Authority and The Financial Ombudsman Service," 6 June 2002).

44) MOU 4 "The directors of the company(FOS) must be appointed on terms which secure their independence from the FSA in the operation of the ombudsman scheme, but makes the FOS accountable to the FSA in a number of significant respects."

45) MOU 5(a); FSMA schedule 3-(2).

46) MOU 5(b); FSMA schedule 2-(2).

47) MOU 5(c); FSMA schedule9-(1).

48) MOU 5(d)(e); FSMA §226(3), §227(3).

49) MOU 5(f); FSMA §234(1).

50) MOU 6(b); FSMA schedule 4·5. 그리고 옴부즈맨의 임명에는 독립성 및 옴부즈맨으로서의 적정성(자질이나 경험)의 요인이 고려되어야 한다[FSMA schedule4-(2)].

51) MOU 6(c); FSMA schedule 14.

52) MOU 6(e); FSMA §230.

53) MOU 6(f); FSMA schedule 15.

관한 규칙의 제정, 예산안의 작성[54] 등에 대한 권한이 있다. 또한 FOS는 옴부즈맨의 업무수행 상황에 대해서 FSA에 보고하고, 그 내용을 공개할 의무가 있다.[55]

이와 같이 FOS는 FSMA를 근거로 하는 법률상의 조직이지만, 그것을 운영하는 것은 국가가 아니라 일종의 법인(회사)이다. 즉 FOS는 FSMA 및 소비자신용법(Consumer Credit Act of 1974)의 규제대상으로 되는 금융분야에 관한 분쟁을 담당하는 분쟁처리기관으로, 정부와 FSA로부터 독립하여 운영된다. 또한 FOS는 업계형 틀을 근간으로 하고 있지만, 업계로부터 독립성이 확보된 공익(public interest)적 성격[56]이 강한 분쟁조정기관이라고 말할 수 있다. FOS는 FSA로부터 감독을 받지만, 운영에 있어서는 상당한 정도 독립적이다. 업계 규제와 소비자 보호라는 각각의 기능의 밀접한 관련성(closely related functions)의 측면에서 긴밀한 협력(close co-operation)과 상호 정보 공유의 협의를 특히 중시하고 있다(MOU 8 참조).[57]

---

54) MOU 6(g); FSMA schedule 9.

55) MOU 6(h); FSMA schedule 7.

56) FSA의 공익성에대해서는, http://www.financial-ombudsman.org.uk/about/board.html 참조.

57) FSA는 분쟁절차에 대해 지도할 일반적인 법적 권한을 갖고 있으며, 그 규제목적은 공정하고 즉각적인 처리를 통해 분쟁이 초기에 해결되도록 하여 FOS에 이관되는 미해결 분쟁의 수를 최소화하는 데 있다. FSA가 정한 절차에는 분쟁에 대한 보상, 기한제한, 기록보존 등에 관한 조항이 포함되어 있으며, 이를 위반할 경우에는 FSA가 법적인 구속력은 없으나, 상징적으로 중요한 의미를 갖는 지도권을 발휘하도록 되어 있다. 또한 FSA가 정한 회사 내부 민원처리절차의 특징은 FOS에 의한 금융분쟁조정의 선행절차로서 금융회사의 내부 민원해결절차를 통한 해결이 실패한 경우에만 FOS에 신청이 가능하도록 하고 있다는 점이다. FSA는 접수된 민원의 건수 및 종류, 정해진 기한 내에 처리된 분쟁의 실적 등을 공시 사항에 포함시킴으로써, 금융회사의 자체 민원처리절차가 규제목적에 맞게 운영되고 있는지 감독한다.

(3) 분쟁처리 절차

분쟁처리의 구체적인 절차는 FSA Handbook(Dispute Resolution: Complaints, 이하 "DISP"라 함)에 규정되어 있다. DISP에는 금융회사의 내부 민원처리(이하 "회사내 민원처리"라 함)에 관한 규칙 및 FOS에 의한 분쟁처리에 관한 규칙 등이 포함되어 있다.[58] 회사내 민원처리(DISP Chapter 1 Complaints handling procedure for firms)에 관한 규칙은 FSMA[59]에 의해 FSA가 작성하고, FOS에 의한 분쟁처리에 관한 것(DISP Chapter 3 Complaints handling procedures of the Financial Ombudsman Service)은 FOS가 작성한 후 FSA로부터 승인을 얻어야 한다.

1) 회사내 민원처리절차의 구비

FSA의 감독을 받는 금융회사(강제관할) 및 합의에 의해 FOS의 분쟁처리에 참여한 금융회사(임의관할)는 금융 서비스와 관련하여 제기되는 민원[60]을 처리하기 위해 회사내에 민원처리절차(Internal Dispute Resolution Procedure)를 마련하여야 한다(FSMA schedule13-(3), DISP 1.2.1 R). 즉 FOS에 의한 금융ADR절차의 전제로서 우선 민원이 금융회사에 제기되어야 하고, 금융회사 내부에서 민원이 처리되지 않은 경우에만 비로소 FOS에 분쟁처리를 신

---

58) FSA Handbook은 FSA가 FSMA 2000에 의해 주어진 권한에 근거하여 제정한 여러 가지 종류의 규칙 모음집이다(http://www.fsa.gov.uk/Pages/handbook/ 참조). 특히 DISP는 금융회사가 제공하는 금융 서비스에 관한 불만이 금융회사에 의한 내부적인 처리 및 신속하고 유연한 해결을 확보하기 위한 FOS의 운영에 관한 규정이나 지침이 수록된 것을 말한다(이에 대해서는, http://fsahandbook.info/FSA/html/handbook/DISP/ 참조).

59) FSMA §138 및 schedule 13.

60) 민원이 제기되면 금융회사는 상품판매시 또는 판매 즉시 서면에 의해 회사내 민원처리절차를 이용할 수 있다는 뜻을 알리고, 회사내 구체적인 민원처리절차를 공시함과 함께 소비자의 요청시 및 민원제기의 단계에서 자동적으로 그 사본을 제공하며, 지점 또는 판매점(branches or sales offices)에 FOS 규제 하에 있는 회사라는 뜻을 게시할 의무를 진다(DISP 1.2.8 R).

청할 수 있다.

금융회사에 대해 민원을 제기하면, 해당 금융회사는 ① 민원 신청 5일 이내에 서면으로 그 수령의 통지를 하고(DISP 1.4.1 R), ② 민원 신청으로부터 4주 이내에 최종 회답(final response) 혹은 경과보고와 최종 회답의 회신 예정(8주 이내)의 뜻을 통지해야 하며(DISP 1.4.4 R), ③ 민원 신청으로부터 8주 이내에 최종 회답[61] 혹은 최종 회답을 할 수 없는 이유와 최종 회답 회신 예정 또는 최종 회답 지체에 이의가 있는 경우 FOS에 분쟁처리를 제기할 수 있다는 뜻(DISP 1.4.5 R)을 민원인에게 기한(time limits) 내에 통지하여야 한다.[62]

2) FOS에 의한 분쟁해결 절차

FOS는 분쟁처리 신청을 접수하면 그에 대한 적격 여부를 판단하게 된다. 분쟁신청 적격요건으로 신청자,[63] 기한[64] 및 내용[65]

---

61) 금융회사가 민원에 대한 최종 회답을 송부할 때는, 만일 최종 회답에 이의(dissatisfied)가 있는 경우는 6개월 이내에 FOS에 분쟁해결을 요청할 수 있다는 뜻을 함께 통지하고, FOS의 설명 서류(explanatory leaflet)를 동봉해야 한다(DISP 1.4.12 R).

62) FSA의 강제관할에 있는 금융회사는 민원에 관한 기록을 민원신청으로부터 최소한 3년간 보관하여야 하고, FOS에 연 2회 민원처리에 관한 내용을 보고하여야 한다(DISP 1.5.1R and 1.5.4 R).

63) FOS의 대상으로 되는 것은 분쟁 발생시 사법적 교섭력이 취약한 개인이나 소규모 사업자(micro-enterprise)이다. 즉 적격신청자로서는 개인, 연매상고 백만 파운드 이하인 기업, 연수입 백만 파운드 이하의 자선기관(charity) 또는 순자산액 백만 파운드 이하인 신탁의 수탁자(trustee)를 들 수 있다(DISP 2.4.3 R). 분쟁신청은 적격 신청자 또는 그 대리인만이 할 수 있다(DISP 2.4.1 R).

64) 적격기한요건으로 회사내 민원처리기간(보통 8주)에 달하지 않은 경우, 최종 답변(FOS에 제기할 수 있다는 뜻의 통지)으로부터 6월 이상 경과한 경우, 관련 사건 발생 후 6년(또는 그 사실을 알았을 때로부터 3년) 이상 경과한 경우에는 기한요건을 결하게 되어, 원칙적으로 FOS에 의한 분쟁처리를 할 수 없다[DISP 2.3.1R(1)]. 결국 DISP에 의하면 분쟁처리에 걸리는 기간은 금융회사내 처리의 경우에는 민원 신청 시점으로부터 8주 이내, 회사내 처리가 불가하여 FOS에 의해 처리되는 경우에는 8주

등이 있다(DISP 3.2.1 R). 분쟁신청이 적격이라고 판단되는 경우, FOS는 당사자 사이의 교섭에 의한 화해를 모색하게 된다(DISP 3.2.9 R). 이 경우 분쟁 해결을 위한 방법으로 보통 조정(mediation)이나 조사(investigation) 등이 활용된다(DISP 3.2.10 G).[66] 당사자가 조정 등에 동의하지 않는 경우에는 옴부즈맨에 의한 최종 판정(determination) 단계로 들어간다.[67] 조정이나 조사(권고) 등은 모든 당사자 사이의 화해(계약)에 기한 분쟁해결수단이지만, 옴부즈맨의 최종적인 판정은 법률상 강력한 효력이 인정되는 점에서 성질상

이상 6개월 이내이다.

65) 내용에 대한 적격 여부에 있어서, 신청자가 금전적 손실(financial loss)이나 중대한 고통(material distress) 또는 중대한 불편(material inconvenience)을 입지 않았거나 입을 가능성이 낮다고 판단되는 경우, 민원이 사실무근 또는 남용(frivolous or vexatious)에 해당한다고 판단하는 경우, 합리적으로 보아(reasonable prospect) 민원이 인정될 가능성이 없다고 판단되는 경우, 분쟁처리를 신청한 회사가 이미 공정하고 합리적인 보상을 제시(offer of compensation which is fair and reasonable)하고 있고 그 수락이 가능한 것으로 판단되는 경우, 민원사항이 현재 FOS와 비교가능한 조직이나 분쟁처리절차 또는 소송에 계류중이라고 판단되는 경우, 민원이 투자의 운용성과와 관련한 것으로 판단되는 경우 등에는 기각된다(DISP 3.3.1 R). 이러한 경우에는 그 결정전에 신청자에게 의견진술의 기회가 주어질 뿐만 아니라, 기각(dismissal) 결정 후에는 그 이유를 통지해야 한다(DISP 3.2.8 R).

66) 조정이나 조사 등에 의해 분쟁을 해결할 수 없는 경우에는 옴부즈맨에 의한 최종적인 판정(determination)이 내려진다(DISP 3.2.11 R). 조정은 해당 분쟁의 평가에 기해 신속하고 효율적인 해결을 목표로 하는 비공식적인 수단으로서 인식되고 있지만, 조정에 의한 초기 단계의 해결이 불가능한 경우는 보다 공식적인 조사 단계로 넘어간다. 조사 단계에서는 당사자에게 진술 기회가 주어지고, FOS 심판관(adjudicator)에 의한 평가에 기해 권고(recommendation)가 내려지는 것이 보통이다. 이 권고에서는 이러한 분쟁처리신청의 수용 여부에 대한 판단이 이유에서 제시된다(FOS, 2003/04 Annual Review, pp.22-23; DISP 3.2.11 R 참조).

67) 옴부즈맨에 의한 판정에 있어서는 그 전에 당사자에게 진술 기회가 주어지고, 필요하다고 판단되거나 한쪽 당사자의 서면 청구가 있는 경우에는 양 당사자가 참여하는 청문이 이루어지는 경우도 있다(DISP 3.2.12 R, DISP 3.2.13 R).

구별된다.[68)]

FSMA도 옴부즈맨의 판정에 대해 비교적 상세한 규정을 두고 있다(FSMA §228, §229, §230). 옴부즈맨에 의한 판정은 분쟁 전체의 실태를 근거로 공정하고 합리적(fair and reasonable)이어야 하고,[69)] 형평의 원칙(principle of equity)에 부합하여야 한다[FSMA §228-(2), DISP 3.8.1 R(1)]. 판정이 내려지면 옴부즈맨은 그 이유나 신청인이 판정의 수락 여부를 서면에 의해 통지해야 한다는 뜻을 기재하고 서명한 서면을 작성하여[FSMA §228-(4)] 당사자에게 통지하여야 한다[FSMA §228-(3)]. 신청인이 판정의 수락을 옴부즈맨에게 통지하면 양 당사자를 구속하는 최종적인 법적 효력을 갖게 된다[FSMA §228-(5)].[70)]

판정 내용이 신청인의 청구를 수용하게 되면, 해당 금융회사에 대한 금전지급명령 또는 특정조치의 지시가 내려진다[FSMA §229-(2)]. 금전지급명령은 금전적인 손실 등에 대한 보상을 위한

---

68) 이는 옴부즈맨에 의한 강제관할(compulsory jurisdiction)에만 적용된다(Eva Lomnicka, *op. cit.*, p.369).

69) 옴부즈맨에 의한 공정성과 합리성의 판단에 있어서 옴부즈맨은 관련 법령, 규칙이나 규정, 가이드라인이나 기준, 관련 업계의 실무규범(codes of practice), 선량한 상관행(good industry practice) 등을 고려하여야 한다[DISP 3.8.1R(2)].

70) 당사자를 구속하는 효력이란 수락자가 그에 구속되는 것은 물론, 피신청인인 금융회사는 판정의 수락 여부를 결정할 권리가 없기 때문에 판정이 신청인에 의해 수락되면 그에 따라야 한다는 것을 의미한다(편면적 효력). 또한 최종적인 효력이란 법률상 강제집행이 가능함을 말한다(집행력의 보장). 신청인이 지정된 기일까지 수락 여부를 통지하지 않으면 해당 결정을 거부한 것으로 간주되기 때문에[FSMA §228-(6)], 당사자는 그 결정에 구속되지 않게 된다. 이와 같이 옴부즈맨의 결정은 강력한 법적 효력이 인정되기 때문에, 그 결정에 있어서 정보수집·사실인정의 기능을 강화하여야 한다는 측면에서, FSMA는 옴부즈맨에 대해 증거 등의 정보를 당사자에게 요구할 수 있는 권한(power to require information)을 인정하고 있고, 당사자가 그에 응하지 않으면 법정의 제재도 할 수 있다(FSMA §231, §232).

것으로, 10만 파운드를 한도로 한다(DISP 3.9.5 R).[71] 옴부즈맨이 내린 금전지급명령이 옴부즈맨에 의해 등록되면(DISP 3.9.15 R) 법원에 의한 강제집행절차가 보장된다[FSMA §229-(8)(b)]. 한편 특정조치의 지시도 옴부즈맨에 의해 등록되면(DISP 3.9.15 R) 법원의 유지명령(injunction)에 기한 명령(order)에 의해 강제집행 할 수 있다는 뜻이 정해지고[FSMA §229-(9)], 신청인에게 유지명령 등을 위한 절차 보장이 이루어진다[FSMA §229-(10)].

3. 일 본

일본의 소비자 분쟁 해결을 위한 ADR제도는 1970년 설립된 국민생활센터와 각 지방자치단체에 설치되어 있는 소비생활센터에서 상담을 받는 형태로 되어 있고, 이들 기관에서는 알선 또는 조정을 하고 있다. 또한 금융청에서는 '금융서비스이용자상담실'을 설치하여 운영하고 있는데, 여기에서는 금융청의 행정에 관한 민원처리 및 문의에 대한 정보제공업무를 담당한다. 또한 금융관련단체에 의한 ADR이 있는데, 은행거래상담소, 생명・손해보험상담소, 금융상품거래민원상담창구(증권업협회, 투자신탁협회, 금융선물거래업협회 등을 말함) 등이 그것이다.[72]

2000년 6월 금융심의회 답신에서 이른바 '일본판 금융서비스법'을 포함하여 금융서비스 룰과 관련한 새로운 체제에 대한 논의가 구체적으로 시작되었고, 2004년 12월 재판외 분쟁해결절차의 이용촉진에 관한 법률(이하 "ADR촉진법"이라 함)[73]이 제정 공포되어 2007년 4월부터 시행되기에 이르렀다. 이 ADR촉진법은 조

---

71) DISP 3.9.5 R The maximum money award which the Ombudsman may make is £100,000.

72) 西村あさひ法律事務所 編, 앞의 책, 446~450면 참조.

73) 정식 명칭은「裁判外紛争解決手続の利用の促進に関する法律」이다.

정자의 인증제도가 중심을 이루고 있다. 즉 법무부장관이 일정한 요건을 구비한 조정자를 인증함으로써 조정자의 사회적인 신뢰를 증가시키고 있다. 또 시효의 중단 등과 관련한 특례를 제도화하여, 분쟁 당사자가 ADR을 용이하게 선택할 수 있도록 하였다.

그런데 2009년 6월 금융상품거래 등의 일부를 개정하는 법률(이하 '금융ADR법'이라 함)[74]은 금융분야에 있어서 ADR제도를 새롭게 포함시키고 있다.[75] 즉 이용자 보호의 충실을 위해 금융분야에 있어서의 재판외 분쟁해결제도(이하 '금융ADR제도'라 함)를 창설한 것이다. 금융ADR제도의 개요는 ① 신청에 기해 행정청이 분쟁해결기관을 지정・감독하고, ② 금융상품거래업자 등은 지정분쟁해결기관과 절차실시기본계약을 체결하며, ③ 금융상품거래업자 등과 생긴 민원에 대해 이용자는 지정분쟁해결기관에 분쟁해결을 신청할 수 있고, ④ 신청이 있는 경우에는 분쟁해결위원이 분쟁해결절차를 실시하고, 화해 등을 권고하며, ⑤ 금융상품거래업자 등은 화해에 기한 분쟁해결을 꾀하도록 하는 것 등이다.[76]

이는 금융상품거래법 이외에 은행법이나 보험업법 등의 금융

---

74) 정식 명칭은 「金融商品取引法等の一部を改正する法律」이다. 그 주요 내용에 대해서는 金融廳, 「金融商品取引法等の一部を改正する法律の概要」, 2면 이하 참조(http://www.fsa.go.jp/common/diet/171/index.html).

75) ADR촉진법과 금융ADR법의 관계를 보면, ADR촉진법은 ADR기관인증을 위한 일반적인 제도를 정한 것이고, 기본적으로는 분쟁해결에 있어 대등한 당사자 사이의 대등・평등한 취급이 이루어지고 있다. 이는 재판의 비효율성을 극복하는 '재판의 대체'라고 인식되고 있다. 반면에 금융ADR법은 고객과 사업자 사이의 지식・정보의 격차로 인하여 금융기관이 압도적으로 우위에 있기 때문에, 이용자를 충실하게 보호하고자 하는 관점에서 금융기관에 의무를 부과하고 있다(반면에 ADR촉진법은 ADR기관을 이용하는 자에 대해 법령상의 의무를 부과하지 않는다). 이는 '당사자 사이의 대화를 중시'하는 것이다. 이를 근거로 금융분야에 있어서의 분쟁 실태를 감안하여 금융분야에 특화한 제도구축(법개정)이 필요했던 것이다[熊沢由弘, "ＡＤＲにかかる法改正動向とＪＡ共済への期待—金融ＡＤＲ法への対応を中心として—," 『共済総研レポート』, No.108(2010. 4), 4면].

76) 山下友信・神田秀樹 編, 『金融商品取引法概說』, 有斐閣, 2010, 394면.

관련법에 있어서 공통의 틀을 횡단적으로 정비한 것이다. 특히 제1종 금융상품거래업자, 제2종 금융상품거래업자, 투자조언·대리업·투자운용업을 하는 자, 등록금융기관 또는 증권금융회사는 지정분쟁해결기관이 존재하는 경우에는 지정분쟁해결기관과 절차실시기본계약을 체결하도록 하였고, 지정분쟁해결기관이 존재하지 않는 경우에는 민원처리 조치 및 분쟁해결 조치를 강구하도록 하였다(금융상품거래법 제37조의7, 제156조의31의2).

그리고 금융ADR법은 분쟁해결기관에 대한 지정제를 도입하였는데, 분쟁해결기관의 지정에 있어서 분쟁해결 등 업무를 행하는 기관(분쟁해결기관)을 신청에 의해, ① 분쟁해결 등 업무를 적확하게 실시할 수 있는 경리적·기술적인 기초를 가질 것, ② 임직원의 구성이 분쟁해결 등 업무의 공정한 실시에 지장을 미치지 않을 것, ③ 업무규정에 대해 일정 비율 이상의 금융기관이 이의를 제기하지 않을 것 등의 요건에 기하여 주무장관이 지정할 수 있다(금융상품거래법 제156조의38~제156조의41).[77] 또한 민원처리·분쟁해결 절차에 관한 제규정을 정비하였다. 즉 업무규정에 있어서 분쟁해결 등 업무에 관한 절차를 규정하였고, 분쟁해결절차는 변호사 등으로 구성되는 분쟁해결위원이 실시하며, 분쟁해결절차에 시효의 중단 및 소송절차중지의 법적 효과를 부과하고 있다(금융상품거래법 제156조의42~제156조의54).

지정분쟁해결기관의 이용에 있어서 지정분쟁해결기관이 있는 업종에 대해서는 금융기관에 대해 하나의 지정분쟁해결기관과 민원처리·분쟁해결 절차의 응낙, 절차에 있어서의 사정설명·자료제출, 분쟁해결위원이 제시하는 화해안(특별조정안)의 존중에 관한

77) 지정에 있어서 법무부장관과 협의하여야 하고, 업종마다 분쟁해결기관을 지정하여야 한다. 지정분쟁해결기관은 업종에서 1개에 한정되지 않으며, 복수의 업종으로 지정을 받아 업종 횡단적인 지정분쟁해결기관이 되는 것도 가능하다.

내용이 포함된 계약 체결을 의무화하였다. 그리고 지정분쟁해결기관이 없는 경우에는 해당 금융기관이 민원처리·분쟁해결에 대처하도록 하였다. 또한 지정분쟁해결기관에 대한 감독규정도 정비하였다. 즉 지정분쟁해결기관에 대한 보고징구·출입검사, 업무개선명령 등의 감독규정을 정비한 것이다(금융상품거래법 제156조의55～제156조의61).

Ⅲ. 현행 금융ADR제도의 내용과 법적 문제

1. 서 언

금융거래관계에서 분쟁이 생긴 경우 그 해결방법은 재판에 의한 방법 이외에 화해, 중재, 조정, 알선과 같은 재판 외 분쟁방법이 이용될 수 있지만, 우리나라의 각 근거 법률은 조정에 의한 것만 규정하고 있을 뿐이다. 특히 금융관련 분쟁 사건의 경우[78] 금융위원회의 설치 등에 관한 법률(이하 "금융위원회설치법"이라 함)에 의한 금융감독원과, 소비자기본법에 의한 한국소비자원이 분쟁조정업무를 담당하고 있다. 그리고 증권·파생상품 분쟁과 관련하여서는 자본시장법에 의해 한국거래소와 금융투자협회(구 증권업협회)가 분쟁조정업무를 담당하고 있다.

현실적으로 금융거래관계에서 법적 분쟁이 생기는 영역은 주

---

78) 2009년 금융감독원에 분쟁조정 신청된 28,988건 중 5.7%인 1,656건에서 소송이 제기되었는데, 금융권역별 소송제기 비율은 손보 13.1%(1,357건), 금융투자 3.0%(56건), 은행 1.5%(82건), 생보 1.4%(161건) 순으로, 소송제기건 중 금융회사가 제기한 소송이 1,435건으로 대부분(86.7%)을 차지한다. 금융권별로는 손보 93.4%, 생보 73.3%, 금융투자 44.6%, 은행 30.5% 순이고, 보험회사에서 제기(민원인 제기 포함)한 소송은 1,518건이며, 그 중 89.4%인 1,357건이 손보와 관련하여 제기된 소송이다[금융감독원, 「보도자료(2009년도 금융분쟁조정신청관련 소송제기 현황)」(2010. 3. 11)(http://www.fss.or.kr/ 참조)].

로 증권투자신탁과 관련한 거래분야이지만, 보험도 변액보험과 같이 금융상품으로서의 복잡한 상품구조 등 다양한 특성을 갖고 있을 뿐만 아니라 약관의 난해성 등으로 인하여 보험계약체결 과정에서 당사자간 법적 분쟁이 많이 발생하고 있다.[79] 이하에서는 각각의 법률에 규정된 금융분쟁처리제도에 대한 법적 쟁점을 살펴보고자 한다.

2. 금융위원회설치법에 근거한 분쟁조정

(1) 금융분쟁조정위원회의 구성과 운영

금융위원회설치법에 근거한 금융감독원 금융분쟁조정위원회는 금융기관의 업무와 관련된 분쟁의 조정을 담당한다(동법 제51조). 즉 금융분쟁조정위원회는 금융기관과 예금자 등 금융수요자 기타 이해관계인 사이에 발생하는 금융관련분쟁의 조정에 관한 사항을 심의·의결하기 위한 조직이다. 금융분쟁조정위원회는 위원장 1인을 포함한 30인 이내의 위원[80]으로 구성한다(동법 제52조 제1항).

금융분쟁조정위원회의 회의는 조정위원회 위원장 1인을 포함하여 조정위원회 위원장이 매 회의마다 지명하는 7인 이상 11인 이하의 조정위원회 위원으로 구성하며 조정위원회 위원장이 소집

---

79) 최병규, "보험분쟁과 중재," 『기업법연구』 제20권 제2호(기업법학회, 2006), 117면; 오영수·김경한·이종욱, 『보험분쟁의 재판외적 해결 활성화 방안』, 보험연구원, 2009, 44면 이하 참조.

80) 금융분쟁조정위원회의 위원은 ① 부원장보 중에서 원장이 지명하는 자, ② 판사·검사 또는 변호사의 자격이 있는 자 중에서 원장이 위촉하는 자, ③ 한국소비자원 및 소비자단체의 임원 또는 그 직에 있었던 자로서 원장이 위촉하는 자, ④ 금융기관 또는 금융관계기관·단체에서 15년 이상 근무한 경력이 있는 자로서 원장이 위촉하는 자, ⑤ 금융에 관한 학식과 경험이 있는 자 중에서 원장이 위촉하는 자, ⑥ 전문의의 자격이 있는 의사 중에서 원장이 위촉하는 자, ⑦ 기타 분쟁의 조정과 관련하여 원장이 필요하다고 인정하여 위촉하는 자로 한다(동법 제52조 제2항).

하는데(동법 제54조 제1항), 구성원 과반수의 출석과 출석위원 과반수의 찬성으로 의결한다(동조 제2항). 금융감독원장은 조정위원회의 의결사항이 위법하거나 공익에 비추어 심히 부당하다고 판단되는 때에는 재의를 요구할 수 있고(동조 제3항), 이러한 재의요구가 있는 때에는 위원장이 지명하는 7인 이상 11인 이하의 조정위원회 위원으로 구성된 구성원 3분의 2 이상의 출석과 출석위원 3분의 2 이상의 찬성으로 재의결한다(동조 제4항).

(2) 분쟁조정절차 및 효과

금융분쟁조정위원회의 조정 절차는 금융기관, 예금자 등 금융수요자 및 기타 이해관계인이 금융과 관련한 분쟁에 대해 금융감독원장에게 조정을 신청함으로써 시작된다(동법 제53조 제1항). 금융감독원장은 분쟁조정의 신청을 받은 때에는 관계 당사자에게 그 내용을 통지하고 합의를 권고할 수 있다(동조 제2항). 그러나 분쟁조정의 신청내용이 ① 이미 법원에 제소된 사건이거나 분쟁조정의 신청이 있은 후 소를 제기한 경우, ② 신청의 내용이 분쟁조정대상으로서 적합하지 아니하다고 인정되는 경우, ③ 신청의 내용이 관련법령 또는 객관적인 증빙 등에 의하여 합의권고절차 및 조정절차진행의 실익이 없는 경우, ④ 기타 대통령령이 정하는 경우[81]에는 합의권고 또는 분쟁조정위원회에 회부하지 아니할 수 있다(동조 제2항 단서).[82]

---

81) 즉 ① 신청인이 정당한 이유 없이 기한 내에 보완을 하지 아니하는 경우, ② 신청의 내용과 직접적인 이해관계가 없는 자가 조정신청을 하는 경우, ③ 신청인이 부당한 이익을 얻을 목적으로 조정신청을 한 것으로 인정되는 경우, ④ 조정을 하는 것이 적당하지 아니하다고 인정되는 경우를 말한다(동시행령 제16조 제1항).

82) 합의권고를 하지 아니하거나 금융분쟁조정위원회에 회부하지 아니하는 때에는 이를 당사자에게 서면으로 통지하여야 한다(동시행령 제16조 제2항).

금융감독원장은 사건의 조사를 위하여 필요하다고 인정되는 경우에는 당사자에 대하여 사실의 확인 또는 자료의 제출 등을 요구할 수 있다(동시행령 제19조 제1항). 분쟁조정위원회는 조정사건의 심의를 위하여 필요한 경우에는 원장에게 당해 사건에 대한 조사 또는 관련자료의 수집을 요청할 수 있다(동조 제2항). 조정위원회는 당사자 기타 이해관계인의 의견을 들을 필요가 있다고 인정되는 때에는 이들에게 회의에 출석하여 의견을 진술할 것을 요청할 수 있다(동시행령 제20조 제1항).[83] 분쟁조정위원회는 의견을 듣고자 하는 때에는 시기 및 장소를 정하여 긴급을 요하는 경우가 아닌 한 의견청취 3일 전까지 당사자 기타 이해관계인에게 통지하여야 한다(동조 제2항).

금융감독원장은 분쟁조정의 신청을 받은 날부터 30일 이내에 합의가 이루어지지 아니하는 때에는 지체 없이 이를 조정위원회에 회부하여야 한다(동법 제53조 제3항). 금융분쟁조정위원회는 조정의 회부를 받은 때에는 60일 이내에 이를 심의하여 조정안을 작성하여야 한다(동조 제4항). 당사자는 분쟁조정신청 후에 당해 사건에 대하여 소를 제기한 때에는 지체 없이 이를 원장에게 통지하여야 한다(동시행령 제22조). 금융감독원장은 분쟁조정신청사건의 처리절차의 진행 중에 일방당사자가 소를 제기한 경우에는 그 조정의 처리를 중지하고 이를 당사자 쌍방에게 통보하여야 한다(동법 제56조).

금융감독원장은 당사자가 조정안을 수락한 때에는 조정서를 작성하여 교부하여야 한다(동시행령 제21조 제3항). 그리고 조정위원회가 조정안을 작성한 때에는 신청인과 관계 당사자에게 이를 제시하고 수락을 권고할 수 있다(동조 제5항).[84] 양 당사자가 통지

83) 당사자 기타 이해관계인은 분쟁조정위원회의 허가를 받아 조정위원회에 출석하여 의견을 진술할 수 있다(동시행령 제20조 제3항).

84) 조정안의 수락을 권고하는 때에는 조정의 효력과 조정안을 받은 날부

받은 조정안을 수락한 경우 당해 조정안은 재판상 화해와 동일한 효력을 갖게 된다(동법 제55조). 만일 당사자가 조정안을 받은 날부터 20일 이내에 조정안을 수락하지 아니한 때에는 조정안을 수락하지 아니한 것으로 보게 된다(동조 제2항). 금융기관은 조정안을 수락하지 아니한 때에는 그 사유를 원장에게 제출하여야 한다(동조 제4항).

(3) 법적 문제

금융관련 분쟁은 상품의 특수성으로 말미암아 여타 소비자분쟁과는 이질적인 요소가 있을 뿐만 아니라, 금융상품 가운데에도 복잡성에 있어서 차이가 있다. 그런데 금융위원회설치법상 금융분쟁조정에 관한 규정은 금융업 전체를 대상으로 하고 있어, 그 특수성과 복잡성을 반영한 실효성 있는 분쟁해결을 하기에는 한계가 있다. 또한 분쟁조정 처리기간에 있어서도 지나치게 획일적이다. 분쟁조정의 신청을 받은 날로부터 30일 이내에 감독원장의 합의권고가 받아들여지지 않을 경우 이를 지체 없이 조정위원회에 회부하도록 하고 있으며(동법 제54조 제3항), 조정위원회는 60일 이내에 이를 심의하여 조정안을 작성하도록 하고 있는데(동조 제4항), 금융투자상품에 따라서는 사실관계를 규명하는 데 상당한 시일이 걸리는 경우도 있고,[85] 그렇지 아니한 경우도 있다. 그리고 분쟁조정위원회의 구성도 문제가 있다. 즉 금융위원회설치법상 분쟁조정위원회는 7인 이상 11인 이하의 위원으로 구성하도록 되

터 20일 이내에 조정안을 수락하지 않으면 조정안을 수락하지 아니한 것으로 간주한다는 뜻을 함께 고지하여야 한다(동시행령 제21조 제1항).

85) 최근 발생한 KIKO와 같은 파생금융상품과 관련한 사건에서처럼 시중에 판매되고 있는 일부 금융상품의 경우 갈수록 상품의 구조가 복잡하여 조정 관계자의 금융공학적 지식이 필요할 뿐만 아니라, 그에 대한 이해 및 적합성원칙과 설명의무의 준수 여부 등에 대한 조사에 상당한 시일을 요할 수 있다.

어 있는데(동법 제54조 제1항), 이 역시 복잡성과 전문성 여하를 감안하지 아니한 구성방식이라 할 것이다.

또한 금융분쟁조정 대상의 누락 문제도 있다. 현재 금융감독원의 감독을 받지 않는 우체국 및 농협 등의 공제사업자에 대해서는 그 적용이 배제되고 있는 실정이다. 이와 같이 금융분쟁조정위원회의 조정을 통한 분쟁해결에 있어서 금융감독원의 감독을 받지 않는 금융회사가 제외되고 있을 뿐 아니라, 관련 분쟁기구간에 연계가 미흡하여 금융분쟁 발생시 소비자 보호에 문제가 발생할 수 있다. 그리고 현행 금융위원회설치법상 분쟁조정위원회는 금융감독원장의 영향력을 상당한 정도 받을 수밖에 없는 구조로 되어 있는 것도 문제이다.[86] 특히 금융감독원장은 분쟁조정위원회의 구성은 물론 조정안에 대한 재의요구권 등 막강한 권한을 행사할 수 있게 되어 있는데, 이렇게 되면 객관적 조정기관으로서가 아니라 금융감독원의 단순한 보조기관 내지는 자문기관의 지위에 놓인 것으로 인식될 수밖에 없을 것이다.

3. 소비자기본법에 근거한 분쟁조정

(1) 분쟁조정절차 및 조정의 효력

일반 소비자에 대한 권익을 보호하기 위하여 소비자보호법을 제정하고 이에 근거하여 소비자보호단체가 설치되었다.[87] 특히

86) 분쟁조정기관은 재판을 통하지 않고 분쟁을 해결하는 기관이기 때문에, 사법부의 독립과 마찬가지로 금융감독기관으로부터 독립하여 분쟁조정업무를 수행할 수 있어야 한다. 영국의 경우 FAS가 FOS의 규칙제정권과 이사회의 의장·위원 임면권 등을 갖지만, FOS는 법인으로서 체계상 FSA로부터 독립되어 있다.

87) 경제거래관계에서 소비자 보호가 사회문제로 등장함에 따라 1970년 한국소비자연맹이 결성되었고, 1978년에는 한국소비자단체협의회가 경제기획원의 승인을 받아 정식 발족하였으며, 1982년 9월에는 소비자보호법

소비자기본법은 한국소비자원을 설치하고, 그 산하에 소비자분쟁조정위원회를 두고 있다(동법 제33조, 제60조 제1항). 분쟁조정위원회는 소비자분쟁에 대한 조정결정, 조정위원회의 의사에 관한 규칙의 제정 및 개정·폐지, 그 밖에 조정위원회의 위원장이 토의에 부치는 사항에 관하여 심의·의결한다(동법 동조 제2항).

조정위원회는 위원장 1인을 포함한 50인 이내의 위원[88]으로 구성하며, 위원장을 포함한 2인은 상임으로 하고, 나머지는 비상임으로 하며, 위원장은 상임위원 중에서 공정거래위원회위원장이 임명한다(동법 제61조 제1항, 제3항). 위원장이 부득이한 사유로 직무를 수행할 수 없는 때에는 위원장이 아닌 상임위원이 위원장의 직무를 대행하고, 위원장이 아닌 상임위원이 부득이한 사유로 위원장의 직무를 대행할 수 없는 때에는 공정거래위원회위원장이 지정하는 위원이 그 직무를 대행한다(동조 제4항).

이 제정 시행되어 소비자 보호를 위한 제도적 기반이 마련되었다. 그리고 1987년 7월 한국소비자보호원이 출범하여 같은 해 소비자분쟁조정위원회가 구성되어 실질적인 소비자 보호 업무를 수행하게 되었다. 2007년에는 소비자 보호기능을 강화하기 위하여 소비자보호법을 전면 개정하여 이를 소비자기본법으로, 한국소비자보호원을 한국소비자원으로 변경하였다.

88) 위원은 ① 대학이나 공인된 연구기관에서 부교수 이상 또는 이에 상당하는 직에 있거나 있었던 자로서 소비자권익 관련분야를 전공한 자, ② 4급 이상의 공무원 또는 이에 상당하는 공공기관의 직에 있거나 있었던 자로서 소비자권익과 관련된 업무에 실무경험이 있는 자, ③ 판사·검사 또는 변호사의 자격이 있는 자, ④ 소비자단체의 임원의 직에 있거나 있었던 자, ⑤ 사업자 또는 사업자단체의 임원의 직에 있거나 있었던 자, ⑥ 그 밖에 소비자권익과 관련된 업무에 관한 학식과 경험이 풍부한 자 중에서 원장의 제청에 의하여 공정거래위원회위원장이 임명 또는 위촉하고, 그 임기는 3년으로 하며 연임할 수 있다(동법 동조 제2항, 제5항). 소비자분쟁조정위원회의 회의는 위원장, 상임위원과 위원장이 회의마다 지명하는 5인 이상 9인 이하의 위원으로 구성되며, 위원 과반수의 출석과 출석위원 과반수의 찬성으로 의결한다(소비자기본법 제63조).

소비자분쟁조정위원회의 분쟁조정운영절차를 보면, 한국소비자원은 소비자 또는 국가·지방자치단체·소비자단체 등으로부터 피해구제의 청구를 받아 30일 이내에 당사자 간 합의를 이루지 못하게 되면 소비자분쟁조정위원회에 조정을 요청하고 그 결정에 따라 처리하여야 한다. 조정위원회는 그 신청을 받은 날로부터 30일 이내에 그 분쟁조정을 마쳐야 한다. 다만, 부득이한 사정으로 30일 이내에 그 분쟁조정을 마칠 수 없는 경우에는 그 기간을 연장할 수 있다. 이 경우 그 사유와 기한을 명시하여 당사자 및 그 대리인에게 통지하여야 한다(동법 제65조 및 제66조).

소비자분쟁조정위원회는 사실조사, 전문가 자문,[89] 시험검사, 양 당사자의 진술과 관계자료 등을 검토하고, 공정한 절차에 따라 위원들의 의견을 모아 조정안을 제시한다. 조정안의 내용은 즉시 당사자에게 통보되며, 당사자가 통보를 받은 날로부터 15일 이내에 조정을 수락하여 조정서에 기명·날인하거나 수락거부의 의사를 표시하지 않을 경우 조정은 성립되고, 양 당사자 중 어느 한쪽이 수락거부의 의사를 표시하는 경우에는 조정은 성립하지 않게 된다. 만약 조정이 성립되면 조정의 내용은 재판상 화해와 동일한 효력이 부여되고, 그 결과 해당 분쟁에 대해서는 소송을 제기할 수 없다(동법 제67조).

(2) 전문성 있는 분야에 대한 분쟁조정 문제

소비자기본법에 의하면 분쟁조정업무는 소비자단체에 의한 자율적 분쟁조정업무와 한국소비자원에 의한 분쟁조정업무로 구분된다. 전자, 즉 공정거래위원회에 등록한 소비자단체의 협의체

89) 소비자분쟁조정위원회의 업무를 공정하고 객관적으로 수행하기 위하여 각 분야별 전문가로 구성된 전문위원회를 운영하고 있다. 동 위원회는 섬유제품, 금융, 법률, 의료 등 20개 분야 75명으로 구성되어 있으며 분쟁조정사건에 대한 자문역할을 수행하고 있다.

는 소비자의 불만 및 피해를 처리하기 위하여 자율적 분쟁조정을 할 수 있다(동법 제31조 제1항 본문). 소비자단체에 의한 자율적 분쟁조정업무는 '다른 법률의 규정에 따라 설치된 전문성이 요구되는 분야의 분쟁조정기구에서 관장하는 사항'에 대해서는 대상업무에서 제외하고 있다(동조 제1항 단서).[90] 이는 비록 소비자의 불만 및 피해를 처리하기 위한 것이라 하더라도 소비자법이 그 피해 유형을 소비자의 물품 등의 사용으로 인한 피해를 염두에 두고 있으므로(동법 제55조 제1항 참조), 소비자의 피해가 특수한 분야에서 생긴 경우에는 전문성을 감안하여 그 분야에 존재하는 분쟁조정기구에 맡기려는 취지라고 해석된다.

또한 한국소비자원의 경우에도 그 업무에 있어서 (1) 국가 또는 지방자치단체가 제공한 물품 등으로 인하여 발생한 피해구제, (2) 그 밖에 다른 법률의 규정에 따라 설치된 전문성이 요구되는 분야의 분쟁조정기구에 신청된 피해구제 등으로서 ① 다른 법률에 따라 소비자분쟁조정위원회에 준하는 분쟁조정기구가 설치되어 있는 경우 그 분쟁조정기구에 피해구제가 신청되어 있거나 이미 그 피해구제절차를 거친 사항과 동일한 내용의 피해구제, ② 소비자가 한국소비자원에 피해구제를 신청한 후 이와 동일한 내용으로 다른 분쟁조정기구에 피해구제를 신청한 경우에는 그 처리대상에서 제외하도록 하고 있다(동법 제35조 제2항, 동시행령 제28조). 이에 의해 다른 법률의 규정에 따라 설치된 전문성이 요구되는 분야의 분쟁조정기구에 신청된 피해구제는 처리대상에서 제외되지만, 시행령에 의해 다른 분쟁조정기구와 중복신청한 경우에만 적용을 제외하도록 정하고 있다. 그러므로 금융관련 분쟁조정을 한국소비자원에만 신청한 경우에는 소비자기본법에 근

90) 동법 시행령이 금융분쟁조정위원회, 의료심사조정위원회, 환경분쟁조정위원회, 한국저작권위원회 등을 열거함으로써, 금융분쟁은 그 조정대상에서 명확히 제외되어 있다(동시행령 제25조).

거하여 한국소비자원의 대상업무가 되는 것으로 해석되고 있다. 그러나 소비자기본법의 취지가 전문성이 요구되는 분야의 분쟁조정기구에 신청된 피해구제를 해당 전문분쟁조정기구에서 처리될 수 있도록 함으로써 소비자의 피해를 보다 실효성 있게 구제될 수 있도록 한 것이라 할 수 있으므로, 중복신청되지 아니한 경우에는 이러한 취지에 반하여 이를 해당 전문분쟁조정기관에서 처리할 수 없게 되는 문제가 있다.

4. 자본시장법에 근거한 분쟁조정

(1) 법적 근거와 절차

자본시장법은 한국거래소 및 금융투자협회로 하여금 분쟁의 자율조정을 할 수 있도록 규정하고 있다. 즉 유가증권시장·코스닥시장 및 파생상품시장 등에서의 매매와 관련된 분쟁의 자율조정(당사자의 신청이 있는 경우에 한함)[91]을 위하여 한국거래소 시장감시위원회[92]로 하여금 필요한 분쟁조정 규정을 정하도록 하고

91) 분쟁조정제도는 기본적으로 자율규제의 성격을 가지고 있기 때문에 우리나라에서도 거래소와 같은 자율규제기구가 분쟁조정업무를 수행하도록 하고 있다. 특히 2005. 1. 27. 시행된 한국증권선물거래소법에서는 증권선물거래소 시장감시위원회의 소관 업무로 분쟁의 자율조정을 명시하여 통합거래소의 출범과 함께 분쟁조정업무를 시작하였다. 자본시장법에서도 증권 및 파생상품시장에서의 매매와 관련된 분쟁의 자율조정을 한국거래소 시장감시위원회의 업무로 명시하고 있다.

92) 시장감시위원회는 ① 시장감시, 이상거래의 심리 및 회원에 대한 감리, ② 유가증권시장·코스닥시장 및 파생상품시장 간의 연계감시, ③ 이상거래의 심리, 회원에 대한 감리, 유가증권시장·코스닥시장 및 파생상품시장 간의 연계감시의 결과에 따른 회원에 대한 징계 또는 관련 임직원에 대한 징계요구의 결정, ④ 제377조 제10호에 따른 분쟁의 자율조정에 관한 업무, ⑤ 제403조에 따른 시장감시규정 및 제405조 제1항에 따른 분쟁조정규정의 제정·변경 및 폐지, ⑥ 그 밖에 제1호부터 제5호까지의 업무에 부수하는 업무를 수행하기 위하여 한국거래소에 둔 기관

있다(동법 제377조 제10호). 이에 따라 시장감시위원회는 분쟁의 자율조정을 위하여 필요한 분쟁조정규정을 정하여야 하고(동법 제405조 제1항), 분쟁조정을 위하여 필요하다고 인정되는 경우에는 당사자에 대하여 사실의 확인 또는 자료의 제출 등을 요구할 수 있다(동조 제2항). 또한 시장감시위원회는 당사자, 그 밖의 이해관계인의 의견을 들을 필요가 있다고 인정되는 경우에는 이들에게 회의에 출석하여 의견을 진술할 것을 요청할 수 있다(동조 제3항).

그 구체적인 절차를 보면,[93] 당사자가 조정신청을 하면 5인으로 구성된 시장감시위원회는 사건에 관계된 증거자료 등을 직접 조사하거나, 당사자에게 사실확인 및 자료제출을 요구한다. 위원장은 당사자가 합의하도록 함이 적당하다고 인정되는 사건의 경우에는 당사자에게 합의를 권고[94]하거나 조정안을 제시하여 합의하게 할 수 있다. 합의가 성립된 경우에는 합의서를 작성하여 양 당사자에게 1부씩 교부하고 1부는 시장감시위원회에 보관한다.[95] 합의가 성립되지 않은 경우에는 조정신청 접수일로부터 30일 이내(사실조사 기간 등은 제외됨)에 시장감시위원회에 회부하고,

---

이다(자본시장법 제402조 제1항).

93) 시장감시위원회 홈페이지(http://moc.krx.co.kr/m2/m2_4/m2_4_2/UHPMOC02004_02.html) 참조. 시장감시위원회의 분쟁처리절차는 신청인의 분쟁조정신청 → 조정신청접수 및 통지 → 피신청인의 의견서 및 관련자료 제출 →의견청취 등 사실조사 → (필요시)합의권고 → (합의 불성립시)시장감시위원회 회부 결정 → 분쟁조정심의위원회 사전 심의 → 시장감시위원회 회부 → 시장감시위원회 조정결정 → 조정결정 당사자 통지 → 당사자 조정결정 수락의 순으로 이루어진다. 따라서 한국거래소의 분쟁처리단계에서 합의가 불성립하는 경우에는 한국거래소의 분쟁조정심의위원회에서 사전 심의 후, 시장감시위원회에 회부하여 최종적으로 시장감시위원회의 조정 단계를 거치게 된다[한국거래소 편, 『증권분쟁사례집』(2009. 12), 21면 참조].

94) 합의권고는 당사자의 동의를 얻어 합의할 시기 및 장소를 정하고 이해관계인을 참여시킬 수 있다.

95) 증권・선물회사는 합의서에 따른 후속처리결과를 합의서 수령일로부터 20일 이내에 시장감시위원회에 통보해야 한다.

당사자에게는 회부사실, 추가자료제출 여부 및 위원명단을 지체 없이 통지하며, 당사자는 명단 수령일로부터 5일 이내에 위원에 대한 기피신청을 할 수 있다. 시장감시위원회가 조정결정을 하고 당사자가 시장감시위원회가 통보한 조정안을 수락하는 경우 조정안 수령일로부터 15일 이내에 시장감시위원회에 출석하여 조정서 3부를 작성하고 기명날인 또는 서명함으로써 조정이 성립된다.[96] 원칙적으로 시장감시위원회의 조정 또는 기각 결정이 있는 경우에는 동일 사건에 대하여 다시 조정을 신청할 수 없다.[97]

또한 자본시장법은 회원의 영업행위와 관련된 분쟁의 자율조정(당사자의 신청이 있는 경우에 한함)을 위하여 한국금융투자협회[98]로 하여금 별도의 조직을 갖추게 하고 있다(동법 제286조 제1항 및 제2항).[99] 이는 자본시장 또는 금융시장의 복잡한 특성을 감안하

---

96) 일방 당사자가 시장감시위원회에 출석하기 곤란한 사유가 인정되는 때에는 그 기간 내에 기명날인한 수락서를 시장감시위원회에 제출할 수 있으며, 이 경우 상대방이 출석하여 조정서를 작성하거나 수락서를 제출함으로써 조정이 성립된 것으로 본다.

97) 다만, 조정진행 중에는 제출되지 않은 것으로 조정결과에 대하여 중대한 영향을 미치는 새로운 사실이 나타날 경우 등 재조정 신청사유에 해당하는 때에는 조정 또는 기각 결정의 통지 수령일로부터 30일 이내에 당해 사건에 대한 재조정을 신청할 수 있다.

98) 한국금융투자협회는 회원 상호 간의 업무질서 유지 및 공정한 거래를 확립하고 투자자를 보호하며 금융투자업의 건전한 발전을 위하여 설립된 법인으로(자본시장법 제283조 제1항 및 제2항), ① 회원 간의 건전한 영업질서 유지 및 투자자 보호를 위한 자율규제업무, ② 회원의 영업행위와 관련된 분쟁의 자율조정(당사자의 신청이 있는 경우에 한함)에 관한 업무, ③ 투자권유자문인력 등 주요직무 종사자의 등록 및 관리에 관한 업무, ④ 금융투자업자가 장외파생상품을 신규로 취급하는 경우 그 사전심의업무, ⑤ 증권시장에 상장되지 아니한 주권의 장외매매거래에 관한 업무 등을 영위하며(동법 제286조 제1항), 분쟁의 자율조정 업무의 경우 다른 업무와 독립적으로 운영되도록 하여야 하고, 이를 위하여 별도의 조직을 갖추어야 한다(동조 제2호).

99) 한국거래소는 2009. 7. 28. 분쟁조정센터 홈페이지를 개설・운영하고 있다(http://drc.krx.co.kr/).

여 판단에 전문성을 제고하고 소송수행에 따르는 사회적 비용을 절감하고자 하는 의미에서 마련된 것이라 할 수 있다. 협회는 분쟁의 자율조정을 위하여 필요한 분쟁조정규정을 정하여야 하고(동법 제288조 제1항), 분쟁의 조정을 위하여 필요하다고 인정되는 경우에는 당사자에 대하여 사실의 확인 또는 자료의 제출 등을 요구할 수 있다(동조 제2항). 또한 협회는 당사자, 그 밖의 이해관계인의 의견을 들을 필요가 있다고 인정되는 경우에는 이들에게 회의에 출석하여 의견을 진술할 것을 요청할 수 있다(동조 제3항).

그 구체적인 절차를 보면,[100] 회원의 영업행위와 관련하여 분쟁이 발생하는 경우 이해 당사자가 양식에 의해 작성한 분쟁조정신청서를 협회장에게 제출함으로써 분쟁조정이 시작되고, 양당사자가 제출한 자료의 검토와 필요한 경우 당사자 대면질의 등의 방법으로 투자 당시의 구체적인 사실관계를 확인하기 위한 조사가 이루어진다. 일방 당사자 주장 내용의 전부 또는 일부가 이유있다고 판단되는 경우 분쟁조정위원회 회부전 양당사자에게 합의권고안을 제시할 수 있고, 그 내용을 수용하기 어려운 경우에는 위원회 회부전 종결처리할 수 있다. 접수된 분쟁조정사건은 원칙적으로 30일 이내에 분쟁조정위원회에 회부되어야 하며, 분쟁조정위원회의 검토 등을 통해 최종적으로 제시된 조정안을 당사자가 수락함으로써 조정이 성립하게 된다.

(2) 조정의 효과와 법적 문제

이와 같이 한국거래소와 금융투자협회는 자본시장법에 근거한 자율규제기관이지만,[101] 전자는 유가증권시장·코스닥시장 및

100) 이에 대해서는 한국금융투자협회 편, 『행복 금융투자 길라잡이(분쟁조정사례·판례핸드북)』(2009. 9), 86면 참조.

101) 우리나라에서는 증권분쟁의 경우 조정만이 허용되고 있는데, 투자자들

파생상품시장 등에서의 매매와 관련된 분쟁을 시장감시위원회라는 분쟁기구에서 처리하고, 후자는 회원의 영업행위와 관련한 분쟁을 분쟁조정위원회에서 처리하는 점에서 차이가 있다. 또한 한국거래소와 금융투자협회의 조정기능은 법률에 근거하여 이루어진다는 점에서 민간조정과는 차이가 있지만, 행정기관이 아닌 점에서 민간조정에 해당한다. 따라서 한국거래소 시장감시위원회 및 금융투자협회의 분쟁조정위원회에 의한 조정이 이루어지는 경우 민법상 화해의 효력이 인정될 뿐이다.[102)]

그런데 분쟁조정제도는 당사자가 조정안을 수락한 경우에만 효력이 인정되기 때문에 주로 피신청인에 해당하는 금융투자회사가 조정안을 거부하는 경우에는 현실적인 실효성이 확보되지 못하는 문제가 있다. 또한 이들 자율분쟁해결기관에 의한 조정의 경우 민법상 화해라는 한계[103)] 등이 있기 때문에 금융소비자를 보호하기 위해서는 보완책이 필요하다는 견해[104)]도 있다.

의 서비스 이용기회 확대를 도모하고자 분쟁조정기관을 복수로 운영하도록 하고 있다. 즉 한국거래소, 금융투자협회, 금융감독원 및 한국소비자원이 각기 근거 법령에 따라 분쟁조정업무를 수행하고 있다.

102) 한국증권법학회 편, 『자본시장법 주석서 Ⅱ』, 박영사, 2009, 563, 838면.

103) 조정은 금융감독원의 조정과 달리 민법상 화해의 효력에 불과하기 때문에 강제집행을 하기 위해서는 별도의 채무명의가 필요하다. 이러한 점에서 당사자간 부제소 특약을 체결하는 방법으로 법상 강제력을 확보할 수 있도록 하여야 한다는 견해도 있다(한국증권법학회 편, 앞의 책, 564면, 참조).

104) 그 구체적인 내용으로 투자자와 금융투자회사간에 위탁매매계약 또는 투자계약을 체결함에 있어서 장래 발생하는 분쟁에 대한 사전중재합의 조항을 둘 수 있도록 하거나, 사후에도 중재절차를 이용할 수 있도록 하여야 한다는 것이다(한국증권법학회 편, 앞의 책, 839면 참조).

IV. 현행법상 ADR제도의 문제점과 개선 방안

1. 조정 이외의 ADR제도의 활용

우리의 경우 다양한 형태로 발생하고 있는 금융분쟁사건에서 이를 해결할 수 있는 방법이 지극히 제한적이라는 문제가 있다. 금융거래관계에서 분쟁이 생길 경우 재판 이외에 분쟁을 해결하는 방법으로는 알선, 화해, 중재, 조정 등 여러 가지 방법이 있겠지만, 금융과 관련해서는 현행법상 분쟁조정만이 유일한 접근 가능한 수단이라 할 수 있다. 그런데 중재는 통상적으로 대한상사중재원에서 담당하나 상사에 관한 분쟁을 주로 취급하고 있으며, 알선과 화해는 법률의 규정에 의한 경우를 제외하고는 변호사법 위반이 되므로 실질적으로 접근 불가능한 형편이다. 따라서 금융상품의 특성을 반영하여 분쟁이 적절하게 해결될 수 있도록 다양한 제도를 도입함으로써 소비자의 선택범위를 넓힐 필요가 있다.

생각건대 금융분쟁조정기관에 의한 조정만이 아니라, 중재나 알선제도를 금융분쟁해결방법으로 이용할 수 있도록 하여야 할 것이다. 특히 중재제도는 법원의 확정판결과 같은 효력이 있고, 당사자는 소송에 따른 비용을 절감할 수 있기 때문에, 이를 금융 ADR제도로서 도입하여야 한다고 본다.[105] 다만 중재제도가 채택될 경우 판결을 받을 권리가 제한되기 때문에 이를 도입하기 위해서는 당사자의 충실한 절차적 기본권의 보장, 해당 금융분야에 전문지식을 갖춘 위원의 확충, 객관적이고 공정한 제3자적 위원의 지위보장 등의 요건이 구비되어야 할 것이다.[106]

---

105) 박길준, 앞의 논문, 452면; 심영, 앞의 논문, 562면. 보험분쟁사건에 있어서 조정제도 이외에 중재제도의 활용과 함께 온라인 중재의 활성화를 강조하는 견해도 있다(최병규, 앞의 논문, 133면).

106) 한국증권법학회 편, 앞의 책, 839면.

2. 금융분쟁조정규정의 합리화 및 유연화

현행 법규상 규정되어 있는 분쟁조정절차는 지나치게 획일적이고, 경직적인 문제가 있다. 금융관련 분쟁은 상품의 특수성으로 말미암아 여타 소비자분쟁과는 이질적인 요소가 있을 뿐만 아니라, 금융상품 가운데에서도 복잡성에 있어서 차이가 있다. 그런데 금융위원회설치법상 금융분쟁조정에 관한 규정은 금융업 전체를 대상으로 하고 있어, 그 특수성과 복잡성을 반영한 실효성 있는 분쟁해결을 하기에는 지나치게 획일적이라 하지 않을 수 없다.

분쟁조정 처리기간과 관련하여서도 문제인데, 분쟁조정의 신청을 받고 당사자간 합의가 이루어지지 않는 경우 최장 60일 이내에 분쟁조정안을 작성하도록 하고 있다(동법 제54조 제3항 및 제4항). 그러나 최근 발생한 KIKO와 같은 파생금융상품과 관련한 사건에서처럼 시중에 판매되고 있는 일부 금융상품의 경우 갈수록 상품의 구조가 복잡하여 조정 관계자의 금융공학적 지식이 절대적으로 필요할 뿐만 아니라, 그에 대한 이해 및 적합성원칙과 설명의무의 준수 여부 등에 대한 조사에 상당한 시일이 걸릴 수 있다. 따라서 간단한 사실조사만으로도 충분한 사건과 같은 경우에는 현행보다 단기로 하고, 복잡한 구조의 금융상품과 관련한 사건의 경우에는 분쟁조정기간을 현행보다 연장할 필요가 있다고 본다.

또한 분쟁조정위원회의 구성에 있어서도 문제이다. 금융위원회설치법상 분쟁조정위원회는 7인 이상 11인 이하의 위원으로 구성하도록 되어 있는데(동법 제54조 제1항), 앞에서 본 것과 같이 금융상품에 따라서는 전문적 금융지식이 있어야 할 뿐만 아니라 심층적인 조사와 논의가 필요하게 된다. 이러한 경우 시간과 인력이 부족하게 되면 결국 실체적 진실의 발견이 쉽지 않을 것이다. 반면에 분쟁사건의 쟁점이 명확하고 단순한 사안의 경우에는 소수의 위원이 심의를 해도 충분하다. 따라서 복잡하고 전문적인 사안의 경우에는 현행보다 위원 수를 더 확대하고, 단순 사안의 경우에는 소위원회 형식으로 그 규모를 축소함으로써 분쟁조정을 실효성 있고 또 경제적으로 운영할 수 있도록 하여야 할 것이다.[107)]

3. 금융분쟁조정기관의 일원화

현재 금융분쟁사건에 대한 조정업무는 법적 근거에 의하여 금융감독원과 한국소비자원뿐만 아니라, 한국거래소와 금융투자협회도 수행할 수 있고, 유사금융기관(농협, 우체국, 새마을금고 등)도 조정업무를 수행하고 있다. 먼저 소비자기본법에 의한 소비자분쟁조정위원회의 분쟁조정업무에 있어서 금융분쟁사건은 그 특수성과 전문성을 감안하여 금융분쟁조정위원회가 담당하는 것으로 할 필요가 있다고 본다. 소비자기본법도 소비자단체에 의한 자율적 분쟁조정업무의 범위에서 '다른 법률의 규정에 따라 설치된 전문성이 요구되는 분야의 분쟁조정기구에서 관장하는 사항'에 대해서는 대상업무에서 제외하고 있다(동법 제31조 제1항 단서).[108)] 소비자기본법의 취지는 전문성이 요구되는 분야의 분쟁조정기구에 신청된 피해구제를 해당 전문분쟁조정기구에서 처리될 수 있도록 함으로써 소비자의 피해가 보다 실효성 있게 구제될 수 있도록 한 것이라 할 수 있다. 그리고 시행령에서 예외 사유를 중

---

107) 최병수, "사법제도 이외의 보험분쟁해결제도," 『보험법의 쟁점』(양승규 · 장덕조 공편), 법문사, 2000, 691면; 오영수 · 김경한 · 이종욱, 앞의 보고서, 127면.

108) 이는 비록 소비자의 불만 및 피해를 처리하기 위한 것이라 하더라도 소비자기본법이 그 피해 유형을 소비자의 물품 등의 사용으로 인한 피해를 염두에 두고 있으므로(동법 제55조 제1항 참조), 소비자의 피해가 금융 등 특수한 분야에서 생긴 경우에는 전문성을 감안하여 그 분야에 존재하는 분쟁조정기구에 맡기려는 취지라고 해석된다.

복신청한 경우만으로 좁게 규정하고 있는데, 소비자기본법의 본래의 취지에 맞게 중복신청되지 아니한 경우라 하더라도 해당 전문분쟁조정기관이 설치되어 있는 이상 그 기관에서 처리하도록 하는 것이 타당하다고 본다.

또한 금융분쟁조정 대상의 누락 문제도 있다. 현재 금융감독원의 감독을 받지 않는 농협 등의 공제사업자에 대해서는 그 적용이 배제되고 있는 실정이다. 이와 같이 금융분쟁조정위원회의 조정을 통한 분쟁해결에 있어서 금융감독원의 감독을 받지 않는 금융회사가 제외되고 있을 뿐 아니라, 관련 분쟁기구 간에 연계가 미흡하여 금융분쟁 발생시 소비자 보호에 문제가 발생할 수 있다. 금융위원회설치법상 분쟁조정위원회를 일반 소비자구제 절차와 독립하여 둔 취지는 그 특수성과 전문성을 감안하여 보다 실질적인 금융소비자보호를 위한 것이라 할 것이다. 따라서 비록 각종 공제조합 등이 금융감독원의 직접적인 감독을 받지는 않는다 하더라도, 금융소비자들이 금융분쟁에 관한 전문적 분쟁조정기관으로부터 충실하게 구제받을 수 있도록 분쟁조정기구를 통합하여야 할 것이다.109)

4. 금융분쟁조정기관의 독립성 확보

현행 금융위원회설치법상 분쟁조정위원회는 금융감독원장의 영향력을 상당한 정도 받을 수밖에 없는 구조로 되어 있는 것도 문제이다. 분쟁조정기관은 재판을 통하지 않고 분쟁을 해결하는

109) 생각건대 영국은 2000년 FSMA에서 8개 분야의 옴부즈맨제도를 통합하였을 뿐만 아니라, 일본도 2009년 금융상품거래법을 개정하여 금융 ADR제도를 획기적으로 도입·시행한 것 등은 분쟁조정기관의 일원화 및 포괄적·횡단적인 분쟁해결을 위한 우리 법제의 개선 과정에 있어서 많은 참고가 될 것이다.

기관이기 때문에, 사법부의 독립과 마찬가지로 금융감독기관으로부터 독립하여 분쟁조정업무를 수행할 수 있어야 한다.[110] 분쟁조정위원회는 금융위원회설치법에 따라 금융감독원에 설치되어 있으며, 위원장은 금융감독원 부원장이 겸임하고 조정위원을 금융감독원장이 위촉하게 되어 있다(동법 제51조, 제52조 제2항). 특히 분쟁조정위원회의 심의결과는 금융감독원장이 당사자에게 제시하여 수락을 권고할 수 있을 뿐만 아니라(동법 제53조 제5항), 조정안에 대하여 분쟁조정위원회에 재의를 요구할 수 있다(동법 제54조 제3항).

이와 같이 금융감독원장은 분쟁조정위원회의 구성은 물론 조정안에 대한 재의 요구권 등 막강한 권한을 행사할 수 있게 되어 있는데, 이렇게 되면 위원회가 객관적 조정기관으로서가 아니라 금융감독원의 단순한 보조기관 내지는 자문기관의 지위에 놓인 것으로 인식될 수밖에 없다. 따라서 객관적이고 독립적인 금융분쟁조정 전문기구로서의 역할을 수행하기 위해서는 분쟁조정위원회의 지위를 가능한 한 금융감독기관으로부터 독립시켜야 할 것이다. 그 구체적인 방안으로 현재와 같이 분쟁조정위원회를 금융위원회설치법에 존치시킨다 하더라도, 금융감독원과는 별개의 독립된 법인으로 분리시킬 필요가 있다고 본다. 이러한 시스템이 구축되어야만 분쟁조정위원회에 의한 분쟁조정이 업계와 소비자로부터 신뢰를 받게 될 것이다.[111]

110) 앞에서 살펴본 영국의 FOS의 법적 지위는 우리 분쟁해결법제에 시사하는 바가 크다고 본다. 물론 FAS는 FOS의 규칙제정권과 이사회의 의장·위원 임면권 등을 갖는 감독기관이지만, FOS는 법인으로서 체계상 FSA로부터 독립되어 있기 때문이다.

111) ADR기관의 중립·공평성 및 고객의 신뢰에 관하여는, 山本和彦, 앞의 논문, 49면 참조.

5. 자율규제 및 분쟁조정의 효력 강화

금융상품거래에 있어서 발생한 민원을 적극적으로 처리하는 방법으로서 금융회사 스스로에 의한 자율규제 시스템을 강화할 필요가 있다.[112] 금융투자협회 등에 의한 노력도 필요하지만, 각 금융회사가 자신들의 투자상품판매 등의 과정에서 생긴 분쟁을 적극적으로 해결하기 위한 노력을 촉구하는 측면에서도 회사내 민원처리전치주의를 택할 필요가 있다고 본다.[113] 이 경우 금융회사의 분쟁해결시스템 운용비용이 증가함으로써 기업에 부담될 수 있지만, 일본의 금융ADR법과 같은 지정분쟁해결기관제도의 도입을 검토하는 것도 대안이 될 수 있을 것이다.

또한 ADR제도가 단지 소송제기 이전에 거치는 절차만으로 인식되는 경우 등에는 오히려 분쟁해결비용을 증가시키게 되므로, 종국적 분쟁해결이 가능하도록 하는 방안이 모색되어야 한다.[114] 특히 금융기관은 구조적으로 투자자에 비해 지식과 경험, 정보의 획득량 등에 큰 차이가 있다.[115] 따라서 금융소비자 등을 위해 신속하고도 실효성 있는 ADR기능을 정비함에 있어서 정보 등의 측면에서 금융회사의 우위성을 감안하여 조정 결과에 대해

---

112) 영국은 FSA의 감독을 받는 금융회사(강제관할) 및 합의에 의해 FOS의 분쟁처리에 참여한 금융회사(임의관할)는 금융서비스와 관련하여 제기되는 민원을 처리하기 위해 회사 내에 민원처리절차를 마련하도록 하고 있다. 즉 FOS에 의한 금융 ADR절차의 전제로서 민원이 우선 금융회사에 제기되어야 하고, 금융회사 내부에서 민원이 처리되지 않은 경우에만 비로소 FOS에 분쟁처리를 신청할 수 있는 이른바 회사내 민원처리전치주의를 택하고 있다.

113) 금융투자상품과 관련한 분쟁이 증가하고 있는 추세를 감안한다면, 영국의 경우와 같이 실질적인 회사내 민원해결 시스템의 구축 의무도 법령에 구체적으로 명시할 필요가 있다고 본다.

114) 심영, 앞의 논문, 562면.

115) 西村あさひ法律事務所 編, 앞의 책, 454면.

편면적 구속력을 인정하여야 할 것이다.116) 다만 편면적 구속력을 인정하기 위한 전제로, ADR의 분쟁해결기능이 소비자와 금융업자 쌍방에 있어서 공정성과 중립성 내지는 객관성 요건을 확보하여야 한다고 본다.117)

V. 맺 음 말

이상에서 살펴본 것과 같이 ADR제도는 분쟁 발생시 공정하지만 비용과 시간이 소요되는 절차인 소송절차에 비해, 전문가의 전문지식을 제도적으로 활용할 수 있고, 경제적 비용 등의 측면에서 금융소비자에게 유리한 측면이 있다. 뿐만 아니라 금융회사의 입장에서 보아도 금융ADR을 활용함으로써 소비자와의 민원·분쟁을 조기에 해결하는 것이 바람직하고, 이를 통하여 소비자의 니즈를 구체적인 형태로 파악할 수 있으며, 그에 맞는 금융상품

116) 법률로 편면적 구속력을 인정하는 경우 금융회사의 재판을 받을 권리를 침해하는 등의 문제도 있을 수 있지만, 금융단체 등이 내부적으로 약속을 정하는 한 문제가 없다는 견해도 있다(山本和彦, 앞의 논문, 50면). 영국은 물론, 일본의 경우도 금융기관에 대해서 금융ADR기관의 이용과 그에 대한 구속을 의무화함으로써, 금융분쟁의 해결에 있어 획기적인 시도를 하고 있다(금융ADR법 제156조의44 등). 그것은 금융자본시장의 신뢰회복을 목표로 금융기관 등 금융서비스업자에게 큰 영향을 준 것으로 인식되고 있다[中沢則夫·中島康夫, "金融分野における裁判外紛争解決制度(金融ＡＤＲ制度)の概要,"『商事法務』, No.1876(2009.9), 45면 이하 참조].

117) 앞에서 살핀 것과 같이 영국 FOS의 경우 공정성과 중립성을 확보하기 위한 규정을 두고 있다. 또한 일본의 경우도 임직원 및 분쟁해결위원의 공정성 및 중립성을 확보하기 위하여 분쟁해결위원의 일정 자격요건과 함께 분쟁해결위원의 선임 방법 및 이해관계 있는 분쟁해결위원의 배제 등에 관한 규정을 두고 있다(中沢則夫·中島康夫, 앞의 논문, 44면).

과 금융서비스의 제공을 보다 용이하게 할 수 있는 등의 이점이 있다.

그런데 현재 우리나라의 금융분쟁해결제도는 조정만이 거의 유일한 방법으로 활용되고 있는 실정이다. 소송에 의한 해결이 주는 여러 가지 부담으로 인하여 자율적 분쟁해결방법인 조정이 활용되고 있는 점은 ADR제도가 갖는 장점에 비추어볼 때 매우 긍정적이라 할 것이다. 그러나 조정 일변도의 운영형식에서 탈피하여 보다 다양한 분쟁해결제도 특히 중재제도를 적극 활용할 수 있는 방안이 모색되어야 할 것이다. 또한 분쟁조정 규정의 합리화 및 유연화를 추구하여 보다 전문적인 조정업무가 실현될 수 있도록 하여야 할 것이다. 이를 위해서는 조정기간을 사안별로 나누어 설정하고, 조정위원회의 인적 구성도 사안의 복잡성이나 전문성에 따라 다양하게 구성하는 방안을 고려할 필요가 있다고 본다.

특히 금융분쟁조정의 효율성과 조정 내용의 전문성을 담보하기 위해 현재 산재되어 있는 금융분쟁조정절차를 일원화시킬 필요가 있다. 즉 소비자기본법의 본래의 취지를 살려 금융분쟁사건에 대하여는 금융분쟁조정위원회로 통합하고, 각종 공제의 경우도 개개의 형태로 분쟁조정이 이루어지는 것보다 전문성과 효율성을 위해 금융분쟁조정위원회에서 일괄하여 다룰 수 있도록 하여야 할 것이다. 아울러 객관성과 신뢰성을 담보하기 위하여는 금융분쟁조정기구의 독립성이 확보되지 않으면 안된다. 현행법상 금융감독기관의 영향력이 금융분쟁조정위원회에 크게 미칠 수 있는 구조로 되어 있기 때문에 가능한 한 관여범위를 축소하여야 할 것이고, 향후 분쟁조정기관을 독립된 법인체 형태로 설립할 수 있도록 하는 것도 검토할 필요가 있다.

이 밖에도 금융투자업자가 해당 금융상품거래 관계에서 발생하는 민원을 적극적으로 해결하기 위한 자율적 분쟁해결체제를 구축하도록 하여야 할 것이다. 그리고 분쟁조정안에 대하여 양 당사자 가운데 어느 한쪽이라도 수락을 거부하면 조정이 성립되지 않아, 결과적으로 시간과 비용 등이 낭비되는 문제가 있다. 이러한 문제를 해결하기 위해 분쟁조정안에 대한 수락을 일부 강제하는 방안도 모색되어야 할 것이다. 특히 조정절차가 진행되는 과정에서 소비자에 비해 사업자는 자신의 면책 등과 관련하여 용이하게 증명하는 등 우월한 지위에 있는 것이 사실이다. 따라서 조정안에 대하여 소비자 쪽에서 이를 수락하면, 금융사업자의 의견과 상관없이 조정안을 수락한 것으로 보는 구속력을 부여하여야 한다고 본다.

색인어

금융감독기구, 금융규제법, 금융투자자, 금융옴부즈맨, 대안적 분쟁처리제도, 조정, 중재

참고문헌

1. 국내문헌

김민중, "소송외적 방법에 의한 환경오염피해분쟁의 해결제도," 『비교사법』, 제2권 제2호(비교사법학회, 1995).

맹수석, "자본시장통합법상 금융투자자보호제도의 문제점과 예금보험제도의 개선방안," 『금융안정연구』 제9권 제2호(예금보험공사, 2008).

박길준, "한국법문화에서의 금융분쟁해결제도," 『상사법연구』 제20권 제3호(상사법학회, 2001).

사법연수원 편, 『ADR(판결 이외의 분쟁해결)』, 2006.

심영, "미국에 있어서의 소송대체적 분쟁해결제도," 『비교사법』 제11권 제2호(비교사법학회, 2004).

오영수 · 김경한 · 이종욱, 『보험분쟁의 재판외적 해결 활성화 방안』, 보험연구원, 2009.

최병규, "보험분쟁과 중재," 『기업법연구』 제20권 제2호(기업법학회, 2006).

최병수, "사법제도 이외의 보험분쟁해결제도," 『보험법의 쟁점』(양승규 · 장덕조 공편), 법문사, 2000.

한국거래소 편, 『증권분쟁사례집』, 2009.

한국금융투자협회 편, 『행복 금융투자 길라잡이(분쟁조정사례 · 판례핸드북)』, 2009.

한국증권법학회 편, 『자본시장법 주석서 Ⅱ』, 박영사, 2009.

2. 외국문헌

犬飼重仁, "金融ＡＤＲをいかに　させるか"、『ファイナンシャルコンプライアンス』 通巻597號(2009.2).

楠本くに代, "英国金融サービス法と消費者保護," 『信用金庫』, 第54號(2000).

山本和彦, "裁判外紛爭解決制度(ＡＤＲ)," 『金融システムと法』, 有斐閣(2000).

山下友信 · 神田秀樹　編, 『金融商品取引法概說』, 有斐閣, 2010.

杉浦宣彦 · 徐熙錫 · 横井眞美子, "金融ＡＤＲ制度の比較法的考察—英国 · 豪州 · 韓国の制度を中心に—," 『金融庁金融研究研修センターディスカッションペーパー』, No.52(2005).

西村あさひ法律事務所　編, 『最新金融レギュレーション』, 商事法務, 2009.

小島武司 · 高桑昭, 『仲裁法』, 青林書院, 2007.

小島武司 · 伊藤眞　編, 『裁判外紛争処理法』, 有斐閣, 1998.

熊沢由弘, “ＡＤＲにかかる法改正動向とＪＡ共済への期待―金融ＡＤＲ法への対応を中心として―,”『共済総研レポート』, No.108(2010. 4).

中沢則夫・中島康夫, “金融分野における裁判外紛争解決制度(金融ＡＤＲ制度)の概要,”『商事法務』, No.1876(2009.9).

斉藤美彦, “英国金融サービス · 市場法について,”『金融』, 第644號(2000).

黒沼悦郎,『アメリカ証券取引法』(第2版), 弘文堂, 2004.

Cook, Gregory C. and A. Kelly Brennan, “The Enforceability of Class Action Waivers in Consumer Agreements,” 40 UCC L.J. 331(2008).

Kaplinsky, Allen S. & Mark J. Levin, “Consumer Financial Services Arbitration: Current Trends And Developments,” 53 Bus. Lawyer 1075(1998).

Lomnicka, Eva, The Financial Services and Market Act: An Annotated Guide, Sweet & Maxwell, 2002.

Scarpino, Julia A., “Mandatory Arbitration Of Consumer Disputes: A Proposal To Ease The Financial Burden On Low-Income Consumers,” American University Journal of Gender, Social Policy and the Law, Vol. 10, No.3, 679(2002).

Sternlight, Jean R., “Creeping Mandatory Arbitration: Is it Just?” Stanford Law Review, Vol.57, 1631(2005).

소비자기본법의 금융소비자분쟁 해결에 관한 고찰*

김 성 천**

차 례

Ⅰ. 서 론

금융서비스는 명실공히 소비자의 소비생활 속에 없어서는 안 되는 현대소비자본주의의 상징물이다. 소비자라면 누구나 제한된 자원으로 욕구를 충족시켜 만족하기 위해 예금, 대출, 보험, 증권, 신용카드 등의 금융서비스를 이용한다. 금융서비스는 경제적으로나 심리적으로 안도감을 주는 것 이외에도 사회적 자원으로 활용되고 있다.

* 이 글은 개인적 견해임.
** 한국소비자원 정책연구실 연구위원, 법학박사.

최근 금융자율화, 정보화가 급속히 진전되면서 금융서비스의 다양화와 복잡화 등으로 경쟁적으로 금융상품을 제공하여 금융기관의 문턱이 낮아졌다. 이에 따라 은행, 보험사, 증권사, 신용카드사 등을 비롯한 각종 금융기관의 서비스는 소비자거래에서 중요한 위치를 차지하고 있다. 금융서비스는 각종 공과금과 수수료를 내는 일에서부터 외국에 여행하기 위하여 환전하는 일, 주택을 구입하기 위하여 자금을 빌리는 일, 보험에 가입하고 증권에 투자하는 일 등 복잡하고 다양한 형태로 빈번하게 이루어지고 있다.

그러나 금융서비스는 소비자에게 제공하는 편리성과 더불어 소비자에게 위험을 제공하고 있어 이를 이용하는 과정에서 불만과 피해도 발생된다. 예를 들면 예금·적금과 관련하여 대출원리금·수수료 등에 관한 분쟁, 은행원의 안내 부족 등이고, 대출·보증과 관련하여는 연체로 발생한 법적 절차비용을 과다로 징수하는 경우, 보증대출 이외에 타 대출까지 변제하라는 경우, 보증인의 동의 없이 대출금이 자동 연장된 경우 등이 있고, 이 외에도 보험에서는 충분한 설명 없이 변액보험에 가입시키는 경우, 증권에서는 무리한 증권투자로 인한 피해, 신용카드거래에서는 과잉채무 등의 문제가 있다.

이 같은 금융서비스의 역기능인 금융소비자문제는 대다수의 소비자가 금융서비스와 관련한 법률 및 약관에 대한 무관심과 기초지식의 부족 등이나, 충분한 정보와 전문적인 지식을 보유한 금융기관의 우월적 지위의 남용에 기인한다. 그러나 근본적으로는 금융소비자보호를 위한 법제도의 미비에 책임이 돌아가야 할 것이다. 현재 우리나라 금융관계법제는 금융위원회의 설치 등에 관한 법률, 은행법, 보험업법, 자본시장과 금융투자업에 관한 법률, 여신전문금융업법, 할부거래에 관한 법률, 신용정보의 이용 및 보호에 관한 법률 등이 있지만 대부분 행정규제에 치중하고 있어 소비자권리의 관점에서 보면 선진국에 비해 상당한 수준의 개혁이 필요하다.

금융소비자문제는 국제사회에서 공통적으로 논의되는 국제적 소비자정책의 과제이다. 선진국과 비교하여 현재 논의 중인 금융소비자정책의 논의는 단편적인 수준일 뿐 종합적이고 체계적인 접근이 미흡하다. 최근 세계화, 개방화, 정보화, 규제완화 등 새로운 사회경제적 여건의 변화에 신축적으로 대응하고 신용사회로의 도약이 절실한 우리나라에서는 금융소비자정책을 어떻게 정착시키며 어떤 방향으로 나아가야 할 것인가 등 새로운 물음에 마주치게 된다.[1)]

금융소비자문제를 해결하기 위한 금융소비자정책방안은 사전적 예방차원과 사후적 구제차원으로 나누어 볼 수 있는데 이 중 금융소비자피해를 신속하고 공정하게 해결하는 금융소비자분쟁해결제도의 정착이 중요하다. 현재 금융소비자분쟁해결의 방법은 금융기관과의 상호교섭에 의한 해결, 민간소비자단체에 의한 해결, 행정기관·공공기관 등에 의한 해결, 법원에 의한 해결 등이 있는데, 이 중 가장 활발하게 실적을 내고 있는 곳은 금융감독원이다. 현재 대부분의 금융소비자분쟁은 금융위원회의 설치 등에 관한 법률에 따른 금융감독원(금융분쟁조정위원회)과 소비자기본법에 따른 한국소비자원(소비자분쟁조정위원회)에 의해 해결되고 있다.

이 중 소비자기본법에 따른 금융소비자분쟁해결은 1999년 2월 5일 개정된 (구)소비자보호법에 의해 (구)한국소비자보호원이 금융서비스분야의 소비자피해구제를 취급할 수 있게 되면서 금융분쟁해결제도의 전기가 마련되었다.[2)] 한국소비자원이 금융피해구제

1) 김성천·김남수·김현수, 『금융소비자보호기구 및 법제에 관한 연구』, 정책연구10-09, 한국소비자원 참조.

2) 1999년 2월 5일 개정 이전 (구)소비자보호법에 따르면 (구)한국소비자보호원은 소비자의 불만처리 및 피해구제업무를 수행함에 있어서는 "다른 법률의 규정에 의한 특정거래분야에 대하여 제3절의 소비자분쟁조정위원회에 준하는 분쟁조정기구가 따로 설치되어 있는 경우의 피해구제"

를 시작한 1999년 4월 6일(동법 시행령의 시행일) 이후 한국소비자원의 소비자상담과 피해구제, 소비자분쟁조정위원회의 분쟁조정 등을 통해 금융소비자분쟁해결은 상당한 성과를 거두어왔다.

이에 이 글은 우리나라에서도 금융소비자분쟁해결에 대한 체계적이고 종합적인 검토가 필요하다는 인식 아래 금융소비자분쟁 해결제도의 하나로서 자리매김하고 있는 소비자기본법에서의 금융소비자분쟁해결의 체계와 상황을 살펴보고자 한다. 우선 II에서 현행 대안적 금융소비자분쟁해결제도를 개관하고, III에서는 소비자기본법에서의 금융소비자분쟁해결에 중심에 있는 한국소비자원(소비자분쟁조정위원회)의 금융소비자분쟁해결의 범위와 절차를 살펴보고, IV에서는 은행 및 비은행, 보험, 신용카드 등을 중심으로 2010년 한국소비자원 금융소비자피해구제의 현황을 파악한다. 마지막으로 금융소비자분쟁을 효율적으로 해결하기 위한 소비자기본법에서의 금융소비자분쟁해결제도의 개선방안을 제안한다.

II. 대안적 금융소비자분쟁해결제도의 개관

금융소비자분쟁을 해결하는 가장 전형적이고 원칙적인 방법은 민사소송 등 법원에 의해 행해지는 것이다. 재판으로써 권리를 실현하거나 분쟁을 해결하는 것은 피해자의 권리가 법이 정하는 바 내용대로 실현됨을 뜻하므로 정의를 실현하고 법치주의를 구현하는 지름길이다. 그러나 금융소비자분쟁은 금융상품의 복잡성, 소비자의 집단성 등 금융서비스의 특징으로 인해 법원에 의한 분쟁해결에 비해 시간과 비용이 적게 드는 대안적 분쟁해결제도(Alternative Dispute Resolution: ADR)가 요구된다. 대안적 금융소비

사항은 그 처리대상에서 제외되었다(동법 제28조 제2항 제2호).

자분쟁해결제도는 화해, 합의권고, 조정, 중재 등 재판 외 분쟁해결제도를 의미한다.

1. 대안적 금융소비자분쟁해결제도의 장점

일반적으로 대안적 금융소비자분쟁해결제도는 소송은 물론 재판상 화해, 제소 전 화해, 민사조정 등 법원에 의해 행해지는 금융소비자분쟁해결에 비해 분쟁처리의 유연성, 전문능력의 활용, 비용의 경감 등의 장점이 있다.

(1) 분쟁처리의 유연성

대안적 금융소비자분쟁해결제도의 최대 특징은 금융소비자분쟁해결을 유연화하고 다양화할 수 있다는 점이다. 대안적 금융소비자분쟁해결제도는 법률에 의한 법적 요건과 효과에 대한 기속을 피할 수 있어 "민사사법(民事司法)의 민영화(privatization of civil justice)"로 표현할 수 있는데, 이는 법원의 판결을 통한 전부 아니면 전무(All or Nothing)라는 소송당사자 양자의 관계를 완전히 파괴하는 위험을 방지할 수 있는 장점이 있다.

(2) 전문가의 활용

대안적 금융소비자분쟁해결제도는 금융전문가가 금융소비자분쟁처리에 관여하게 된다는 점에서 소송절차에서의 금융전문가의 조력과는 차이가 있다. 법원의 소송절차에서 금융전문가는 단지 간접적으로 감정인 등의 역할을 하고 있지만, 대안적 금융소비자분쟁해결절차에서는 금융전문가가 직접적인 참여하는 장점이 있다. 대안적 금융소비자분쟁해결을 위한 화해, 합의권고, 조정 등의 절차에 오랜 기간 동안 금융서비스분야에서 활동하면서 기술적이고 전문적이면서 비법률적인 문제에 대하여 해결능력을 갖춘 전문가가 직접적으로 분쟁의 해결에 개입할 수 있다.

(3) 비용의 경감

대안적 금융소비자분쟁해결제도의 또 다른 장점은 당사자의 소요비용이 들지 않거나 거의 무시하여도 좋을 정도의 저렴한 비용으로 금융소비자분쟁을 해결할 수 있다는 데 있다. 대안적 금융소비자분쟁해결제도는 소송과 비교할 때 그 소요비용이 현저히 저렴하여 분쟁당사자의 입장에서 쉽게 접근할 수 있게 된다. 특히 다툼이 되는 액수가 크고 많은 수의 당사자가 관련되어 있는 금융소비자분쟁의 경우 소송비용의 고액으로 인한 분쟁당사자가 느끼는 현실적인 벽을 해소하는 데 대안적 금융소비자분쟁해결제도는 적합한 제도이다.

2. 대안적 금융소비자분쟁해결제도의 종류

대안적 금융소비자분쟁해결제도는 재판 외 금융소비자분쟁해결제도로서 그 목적과 효과에 따라 그 유형이 다양하게 분류되지만, 가장 일반적인 분류인 임의성과 강제성의 정도에 따라 구분하면 화해, 합의권고, 조정, 중재를 들 수 있다.

(1) 화　해

화해는 당사자가 서로 양보하여 그들 사이의 분쟁을 해결하고 종지할 것을 약정하는 계약으로(민법 제731조) 당사자가 사적인 법적 분쟁을 자주적으로 해결하는 전형적인 방식으로 합의라고도 한다.[3] 화해는 권리가 법의 내용대로 실현되지 못하는 수가 생기

---

3) 화해계약은 화해전의 법률관계를 소멸시고 화해의 내용에 따른 법률관

지만 진정하고 궁극적인 분쟁해결이 될 수 있다. 화해에는 재판상 화해[4]와 민사상 화해가 있다.

금융소비자분쟁해결은 금융기관과 금융소비자간의 민사상 화해에 의해 해결될 수 있다. 금융소비자는 금융기관이 제공하는 서비스를 이용하는 과정에서 피해를 입게 되면 제1차적으로 원인제공자인 금융기관에 대해 직접적으로 피해구제를 요청하고, 금융소비자와 금융기관간의 상호교섭에 의해 피해가 구제된다. 소비자상담실, 고객만족실, 고객지원실, 고객상담실 등 다양한 형태로 금융소비자분쟁해결 전담기구를 설치하고 담당직원을 통해 금융소비자피해를 신속하게 구제하는 것이 가장 바람직한 금융소비자피해구제방식이다. 그러나 일부 금융기관들은 금융소비자피해를 무시하거나 방치하여 소비자의 불만 및 피해의 또 다른 원인이 되고 있다.

(2) 합의권고

합의권고란 분쟁해결의 과정에 분쟁당사자와 관련이 없는 제3자가 직접적으로 관여하지 않으면서 분쟁당사자가 서로 합의(화

계를 발생시키는 창설적 효력을 갖는다. 화해계약은 화해당사자의 자격 또는 화해의 목적인 분쟁 이외의 사항에 착고가 있는 대에는 취소할 수 있고(민법 제733조), 증권사업자의 우월적 지위를 이용한 부당한 내용일 때에는 공서양속위반(동법 제103조)이나 불공정한 법률행위(동법 제104조)로서 무효가 된다.

4) 재판상 화해는 다툼이 있는 당사자가 법원에서 서로 양보하여 다툼을 그만두는 것을 말한다. 양당사자가 서로 양보하여 합의에 이르러야 한다는 점에서 민법상 화해와 같으나, 법원에서 이루어진다는 점에서 이와 다르다. 법원·수명법관 또는 수탁판사는 소송에 계속 중인 사건에 대하여 직권으로 당사자의 이익, 그 밖의 모든 사정을 참작하여 청구의 취지에 어긋나지 아니하는 범위 안에서 사건의 공평한 해결을 위한 화해권고결정(화해권고결정)을 할 수 있다(동법 제225조 제1항). 화해권고결정은 재판상 화해와 같은 효력을 가진다(동법 제231조). 한편, 법원은 소송의 정도와 관계없이 화해를 권고하거나, 수명법관 또는 수탁판사로 하여금 권고하게 할 수 있다(민사소송법 제145조 제1항).

해)에 도달하여 분쟁을 해결할 수 있도록 중간에서 조력하여 분쟁을 해결하는 방식으로 알선 또는 주선이라고도 한다. 금융위원회의 설치 등에 관한 법률에 따른 금융감독원의 합의권고(동법 제53조 제2항),[5] 소비자기본법에 따른 소비자단체의 합의권고(동법 제28조 제1항 제2호)[6]와 한국소비자원의 합의권고(동법 제57조)[7] 등이 있다. 한국소비자원의 경우 소비자의 불만처리 및 피해구제라고 업무를 규정하고 있지만(동법 제35조 제1항 제5호), 제8장 소비자의 분쟁에서는 피해구제의 내용을 피해보상에 관한 합의권고로 표현하고 있다.

(3) 조　정

조정이란 별도로 조정위원회를 구성하고 이 조정위원회에 의하여 독자적인 분쟁해결방안으로 조정안을 마련하여 당사자에게 조정안의 수락을 권고함으로써 분쟁을 해결하는 방식이다. 조정이 성립되어 조정조서가 작성되면 재판상 화해 또는 민사상 화해와 동일한 효력을 가진다. 그러나 당사자가 조정안을 거부하면 조정불성립이 되어 조정안은 무의미하게 되는 절차상의 한계가 있다.

금융소비자분쟁조정제도에는 행정기관형, 공공기관형, 민간기구형 등이 있다.[8] 행정기관형 금융소비자분쟁조정기구는 우체국

5) 원장은 제1항의 규정에 의한 분쟁조정의 신청을 받은 때에는 관계당사자에게 그 내용을 통지하고 합의를 권고할 수 있다.

6) 소비자의 불만 및 피해를 처리하기 위한 상담·정보제공 및 당사자 사이의 합의의 권고.

7) 원장은 피해구제신청의 당사자에 대하여 피해보상에 관한 합의를 권고할 수 있다.

8) 법원에 의한 조정으로는 소송과정의 일부로서 또는 소송과는 별도로 법원이 법관을 비롯한 인원과 제도적 관장하에서 설치한 것으로서 민사조정과 가사조정이 있다. 민사조정법은 "민사에 관한 분쟁의 당사자는 법원에 조정을 신청할 수 있다"(동법 제2조)고 하여 민사관계 분쟁을 민사조정의 대상으로 삼고 있다. 민사관계라 함은 일반적으로 형사사건에

보험분쟁조정위원회와 대부업분쟁조정위원회가 있다.[9] 전자는 우체국보험 이해관계인 사이에 발생하는 보험모집 및 보험계약과 관련된 분쟁을 조정하기 위하여 지식경제부장관 소속으로 두고 있고(우체국예금·보험에 관한 법률 제48조의2), 후자는 대부업 등과의 거래상대방 간의 분쟁을 해결하기 위하여 해당 영업소를 관할하는 시·도지사 소속을 두고 있다(대부업 등의 등록 및 금융이용자 보호에 관한 법률 제18조 제1항). 공공기관형 조정은 공공기관의 특별법의 규정에 근거하여 구성된 분쟁조정위원회가 분쟁을 해결하도록 하는 경우이다. 금융소비자분쟁조정기구로는 금융위원회의 설치 등에 관한 법률에 근거한 금융분쟁조정위원회(동법 제51조)와 소비자기본법에 근거한 소비자분쟁조정위원회(동법 제60조)가 있다.

민간기구형 조정기구는 공공기관이 아닌 사업자단체나 소비자단체 등이 분쟁을 자율적으로 조정하는 것이다. 민간기구형 조정기구로는 자본시장과 금융투자업에 관한 법률에 근거한 한국거래소 시장감시위원회와 한국금융투자협회가 있다.

한국거래소는 증권 및 장내파생상품의 공정한 가격형성과 그 매매, 그 밖의 거래의 안정성 및 효율성을 도모하기 위해서 설립

대응하는 개념으로 널리 법률적인 처리가 가능하고 당사자의 합의에 의한 해결이 가능한 일체의 분쟁관계를 포함한다. 따라서 증권관계는 물론 상사관계, 특별법에 의하여 인정되고 있는 각종 행정기관에 의한 특수분야의 민사관계분쟁 또한 민사조정의 대상이 된다. 따라서 분쟁당사자는 위원회나 법원의 조정 중에 선택적으로 조정신청을 할 수 있다. 조정이 성립되면 재판상의 화해와 동일한 효력이 있다. 조정조서는 확정판결과 동일한 기판력이 있을 뿐만 아니라 조정에 하자가 있는 경우에도 준재심의 방법으로밖에 다툴 수 없다.

그리고 가사소송법은 조정전치주의를 취하고 있다. 조정위원회는 법관인 조정장 1인과 정신과의사, 사회사업가, 심리학자, 기타 학식과 덕망이 있는 자 중에서 조정장이 지정한 2인의 조정위원으로 구성된다. 효력은 민사조정과 같다.

9) 다른 분야의 행정기관형 조정기구으로는 노동위원회, 의료심사조정위원회, 환경분쟁조정위원회 등이 있다.

한 주식회사로서(자본시장과 금융투자업에 관한 법률 제373조) 유가증권의 공정한 가격의 형성과 안정 및 그 유통의 원활을 기하기 위한 설립된 회원조직법인으로, 유가증권시장·코스닥시장 및 파생상품시장 등에서의 매매와 관련된 분쟁의 자율조정(당사자의 신청이 있는 경우에 한한다)에 관한 업무(동법 제377조 제10호)를 업무내용으로 하고, 시장감시위원회를 두어 분쟁의 자율조정에 관한 업무를 수행하도록 규정하고 있다(동법 제402조 제1항 제4호). 시장감시위원회는 분쟁의 자율조정을 위하여 필요한 분쟁조정규정의 제정·변경 및 폐지를 할 수 있다(동법 제405조 제1항 및 제402조 제1항 제5호). 그리고 시장감시위원회는 분쟁조정을 위하여 필요하다고 인정되는 경우에는 당사자에 대하여 사실의 확인 또는 자료의 제출 등을 요구할 수 있고, 당사자, 그 밖의 이해관계인의 의견을 들을 필요가 있다고 인정되는 경우에는 이들에게 회의에 출석하여 의견을 진술할 것을 요청할 수 있다(동법 제2항 및 제3항).

한국금융투자협회는 회원 상호 간의 업무질서 유지 및 공정한 거래를 확립하고 투자자를 보호하며 금융투자업의 건전한 발전을 위하여 설립된 회원조직법인으로(동법 제283조), 회원의 영업행위와 관련된 분쟁의 자율조정(당사자의 신청이 있는 경우에 한한다)에 관한 업무를 수행한다(동법 제286조 제1항 제2호). 협회는 분쟁의 자율조정을 위하여 필요한 분쟁조정규정을 정하고, 분쟁의 조정을 위하여 필요하다고 인정되는 경우에는 당사자에 대하여 사실의 확인 또는 자료의 제출 등을 요구할 수 있으며, 당사자, 그 밖의 이해관계인의 의견을 들을 필요가 있다고 인정되는 경우에는 이들에게 회의에 출석하여 의견을 진술할 것을 요청할 수 있다(동법 제288조).

한편, 소비자기본법에 근거하여 공정거래위원회에 등록한 소비자단체의 협의체는 소비자의 불만 및 피해를 처리하기 위하여 자율적 분쟁조정을 할 수 있다(동법 제31조 제1항). 그러나 다른 법률의 규정에 따라 설치된 전문성이 요구되는 분야의 분쟁조정기구로서 대통령령이 정하는 기구에서 관장하는 사항에 대해서는 자율적 분쟁조정을 할 수 없다. 대통령령이 정하는 기구에 금융위원회의 설치에 관한 법률 제51조에 따라 설치된 금융분쟁조정위원회가 규정되어 있으므로(동법 시행령 제25조 제1호), 소비자단체의 협의체는 금융소비자분쟁에 대해서는 자율적 분쟁조정을 할 수 없다.

(4) 중 재

중재란 개인 사이에 발생한 분쟁을 당사자의 합의에 의하여 선출한 중재인의 중재판정에 의하여 해결하는 분쟁해결방식으로 사적 재판이라고도 한다.[10] 중재는 일단 중재인에 의하여 중재판정이 내려지면 당사자가 무조건 그 중재판정에 복종하여야 하는 강제적 분쟁해결방식이라는 점에서 최종적인 결정이 당사자에게 유보되어 있는 자주적 분쟁해결방식인 화해나 조정과는 효력상 차이가 있다. 금융소비자분쟁은 중재법에 의한 중재에 의해 해결될 수 있다. 중재법상 중재의 대상은 사법상의 분쟁이므로(동법 제3조 제1항) 금융소비자분쟁도 포함된다. 중재는 중재판정부에 의해 중재절차를 거쳐 중재판정을 통해 결정된다. 중재판정을 양쪽 당사자간에 법원의 확정판결과 동일한 효력을 가진다(동법 제35조).

3. 소 결

금융소비자분쟁은 다른 산업 분야에 비해 화해, 합의권고, 조정, 중재 등 다양한 대안적 분쟁해결수단에 의해 해결될 수 있다.

---

10) 2011년 4월 7일 제정된 의료사고 피해구제 및 의료분쟁조정 등에 관한 법률(2012년 4월 8일 시행)은 중재에 관한 규정을 두고 있다. 즉 당사자는 분쟁에 관하여 조정부의 종국적 결정에 따르기로 서면으로 합의하고 중재를 신청할 수 있다(동법 제43조 제1항).

금융감독원, 한국소비자원, 소비자단체 등의 합의권고, 금융분쟁조정위원회 · 소비자분쟁조정위원회 · 소비자단체협의체 · 한국금융투자협회 등에 의한 조정, 중재법상 중재판정부에 의한 중재 등이 있다.

그러나 대안적 금융소비자분쟁해결제도는 개별적으로 한계와 문제점을 내포하고 있다.

첫째, 금융분쟁조정위원회는 금융감독기구로서의 금융감독원에 설치되어 있어 금융시장의 질서유지를 위한 규제관리가 본연의 업무라는 관점에서 볼 때 자율성이 생명인 분쟁조정의 본래기능이 발휘될 수 없는 한계가 있다.

둘째, 한국거래소 시장감시위원회와 한국금융투자협회는 '분쟁의 자율조정'을 업무로 하고 있는데, 조정이란 합의권고절차가 전제된 개념이라는 점에서 볼 때 자본시장과 금융투자업에 관한 법률에는 증권거래소의 합의권고절차에 관한 규정이 없어, 자율조정의 법적 의미가 조정인 합의권고인지 분쟁조정인지가 불분명하다.

III. 소비자기본법상 한국소비자원의 금융피해구제의 범위와 절차

1. 금융피해구제의 범위

(1) 청구인(금융소비자)과 피청구인(금융기관)의 범위

소비자기본법에 의해 금융피해구제를 청구할 수 있는 금융소비자는 제한된다. 즉 소비자란 사업자가 제공하는 물품 및 용역(시설물을 포함)을 소비생활을 위하여 사용(이용을 포함)하는 자 또는 생산활동을 위하여 사용하는 자로서 대통령령이 정하는 자를 말한다(동법 제2조 제1호 및 동법 시행령 제2조).[11] 따라서 소비자가 소비생활을 위하여 금융기관과 거래한 경우는 별 문제가 없으나, 학교와 같은 비영리 재단법인이나 자영업자도 금융소비자에 포함되는가의 문제가 있다. 이에 대해서는 소비자기본법에 근거한 금융피해구제를 청구하려면 소비자가 직업 또는 영업활동 외의 목적으로 체결하는 금융서비스계약에 한해야 한다. 법인을 금융소비자로 본다면 소비자권익증진이라는 소비자기본법의 목적에 부합하지 않다. 그러나 소비자기본법 시행령에 의한 정책적 소비자에 해당하는 최종적으로 사용하는 자영업자나 농·어·축산업자의 금융거래는 포함해야 할 것이다.

그리고 보증행위 또는 담보를 제공하는 행위를 소비생활을 위한 것으로 볼 것인가의 문제가 있다. 이와 관련하여 법규정이 명확하게 규정하고 있지 않으나, 소비자가 금융기관과의 거래에 또는 다른 소비자가 담보를 제공하거나 보증을 선 것은 금융기관의 요구로 소비생활의 연장에서 이루어지기 때문에 금융피해구제의 범위에 포함된다. 따라서 기업이나 법인의 대출행위에 소비자가 이를 보증·담보하는 행위는 본래 대출이 소비생활을 위한 것이 아니고 사업활동의 일환이기 때문에 금융피해구제의 범위에 포함되지 않는다. 이에 반해 사업자인 금융기관은 금융위원회의 설치 등에 관한 법률에 근거하여 금융감독원의 검사대상기관이 해당

11) 제2조(소비자의 범위) 「소비자기본법」 제2조 제1호의 소비자 중 물품 또는 용역(시설물을 포함한다. 이하 같다)을 생산활동을 위하여 사용(이용을 포함한다. 이하 같다)하는 자의 범위는 다음 각 호와 같다.

1. 제공된 물품 또는 용역(이하 "물품 등"이라 한다)을 최종적으로 사용하는 자. 다만, 제공된 물품 등을 원재료(중간재를 포함한다), 자본재 또는 이에 준하는 용도로 생산활동에 사용하는 자는 제외한다.
2. 제공된 물품 등을 농업(축산업을 포함한다. 이하 같다) 및 어업활동을 위하여 사용하는 자. 다만, 「축산법」 제21조 제1항에 따라 농림수산식품부령으로 정하는 사육규모 이상의 축산업을 영위하는 자 및 「원양산업발전법」 제6조 제1항에 따라 농림수산식품부장관의 허가를 받아 원양어업을 하는 자는 제외한다.

된다(동법 제38조).

(2) 금융피해구제 제외대상

소비자기본법은 한국소비자원의 피해구제처리 제외대상을 규정하고 있다(동법 제35조 제2항 및 동법 시행령 제28조).

첫째, 국가 또는 지방자치단체의 물품 또는 용역의 제공으로 인하여 발생한 피해구제이다. 따라서 우체국의 보험・예금은 제외된다.

둘째, 그 밖에 다른 법률의 규정에 따라 설치된 전문성이 요구되는 분야의 분쟁조정기구에 신청된 피해구제 등으로서 대통령령이 정하는 피해구제, 즉 다른 법률에 따라 소비자분쟁조정위원회에 준하는 분쟁조정기구가 설치되어 있는 경우 그 분쟁조정기구에 피해구제가 신청되어 있거나 이미 그 피해구제절차를 거친 사항과 동일한 내용의 피해구제와 소비자가 한국소비자원에 피해구제를 신청한 후 이와 동일한 내용으로 다른 법률에 따라 소비자분쟁조정위원회에 준하는 분쟁조정기구에 피해구제를 신청한 경우 그 피해구제이다. 따라서 금융소비자피해구제의 경우 금융위원회의 설치 등에 관한 법률에 근거한 금융분쟁조정위원회에 피해구제가 신청되어 있거나 이미 그 피해구제절차를 거친 사항과 동일한 내용의 피해구제는 제외된다.

2. 금융 피해구제 처리절차

한국소비자원은 금융 소비자 피해구제를 보다 신속하고 공정하게 처리할 수 있도록 소비자상담 —합의권고— 비자분쟁조정위원회의 분쟁조정의 3단계절차를 거치도록 하고 있다.[12)]

---

12) 한국소비자원, 2010 소비자피해구제 연보 및 사례집, 2010, 18쪽 이하 참조.

[그림 1] 한국소비자원 피해구제 절차도

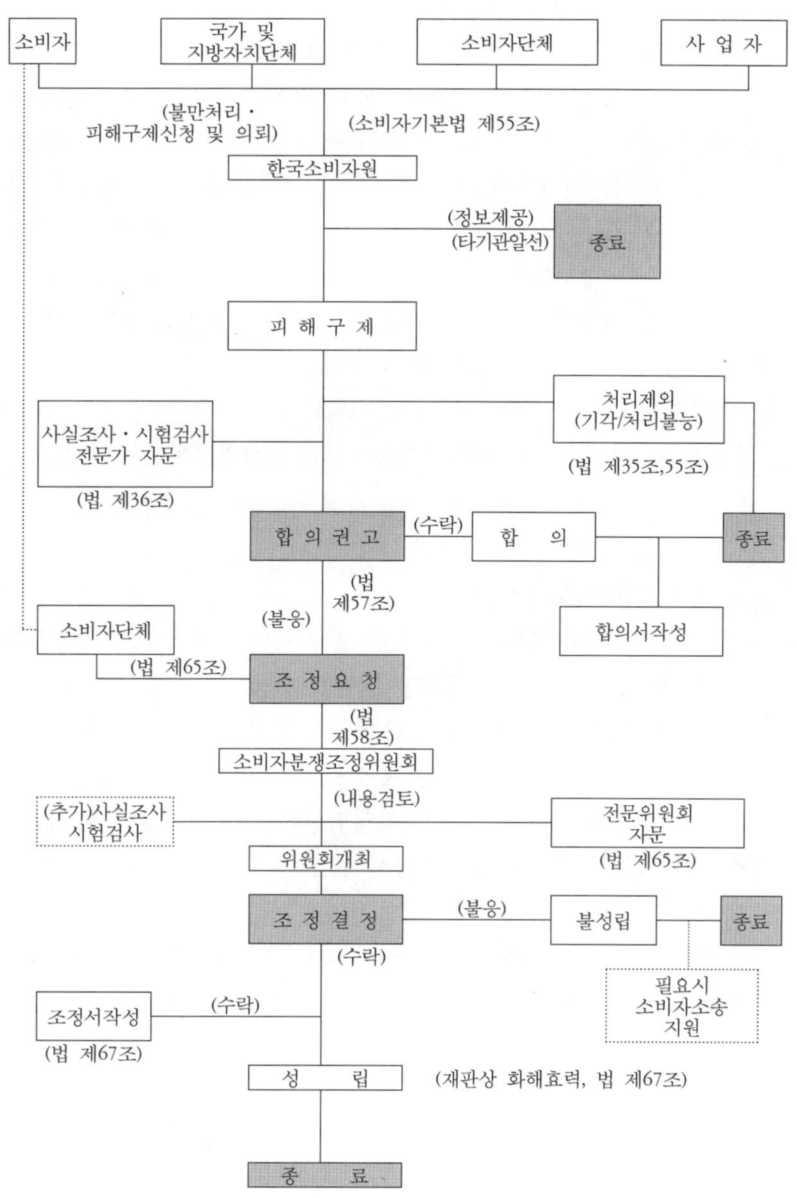

한국소비자원에서 금융소비자피해를 구제받기 위해서는 먼저 2010년 1월 1일부터 정부에서 주관하는 소비자상담센터(1372번)에 상담을 신청한다. 그러면 상담직원은 소비자 피해에 대한 적절한 처리방법 등을 안내하고 당사자와의 원만한 처리가 어렵다고 판단되는 건에 대해서는 한국소비자원에 피해구제를 신청하도록 안내한다. 한국소비자원에 접수된 피해구제 신청건은 피해구제 부서로 이관되어 사건처리 담당직원의 사실 조사가 시작되고, 사실조사는 우선 사업자에게 접수사실을 통보하고 지정된 양식에 의해 해명을 요구하게 된다. 이러한 사실조사와 법률조사를 통해 사업자에게 피해보상을 권고하며, 양 당사자가 이를 수용하면 종결 처리된다. 만일 당사자 일방이라도 보상안을 수용하지 않는 경우에는 소비자분쟁조정위원회에 조정을 신청하여 조정결정으로 처리하게 된다(한국소비자원 피해구제 절차도 [그림 1] 참고)..

(1) 소비자상담

소비자피해를 입은 소비자는 전화, 서신, 팩스, 인터넷 등의 다양한 방법을 통해 소비자상담센터에 상담을 신청할 수 있다.

국가(지방자치단체), 소비자단체 또는 사업자도 소비자로부터 피해구제 신청을 받은 때에는 한국소비자원에 그 처리를 의뢰할 수 있다. 한국소비자원의 소비자상담센터는 소비자상담 신청 건에 대해 피해구제 접수가 가능한 사건인지 여부를 상담하게 되며, 접수 요건이 충족되지 않는 사건의 경우에는 적절한 정보를 제공함으로써 소비자불만을 처리하거나 타 기관 알선 또는 기타 상담 등으로 처리하고, 피해구제 접수 요건이 충족되는 사건에 대해서는 신청인(소비자)과 피신청인(사업자)의 인적 사항과 피해사실 등을 확인한 후, 피해구제 신청 사건으로 접수하여 피해구제 담당 부서로 이관한다.

(2) 합의권고

한국소비자원에 대한 피해구제의 신청 또는 의뢰는 서면 또는 전자문서(긴급을 요하거나 부득이한 경우에는 구술 또는 전화도 가능)로 하도록 되어 있으며, 한국소비자원은 소비자로부터 피해구제의 신청을 받은 때에는 지체 없이 사업자에게 서면 또는 전자문서로 그 사실을 통보하여 해명을 요구한다.

한국소비자원은 사실조사 및 법률조사를 통해 확인된 내용, 전문위원회의 자문 및 시험검사 결과 등을 종합적으로 검토한 후, 이를 근거로 사업자에게 피해보상을 권고하게 되며, 이러한 합의권고에 대해 분쟁당사자 일방이라도 수용하지 않아 피해구제 신청일로부터 30일 이내(단, 사실조사 과정에서 원인규명을 위한 전문가 감정 및 자문, 시험검사 등의 사유 발생시 90일까지 기간연장 가능)에 권고가 성립되지 아니할 때에는 지체 없이 소비자분쟁조정위원회에 조정을 신청한다.

(3) 분쟁조정

1) 소비자분쟁조정위원회의 구성과 운영

소비자분쟁조정위원회(이하 '조정위원회')는 위원장 1인을 포함한 50인 이내의 위원(상임 2인, 비상임 48인)으로 구성되며, 조정위원회는 분쟁조정회의와 조정부로 구분된다(소비자기본법 제63조). 전자는 위원장, 상임위원과 위원장이 회의마다 지명하는 포함하여 5~9인의 위원으로 구성하는 회의이고, 후자는 위원장 또는 상임위원과 위원장이 회의마다 지명하는 2명 이상 4명 이하의 위원으로 구성하는 회의이다.[13] 조정위원회의 회의에는 소비자 및 사업자를 대표하는 조정위원을 각 1인 이상 균등하게 포함되어야

13) 2011년 5월 19일 개정 소비자기본법(2011년 8월 20일 시행)에 조정부 제도가 도입되었다.

한다. 조정위원회의 업무를 효율적으로 수행하기 위하여 필요한 경우에는 분야별 전문위원회를 두고 있다. 위원장은 회의개시 3일 전까지 회의일시, 장소 및 부의사항을 정하여 각 위원에게 서면 통지하여야 하며, 조정위원회의 회의는 위원 과반수 출석과 출석위원 과반수이상의 찬성으로 의결한다.

2) 조정절차

위원장은 분쟁조정요청을 받은 날로부터 10일 이내에 당사자에게 합의를 권고할 수 있으며, 부득이한 사유가 없는 한 분쟁조정 요청일로부터 30일 이내에 조정결정을 하게 된다. 다만, 원인 규명을 위한 시험·검사 등 부득이한 사정으로 조정결정기간이 연장되어야 하는 경우에는 그 사유와 기한을 명시하여 당사자에게 통보하도록 되어 있다.

조정위원회는 분쟁조정을 위해 필요한 경우 전문위원회 자문 및 이해관계인, 소비자단체 또는 주무관청의 의견을 청취할 수 있으며, 현재 수송기계, 섬유제품, 보험, 의료 등 33개 분야의 전문위원회가 구성되어 있다.

조정위원회는 비공개를 원칙으로 하되 필요한 경우에는 양 당사자가 참석하여 의견을 진술할 수 있으며, 조정위원회는 최종적으로 내린 조정결정 내용에 대하여 양 당사자에게 서면 통보 후 15일 이내에 수락거부 의사가 없는지 여부를 확인하게 된다.

조정결정이 양 당사자에 의해 수락되면 조정이 성립되며, 이 경우 조정위원회는 조정서를 작성하여 원본은 위원회가 보관하고 정본은 양 당사자에게 송달한다. 성립된 조정결정 내용은 재판상 화해와 동일한 효력을 갖게 된다.

또한, 조정결정 내용을 당사자가 수령한 후 15일 이내에 양 당사자가 수락거부 의사를 서면에 의해 표시하지 않는 경우에도 조정은 성립되며, 이 경우에도 조정위원회는 조정서를 작성하여 원본은 보관하고 당사자에게 정본을 송달한다.

조정위원회의 조정결정에 대해 양 당사자 중 일방이라도 수락거부 의사를 15일 이내에 서면으로 표시한 경우에는 조정위원회의 조정결정은 성립되지 않으며, 이 경우에는 법원에 의한 사법적 구제절차인 민사소송절차에 따라 해결하게 된다.

만약, 조정위원회의 조정결정이 사업자의 수락거부로 조정이 불성립된 건에 대하여 소비자가 민사소송을 원하는 경우에는 한국소비자원은 일정 범위 내에서 한국소비자원이 운영하고 있는 '소송지원변호인단'에 소속된 변호사로 하여금 해당 사건의 소송업무를 지원토록 하고 있다.

또한 조정위원회가 내린 조정결정이 성립은 되었으나 당사자 일방이 결정내용대로 이행하지 않을 경우에는 대법원 규칙 제1,768호(2002. 6. 28)에 의거 관할법원으로부터 집행문을 부여받아 강제집행을 실시할 수 있다.

3) **집단분쟁조정제도**

집단분쟁조정제도란 다수의 소비자에게 같거나 비슷한 유형의 피해가 발생한 경우 한국소비자원 내에 있는 소비자분쟁조정위원회에서 일괄적으로 분쟁조정을 할 수 있는 제도를 말한다. 집단분쟁조정은 국가, 지방자치단체, 한국소비자원 또는 소비자단체, 사업자가 의뢰하거나 신청할 수 있다. 소비자는 신청자가 될 수 없고 이미 신청된 사건에 당사자로 추가로 참여할 수 있다.

집단분쟁조정의 대상은 피해를 입은 소비자의 수가 50인 이상이고 사건의 중요한 쟁점이 사실상 또는 법률상 공통되어야 한다. 원인행위가 법 시행 이전에 발생하였더라도 집단분쟁조정의 요건을 구비한 경우에는 신청이 가능하다.

조정위원회는 한국소비자원 홈페이지 및 전국을 보급지역으로 하는 일간신문에 14일 이상 그 절차의 개시를 공고하여야 한다. 이는 동일한 피해를 입은 소비자가 분쟁조정의 당사자로 추가로 참여할 수 있는 기회를 제공한다. 그 절차에 참가하려는 소비자는 개시공고기간 내에 서면으로 참가신청을 하면 된다.

조정위원회는 집단분쟁조정 절차 개시 공고가 종료한 날로부터 30일 이내에 분쟁조정을 마쳐야 하며, 조정 결정된 내용은 즉시 당사자에게 통보되고 당사자가 통보를 받은 날로부터 15일 이내에 분쟁조정의 내용에 대한 수락 여부를 조정위원회에 통보하여야 한다.

조정이 성립된 경우 그 조정내용은 "재판상 화해"와 동일한 효력이 있다. 즉 민사소송법상의 확정판결과 동일한 효력이 발생하므로 성립 후 당사자 일방이 이를 이행하지 않는 경우에는 법원(서울중앙지방법원)으로부터 집행문을 부여받아 강제집행을 할 수 있다.

(4) 피해구제절차의 종료

한국소비자원에서는 피해구제 절차를 진행하는 과정에서 소비자가 피해구제 신청을 취하한 경우, 소비자를 통해 피해구제의 이행을 확인한 경우 등 다음과 같은 경우에는 해당 소비자 피해구제 신청 건에 대한 구제절차를 종료할 수 있다.

- 피해구제 내용의 이행사실을 신청인을 통해 확인한 경우
- 양 당사자가 합의서를 작성하거나 합의내용이 전화 또는 서면으로 확인된 경우
- 신청인이 신청을 취하한 경우
- 신청인으로부터 법원에 소를 제기한 사실을 전화 등으로 확인하거나 피신청인으로부터 서면으로 확인한 경우
- 피해구제 신청이 이유 없음으로 판명된 경우
- 처리도중 당사자의 연락불능 등으로 그 처리가 불가능한 것으로 판명된 경우

- 행정관청의 행위가 선행되지 않으면 피해구제절차를 진행시킬 수 없는 경우
- 신청인의 행위가 전제되어야 피해구제가 가능하나 신청인이 그러한 행위를 하지 않아 피해구제처리가 불가능한 경우
- 시험검사 또는 전문가의 자문 등에도 불구하고 원인규명이 불가능한 경우
- 신청인이 정당한 이유 없이 조사를 거부하거나 허위자료를 제출하거나 신청건의 정확한 처리를 위해 필수적인 자료를 일정기한 내에 제출하지 않는 경우
- 다른 법률의 규정에 의하여 소비자분쟁조정위원회에 준하는 분쟁조정기구가 설치되어 있는 경우 당해 분쟁조정기구에 피해구제가 신청되어 있거나 이미 그 피해구제 절차를 거친 사항과 동일한 내용의 피해구제인 경우
- 신청인이 한국소비자원에 피해구제를 신청한 후 이와 동일한 내용으로 소비자분쟁조정기구에 준하는 분쟁조정기구에 피해구제를 신청한 경우의 당해 피해구제
- 해당 피해구제 신청사건에 대해 수사기관에서 수사가 진행 중인 경우

Ⅳ. 한국소비자원에 의한 금융피해구제의 현황

2010년 한국소비자원에서 접수·처리된 은행 및 비은행, 보험, 신용카드 등을 금융서비스별 피해구제의 현황을 살펴본다.[14)]

14) 이하의 내용은 한국소비자원, 『2010 소비자피해구제 연보 및 사례집』, 61쪽 이하 참조.

1. 은행 및 비은행

2010년 은행 및 비은행 관련 피해구제 신청 건수는 총 110건으로 2009년의 65건에 비해 45건(69.2%)이 증가했다.

(1) 피해유형별 현황

피해유형별로 살펴보면, 대출 관련 피해가 58.2%(64건)이고, 예금 관련 피해는 41.8%(46건)이다.

대출 관련 피해구제는 64건이 접수되어 전년 33건에 비해 93.9%(31건) 증가했다. 그중 대출 원리금·수수료 관련 분쟁이 31건(28.2%)으로 가장 많았으며, 다음으로 소멸시효가 완성된 대출금의 상환 요구가 4건(3.6%), 대출 중개수수료 관련 피해가 4건(3.6%)으로 나타났으며 기타 다양한 형태의 대출관련 피해가 21건(19.2%)로 나타났다.

예금 관련 피해구제 접수 건수는 46건으로 전년도(28건)에 비해 18건(64.3%) 증가했다. 피해유형은 펀드 등 상품 불완전 판매 관련 피해가 11건(10.0%), 예금금리 관련 피해가 8건(7.3%), 비밀번호 유출 관련 피해 3건(2.7%) 등이다.

[표 1] 은행 및 비은행 피해유형별 현황

[단위 : 건, (%)]

구 분	피해 내용	2008년	2009년	2010년
대 출	대출 원리금, 수수료	15(19.7)	15(23.1)	31(28.2)
	소멸시효 경과 관련	-	-	4(3.6)
	중개 수수료 관련	-	-	4(3.6)
	명의 도용	7(9.2)	1(1.5)	1(0.9)
	대출감면약정 미이행	5(6.6)	-	1(0.9)
	보증범위, 기간	4(5.3)	1(1.5)	1(0.9)

	부당 기한이익 상실	3(3.9)	2(3.1)	1(0.9)
	기타 대출관련	11(14.5)	14(21.5)	21(19.2)
	소 계	45(59.2)	33(50.7)	64(58.2)
예 금	불완전판매	8(10.5)	17(26.1)	11(10.0)
	예금 금리	4(5.3)	2(3.1)	8(7.3)
	비밀번호 유출 관련	-	-	3(2.7)
	현금지급기 장애	-	4(6.2)	2(1.8)
	자금이체	2(2.6)	3(4.6)	-
	기타 예금관련	9(11.9)	2(3.1)	22(20.0)
	소 계	23(30.3)	28(43.1)	46(41.8)
기 타	기타 금융관련	8(10.5)	4(6.2)	-
계		76(100.0)	65(100.0)	110(100.0)

(2) 처리현황

금융회사의 비정상적인 업무처리, 즉 부당행위에 따른 피해를 시정한 건이 14건(12.8%)로 가장 많았으며, 소비자가 부당하게 부담한 금액의 환급이 7건(6.4%), 당초 계약 사항이 이행된 건이 3건(2.7%), 계약을 해제한 건이 3건(2.7%), 배상이 2건(1.8%)으로서 우리 원의 중재로 합의가 성립되어 피해가 구제된 경우가 전체의 29건(26.4%)을 차지했다.

반면에 양 당사자 간에 합의가 이루어지지 않아 소비자분쟁조정위원회에 조정 신청된 건은 1건(0.9%)이었으며, 금융감독원에 중복 접수되거나 신청인 또는 피신청인의 소송제기로 취하·중지된 건은 16건(14.5%)이었다.

한편, 신청인의 피해구제 신청 건 중 신청인의 주장이 사실과 다르거나 신청인의 주장이 수용될 수 없어 단순 정보제공 또는 상담기타로 처리된 건은 64건(58.2%)이다.

[표 2] 은행 및 비은행 처리결과별 현황

[단위: 건, (%)]

구 분	합의 성립						조정신청	취하중지	기 타	계
	부당행위시정	환 급	계약이행	계약해제	배 상	소 계				
건 수	14 (12.8)	7 (6.4)	3 (2.7)	3 (2.7)	2 (1.8)	29 (26.4)	1 (0.9)	16 (14.5)	64 (58.2)	110 (100.0)

2. 보 험

(1) 총 괄

보험 분야 피해구제 접수 건은 전체 접수 건(23,375건)의 5.3%(1,231건)로, 전년(844건) 대비 45.9%(387건) 증가했다.

보험 종류별로 살펴보면 민영보험인 생명보험이 710건(57.7%)으로 가장 많았고, 그 다음은 민영보험인 손해보험이 426건(34.6%)이었으며, 공제보험은 95건(7.7%)이었다. 전년과 대비할 때 민영보험 중 생명보험(60.6%)이 큰 폭으로 증가하였고, 손해보험(31.1%)과 공제보험(23.4%)도 증가했다.

피해구제 신청 건 중 조정신청 전 한국 소비자원의 합의권고를 통해 처리된 건은 432건(35.1%)으로, 합의성립 내용별로 살펴보면 계약이행이 153건(12.4%)로 가장 많았고, 그 다음이 배상으로

[표 3] 보험 피해구제 신청현황

[단위: 건, (%)]

구 분	민영보험		공제보험	계
	생명보험	손해보험		
2009년	442(52.4)	325(38.5)	77(9.1)	844(100.0)
2010년	710(57.7)	426(34.6)	95(7.7)	1,231(100.0)
증 감	268(60.6)	101(31.1)	18(23.4)	387(45.9)

[표 4] 보험 처리결과별 현황

[단위: 건, (%)]

구 분	조정신청 전 합의					소 계	조정신청	정보제공	상담기타	취하중지	계
	환 급	계약이행	계약해제	배 상	부당행위시정						
2009년	43 (5.1)	41 (4.8)	17 (2.0)	108 (12.8)	52 (6.2)	261 (30.9)	22 (2.6)	303 (35.9)	37 (4.4)	221 (26.2)	844 (100.0)
2010년	63 (5.1)	153 (12.4)	13 (1.1)	132 (10.7)	71 (5.8)	433 (35.2)	23 (1.9)	588 (47.8)	2 (0.1)	185 (15.0)	1,231 (100.0)

132건(10.7%)이었으며, 부당행위시정 71건(5.8%), 환급 63건(5.1%) 등의 순이다.

(2) 민영보험

1) **신청현황**

총 1,136건을 피해구제 처리하여 전년(767건) 대비 369건(48.1%)이 증가함. 품목별로는 건강(암・기타질병)보험이 569건(46.2%)으로 가장 많았으며, 변액보험 191건(15.5%), 자동차보험 128건(10.4%)의 순으로 나타났다. 변액보험이 많이 접수된 것은 일부 보험회사들이 약관대출한도와 회수를 일방적으로 축소하는 과정에서 이에 반발한 소비자들이 집단 피해구제(178건)를 신청하여 증가한 것이다.

2) **처리현황**

총 1,136건의 민영보험 피해구제 신청 건 중 조정신청 전 합의가 이루어진 건은 394건(34.7%)이며, 금융감독원과 중복 접수 등으로 취하・중지된 건은 178건(15.7%), 조정신청된 건은 17건(1.5%)이었다.

조정신청 전 합의된 건을 내용별로 살펴보면, 계약이행이

140건(12.3%)으로 가장 많고, 그 다음이 배상116건(10.2%), 부당행위시정 64건(5.6%) 등의 순이다.

[표 5] 민영보험 품목별 처리결과 현황

[단위: 건, (%)]

구 분	조정신청 전 합의						조정신청	정보제공	상담기타	취하중지	계
	환급	계약이행	계약해제	배상	부당행위시정	소계					
저축성보험	17	4	4			25	1	9	1	7	43 (3.5)
변액보험	5			2	1	8	1	178		4	191 (15.5)
연금보험	4	2		6		12	3	22		12	49 (4.0)
자동차보험	3	9	1	26	16	55	1	41		31	128 (10.4)
건강(암질병)	24	100	6	67	37	234	8	231	1	95	569 (46.2)
상해보험	5	13	1	4	5	28		23		10	61 (5.0)
화재보험				1		1		2		4	7 (0.6)
종신보험	1	4	1	6		12		20		9	41 (3.3)
통합보장보험	1			1	1	3		2		2	7 (0.6)
단체보험						0	1				1 (0.1)
교육보험						0		6		1	7 (0.6)
여행자보험	1	4				5		1			6 (0.5)

제조물 책임		2		3	3	8	2	4		2	16 (1.3)
보증 보험					1	1		4			5 (0.4)
기타민 영보험		2				2		2		1	5 (0.4)
계	61 (5.4)	140 (12.3)	13 (1.1)	116 (10.2)	64 (5.6)	394 (34.7)	17 (1.5)	545 (48.0)	2 (0.1)	178 (15.7)	1,136 (100.0)

(3) 공제보험

1) 신청현황

자동차공제, 암, 질병이나 상해 등 건강·상해·기타공제 관련 피해구제 접수 건은 총 95건이며, 전년 대비 23.4%(18건) 증가함. 품목별로는 질병, 상해 등과 관련한 '건강·기타공제'가 64건으로 67.4%를 차지했으며, 자동차공제는 31건으로 전년보다 27.9% 감소했다. 자동차공제는 한국소비자원 외에 국토해양부에서 소비자 분쟁을 처리하고 있어 피해구제 건수가 감소한 것으로 나타났다.

2) 처리현황

[표 6] 공제보험 품목별 처리결과별 현황

[단위: 건, (%)]

구 분		합의 성립						조정 신청	정보 제공	상담 기타	취하 중지	계
		환급	계약 이행	계약 해제	배상	부당행 위시정	소계					
공제	자동차 공제	-	1	-	13	3	17 (54.8)	1	12	-	1	31 (32.6)
	건강 상해 기타 공제	2	12	-	4	4	22 (34.4)	5	31	-	6	64 (67.4)
계		2 (2.1)	13 (13.7)	-	17 (17.9)	7 (7.4)	39 (41.1)	6 (6.3)	43 (45.2)	-	7 (7.4)	95 (100.0)

공제 관련 피해구제 접수된 95건 중 배상, 부당행위 시정, 계약 이행 등 한국소비자원 합의권고로 조정신청 전 합의된 건은 39건(41.1%)이다.

피해구제건의 처리결과를 보면, 배상(공제금 지급)이 17건(17.9%), 계약이행(13건, 13.7%)의 순으로 나타났다.

3. 신용카드

(1) 신청현황

2010년의 신용카드 관련 피해구제 신청 건수는 251건으로 전년도의 128건에 비해 96.1%(123건) 증가했다.

[표 7] 신용카드 피해구제 신청 현황

[단위: 건, (%)]

구 분	2008	2009	2010
건 수	172	128	251
증 감	-	△25.6	96.1

(2) 피해유형별 현황

신용카드 관련 피해구제 사건은 가맹점과 물품 또는 서비스 이용 계약 후 7일 이내 철회권을 행사하거나 가맹점의 계약 불이행 등으로 카드사를 상대로 항변권을 행사하는 데 있어서 발생하는 카드사와의 분쟁이 63건(25.1%)으로 가장 많았고, 분실·도난으로 인한 제3자의 부정사용대금에 대해 카드 비밀번호 유출 및 관리 소홀 등의 이유로 보상처리가 이루어지지 않아 발생한 피해가 37건(14.7%), 카드사용을 촉진시키고 회원이탈을 방지하기 위한 마케팅 수단으로 제공되는 "포인트 및 마일리지"의 이용과 적립이 누락되거나 사용이 제한되는 등의 피해가 33건(13.1%), 카드

[표 8] 신용카드 피해유형별 현황

[단위 : 건, (%)]

피 해 유 형		2008년	2009년	2010년
철회·항변		30(17.3)	18(14.1)	63(25.1)
미사용 대금 청구		15(8.7)	14(10.9)	24(9.6)
분실·도난에 의한 부정사용 피해	관리소홀	10(5.8)	5(3.9)	16(6.4)
	현금인출	23(13.4)	18(14.1)	18(7.1)
	지연신고	2(1.2)	1(0.8)	-
	양도·대여	2(1.2)	2(1.6)	-
	기 타	2(1.2)	1(0.8)	3(1.2)
	소 계	41(24.0)	27(21.1)	37(14.7)
수수료·연체료·연회비문제		12(7.0)	10(7.8)	15(6.0)
포인트·마일리지 적립 및 이용		27(15.6)	22(17.2)	33(13.1)
부정발급·명의도용		7(4.1)	2(1.6)	3(1.2)
약정한 부가·할인서비스 불이행		3(1.7)	4(3.1)	29(11.6)
부당한 채권추심 행위		11(6.4)	2(1.6)	3(1.2)
일방적인 이용한도 축소·카드정지		2(1.2)	3(2.3)	2(0.8)
카드대금 청구 오류		10(5.8)	4(3.1)	7(2.8)
신용불량자 부당 등재		2(1.2)	1(0.8)	3(1.2)
카드 위·변조		1(0.6)	-	4(1.6)
기 타		12(7.0)	21(16.6)	28(11.1)
합 계		172(100.0)	128(100.0)	251(100.0)

회원 모집을 확대하기 위해 제공하기로 하였던 부가서비스, 할인서비스를 축소하거나 불이행하여 입은 피해가 29건(11.6%) 등의 순이었다.

(3) 처리현황

신용카드사의 잘못된 업무처리, 즉 부당행위에 따른 피해를 시정한 건과 당초 계약 사항이 이행되거나 계약을 해제한 건이

[표 9] 신용카드 처리결과별 현황

[단위: 건, (%)]

구 분	합의권고						상담 기타	취하 중지	정보 제공	조정 신청	계
	부당 행위 시정	계약 이행	환급	배상	계약 해제	소계					
건 수	27	27	24	20	13	111	11	18	99	12	251
구성비	10.7	10.7	9.6	8.0	5.2	44.2	4.4	7.2	39.4	4.8	100.0

각각 27건(10.7%)으로 많았으며, 잘못 청구된 연회비·각종 수수료 등에 대한 환급 처리 건이 24건(9.6%), 신용카드 부정사용대금에 대한 보상처리 등 소비자피해에 대한 배상이 이루어진 건이 20건(8.0%)이었다.

총 251건 중 111건(44.2%)의 사건이 한국소비자원의 합의권고로 피해가 구제된 것으로 나타났다.

반면, 양 당사자 간 합의가 이루어지지 않아 소비자분쟁조정위원회에 조정 신청된 건은 12건(4.8%)이었으며, 금융감독원에 중복 접수되거나 신청인 또는 피신청인의 소송제기로 취하·중지된 건은 18건(7.2%)이었다.

신청인의 주장이 사실과 다르거나 신청인의 주장이 수용될 수 없어 단순 정보제공 또는 상담기타로 처리된 건은 11건(4.4%)으로 나타났다.

3. 소 결

소비자기본법에 근거한 한국소비자원(소비자분쟁조정위원회)의 소비자분쟁해결제도는 우리나라의 독특한 법제도이자 법문화현상이다. 특히 한국소비자원의 금융소비자분쟁해결성과를 보면 한국소비자원의 합의권고절차를 통한 합의성립률[15]은 은행 및 비은행의 경우 신청건의 31.2%, 보험은 42.3%, 신용카드 50.2%로 금융감독원의 금융피해구제율[16]에 비추어 보더라도 상당한 수준이라고 평가된다. 금융회사에 대한 전문적인 검사능력과 감독경험을 가진 금융감독원에 비해 실질적인 구속력이 약함에도 높은 합의성립률을 유지하고 있다. 이와 같이 합의성립된 사건들은 대부분 민사소송을 해야 할 만한 가치의 사건일 뿐만 아니라 이전에는 포기·체념 등으로 종결되었을 사건들이다. 이런 점에서 한국소비자원의 합의권고는 법원이나 금융분쟁조정위원회와 달리 책임요건으로서 과실 및 인과관계의 입증을 통한 법적 정당성보다는 당사자간의 대화적 합리성을 중요시하고 있다는 점을 보여주고 있다.

Ⅴ. 결 어

금융기관으로부터 금융서비스를 제공받는 과정에서 발생하는 금융기관과 금융소비자 사이의 분쟁을 어떻게 효과적으로 해결할 것인가의 문제는 금융소비자정책의 주요 과제이다. 이를 위한 방안으로 소비자기본법에 근거하여 한국소비자의 금융피해구제업무가 수행되고 있다. 이미 본바와 같이 짧은 기간동안 처리한 성과를 볼 때 대안적 금융소비자분쟁해결제도로서 정착된 한국소비자원의 금융소비자분쟁해결기능이 활성화되도록 해야 할 것이다.

이에 소비자기본법에서의 금융소비자분쟁해결의 활성화를 위

---

15) 합의권고율은 조정신청건과 취하중지권을 제외한 실제 피해구제를 한 건수를 기준으로 계산한 것이다.

16) 2010년 금융감독원에서 처리한 26,108건의 분쟁조정신청건 중 11,655건으로 피해구제율은 45.4%이다. 피해구제율(%)은 신청인의 주장인 수용된 건수/실 처리건수(신청인 임의철회 관련분쟁 제외)×100이다. 금융감독원, 『금융소비자보호백서』, 2011. 4, 325~26쪽 참조.

한 개선방안을 몇 가지 제안하고자 한다.

첫째, 한국소비자원의 불만처리 및 피해구제 제외대상 중 국가 또는 지방자치단체가 제공한 물품 등으로 인하여 발생한 피해구제가 규정되어 있으나, 대통령령이 정하는 물품 등에 관하여는 제외하고 있다(동법 제35조 제2항 제1호). 현재 대통령령이 정하는 물품 등에 대해서는 규정하고 있지 않다. 향후 우체국의 보험·예금 등 국가가 제공하는 금융서비스로 인하여 발생한 피해구제를 규정하여 한국소비자원이 피해구제를 할 수 있도록 해야 한다.

둘째, 소비자기본법 제35조 제2항 제2호에 근거하여 한국소비자원의 불만처리 및 피해구제 제외대상으로 금융위원회의 설치에 관한 법률에 근거한 금융분쟁조정위원회에 피해구제가 신청되어 있거나 이미 그 피해구제절차를 거친 사항과 동일한 내용의 피해구제와 소비자가 한국소비자원에 피해구제를 신청한 후 이와 동일한 내용으로 금융분쟁조정위원회에 피해구제를 신청한 경우에 그 피해구제가 포함되어 있고, 또한 한국소비자원의 피해구제 처리 절차 중 법원에 소를 제기한 경우 피해구제절차가 중지된다(동법 시행령 제28조). 이에 금융감독원에 중복 접수되거나 신청인 또는 피신청인의 소송제기로 취하중지되는 비율을 보면 은행 및 비은행은 14.5%, 보험은 15.0%, 신용카드는 7.2%이다. 이런 사항은 소비자분쟁조정위원회의 조정절차에도 준용되고 있다. 한국소비자원의 합의권고단계에서는 타당하나, 합의권고 단계를 넘어 소비자분쟁조정위원회에 분쟁조정이 신청된 후 소비자가 이와 동일한 내용으로 금융분쟁조정위원회에 피해구제를 신청한 경우에는 금융감독원이 조정신청을 각하하여 소비자분쟁조정위원회의 분쟁조정절차가 진행될 수 있도록 해야 할 것이다. 2011년 제정된 의료사고 피해구제 및 의료분쟁조정 등에 관한 법률은 조정중재원장은 이미 해당 분쟁조정사항에 대하여 소비자기본법 제60조에 따른 소비자분쟁조정위원회에 분쟁조정이 신청된 경우 조정신청을 각하한다고 규정하고 있다(동법 제27조 제3항).

셋째, 소비자기본법에서 미국식 집단소송법과 유사한 집단분쟁조정제도를 운영하고 있다. 2007년 시행 이후 집단분쟁 품목별 조정처리건에는 금융서비스가 미흡하지만,[17] 금융소비자분쟁이 집단적으로 발생한다는 점에서 집단분쟁조정제도는 효과적으로 활용될 수 있다. 현행 소비자기본법에 의하면 집단분쟁조정의 신청대상인 50명 중에 다른 분쟁조정기구에 분쟁조정이 진행 중인 소비자나 법원에 소를 제기한 소비자는 제외하고 있는데(동법 제56조), 다른 분쟁조정기구에 분쟁조정이 진행 중인 소비자도 50명에 포함시키고, 조정절차에서 소비자의 선택에 따라 포함여부를 결정할 수 있도록 해야 할 것이다.

넷째, 소비자기본법에 의해 소비자와 사업자 사이에 발생하는 분쟁을 원활하게 해결하기 위하여 공정거래위원회는 소비자분쟁해결기준을 제정·운영하고 있다(동법 제16조 및 동법 시행령 제8조). 현재 금융서비스와 관련한 품종으로 신용카드업의 경우만 피해유형과 보상기준을 규정하고 있다. 보험, 증권, 투자 등 다른 분야의 금융서비스 품종에 대해서는 해결기준을 규정하여 금융소비자와 금융기관 사이에 발생하는 분쟁을 원활하게 해결할 수 있도록 유도해야 한다.

마지막으로 최근 금융소비자보호원을 신설하는 법안이 국회에 계류 중에 있다.[18] 금융소비자분쟁해결을 어떤 체계로 규율할 것인가의 문제는 다른 나라의 입법례도 고려되어야 하지만, 우리나라의 기존 법체계에 근거한 경험과 더불어 금융소비자의 편의

17) 2010년 1월에 공고된 2009-5379 등 콘도이용 계약 해지에 따른 환급 요구와 관련하여 신용카드 항변권 문제가 집단분쟁조정절차가 개시되었다.

18) 금융소비자보호원(가칭) 설립을 내용으로 하는 금융위원회의 설치 등에 관한 법률 개정안이 발의되어 있다[김영선 의원안('09.9.2), 권택기 의원안('09.11.9)].

성이나 신뢰성에 초점을 두고 판단해야 할 것이다. 이는 금융소비자분쟁해결을 1개 기관에서 독점시켜 효율성을 높일 것인가, 여러 개 기관에서 다루도록 하여 소비자의 선택권을 보장할 것인가의 문제로서 어느 것이 소비자의 피해보상 받을 권리를 보장할 것인가의 판단은 금융소비자에게 맡겨야 할 것이다.

색인어

금융소비자, 소비자기본법, 금융소비자분쟁, 금융피해구제, 금융소비자분쟁해결, 대안적 분쟁해결

참 고 문 헌

1. 국내문헌

금융감독원, 『금융소비자보호 백서』, 2001. 4.

김병연, 『금융소비자보호제도의 주요 이슈와 개선방안』, 한국금융연구원, 2009.

김상조, "금융소비자피해 사후구제제도의 현황 및 정책 과제," 한국금융연구센터, 2009년 하반기 정기정책 심포지움(금융소비자 보호: 현안과 정책 과제) 자료집, 79-119.

김성천, "소비자보호법상의 신용카드분쟁해결제도," 신용카드 제27호, 2004. 3.

_____, "소비자보호법상 금융피해구제에 관한 소고," 주택금융, 223, 2001. 3.

_____, "소비자보호법상의 증권분쟁해결제도," 『소비자문제연구』 제26호, 2003. 12.

_____, 『신용카드의 소비자문제와 법제개선방안』, 연구보고서 99-11, 한국소비자보호원, 2000.

김성천 · 김남수 · 김현수, 『금융소비자보호기구 및 법제에 관한 연구』, 정책연구 10-09, 한국소비자원.

송태회 · 강성진, 『금융소비자보호방안에 관한 연구』, 연구보고서 89-06, 한국소비자보호원, 1989.

안수현, "우리나라 금융소비자보호제도의 개선방안," 국회 입법조사처 용역보고서, 2009.

연태훈, "금융소비자보호법 제정의 필요성과 개요," 한국개발연구원, 자본시장연구원, 서울대학교 금융법센터 주최 금융소비자보호강화를 위한 기본방향 토론회 자료집, 2010.

정순섭, "금융규제개혁과 금융소비자보호,"「상사판례연구」 제22집 제4권, 2009.

한국소비자원, 『2010 소비자피해구제연보 및 사례집』, 2011.

2. 외국문헌

柏尾哲哉· 川村彰志 編, 『Q&A 金融商品取引法の實務』, 三省堂, 2008.

鳳佳世子, "金融去來と消費者保護體制,"「調査と情報」 제623호, 2008.

Cartwright, Peter (ed.), Consumer Protection in Financial Services, Kluwer Law International, 1999.

Cartwright, Peter, Banks, Consumers and Regulation, Hart Publishing, 2004.

Pearson, Gail, Risk and the Consumer in Australian Financial Services

Reform, Sydney Law Review, Vol.28, 2006.

Warren, Elizabeth, Make Credit Safer: The Financail Product Safety Commission, The Tobin Project Discussion Paper, 2007.

Warren, Elizabeth, Product Safety Regulation as a Model for Financial Services Regulation, The Journal of Consumer Affairs, Vol.42, No.3, 2008.

일본에서 금융ADR제도의 창설*

서 희 석**

차 례

Ⅰ. 서 론

일본에서는 2010년 10월부터 새로운 "금융ADR제도"가 시행되고 있다. 이것은 금융상품거래법 등 16개 금융관련 업법(業法)에 같은 내용의 금융ADR에 관한 규정을 도입한 결과이다(2009. 6). 동 제도에 의하면 금융소비자는 금융청에 의해 지정된 분쟁해결기관(지정분쟁해결기관)에 분쟁해결 등을 요청할 수 있으며 관련된 금융기관은 이에 응하여 분쟁해결절차 등에 참여하여야 한다. 또

* 본고는 2010년 6월 25일 KAIST에서 있었던 한국소비자법학회 제3회 학술대회에서 사용한 발표문에 수정·가필한 것임.
** 부산대학교 법학전문대학원 부교수.

한 지정분쟁해결기관이 일정한 화해안(특별조정안)을 제시할 경우 금융기관은 원칙적으로 이를 수락하여야 하는 의무를 부담하게 된다. 이것은 지금까지 업계단체 등에 의하여 자주적으로 운영되어 오던 민원처리(상담・피해구제)・분쟁해결제도를 개선하여, 금융청의 감독을 받는 모든 금융기관 내지 금융회사(이하 양자를 합하여 단지 "금융기관"으로 약칭하기로 한다)를 대상으로 일정한 법적 의무 내지 효과를 발생하는 법제도로 격상시킨 것으로서, 대단히 전격적이고 급진적인 제도도입이다.[1)]

우리의 경우 최근에 금융소비자보호가 강조되면서[2)] 현행 금융분쟁조정제도를 근간으로 하는 금융ADR제도의 개선이 논의되고 있다. 그런데 흥미로운 것은 일본의 금융ADR제도의 도입논의에 있어 우리나라의 금융분쟁조정제도가 하나의 제도모델로 상정되어 다른 나라의 제도모델과 함께 비교・검토되었다는 사실이다.[3)] 이것은 역설적이긴 하나, 금융소비자보호가 강조되고 있는 현재의 우리의 상황에서 우리의 금융ADR제도의 객관적 위치를 점검하는 데 일본 제도가 하나의 참고가 될 수 있다는 것을 의미한다.

이하에서는 이와 같은 점을 배경으로 하여 일본의 새로운 금융ADR제도의 전체를 조감하고 그 특징을 분석하여 우리법에의 시사점을 모색해보기로 한다. 그 이전에 먼저 일본에서 금융ADR 제도가 도입된 배경 및 그 경과를 정리한다.

---

1) 일본의 금융ADR제도에 관하여 검토한 국내문헌으로는 김선정, "일본의 금융ADR에 관한 검토,"「중재연구」20권 3호(2010), 121면 이하가 있다.

2) 예컨대, 안수현, "금융소비자보호와 자본시장법의 과제,"「기업법연구」22권 4호(2008), 73면 이하; 정순섭, "금융규제개혁과 금융소비자보호,"「상사판례연구」23권 2호(2010), 3면 이하 등.

3) 杉浦宣彦・徐熙錫・横井眞美子「金融ADR制度の比較法的考察 ―英国・豪州・韓国の制度を中心に―」 金融庁金融研究研修センターDP Vol.17(2005. 8)을 참조(금융청 HP에서 다운로드 가능, http://www.fsa.go.jp/frtc/seika/discussion/2005/20050811-2.pdf). 이 논문에 대하여는 후술한다.

II. 제도도입의 배경 및 경과

1. 개 관

일본에서 금융ADR제도의 도입에 관한 본격적인 논의는 2000년대에 진입하면서 '금융청(金融庁)'[4] 장관의 자문기관인 '금융심의회(金融審議會)'에서 공식적인 제도정비 논의가 시작되면서부터이다. 그런데 2000년대에 들어서 일본에서는 (금융)소비자보호를 위한 기존의 패러다임을 전환시키는 획기적인 두 가지 법률이 제정되었는데, '소비자계약법(消費者契約法)'과 '금융상품판매법(金融商品の販売等に関する法律)'의 제정이 그것이다. 소비자계약법(2000)은 소비자계약에 포괄적으로 적용되는 민사특별법으로서 사업자가 잘못된 정보나 단정적 판단을 제공하는 등 계약체결과정에 부당성이 인정될 경우, 소비자에게 당해 계약의 취소권을 부여한다(계약으로부터의 해방). 한편 금융상품판매법(2000)은 금융기관이 금융상품을 판매할 때 설명의무 또는 단정적 판단의 제공금지의무를 위반하면 금융소비자에게 손해배상청구권을 인정하는 민사특별법이다(손해의 전보).[5] 이 두 가지 법률의 제정으로 금융소비자는 금융상품의 판매와 관련한 계약을 체결함에 있어서 계약체결과정의 적정화를 도모할 수 있는 私法상의 권리를 보장받음으로써, 비로소 자기결정에 의한 자기책임이라는 사적 자치의 원리가 구현될 수 있는 기반이 마련되었다. 또한 소비자보호를 위한 사법상 권리의 확충이라는 민사규제체계가 정비됨으로써 기존의 행정에 의한 사전적 소비자보호 및 자율적인 소비자보호와 함께

4) 일본의 금융감독당국으로서 우리의 금융위원회와 금융감독원을 합쳐놓은 듯한 구조이다. 내각부(총리실) 소속의 공무원 조직이다.

5) 두 법률의 의의에 관하여는, 松本恒雄 「消費者契約法、金融商品販売法と金融取引」 金融法務事情1587号(2000. 8) 6頁 이하 참조.

소비자보호를 위한 규제체계의 3면 구조가 형성되게 되었다.[6)]

금융ADR제도의 도입논의는 '소비자보호'에 관한 이와 같은 환경변화 속에서 시작된 것이다. 그런데 금융ADR제도의 정비는 또 한편으로는 널리 'ADR제도'의 확충이라는 관점과도 관련을 갖는 것인데, 소비자의 私法상 권리가 실현되기 위해서는 기존의 司法제도 내지 재판제도만으로는 한계가 있고, 간이·신속한 재판외 분쟁해결절차의 제도정비가 필수적이기 때문이다. 이와 같은 ADR제도는 금융분야에 한정되는 것은 아니기 때문에 ADR제도 일반에 관한 법제가 정비되어 있다면 이를 기반으로 한 금융ADR 제도의 창설은 용이할 것이다. 일본에서의 금융ADR제도의 도입논의는 司法제도의 일환으로서의 일반적인 ADR제도의 도입이라는 또 다른 측면을 배경으로 하여 이루어졌다. 즉 ADR에 관한 일반법이라 할 수 있는 'ADR촉진법'이 2004년에 제정된 것이다.

요컨대 일본에서의 금융ADR제도의 정비는 금융소비자보호를 위한 민사규제체계의 정비와 司法제도의 일환으로서의 ADR제도 일반의 정비라는 두 가지 측면에서의 제도정비를 그 배경으로 한다. 이하에서는 이와 같은 점을 염두에 두고, 시간적 흐름에 따라 제도도입까지의 과정을 정리해 보기로 한다.

2. 금융소비자보호를 위한 민사 실체규범의 정비

(1) 소비자계약법

소비자계약법은 소비자와 사업자간에 존재하는 정보의 양과 질 및 교섭력의 격차를 감안하여, 사업자의 일정한 행위에 의해

---

6) 소비자보호를 위한 규제체계의 3면 구조란 민사규제, 행정규제, 자율규제의 3가지 규제체계가 동시에 기능하여야 함을 의미한다. 이에 대하여는, 졸고, "소비자기본법 30년과 소비자법의 구조전환," 「법조」 654호 (2011. 3), 139면 이하를 참조.

소비자가 오인하거나 곤혹 상태에 빠진 경우에 계약의 청약이나 승낙의 의사표시를 취소할 수 있도록 함과 동시에, 사업자의 손해배상책임을 면제하는 조항 기타 소비자의 이익을 부당히 해하는 조항의 전부 또는 일부를 무효로 함으로써 소비자의 이익을 옹호하기 위한 법이다(제1조 목적 참조). 요컨대 동법은 소비자계약에 있어서 계약체결과정의 적정화와 계약내용의 적정화를 위한 민법의 특례를 규정하기 위한 법이다.[7]

계약체결과정의 적정화를 도모하기 위하여 동법은 소비자에게 계약(의사표시)의 취소권을 부여하는 데 취소권이 인정되는 유형은 다음의 다섯 가지이다. 즉, 사업자에 의한 계약체결의 권유시에 ① 중요사항에 대해 사실과 다른 사항을 고지하거나(부실고지), ② 장래변동이 불확실한 사실에 대하여 단정적 판단을 제공하여(단정적 판단의 제공), 또는 ③ 중요사항에 대하 소비자에게 불이익한 사실을 고의로 알리지 않음으로써(불이익 사실의 고의의 불고지), 당해사항에 대하여 소비자가 오인하고 이로 인하여 소비자계약을 체결한 경우(이상 오인유형), ④ 소비자의 요구에도 불구하고 소비자의 주거 등에서 퇴거하지 않거나(불퇴거), ⑤ 소비자의 의사에 반하여 일정한 장소에서 퇴거시키지 않음으로써(감금 또는 퇴거방해), 이로 인해 소비자가 곤혹스러움에 빠져 계약을 체결하게 된 경우(이상 곤혹유형)에, 소비자는 당해 계약에 관한 청약 또는 승낙의 의사표시를 취소할 수 있다(제4조).

한편 계약내용의 적정화를 위하여 동법은 약관 등을 포함한 부당한 소비자계약조항을 무효화하는 규정을 두고 있다. 즉, 동법에 의하면 부당한 사업자 면책조항(제8조)이나 손해배상액의 예정 또는 위약금조항(제9조) 및 소비자의 이익을 일방적으로 해하는 조항은 무효이다(제10조).

---

7) 동법의 상세한 내용에 대하여는, 우선 졸고, "일본 소비자계약법 5년의 성과와 평가," 「민사법학」 제39－1호(2007), 85면 이하 참조.

(2) 금융상품판매법

이 법은 은행, 증권, 보험, 신탁 등과 관련한 금융상품의 판매에 있어서 이를 업으로 하는 금융상품판매업자가 고객(소비자에 한정되지 않는다)에 대하여 부담하는 민사상의 의무 및 책임에 관한 법이다. 금융상품판매업자는 금융상품의 판매와 관련하여 두 가지 민사상의 의무를 부담하는데, 중요사항의 설명의무 및 계약권유과정에서의 단정적 판단의 금지의무가 그것이다.

금융상품판매업자는 금융상품의 판매가 이루어지기 전까지 고객에 대하여 중요사항의 설명을 하여야 하는데, 그 중요사항이란 요컨대 금융상품판매에 관한 금리, 통화가격, 금융상품거래법상 원본결손에 관한 사항(원본결손이 생길 수 있다는 사실 및 당해 거래의 구조 중 중요한 부분) 및 금융상품판매의 대상이 되는 권리의 행사기간 또는 금융상품판매에 관한 계약의 해제기간의 제한이 있을 경우 그 뜻을 의미한다(제3조 제1항). 위 설명은 고객의 지식, 경험, 재산상황 및 당해 금융상품의 판매계약을 체결하는 목적에 비추어 당해 고객이 이해할 수 있는 방법 및 정도에 의한 것이어야 한다(동 2항). 다만 고객이 전문적 지식이나 경험을 가진 자(프로 고객)인 경우 및 중요사항의 설명이 필요하지 않다는 의사를 표명한 경우에는 설명을 요하지 않는다(동조 제7항).

또한 금융상품판매업자는 금융상품의 판매가 이루어지기 전까지 고객에 대하여 금융상품판매에 관한 사항으로서 불확실한 사항에 대하여 단정적인 판단을 제공하거나 확실하다고 오인시킬 수 있는 사항을 알리는 행위(단정적 판단의 제공)를 해서는 안 된다(제4조).

금융상품판매업자가 고객에 대하여 위 중요사항의 설명의무를 위반한 때 또는 단정적 판단을 제공한 때에는 이로 인해 고객에게 생긴 손해를 배상할 책임을 진다(제5조). 이 경우 고객의 '원본결손액'이 고객이 입은 손해의 액으로 추정되는데(제6조 제1항),

'원본결손액'이란 금융상품의 판매에서 고객이 지급한 금전 및 지급하여야 할 금전의 합계액에서, 당해 금융상품의 판매로 인해 당해 고객이 취득하거나 취득할 금전의 합계액 및 고객이 취득한 금전 이외의 물건이나 권리의 처분가액의 합계액을 공제한 금액을 말한다(동조 제2항).

3. 금융심의회에서의 제도정비 논의[8)]

(1) 금융심의회 보고서

금융ADR제도의 정비에 관한 공식적인 논의는 금융심의회의 금융청장관에 대한 답신(答申)인 "21세기를 지탱하는 금융의 새로운 구조에 대하여(21世紀を支える金融の新しい枠組みについて)"(2000. 6)를 그 시발로 하는 것이었다. 동 답신(일종의 보고서)에서는 '일본판 금융서비스법'을 포함하는 금융서비스에 관한 룰(rule)의 새로운 구조의 일환으로서, 금융분야에서의 재판 외 분쟁처리절차(ADR)에 대한 검토가 이루어졌는데, 금융ADR제도의 정비와 관련하여 ADR기관의 중립·공정성의 확보, ADR기관의 분쟁처리기능의 향상, ADR제도의 실효성확보, ADR절차의 투명성 확보, ADR기관의 통일화·포괄화, 비용부담 문제 등 6개의 방향성이 제시되었다.

(2) 금융분쟁연락조정협의회의 설치와 활동

금융심의회 답신의 결과, 우선 업계단체 등에 의한 자주적인 민원처리(상담·피해구제)·분쟁해결의 노력을 계속해 나가고, 업태 횡단적인 정보교환 등의 장으로서 "금융분쟁연락조정협의회(金融ト

8) 주로, 中沢則夫・中島康夫 「金融分野における裁判外紛争解決制度(金融ADR)制度の概説」 金融法務事情1873号(2009.7)23頁以下; 山本和彦 「金融ADRの意義とその可能性」 金融法務事情58巻1号(2010. 1) 28頁以下를 참조하였다.

ラベル連絡調整協議会)"를 설치할 것이 결정되었다. 동 협의회는 소비자단체, 사업자 대표, 학계 대표 등으로 구성된 회의체 기구로서 금융청 금융심의회 내에 설치되었는데(2000년 9월), 금융기관에 의한 자발적인 ADR모델의 벤치마킹에 도움을 주기 위하여, "금융분야 업계단체·자주규제기관에서의 민원처리·분쟁해결 모델"을 책정하고(2002년 4월), 상담·피해구제 및 분쟁해결을 행하는 업계단체 등의 연락조정 등의 역할을 수행하였다.

동 협의회는 2008년 6월, 금융분쟁연락조정협의회 좌장(岩原紳作 동경대 교수) 메모 형식의 보고서 "금융분야에서 재판외 민원처리·분쟁해결지원제도(금융ADR)의 정비에 관한 향후 과제에 대하여(좌장 메모)"[9])를 발표하였는데, 이것은 그때까지의 업계 자주적 민원처리·분쟁해결을 위한 노력에 대하여 평가·반성하고 향후 과제를 제시하기 위한 것이었다. 동 보고서에서는 업계단체 등에 의한 민원처리·분쟁해결의 노력은 실시주체의 중립성·공정성 및 실효성의 관점에서 반드시 충분히 기능하고 있지는 않으며, 이용자의 신뢰·납득이 충분히 형성되고 있지 않다는 점 및 이용자에 대한 주지가 불충분하기 때문에 이용자의 불만사항 등 민원을 충분히 소화해 내지 못한다는 점이 지적되었다. 이 보고서는 새로운 금융ADR제도의 도입을 결정짓는 하나의 터닝 포인트가 되었다.

한편 거의 같은 시기에 국회에 제출된 금융상품거래법(金融商品取引法)[10]) 일부개정법에서는 "금융분야에서 재판 외 분쟁처리기능을 더욱 확충하기 위한 검토를 진행하여 널리 활용되는 중립적인 제도를 확립할 것"을 내용으로 하는 금융ADR제도 도입에 대한 부대결의(상하 양원)가 채택되었다. 이것은 이후 금융심의회에 의한 최종적인 보고서["금융분야에서 재판외 분쟁해결제도(금융ADR)의

9) 「金融分野における裁判外の苦情・紛争解決支援制度(金融ADR)の整備に関する今後の課題について(座長メモ)」.

10) 증권거래법 등 증권·투자분야의 업법을 통합한 법률이다(2006년 제정).

존재형태에 관하여"[11](2008년 12월)]의 제출에 박차를 가하는 계기가 되었다. 동 최종보고서는 이후 금융청의 입법안(2009년 3월)으로 그대로 연결되었다(후술).

4. 사법제도개혁심의회에서의 논의 — ADR촉진법

(1) ADR촉진법의 제정[12]

ADR제도는 간이·신속한 분쟁처리절차로서 소비자의 권리실현에 관련되는 제도(소비자보호제도)라는 측면 외에도 널리 재판제도 내지 사법제도로서의 측면을 갖는다. 금융분야에 한정하지 않고 널리 ADR제도 전반에 관한 제도정비의 논의는 2001년 '사법제도개혁심의회' 보고서에서 ADR제도의 방향성이 제시된 때로 거슬러 올라간다. 이 보고서에서는 ADR에 대하여 "국민에게 있어 재판과 어깨를 나란히 하는 매력적인 선택지의 하나로 되도록 그 확충·활성화를 도모"할 필요성이 있음이 지적되었다. 그 결과로서 2004년 12월 "재판 외 분쟁해결절차의 이용촉진에 관한 법률(裁判外紛争解決手続の利用の促進に関する法律)"(일명 'ADR촉진법')이 제정되었다(2007년 4월 시행).

ADR촉진법은 사법제도개혁의 일환으로서, 분쟁 당사자가 "재판 외 분쟁해결절차"를 이용하는 것(ADR제도의 확충·활성화)이 '재판을 받을 권리' 외에 국민의 권익실현에 이바지한다는 점을 분명히 하였는데,[13] 이것은 재판 외 분쟁해결절차의 이용이 국민

---

11) 「金融分野における裁判外の紛争解決制度(金融ADR)の在り方について」.

12) 동법에 대한 국내 문헌으로서는, 고형석, "일본 소비자분쟁과 소송외적 분쟁해결제도에 대한 연구," 「소비자문제연구」 제35호(2009. 4), 19면 이하; 김상찬, "일본 ADR법에 관한 연구," 「중재연구」 16권 3호(2006), 127면 이하; 정영수, "일본의 ADR법에 관한 소개," 「중앙법학」 7권 1호(2005), 389면 등이 있다.

13) 제1조(목적) 이 법률은 내외의 사회경제정세의 변화에 수반하여 <u>재판</u>

의 재판을 받을 권리와 상충하는 것이 아니라 오히려 양자는 相補的적인 관계에 있음을 분명히 한 것이라 볼 것이다. 동법은 또한 재판 외 분쟁해결절차의 기본이념에 대하여도 규정하고 있는데(제3조), 이에 의하면 "재판 외 분쟁해결절차는 법에 의한 분쟁해결을 위한 절차로서, 분쟁 당사자의 자주적인 분쟁해결의 노력을 존중하면서 공정하고 적정하게 실시되어야 하고, 아울러 전문적인 지견을 반영하여 분쟁의 실정에 입각한 신속한 해결을 도모하는 것이어야 한다"(제3조).

ADR촉진법은 기본이념 및 국가의 책무 등을 정한 총칙부분과 '인증분쟁해결절차'에 대해 정한 부분으로 나누어지는데, 동법상의 민간분쟁해결절차 업무의 인증은 법무성이 행한다. 민간분쟁해결절차를 업으로서 행하는 자로서 그 업무에 대하여 법무대신의 인증을 받은 자를 '인증분쟁해결사업자'라 하는데 2009년 11월 말 현재 48개 사업자가 인증을 취득하여 인증분쟁해결사업자로서 업무를 수행하고 있다.[14)]

(2) ADR절차의 이용에 관한 특례

ADR촉진법은 인증분쟁해결절차의 이용과 소송절차와의 관계에 관한 두 가지 중요한 특칙을 규정하고 있다. 즉, 시효의 중단

외 분쟁해결절차(소송절차에 의하지 않고 민사상 분쟁을 해결하려는 분쟁당사자를 위하여 공정한 제3자가 관여하여 그 해결을 도모하는 절차)가 제3자의 전문적 知見을 반영하여 실정에 맞는 신속한 해결을 도모하는 절차로서 중요한 위치를 점하게 되고 있는 점에 비추어, 재판 외 분쟁해결절차에 대한 기본이념 및 국가 등의 책무를 정함과 동시에 민간분쟁해결절차의 업무에 관하여 인증제도를 도입하고 아울러 시효의 중단 등에 관한 특례를 정하여 그 편의성 향상을 도모함으로써 분쟁당사자가 분쟁해결을 도모함에 적합한 절차를 용이하게 선택할 수 있도록 하여 국민의 권리·이익의 적절한 실현에 기여함을 목적으로 한다[하선은 필자].

14) 山本, 전게논문 29면. 금융분야에선 금융상품거래법에 의한 자주규제기관인 일본증권업협회 등이 인증분쟁해결사업자이다.

과 소송절차의 중지에 관한 것이 그것이다.

1) 시효의 중단: 분쟁해결절차의 실시자가 당사자간 화해성립의 전망이 없어 분쟁해결절차를 종료한 경우, 당해 인증분쟁해결절차의 실시를 의뢰한 분쟁당사자가 그 취지의 통지를 받은 날로부터 1개월 이내에 당해 인증분쟁해결절차의 목적이 된 청구에 대하여 소를 제기한 때에는 시효의 중단에 관하여는 당해 인증분쟁해결절차에서 청구를 한 때에 소송을 제기한 것으로 간주한다(제25조 제1항). 이것은 인증분쟁해결절차의 이용에 소멸시효의 중단효를 인정하기 위한 특례이다.

2) 소송절차의 중지: 분쟁당사자가 화해를 할 수 있는 민사상 분쟁에 대하여 당해 분쟁의 당사자간에 소송이 계속 중인 경우, 다음의 어느 하나의 사유가 있고 — ① 당해 분쟁에 대하여 당사자간에 인증분쟁해결절차가 실시되고 있는 경우, ② 분쟁당사자간에 인증분쟁해결절차에 의하여 당해 분쟁의 해결을 도모한다는 합의가 있는 경우 —, 당해 분쟁당사자가 공동으로 신청하는 때에는 수소법원은 4개월 이내의 기간을 정하여 소송절차를 중지하는 결정을 할 수 있다. 이것은 소송이 계속 중인 경우에 당해 분쟁에 대하여 인증분쟁해결절차가 실시되거나 그 절차활용의 합의가 있는 경우에 소송절차가 중지될 수 있다는 특례를 정한 것이다.

이 두 가지 특례는 후술하는 금융ADR제도에도 그대로 도입되었다.

5. 부분적 제도 정비

금융ADR제도가 도입되기 전에 부분적인 제도 정비의 노력이 있었는데, 하나는 금융청 스스로가 금융ADR에서 일정한 역할을 담당하기 위한 노력을 한 것이고(일종의 행정형 ADR제도의 확충 노력), 다른 하나는 금융상품거래법상 ADR제도의 설치에 관한 것이다.

(1) 금융청에 의한 "금융서비스이용자 상담실"의 설치

금융청에서는 금융ADR제도 정비의 논의가 시작된 이래, 행정형ADR에 있어서의 금융청의 역할에 대한 반성으로부터, 금융서비스이용자의 편의성 향상을 위하여 이용자로부터의 상담 등에 대하여 전화 등을 통하여 일원적으로 대응하기 위한 조직(금융서비스이용자 상담실)을 금융청 내부에 설치하였다(2005년).

동 상담실은 동경 본청에 설치되어[15] 상담・정보제공・금융행정에 대한 의견의 접수와 같은 업무를 수행하였는데, 이를 통하여 전국적으로 소비자 문의의 허브조직으로서의 역할을 담당하기 시작하였다. 상담실을 통한 상담내용의 처리상황 등은 체계적으로 기록・보관함과 동시에 관계 부서에 회부하여 기획입안・검사・감독에 활용하고 있다.[16]

이와 같이 동 상담실은 상담 및 정보제공업무에 중점을 두고 있고, 개별분쟁에 대하여는 알선・조정・중재 등을 행하는 외부 ADR기관을 소개하는 데 머무르고 있다.

(2) 금융상품거래법상 ADR제도의 설치

2007년 10월부터 시행된 금융상품거래법에서는 민원처리(상담・피해구제) 및 분쟁해결의 알선 등에 관한 제도로서 인정투자자보호단체(認定投資者保護団体)제도를 도입하였는데, 이것은 금융상품거래법상의 자주적 분쟁해결기관에 대하여 금융청장관이 인정(=인증)하는 제도이다. 그러나 동 단체에의 금융기관의 가입은 임의이며, 동 단체에 의한 분쟁해결은 알선에 머물러 있다는 점에서 본격적인 ADR기관이라고는 할 수 없다. 이 제도에 의하여

15) 총무기획국 정책과 소속으로서, 실장・실장보좌・계장・상담관 등 내부로부터의 구성원 외에 상담원(소비자상담업무 유자격자) 약 20명을 별도 채용(계약직)하였다(학술대회 발표당시 시점).

16) 상담 등의 실적은 2007년도 약 4만 6천 건, 2008년도 약 5만 2천 건이다.

인정투자자보호단체로 인정받은 단체로서 전국은행협회, 생명보험협회, 일본손해보험협회, 신탁협회 등이 있다.

그런데 새로운 금융ADR제도 도입 후에는 후술하는 바와 같이 금융청으로부터 지정받은 '지정분쟁해결기관'이 설립되므로 위 인정투자자보호단체와의 관계가 문제된다. 이에 대하여 제도 기초자는 금융ADR제도가 창설된 이후에도 인정투자자보호단체제도는 유연한 이용자보호제도로서 존속하게 되는바, 인정투자자보호단체는 지정분쟁해결기관이 설립·지정되기 전 단계에서의 (자주적)ADR기관으로서 활동할 수 있을 것이라는 점을 지적하고 있다.[17]

6. 입법화 과정

금융ADR제도의 도입은 전술한 바와 같이 금융심의회에서의 논의를 시발로 하여 금융분쟁연락조정협의회의 활동을 거쳐 그 제도의 방향성이 결정되어 왔는데, 현재와 같은 금융ADR제도의 구체적 형태가 확립된 것은 금융심의회의 최종보고서 "금융분야에서 재판 외 분쟁해결제도(금융ADR)의 존재형태에 관하여"(2008. 12)를 통하여서이다.

금융청은 이 보고서를 기반으로 2009년 3월 6일 금융ADR제도를 창설하기 위한 입법안(정식명칭은 "금융상품거래법 등의 일부개정법률안")을 제출하였는데, 그것은 단일 법률이 아니라 16개의 개별 금융관련 업법에 ADR에 관한 규정(같은 내용)을 신설하는 것을 그 내용으로 하는 것이다. 동 입법안은 4월 23일 하원 본회의를 통과하고 6월 17일 상원 본회의를 통과하여 6월 24일 공포되었다.

금융ADR제도를 도입한 16개 금융관련 업법은 금융청의 감

17) 中沢・中島, 전게논문, 36면.

독을 받는 모든 금융기관 및 금융회사에 관한 업법을 망라하는 것으로, ① 예금분야에서 은행법, 장기신용은행법, 신용금고법, 노동금고법, 중소기업등공동조합법, 농업협동조합법, 수산업협동조합법, 농림중앙금고법, ② 신탁분야에서 신탁업법 및 兼業法,[18] ③ 보험분야에서 보험업법, ④ 증권분야에서 금융상품거래법, 저당증권업규제법, ⑤ 기타로 대금업법, 자금결제법, 無尽[19]業法이 포함된다.

이와 같이 금융ADR제도는 기존의 금융관련 업법상의 제도로 도입되었는데, 업태[20] 횡단적인 단일입법을 마련하는 것도 이론적으로는 하나의 선택지였으나, 새로운 금융ADR제도는 지금까지 업태마다 운용되어 온 민원처리(상담 피해구제)·분쟁해결제도의 틀을 베이스로 한 개별 업법상의 제도를 동시에 정비하는 선택을 하였다.[21]

Ⅲ. 주요내용

일본 금융ADR제도의 특징은 다음의 세 가지로 요약된다. 첫째, 각 업계의 자유로운 신청에 기초하여 금융청이 지정한 분쟁해결기관(지정분쟁해결기관)에 의하여 ADR절차가 진행된다는 점, 둘째, 각 금융기관은 지정분쟁해결기관과의 계약에 의거하여 이용자가 제기하는 ADR절차에 참여할 의무를 부담한다는 점, 셋째, ADR절차에 있어서 시효중단 등 소송과의 연계가 도모된다는 점

18) 신탁업무를 행하는 금융기관을 규제하기 위한 법률.
19) 일종의 계(契).
20) 각 업법별로 여러 개의 업태(業態)가 존재할 수 있다. 예컨대 은행법의 경우에는 은행이 단일 업태로 존재하나, 금융상품거래법의 경우, 제1종금융상품거래업자, 제2종금융상품거래업자, 투자조언·대리업자, 투자운용업자, 등록금융기관, 증권금융회사와 같은 여러 개의 업태가 존재한다.
21) 中沢·中島, 전게논문, 26~27면.

이 그것이다. 이하 각각 상설한다[조문은 금융상품거래법(금상법)상의 그것을 인용하기로 한다].

1. 분쟁해결기관의 지정 · 감독

(1) 분쟁해결기관의 지정

분쟁해결기관은 설치는 업태별로 임의로 할 수 있다. 따라서 새로 설치하는 것은 물론 기존의 업태별 분쟁해결기관을 활용하는 것도 가능하다. 각 분쟁해결기관은 금융청에 지정을 신청하며,[22] 금융청은 요건을 심사하여 분쟁해결기관을 지정하는데 이때는 법무성과의 협의가 필요하다.

분쟁해결기관의 지정요건을 개괄하면 다음과 같다. 첫째, 법인으로서 결격사유가 없을 것, 둘째, 분쟁해결업무를 적확하게 실시하는데 필요한 經理的 기초와 기술적 기초를 갖출 것,[23] 셋째, 임직원의 구성이 분쟁해결기관으로서의 공정성을 해치는 것이 아닐 것, 넷째, 업무규정의 내용이 법령에 적합하며 분쟁해결업무를 공정 · 적확하게 실시하기에 충분할 것, 다섯째, 금융기관으로부터 업무규정의 내용에 대한 이의가 없다는 확인을 받을 것[24] 등이다.

---

22) 법률상은 지정분쟁해결기관 이외의 자가 상담 · 피해구제 및 분쟁해결업무를 수행하는 것을 배제하는 것은 아니다(中沢 · 中島, 전게논문, 30면).

23) 경리적 기초란 "재산적 기초와는 달리, 분쟁해결업무의 안정적 · 계속적인 제공을 가능하게 하는 수지계획 등이 확실하게 준비되어 있을 것"을 의미하며, 기술적 기초란 "분쟁해결업무의 적확한 실시에 관하여 조직으로서의 경험 및 능력이 갖추어져 있는 것"을 의미한다. 中沢 · 中島, 전게논문, 31면.

24) 지정을 원하는 분쟁해결기관은 금융기관에 업무규정의 내용에 대하여 설명을 하고, 이에 대하여 금융기관에게 의견진술의 기회를 주어, 이의를 한 금융기관의 수를 신청시에 제출하여야 한다. 이때 이의가 일정 비율 이하인 경우에만 지정을 받을 수 있도록 하였다. 이것은 금융ADR

(2) 지정분쟁해결기관의 업무

지정분쟁해결기관은 크게 두 가지의 업무를 행하는데, 고객의 신청에 의하여 이루어지는 '상담·피해구제 절차'에서의 업무와 당사자의 신청에 의해 이루어지는 '분쟁해결절차'에서의 업무가 그것이다. 그런데 지정분쟁해결기관의 자주성을 존중하기 위하여 상담·피해구제 절차 및 분쟁해결 절차에 관하여는 법률에 상세한 규정을 두지 않고 각 지정분쟁해결기관의 업무규정이나 절차실시기본계약(지정분쟁해결기관과 금융기관 간에 체결되는 ADR절차의 참가에 관한 계약) 등에 구체적 내용을 규정하도록 하고 있다. 또한 양 절차는 그 연계가 확보되어야 한다(금상법 제156조의44 제4항 제1호).

1) 상담·피해구제 절차

고객은 지정분쟁해결기관에 대하여 불만사항 등 민원의 신청을 할 수 있는데, 민원이 접수되면 지정분쟁해결기관은 그 상담에 응하고, 필요한 조언 및 조사를 함과 동시에 금융기관에 대하여 이용자의 민원 내용을 통지하여 신속한 처리를 요구하여야 한다(금상법 제156조의49).

2) 분쟁해결절차

당사자(고객 또는 금융기관)는 지정분쟁해결기관에 대하여 분쟁해결을 신청할 수 있으며, 지정분쟁해결기관은 이 경우 분쟁해결위원을 선임하고 분쟁해결절차에 부의한다(금상법 제156조의50 제1항, 제2항). 분쟁해결위원은 변호사, 금융기관업무 경험자, 소비생활상담원, 사법서사(법무사) 등에서 선임하는데, 분쟁해결절차의 중립성·공정성을 확보하기 위하여 분쟁해결위원 중 적어도 1인은 변호사나 소비생활상담원 중에서 선임하여야 한다(금상법 제156조의50 제3항). 분쟁해결위원은 당사자 또는 참고인의 의견을

제도의 원활·적절한 운영을 확보하기 위한 방책으로서, 지정요건으로서의 이의의 '비율'은 시행령에서 정하도록 하였다. 中沢·中島, 전게논문, 32면.

청취하거나 보고서를 제출하도록 요구할 수 있으며, 당사자로부터 참고가 될 장부서류나 기타 물건의 제출을 요구할 수 있다. 분쟁해결위원은 '화해안'을 작성하여 그 수락을 권고하거나 '특별조정안'을 제시할 수 있다(금상법 제156조의50 제6항). 특별조정안은 금융기관이 원칙적으로 수락하여야 하는(편면적 구속력 있는) 조정안을 의미한다(후술).

(3) 지정분쟁해결기관의 감독

지정분쟁해결기관의 설립・지정 후에도 지정분쟁해결기관의 중립성・공정성 및 실효성을 유지하기 위하여 지정분쟁해결기관에 대한 검사・감독은 필요하다. 이에 따라 각 업법에 이에 대한 규정을 별도로 두었다(예컨대 금상법 제5장의5 제3절). 검사・감독의 결과 금융청이 지정분쟁해결기관에 대하여 업무개선명령이나 지정취소를 할 경우에는 법무대신과 협의하여야 한다.

지정분쟁해결기관에 대한 검사・감독은 개별 상담・피해구제 및 분쟁해결의 내용의 적부(適否)에 대한 것이 아니라 지정분쟁해결기관의 업무실시 태세의 적부에 대한 것이다.[25)]

2. 금융기관의 행위규제 — 제도의 실효성 확보

(1) 서

위와 같이 일본의 금융ADR제도는 업태별로 금융청으로부터 지정을 받은 지정분쟁해결기관에 의하여 상담・피해구제 및 분행해결절차가 수행되는 구조이다. 이것은 말하자면 업계 자주적인 분쟁해결제도를 기초로 하여 일정한 요건을 갖춘 분쟁해결기관에 대하여 금융감독당국에 의한 '지정'이라는 공적 행위를 덧붙임으

25) 中沢・中島, 전게논문, 33면.

로써 중립성·공정성을 확보한 제도설계라 부를 만하다.

그렇다면 이와 같이 설계된 금융ADR제도의 실효성은 어떻게 확보될 수 있는가? 예컨대 이용자가 지정분쟁해결기관에 분쟁해결을 신청하여도 관련 금융기관이 이에 응하지 않아도 아무런 제재가 없다거나, 설사 응낙을 하여도 지정분쟁해결기관이 제시하는 화해안이나 조정안 등에 응할 의무가 없다면 금융ADR제도의 실효성은 확보되지 않을 것이기 때문이다. 이 점에 관하여 일본의 금융ADR제도는 기본적으로 "지정분쟁해결기관과 금융기관간 계약(절차실시기본계약)"에 의하여 그 실효성을 확보하고자 한다. 다만 계약은 당사자간 효력밖에 없기 때문에 실효성 확보에는 한계가 있으므로, 이를 보완하기 위하여 계약의 체결 및 계약내용, 의무위반시 제재에 관하여 법이 관여(일정한 사항을 법정)하도록 하였다. 이것은 말하자면 계약을 통한 업계자율적인 제도운영을 기본으로 하면서 계약에 관한 기본적 사항을 법정함으로써 계약의 실효성을 확보하고자 한 제도설계라 부를 만하다. 이것은 금융기관의 입장에서는 일종의 행위규제인 셈이다.[26]

(2) 지정분쟁해결기관과의 기본계약의 체결의무

금융기관은 지정분쟁해결기관과 '절차실시기본계약'(이하 "기본계약"으로 약칭한다)을 체결하여야 한다. 이것은 (각 업법에 의하여 규율되는) 법률상의 의무이다(예컨대 금상법 제37조의7, 제156조의31의 2).[27] 기본계약 체결의무는 지정분쟁해결기관의 업무규정에도 규정되어야 한다(금상법 제156조의44 제3항). 금융기관은 지정분쟁해결기관과 기본계약을 체결함으로써 당해 계약상의 의무를 부담하게

---

26) 이 점을 지적하는 견해로 山本, 전게논문, 30면.

27) 다만, 당해 분야에 지정분쟁해결기관이 없는 경우에는 금융기관 스스로 상담·피해구제 및 분쟁해결절차를 실시하여야 한다. 山本, 전게논문, 30면.

되는데, 기본계약상 금융기관이 부담하는 의무의 내용은 다음과 같다.

(3) 기본계약상 금융기관의 의무

금융기관이 부담하는 기본계약상의 의무는 구체적으로는 지정기관의 업무규정 속에 규정됨으로써 이에 의하여 규율하게 되나, 당해 업무규정은 각 업법 및 시행령에 의해 사전에 기본적 내용이 법정되어 있다(금상법 제156조의44 제2항 – 기본계약의 내용). 이와 같이 법정된 기본계약상 금융기관의 의무는 다음의 4가지이다.

<절차실시기본계약상 금융기관의 의무>

① ADR절차(상담・피해구제절차+분쟁해결절차)에의 응낙의무

② ADR절차에서의 보고(사정설명)·자료제출의무

③ 특별조정안의 존중의무

④ 소송과 관련한 보고의무

여기서 특히 문제가 되는 것은 ③ 특별조정안의 존중의무이다. 진술한 바와 같이 분쟁조정절차에서 분쟁해결위원은 당해 분쟁의 해결을 위한 화해안(조정안)을 작성하여 당사자에 대하여 그 수락을 권고할 수 있는데(금상법 제156조의44 제2항 제4호), 이 화해안을 당사자가 수락할 경우에는 민법상 화해계약(일본민법 제695조)으로서의 효력이 발생한다. 그런데 분쟁해결절차에서 분쟁해결위원이 제시하는 화해안의 수락 권고에 의하여는 당사자간에 화해가 성립할 전망이 없는 경우에는(따라서 화해안의 제시가 반드시 前置되어야 하는 것은 아니다) 분쟁해결위원은 사안의 성질, 당사자의 의향, 당사자의 절차계속의 상황 기타 사정에 비추어 분쟁해결을 위한 특별조정안을 제시할 수 있다(금상법 제156조의44 제2항

제5호). 특별조정안은 "다음의 4가지 사항 외에는 금융기관이 (반드시) 수락하여야 하는 화해안"을 의미한다(금상법 제156조의44 제6항).

<금융기관에 의한 특별조정안 존중의무의 예외>

① 고객이 당해 화해안(특별조정안)을 수락하지 않은 때
② 고객이 당해 화해안을 수락한 것을 안 날로부터 1개월 내에 금융기관이 소송을 제기하고 그 기간 내에 당해 소송이 취하되지 않은 때
③ 소송계속 중에 (ADR절차가 시작되어) 당해 화해안이 제시된 경우, 고객이 당해 화해안을 수락한 것을 금융기관이 안 날로부터 1개월 내에 당해 소송이 취하되지 않은 때
④ 고객이 화해안을 수락한 것을 안 날로부터 1개월 내에 당사자간에 중재법에 의한 중재 합의가 있거나 화해안에 의하지 않은 화해나 조정이 성립한 경우

이에 의하면 고객이 특별조정안을 수락하지 않는 것은 가능하나, 금융기관은 소송을 제기하거나 계속 중인 소송을 취하하지 않는 경우 또는 당사자간에 중재 합의 등이 있는 경우 외에는 당해 특별조종안을 수락하여야 하므로, 특별조정안에는 기본적으로 편면적 구속력이 부여된다고 볼 수 있다. 다만 특별조정안 수락의무의 예외로서 금융기관이 소송을 제기하는 경우(②)를 포함시킨 것은 헌법에 의해 보장되는 '재판을 받을 권리'를 침해할 수는 없기 때문이다.[28)]

(4) 기본계약상 의무위반에 대한 제재

금융기관이 위와 같은 기본계약상 의무를 위반한 경우에는 계약법의 기본원칙상 당해 계약의 당사자간에 채무불이행에 입각

28) 中沢・中島, 전게논문, 33면.

한 제재 내지 구제(예컨대 손해배상이나 계약해제)를 도모함이 원칙이다. 다만 당사자간의 제재만으로는 금융ADR제도의 실효성 확보에는 문제가 발생하므로, 지정분쟁해결기관은 금융기관에 의한 기본계약상 의무 위반에 정당한 이유가 없다고 인정할 때에는 당해 금융기관의 상호나 명칭 및 당해 불이행 사실을 공표하고 이를 금융청장관에게 보고하도록 하였다(제156조의45). 이 경우 의무위반이 곧 행정처분의 대상이 되는 것은 아니나, 금융기관의 업무의 적절한 운용을 확보하기 위하여 필요하다고 인정될 경우에는 감독상의 제재가 뒤따를 수 있다.[29]

3. 금융ADR과 소송의 관계

(1) 금융기관의 재판청구권 보장

전술한 바와 같이 분쟁해결위원이 제시하는 특별조정안은 원칙적으로 금융기관을 (편면적으로) 구속하는 효력이 있으나, 금융기관이 소송을 제기하거나 이미 제기된 소송을 취하하지 않는 경우에는 편면적 구속력은 배제된다. 이것은 헌법상 금융기관에게 보장된 재판청구권을 ADR에 의하여 배제할 수는 없다는 판단 때문이다.

(2) ADR과 소송의 연계 — ADR촉진법의 수용

금융ADR제도는 ADR과 소송과의 연계를 추구하기 위하여 전술한 ADR촉진법상의 두 가지 제도를 그대로 도입하였다.

1) 분쟁해결절차에 의한 시효의 중단

ADR절차가 종료(不調)한 후 1개월 내 당사자에 의하여 소송이 제기된 경우에는 당해 분쟁해결절차의 청구시점에 소송의 제기가 있었던 것으로 간주된다(금상법 제156조의51 제1항). 즉 당해

---

29) 中沢・中島, 전게논문, 34면.

분쟁해결절차의 청구시점에 시효가 중단된다. 이것은 ADR절차의 청구에 시효중단효를 인정하는 것이다.

2) 소송절차 중 분쟁해결절차 참여에 의한 소송절차의 중지

소송계속 중에 당사자간에 분쟁해결절차가 실시되거나 분쟁해결절차에 의하여 분쟁해결을 도모할 것이 합의된 경우에 당해 소송절차는 일정한 기간 중지될 수 있다. 즉 당사자의 공동신청이 있는 경우, 수소법원은 4월 이내의 기간 동안 소송절차를 중지하는 결정을 할 수 있다(금상법 제156조의52 제1항). 다만, 수소법원은 언제든지 위 결정을 취소할 수 있으며(동 2항), 취소결정이나 공동신청을 각하하는 결정에 대하여는 불복신청 할 수 없다(동 3항).

(3) 소송과 관련한 보고의무(금융기관)

소송과 관련하여 금융기관은 지정분쟁해결기관에 대하여 다음과 같은 보고의무를 부담한다.

① 소송중 분쟁해결절차가 개시된 경우, 소송계속의 취지 및 청구원인 등 보고의무
② 분쟁해결절차 중 소송이 제기된 경우, 소송제기의 취지 및 청구원인 등 보고의무
③ 기타 소송에 관한 사항의 보고요구에 응할 의무
④ 소송이 종료된 경우 또는 재판이 확정된 경우, 그 취지 및 내용의 보고의무

Ⅳ. 분석 — 일본제도의 특징

일본의 금융ADR제도는 위와 같은 내용으로 제도설계되었다. 이하에서는 위 검토를 바탕으로 일본 제도의 특징을 분석해보기

로 한다.

1. ADR제도의 성격—행정지정형 금융ADR기관의 설치

일본의 금융ADR제도에서 제도운영의 주체는 지정분쟁해결기관이다. 이것은 각 업태별로 존재하는(또는 신설되는) 업계자율형 분쟁해결기관이 일정한 요건을 갖추어 금융당국당국(금융청)에 의하여 승인(지정)을 받은 ADR기관이다. 이렇게 하여 승인된 지정분쟁해결기관은 금융감독당국으로부터 업무에 관련한 검사 및 감독을 받는다. 따라서 업태별 지정분쟁해결기관에 의한 금융ADR제도를 「업계자율형+개별형+행정관여형」제도라 부를 만하다.

이와 같은 제도모델은 금융ADR제도의 모델유형에서는 호주형 모델에 가깝다.[30] ADR제도의 모델유형으로서는 그 밖에 영국형모

30) 금융ADR제도의 모델유형에 대하여는, 杉浦·徐, 전게논문을 참조. 필자는 이 논문의 집필 당시 일본 금융청 금융연구연수센터 소속 전문연구원으로서 3개국(영국·호주·한국)의 금융ADR제도를 비교연구하였는데, 3개국이 선택된 이유는 당시 모두 통합금융법 내지 통합금융감독기구법이 존재하는 국가였기 때문이다(아래 표 참조). 이 논문은 일본의 금융ADR제도의 창설에 있어서 중요한 비교법적 검토자료로 활용되었다. 또한 이 논문에서는 특히 한국의 행정형 금융ADR제도가 하나의 제도모델로서 비교검토의 대상이 되었다는 점에서 우리에게도 의미가 있다고 생각된다.

	영 국	호 주	한 국
근거법률	금융서비스시장법 (FSMA2000)	금융서비스개혁법 (FSRA2001)	금융감독기구설치법 (1997)
운영주체	독립법인(FOS)	독립법인(8개인증기관) *이사회의 중립성	감독기관=금융감독원 *위원은 외부위촉
감독당국과의 관계	이사회조직에 관여(이사 임면), 운영의 감독	인증기관의 인증, 보고의무	직접운영
IDR(내부 분쟁해결 절차)의 의무화	○(전치주의)	○(전치주의)	×
최종결정의 효력	법적효력 → 편면적	계약상 구속력 →	법적효력 → 강제집행력

델과 한국형모델을 생각할 수 있는데, 전자는 「업계자율형+통합형+행정관여형」 제도모델이고, 후자는 행정(금융감독원)이 ADR절차를 직접 수행하는 모델로서 「행정형+통합형」 제도모델이다.[31)]

2. 실효성확보를 위한 금융업자의 행위규제

위와 같이 일본의 금융ADR제도는 업계 자율형 분쟁해결기관에 대하여 행정이 이를 승인(지정)하고 감독함으로써 일정정도 관여하는 제도모델이다. 반면에 금융기관의 경우 자신이 소속된 업태에서의 지정분쟁해결기관과 ADR실시에 관한 기본계약(절차실시기본계약)을 체결함으로써 ADR제도에 참여하여야 한다. 이때 당해 지정분쟁해결기관의 업무규정에 따라 금융기관은 ADR절차(상담・피해구제절차+분쟁해결절차)에 응낙하여야 하며, 분쟁해결위원에 의한 특별조정안에 대하여 원칙적으로 이를 수락하여야 하는 의무를 부담한다. 이러한 의무를 위반할 시 그 명의가 공표되는 제재를 받게 된다. 이와 같은 제도내용은 형식상은 각 지정분쟁해결기관의 업무규정에 의하여 규율되는 것이나, 그 업무규정의 내용은 사전에 기본적 내용이 법정된다. 따라서 ADR절차에 있어서의 위와 같은 금융기관의 의무는 제도의 실효성을 확보하기 위한 금융기관의 행위규제의 일환으로 이해된다.

	구속력, 강제집행력	편면적 구속력	*편면적 구속력 없음
운영비용/이용료부담(소비자부담)	금융업자/금융업자(없음)	금융업자/금융업자(없음)	금융업자분담금등/없음(없음)
제도모델	업계형전통+통합형+행정관여	업계형전통+개별형+행정관여	행정형 전통+통합형

31) 일본의 금융ADR제도의 성격에 대하여, 이번 제도도입은 각 업계의 ADR제도의 개선이 그 목표이며 궁극적으로는 통합형ADR기관의 설치(영국형모델)를 지향하여야 한다는 견해로, 山本, 전게논문, 31면 참조.

3. 소송과 금융ADR의 연계성의 확보

일본의 금융ADR제도는 소송과의 연계성을 확보하기 위한 두 가지 제도를 두고 있는데, ADR절차에 시효중단효를 부여하는 것과 소송계속 중 ADR절차에 참가할 경우의 소송절차 중지제도가 그것이다. 전자의 경우 채권의 소멸시효완성을 중단시키기 위한 '청구'에 ADR절차의 청구가 추가되는 것을 의미하며, 후자는 재판절차 중에도 금융ADR에 의한 분쟁해결의 가능성을 민상소송제도의 일환으로 인정하는 것을 의미한다.

또한 분쟁해결위원에 의한 특별조정안에는 금융기관을 구속하는 편면적 구속력이 인정되어 제도의 실효성을 확보하고 있으나, 금융기관의 재판청구권은 이 경우에도 배제되지 않도록 배려하고 있다.

이로써 司法制度의 일환으로서의 금융ADR제도가 재판제도와 相補的인 관계로서 위치 지워지게 된다.

Ⅴ. 일본 제도로부터의 시사

1. 우리나라 금융분쟁조정제도의 특징

우리나라의 금융ADR제도(금융분쟁조정제도)는 전술한 바와 같이 금융감독원(및 금융분쟁조정위원회)에 의한 「행정형+통합형」 제도운영을 그 특징으로 한다. 다만 「소비자기본법」에 의하여 한국소비자원(및 소비자분쟁조정위원회)이 소비자분쟁조정제도를 운영하는데, 여기서도 금융분야의 ADR제도가 실시되고 있다. 금융분쟁조정제도 및 소비자분쟁조정제도는 그 절차 및 효력이 거의 동일한데, 이것은 금융분쟁조정제도가 소비자분쟁조정제도를 벤치마킹하였기 때문이다.[32)]

제도의 실효성과 관련하여서 금융분쟁조정위원회의 조정안에 대하여 당사자가 조정안을 수락한 경우에는 강제집행력(재판상 화해의 효력)이 부여된다(금융위원회의 설치 등에 관한 법률[33] 제55조). 그러나 조정안에 소위 편면적 구속력은 인정되지 않기 때문에 금융기관이 조정안을 수락하지 않는 것은 기본적으로 가능하다.[34]

2. 일본 제도로부터의 시사

일본의 금융ADR제도로부터는 우리의 금융ADR제도와 관련하여 다음과 같은 시사를 얻을 수 있다고 생각한다.

(1) ADR에 대한 기본적인 인식전환이 필요

ADR제도에 대하여는 두 가지 상반된 시점이 존재한다. 즉, 이를 ① 당사자의 주도적 참여에 의한 간이·신속한 분쟁해결제도로 이해하는 시점과, ② 재판제도의 대체적 제도로 이해하는 시점이 그것이다.

전자의 시점에 의하면 ADR절차에 의한 조정안의 제시와 수락은 당사자간에 화해를 이끌어내기 위한 하나의 절차로서, 제도

---

32) 이 점에 대한 지적으로 杉浦·徐, 전게논문 20면 참조. 금융ADR제도가 복수의 행정형기관에서 운용되는 것은 우리나라 제도의 특징의 하나이다. 杉浦·徐, 전게논문 26면은 이를 "(금융소비자에 의한) 복수의 행정형기관의 자유로운 선택"으로 평가하고 있다.

33) 금융감독기구의 설치 등에 관한 법률(금융감독기구설치법)에서 법명을 변경하였다.

34) 조정안 불수락시 금융기관은 금융감독원에 그 사유를 제출하여야 하므로(시행령 제21조 제4항), 조정안을 수락할 의향이 없고 소송에 의한 분쟁해결을 원하는 금융기관으로서는 실무적으로 조정안이 제시되기 전에 소송을 제기하는 선택("소송으로의 도피")을 하는 것이 보통이라고 한다(이 경우 조정위원회는 각하 결정). 杉浦·徐, 전게논문, 25면(각주 90) 참조.

유형으로서는 민간형 내지 자율형 ADR제도에 그 예가 많다(일본의 금융ADR제도도 기본적으로는 이와 같은 시점에 입각하고 있다). 이러한 시점에 있을 때 ADR에 임하는 금융기관의 부담은 보다 가벼워질 수 있다. 조정안은 당사자 간의 양보에 기초한 분쟁해결을 위한 화해안이므로 당사자는 이를 수락함으로써 분쟁을 해결할 수 있으나 이를 수락하지 않는 것도 얼마든지 가능하기 때문이다(다만 당사자가 서로 화해할 수 있도록 유도하는 것이 ADR절차를 주관하는 자의 임무이다).[35] 따라서, 유사해 보이는 사안에서도 화해안은 서로 다를 수 있고, 하나의 화해안(조정안)이 다른 사안에 영향을 미치는 것도 아니기 때문에 사안의 공개는 원칙적으로 피해야 한다.

후자의 경우 조정안 수락에 일정한 법적 강제력이 부여되는 행정형 ADR제도에 그 예가 많다. 우리 법상으로도 당사자가 조정안을 수락할 경우 재판상 화해(강제집행력)의 효력이 부여되므로 기본적으로는 이와 같은 시점에 입각하고 있다(이것은 일종의 준사법제도라 부를 만하다). 이와 같은 유형의 ADR제도에서는 최종결정(조정안)에 대하여 법적 강제력이 부여되므로 ADR제도의 실효성이 확보될 수 있는 장점이 있다.

우리나라에서 금융ADR제도는 행정이 주도하는 준사법적 형태이기 때문에 관련 당사자의 주도적 참여에 의한 간이·신속한 분쟁해결을 도모하려는 1)의 시점이 결락되기 쉽고, 따라서 금융기관은 (수동적 자세에서) 경우에 따라 스스로 민원 및 분쟁을 해결하려는 노력을 등한시하기도 한다. 한편 조정안이 제시되기 전에 금융기관이 소송을 제기함으로써 조정절차를 회피할 수 있는 것("소송으로의 도피")도 준사법제도로서의 실효성을 저해하는 요인

---

35) 이와 같은 시점에서 ADR제도를 이해하는 견해로, 예컨대, 유병현, "우리나라 ADR의 발전방향," 「안암법학」 22권(2006), 293면 이하 참조.

이 된다.

이와 같은 점을 감안한다면 향후 우리나라 금융ADR제도의 지향점은 다음 두 가지로 요약된다고 본다. 즉, ① 민간형·자율형 ADR 제도의 확충, ② 기존 ADR제도의 실효성 확보방안의 모색이 그것이다.

(2) 업계 자율형 분쟁해결기관의 활용가능성

우리의 경우 ADR제도를 운영하는 행정기관의 업무부담은 날로 늘어나고 있다.[36] 이와 같은 문제점은 다음과 같은 두 가지 선택지를 통하여 보완할 수 있다고 생각한다.

1) 지정(인증)제도의 도입

기본적으로 민간형 내지 업계 자율형 ADR기관을 확충하는 방안이다. 다만 이러한 제도를 도입할 경우에는 ADR기관의 공정성·중립성을 확보하여 금융소비자의 신뢰도를 높이기 위하여 일본(또는 호주)과 같이 ADR기관의 지정(인증)제도를 도입할 필요가 있다.

2) 사내분쟁처리절차(IDR)의 법정화

그러나 업계 자율형 ADR의 전통이 미약한 상황에서는 지정제도의 효용성은 그리 높다고 할 수 없다. 그와 같은 상황에서는 사내분쟁처리절차(IDR: Internal Dispute Resolution)를 前置化함으로써 개별 금융기관이 자율적으로 상담·피해구제 및 분쟁해결의 가능성을 넓히는 방안이 오히려 효율적일 수 있다. 이를 통하여 행정형 ADR기관의 업무부담을 해소할 수 있고 아울러 행정형제도와의 연계[37]를 도모함으로써 제도효율을 극대화할 수 있기 때문이다.

---

36) 예컨대, 금융감독원, "2010년도 금융소비자보호 업무백서"(2010) 참조.

37) IDR절차에 의한 분쟁해결이 실패(不調)할 경우에는 현행 금융분쟁조정제도와의 연계를 도모할 수 있다. 예컨대, IDR에 의한 조정에 실패할 경우, 금융기관은 원칙적으로 금융분쟁조정위원회에 분쟁해결을 신청하

(3) 기존제도의 실효성의 확보

기존 금융ADR제도의 실효성을 확보하기 위해서는 소송제도와의 연계성을 확보하는 것과 소송으로의 도피가능성에 대한 방지책을 마련하는 것이 필요하다.

우선 전자를 위하여는 일본의 금융ADR제도가 마련한 두 가지 제도가 우리에게도 참고가 된다고 생각한다. 즉 금융ADR절차에 의한 분쟁해결 청구시 시효중단효를 인정하는 것과, 소송계속 중에 금융ADR에 의한 분쟁해결을 가능하도록 민사소송절차의 중지제도를 마련하는 것이 그것이다.

또한 금융기관의 소송으로의 도피가능성을 막기 위하여는 우선 분쟁조정위원회의 조정안에 대하여 편면적 구속력을 도입하는 것이 필요할 것이다. 따라서 금융기관에 대하여 원칙적으로 조정안을 수락할 의무를 부여하되, 다만 이 경우에도 금융기관의 재판청구권을 침해할 수는 없으므로, 금융기관이 소송을 제기하고자 하는 경우에는 예외를 부여하여야 할 것이다. 그러나 현재와 같이 분쟁조정절차 진행 중에 소송을 제기하는 것은 금지하도록 법제화할 필요가 있다.

VI. 결　론

일본의 금융ADR제도는 10년 이상의 논의와 준비의 결실이다. 그것은 업계 자율적 제도운영을 기본으로 하면서도 법적 실효성을 확보하도록 치밀하고 체계적으로 구성된 제도설계이다. 이와 같은 상황이기 때문에 금융업계는 각 업태별로 관계법령 및 지정 심사기준 등을 정리한 금융ADR 가이드라인을 제정하는 등,

---

여야 하는 것으로 제도설계하는 것과 같다.

이 제도에 임하는 금융업계의 자세는 실로 진지하다.[38]

이러한 분위기 속에서 동 제도가 실시된 2010년 10월 1일까지 금융청에 의하여 지정된 분쟁해결기관은 총 7개에 이른다(전국은행협회, 신탁협회, 생명보험협회, 일본손해보험협회, 보험옴부즈만, 일본소액단기보험협회, 일본대금업협회). 또한 2011년 2월에 증권·금융상품알선상담센터가 추가적으로 지정분쟁해결기관으로서 지정되었다. 이로써 금융분야의 5개 업태(은행, 신탁, 보험, 증권, 기타)별로는 각각 하나 이상의 지정분쟁해결기관이 지정된 셈이다.

일본은 우리와 같이 금융감독분야에서 업계 자율형 전통보다는 행정형 전통이 강한 나라임에도 불구하고 업계 자율적 운영을 근간으로 하는 제도를 도입하였다. 우리로서는 일본에서의 금융ADR제도의 창설을 계기로 하여, 행정형 모델을 고수하고 있는 우리나라의 현행 제도의 특징을 인식하고 우리 제도의 지향점을 분명히 할 필요가 있다. 그 결론으로서 본고에서는 업계 자율형 내지 민간형 ADR제도의 확충을 모색할 필요가 있다는 점과, 기존 행정형 ADR제도의 실효성 확보를 위한 제도보완에 충실하여야 한다는 점을 지적하였다.

일본의 금융ADR제도의 창설은 우리에게 우리 제도를 객관적으로 바라볼 수 있는 좋은 계기를 제공하여 주고 있다.

색인어

금융ADR, 금융상품거래법, 금융소비자, 금융소비자보호, 금융분쟁조정제도, 소비자분쟁조정제도

38) 東原都男·松本昌之·北村啓介 「金融ADR制度導入後の金融庁および各指定紛争解決機関の取組み」 金融法務事情1926号(2011. 7) 26頁以下 参조.

참 고 문 헌

1. 국내문헌

KDI 보고서, "금융소비자 보호 강화," 2010. 7.

고형석, "일본 소비자분쟁과 소송외적 분쟁해결제도에 대한 연구," 「소비자문제연구」 제35호, 2009. 4.

금융감독원, "2010년도 금융소비자보호 업무백서," 2010.

김상찬, "일본 ADR법에 관한 연구," 「중재연구」 16권 3호, 2006.

김선정, "일본의 금융ADR에 관한 검토," 「중재연구」 20권 3호, 2010.

서희석, "소비자기본법 30년과 소비자법의 구조전환," 「법조」 654호, 2011. 3.

서희석, "일본 소비자계약법 5년의 성과와 평가," 「민사법학」 제39-1호, 2007.

안수현, "금융소비자보호와 자본시장법의 과제," 「기업법연구」 22권 4호, 2008.

유병현, "우리나라 ADR의 발전방향," 「안암법학」 22권, 2006.

정순섭, "금융규제개혁과 금융소비자보호," 「상사판례연구」 23권 2호, 2010.

정영수, "일본의 ADR법에 관한 소개," 「중앙법학」 7권 1호, 2005.

2. 외국문헌

東原都男・松本昌之·北村啓介 「金融ADR制度導入後の金融庁および各指定紛争解決機関の取組み」 金融法務事情1926号(2011. 7).

山本和彦「金融ADRの意義とその可能性」 金融法務事情58巻1号(2010. 1).

山本和彦・山田文『ADR仲裁法』(日本評論社、2008).

杉浦宣彦・徐熙錫・横井眞美子「金融ADR制度の比較法的考察 — 英国·豪州·韓国の制度を中心に—」 金融庁金融研究研修センターDP Vol.17(2005. 8).

石戸谷豊「金融ADR制度の創設と課題 — 消費者の立場から」 ジュリスト1390号(2009).

松本恒雄「消費者契約法、金融商品販売法と金融取引」 金融法務事情1587号(2000. 8).

辻松雄「金融ADR制度の創設」 ジュリスト1390号(2009).

中沢則夫「金融ADR制度 — 立法者の告白」 NBL913号(2009. 9).

中沢則夫・中島康夫「金融分野における裁判外紛争解決制度(金融ADR)制度の概説」 金融法務事情1873号(2009. 7).

제3편 | 소비자신용법의 현황과 과제

- 이자제한법의 현황과 과제 – 일본법제와의 비교 –
- 우리나라 신용카드 영업행위 규제 현황과 과제
- 2010 개정상법상 리스 체계에 대한 재검토

이자제한법제의 현황과 과제*
— 일본법제와의 비교 —

노 종 천**

차 례

Ⅰ. 서　설

민법상 이자란 "금전 기타의 대체물의 사용대가로 원본액과 사용기간에 비례하여 일정한 이율에 따라서 지급되는 금전 기타의 대체물"이라는 것이 통설이다.[1] 이자는 원본채권을 전제로 하

---

* 이 논문은 숭실대학교 법학연구소에서 2011년 1월에 발행한 「법학논총」 제25집에 발표된 논문입니다.

** 협성대학교 도시행정학과 전임강사, 법학박사.

1) 김증한, 「채권총론」, 박영사, 1988, 38; 김현태, 「신채권법총론」, 일조각, 1982, 59; 곽윤직, 「채권총론」, 박영사, 1995, 66; 황적인, 「현대민법론Ⅲ」, 박영사, 1981, 23; 김용한, 「채권법총론」, 박영사, 1988, 65; 김기선, 「한국채권법총론」, 법문사, 1980, 64; 이은영, 「채권총론」, 박영사,

여 발생하고 원본사용의 대가로 법정과실의 일종이다. 이자는 금전 기타의 대체물이다. 그러나 원본과 동일 종류의 물건임을 요하지 않는다. 이자를 낳는 원본도 금전 기타의 대체물이다. 즉 유동자본의 사용대가이며 고정자본의 사용대가로 지급되는 것은 이자가 아니다. 이자는 이율에 의하여 발생한다. 따라서 원본의 사용대가라 하더라도 이율에 의하지 않는 것은 이자가 아니다. 즉 이자는 유동자본의 사용대가로 이율에 의하여 발생하는 것으로 명목여하를 불문하고 이에 해당하는 것은 이자이다.[2)]

근대사회 이전의 금전소비대차는 그 수요의 대부분이 생계자금을 얻고자 하는 것이었다. 또한 이자는 일종의 불로소득으로 인식되었다. 따라서 금전을 대차하고 원본 외에 이자를 받는 것은 부도덕한 것으로 사회적 비난의 대상이 되었다. 특히 종교의 경전은 이자를 절대적으로 부인하고,[3)] 중세의 교회법은 이자의 징수가 교리에 어긋난다고 하여 이자의 징수를 전면적으로 금지하였다.[4)] 이에 따라 이자의 징수 자체를 금지하는 것이 이자배제의 법적인 근거가 되었다. 그러나 시민사회의 형성 이후 자본주의 경제의 발달과 함께 금전대차의 수요는 생산자본・기업자본을

1995, 72; 김상용, 「채권총론」, 법문사, 1996, 70; 윤철홍, 「채권총론」, 법원사, 2006, 56; 김준호, 「채권총칙」, 법문사, 2007, 32; 노종천, 「채권법」, 법문사, 2007, 39; 佐藤隆夫, 「民法(債權法總論)」, 八千代出版, 1977, 61.

2) 노종천, 위의 책, 40 참조.

3) 기독교의 성경 레위기 25장 37절은 "너는 그에게 이자를 위하여 돈을 꾸어 주지 말고 이익을 위하여 네 양식을 꾸어 주지 말라"고 하고, 이슬람의 경전인 꾸란 2장 278절에 "믿는 자들이여 하나님을 공경하라 만일 너희들이 믿음이 있다면 추구하는 이자를 포기하라"라는 성구가 있고 이러한 꾸란에 기초한 이슬람 율법인 '샤리아'는 이자를 금지하고 있어 교회법은 이자를 금지하고 있다.

4) 백태승, "이자채권과 이자의 제한," 「법학연구」 17권 2호(2007), 연세대학교 법학연구원, 11; 이공현, "이자의 제한," 취봉 김용철선생 고희기념 「법학논집」, 박영사, 1993, 464.

얻기 위한 수단으로 전환되었고, 이에 따라 이자는 자본투하의 매개수단으로 인식되게 되었다. 더욱 계약자유의 원리아래 이자는 일반 경제사회에서의 자본의 수요・공급의 관계에 따라 자유로이 결정하는 것을 유효한 것으로 인정하게 되었다. 다만, 채권자가 우월한 법적 지위를 이용하거나, 채무자의 궁박・경솔・무경험 등과 같은 약점을 이용하여 폭리를 도모하는 행위에 대하여 법적 간섭을 행하는 것이 현재의 이자제한에 관한 법적 기초라고 할 수 있다.

이자제한에 관하여는 찬반양론이 존재한다. 자본의 수요・공급의 법칙에 따라 금리가 자유로이 정해지도록 하여야 한다는 전통적인 시장주의적 주장과,[5] 사채는 은행과 같은 제도권에서 외면하는 이들에게 금융서비스를 제공하는 기능을 수행하기 때문에 이자를 제한하는 것은 이러한 사람들의 사금융에 대한 접근자체가 어려워져 이들의 고통이 배가될 위험의 소지가 크다고 하는[6] 반대론과, 경제적 약자의 지위에 있는 채무자를 보호하기 위한 법제가 필요하며, 경제적 측면에서 이자율은 국가경제에 미치는 영향이 크기 때문에 국가의 종합적인 금융정책에 따른 조정이 필요하고, 이자의 제한은 생활자금 내지 영업자본의 수요를 금전대차에 의존해야 하는 대다수의 서민생활을 안정시키기 위하여 필수적인 것이기 때문에[7] 이자제한에 찬성한다는 견해이다.

이자의 제한에 관한 입법태도는 특별법을 통한 규제와, 민법의 일반원리에 의한 규제로 구분되는데, 특별법에 의하여 이자를 제한하는 나라로는 우리나라와 일본이다.[8] 우리나라의 "이자제한

---

5) 김판술, "금융경색의 타개와 이자제한령의 철폐,"「국회보」 13호, 국회사무처(1957. 9), 4-10 참조.

6) 김경수, "이자제한법 부활, 과연 최선의 선택인가?"「국회보」 415호(2001. 5), 국회사무처, 77-78.

7) 김대정, "이자채권과 대부업법에 의한 이자의 제한,"「중앙법학」 제6집 제4호(2007), 중앙법학회, 209-210.

법”은 일본의 “이식제한법”을 계수하여 입법화되었고, 양국은 각국의 경제적 상황에 따라 이자 제한의 법리를 전개하여 왔다. 양국의 이자제한법제는 그 모습이 비슷하게 운용되어 왔다. 그런데 일본은 근래 법제를 정비하여 이자제한법제가 가진 문제를 해결하였고 이는 유사한 법제를 가진 우리에게 시사하는 바가 크다고 할 수 있다. 이 글에서는 우리나라의 이자제한 법제의 현황을 살펴보고, 일본의 문제해결방안을 타산지석으로 삼아, 우리의 이자제한의 법률적 방법론이 나가야 할 방향을 법정책적 측면에서 모색해 보고자 한다. 제2장에서는 우리나라의 이자제한법제를 개관한다. 제3장에서는 일본의 이자제한법제에서의 문제점과 해결방안에 대하여 개관한다. 제4장에서는 이자제한법제의 과제와 해결방안을 제시한다.

II. 우리나라 이자제한법제의 현황

1. 이자제한의 연혁과 이자제한법의 폐지

우리 역사에서 이자에 관한 문헌정보는[9] 고구려의 진대법, 발해의 호미법, 고려의 의창, 조선시대의 상평, 환곡제도이다.[10] 그러나 이러한 제도는 이자수익보다는 국가가 백성을 보호하기 위한 제도였다.

---

8) 백태승, 앞의 논문, 12.

9) 이자제한의 연혁에 관한 상세한 선행연구로는 어인의, 「이자제한법론」, 청주대출판부, 1992, 16-46면 참조.

10) 진대법은 2세기 후반(194년)에 고구려 고국천왕이 국상 을파소의 건의에 따라 3월에서 7월 사이에 곤궁한 백성들에게 곡식을 대여하고 추수기인 10월에 약간의 이자를 붙여 갚게 하는 제도이며, 이후 발해의 호미법, 고려의 의창, 조선시대의 상평, 환곡제도 등이 진대법을 계수한 제도들이다.

우리나라에서 이자율을 규제하는 제도는 고려시대부터 찾아볼 수 있다. 당시 원금을 모(母)라 하고 이자를 자(子)로 표현하며 자가 모보다 클 수 없으니, 이자가 원금을 초과할 수 없다는 내용으로 이자율을 규제했던 「자모정식법」이 있었으며[11] 세종대왕은 강력한 이자제한법을 도입하여 월 이자가 3%를 넘지 못하도록 하였고, 영조도 이자가 연20%를 넘지 못하도록 법을 시행하는 등[12] 조선시대에도 왕조마다 이자를 제한하는 정책을 시행하였다.

근대적인 이자제한은 대한제국 시대에 제정된 "이식규례(利息規例)"[13]였다. 동 규례는 음식료, 장인의 보수, 노무보수, 오십원 미만의 일용물품의 대가에는 이자를 붙일 수 없고(동규례 제6조), 약정이율은 연4할을 초과할 수 없으며(동규례 제1조), 법정이율은 연2할로 규정하였고(동규례 제2조), 약정이율로 연4할을 초과하는 부분은 무효로 하였다(동규례 제5조). 그리고 이자의 총액은 원본액을 넘을 수 없으며(동규례 제3조), 이자를 원본으로 삼지 못하도록 규정하였다(동규례 제4조). 이식규례는 최고이자율의 제한과 함께 이자총액을 제한하는 입법특징을 가진 것으로, 이자총액을 제한하는 것은 자모정식법의 내용을 계수한 것으로 추정된다. 이식규례의 이자제한에 대하여 최고이자율을 제한하는 방법이 아니라, 이자총액을 제한하는 방법이라고 설명하는 선행연구가 있다.[14] 그러나 이식규례에서는 최고이자율도 제한하면서 동시에 이자총액을 제한하고 있어, 선행연구의 설명은 오류가 있어 보인다.

현대적인 이자제한은 일제에 의한 "이식제한령"[15]에서 기원한다. 일제는 1911년 11월 1일 제령 제13호로 이식제한령을 제

11) 법제처, 「고법전용어집」, 1974, 635 참조.

12) http://blog.naver.com/fss2009?Redirect=Log&logNo=140089472800.

13) 利息規例[광무10년(1906) 9월 25일 법률 제5호].

14) 김상용, "한국에서의 이자제한의 역사적 변천," 「사법행정」 407호, 한국사법행정학회, 1994, 11.

15) 利息制限令(1911년 11월 1일 제령 제13호).

정・시행하였다. 동령은 최고이자율을 제한하고 간주이자제도를 두었다. 그 내용을 보면, 원본이 100원 미만인 때에는 연30%, 원본이 100원 이상 1000원 미만인 때에는 연25%, 원본이 1000원 이상인 때에는 연20%로 최고이자율을 제한하였다(동령 제1조 제1항). 제한이율을 초과하는 부분은 무효로 하고(동령 제2조), 사례금, 수수료, 교통비, 체당금 기타 명목으로 채권자가 받는 것은 간주이자로 하였다(동령 제3조). 대한제국의 이식규례가 이자를 원본으로 삼지 못하도록 하고, 이자총액을 제한한 것에 비교하여 단순히 최고이자율만을 제한한 것으로 이자제한에 관한 한, 입법적 후퇴로 평가된다. 이러한 내용의 이식제한령은 1962. 1. 15. 법률 제971호로 폐지되었고 이자제한법이 대체 입법되었다.[16)]

이자제한법은 1962. 1. 15. 법률 제971호로 제정되어 1962. 1. 15.부터 시행하였고, 1965. 9. 24. 법률 제1710호로 일부 개정하여 시행하였다가 1998. 1. 13. 법률 제5507호 "이자제한법 폐지 법률"에 의하여 폐지되었다. 제정당시 대차원금 3만원 미만의 적용배제, 간주이자, 배상액감액, 최고제한이율을 연 2할 이내로 제한하는 내용을 법률에 직접 규정하여 이식제한령과 그 내용에서 별다른 차이가 없었지만, 일제에 의한 법령을 폐지하고 주권국가의 법으로 정립하였다는 의미를 갖는다. 1965년 개정에서는[17)] 대차원금 5천원 미만의 적용배제, 최고제한이율을 연 4할 이내에서 대통령령에 위임하였다. 첫 번째 대통령령[18)]에서는 최고제한이율을 연 3할 6푼 5리(36.5%)로 하였다. 두 번째 개정 대통령령은 대통령령의 명칭개정이었고, 세 번째 개정 대통령령[19)]에서는 최고제한이

16) 利子制限法(1962. 1. 15. 법률 제971호).

17) 이자제한법(1965. 9. 24. 법률 제1710호).

18) 이자제한법 제1조 제1항의 최고이자율에 관한건(1965. 9. 24. 대통령령 제2221호).

19) 이자제한법 제1조 제1항의 최고이자율에 관한 규정(1972. 8. 2. 대통령령 제6310호).

율을 연 2할 5푼(25%)으로 하였다. 네 번째 개정 대통령령[20]에서는 최고제한이율을 연 4할(40%)로 하였다. 다섯 번째로 개정된 대통령령[21]에서는 최고제한이율을 연 2할 5푼(25%)으로 하였다. 여섯 번째 개정 대통령령[22]에서는 최고제한이율을 연 4할(40%)으로 하였다가 1998. 1. 13. 모법의 폐지로 효력을 잃게 되었다.[23]

〈표 1〉 이자제한법의 최고이자율 제한

기 간	법률상 최고한도	시행령상 제한이율
1962. 1. 15.~1965. 9. 23.	연 20% 이내로 직접 제한	-
1965. 9. 24.~1972. 8. 2.	연 40% 이내	연 36.5% 이내
1972. 8. 3.~1980. 1. 11.	연 40% 이내	연 25% 이내
1980. 1. 12.~1983. 12. 15.	연 40% 이내	연 40% 이내
1983. 12.16.~1997.12.21.	연 40% 이내	연 25% 이내
1997.12. 22.~1998. 1. 12.	연 40% 이내	연 40% 이내
1998. 1. 13.~2007. 6. 29.	법의 공백	
2007. 6. 30.~2010. 11. 현재	연 40% 이내	연 30% 이내

2. 대부업법의 제정 경과와 이자제한법의 부활

1997년 우리나라는 외환유동성의 위기를 맞았다. "당시 대한민국의 대통령인 김영삼은 11월 10일 홍재형 당시 부총리와의 통화 이전까지 외환위기의 심각성조차 모르고 있었다."[24] 이로 인

20) 이자제한법제1조 제1항의 최고 이자율에 관한 규정(1980. 1. 12. 대통령령 제9714호).

21) 이자제한법 제1조 제1항의 최고 이자율에 관한 규정(1983. 12. 16. 대통령령 제11280호).

22) 이자제한법 제1조 제1항의 최고 이자율에 관한 규정(1997. 12. 22. 대통령령 제15545호).

23) 대통령령은 1998. 2. 24. 폐지되었다.

24) 위키백과(http://ko.wikipedia.org/wiki/IMF_%EA%B5%AC%EC%A0%9C%EA%

해 대한민국의 경제가 큰 위기를 겪게 되었다. 정부는 IMF에 구제금융을 요청하게 되었고 IMF의 미쉘 캉드쉬 총재가 내한하여 임창렬 재경부총리와 공식적인 구제금융 합의서에 서명, 대기성 차관 제공에 관한 양해각서를 체결하였다. 이에 의하여 “국제통화기금에서 요구하는 조건들을 수행해야 했으며 이 과정에서 많은 회사들의 부도 및 경영 위기를 초래하였고 대량 해고와 경기 악화로 인해 대한민국의 온 국민이 큰 어려움을 겪었다. 이후 여당이던 신한국당(현 한나라당)은 대선에서 패배하여 정권교체가 되었다.”[25)]

IMF와의 구제금융협정 이행에 따라 1998년 1월 13일 이자제한법이 폐지되었다. 자금의 수요, 공급량에 따라 시장기능에 의하여 금리가 자유로이 결정되어야 하는데, 이자제한법이 이러한 시장기능을 제약한다는 것이 폐지이유였다. 당시 이자제한법의 폐지에 관한 찬반양론이 있었다. 폐지론에서 드는 이유로는 첫째, 일본을 제외한 선진 외국의 입법례도 이자제한규정을 두지 않고 있고, 둘째, 이자제한법이 폐지되더라도 불공정한 법률행위에 해당되면 민법 제104조에 의하여 구제가 가능하며, 셋째, 시장기능에 의한 이자율 결정으로 자금시장의 왜곡을 방지하고 사채시장 등 지하경제의 양성화가 우려되며, 넷째, 이자제한은 암거래, 탈법행위 등을 조장하여 실효성을 확보하기가 곤란하다는 점 등이다.[26)] 존치론에서는 첫째, 이자제한은 90년 이상 시행되어 국민의 법 감정에 깊이 인식되어 있고, 둘째, 최고이자율은 할부거래 등 다른 거래에 있어서도 기준이 되는 것으로 이를 폐지하는 경우 다른 거래행위의 혼란을 초래할 것이며, 셋째, 공금융이 안정되어 있지 않은 상황에서 사금융의 번창을 조장하여 오히려 공금융에

B5%EC%9A%94% /EC%B2%AD).

25) 위의 위키백과.

26) 이준우, “이자제한법 폐지에 따른 법제개선방안,” 「경제법제분석 98-2」, 한국법제연구원, 1998, 20 참조.

서 자금이 이탈할 가능성이 있고, 넷째, 민법 제104조는 당사자의 궁박, 경솔, 무경험을 요건으로 하므로 경제적 약자의 보호에는 미흡하다는 점을 근거로 들고 있었다.[27] 이자제한법에 관한 IMF의 입장은 "① 당초 협상과정에서 이자제한법의 폐지를 요구한 바 있으나, ② 우리 정부에서 최고이자율을 40%로 상향조정하는 대안을 제시하여 잠정합의 된 상태이고 ③ IMF프로그램 추진상황 1차 점검을 위하여 방한했던 점검반 일행들은 利子制限法 자체는 반대하지 않는다는 입장을 표명한 후 귀환한 바 있다."[28] 이에 따라 정부는 1997년 12월 22일 대통령령을 개정하여 그 때까지 연 25%였던 최고제한이율을 연 40%로 상향하였으나, 그로부터 채 한 달이 지나기도 전에 의원입법으로[29] 이자제한법이 폐지되었다. 이자제한법이 가지는 법리상 문제나 실효성의 문제로 폐지된 것이 아니고 당시의 경제상황과, 국제정치적 상황에 의한 것이었다. 따라서 동법이 "폐지된 후에 제기될 법률상의 문제점은 고려되지 않은 것"[30]이었고 사회적 문제도 충분히 검토되지 않은 것이었다. 헌법재판소는 "이자제한법폐지법률"이 국민의 기본권을 제한

27) 이준우, 위 논문, 20-21 참조.

28) 이준우, 위 논문, 21.

29) 1997. 12. 국회 재정경제위원장 명의로 제한된 이자제한법폐지법률안의 제안경위는 "가. 현재의 經濟與件上 緊縮財政・金融政策에 따른 高金利趨勢가 예상됨에도 불구하고 同法에 의하여 市場機能에 의한 자유로운 利子率決定이 제약되고 있으므로 同法에 대한 廢止要請이 강력히 提起되고 있는 실정임, 나. 處理時限의 緊急性을 감안하여 지난 '98年 8月 23日 政府로부터 提出되어 委員會에서 審査중에 있는 韓國銀行法改正律案 등 13개 金融關聯法案과 함께 處理하기 위하여 불가피하게 委員會案으로 提案키로 함"이었고, 提案理由 및 主要骨子는 "가. 經濟의 開放化・自由化가 진전되고 있는 현 상황에서 資金의 需給狀況에 따라 金利가 자유로이 정해질 수 있도록 하여 資源配分의 效率性을 도모하고자 最高利子率을 정하고 있는 현행 規制를 폐지하려는 것임, 나. 金錢貸借契約의 最高利子率을 年 4割의 범위 내에서 大統領令에 위임하도록 한 것을 廢止하려는 것임(案 本文 및 附則)"이었다.

30) 이준우, 앞의 논문, 5.

하거나 복지국가를 추구하여야 할 국가의 책무 등 우리 헌법의 원리나 질서에 위배되는 것이 아니라고 확인해 주기까지 하였다.[31)]

이자제한법이 폐지되면서 서민층의 가계자본 수요를 미끼로 하는 고리사채업의 폐해를[32)] 가져오게 되었고, 서민들의 근로의 대가나 기타 소득의 상당부분이 형용하기 어려운 고리로써 부도덕한 천민자본계층에게 착취되는 현상을 가져오게 되었다.[33)] 사채시장에서는 연 300%에서부터 1,400%에 달하는 범죄적 고금리 약정이 일반화되고, 금융기관의 이자율은 사상 최저율을 기록하고 있는 반면, 사채시장의 이자율은 사상 최고율을 기록하는 특이한 현상이 벌어졌다.[34)] 고리대금업자들은 채권회수를 위하여 채무해결사들로 진상조사반을 구성하여 채무자에게는 물론 가족, 친지들에게까지 온갖 협박과 공갈을 하며 극한상황으로 내몰고 있지만 약정을 근거로 교묘히 법망을 피해가고 있으며 심지어 채무를 변제하지 못하면 인신매매를 하여도 좋다는 신체포기각서가 등장하고 있다.[35)]

이에 따라 고리의 사채로부터 서민층을 보호하고 폐해를 방지하자는 주장에 의하여 2002. 8. 26. 새로이 입법화된 것이 "대부업 등의 등록 및 금융이용자 보호에 관한 법률"(이하 "대부업법"이라 한다)[36)]이다. 이 법률의 제정안의 명칭은 "금융이용자 보호에

---

31) 헌법재판소 2001. 1. 18. 00헌바7 전원재판부.

32) 채권추심과정에서 감금, 협박, 신체포기각서의 작성강요, 인신매매 등의 폐해 등이 나타났다(인터넷문서 참조: http://news.naver.com/main/read.nhn?mode=LSD&mid=sec&s id1=102&oid=001& aid=0000065125).

33) 反인륜 고리사채 실상 … 年利 1440%. 신체포기각서까지(인터넷 문서 참조: http://news.naver.com/main/read.nhn?mode=LSD&mid=sec&sid1=101&oid=009&aid=0000110866).

34) 백태승, "이자제한법폐지에 따른 문제점과 대책,"「인권과 정의」제298호(2001. 6), 대한변호사협회, 8 참조.

35) 백태승, 위의 논문(주34), 8 참조.

36) 2002. 8. 26. 제정 법률 제6706호.

관한 법률"이었으나 IMF와 IBRD의 경제적 압력을 피하기 위하여 "대부업의 등록"을 붙여 제정하였고, 최고이자율은 연 70% 이내에서 대통령령에 위임하면서[37], 이자율 제한규정은 이 법이 시행된 2002. 10. 27.부터 3년이 경과한 날까지만 효력을 갖는 한시규정으로 시행하였다. 2005. 5. 31. 이자율 제한 규정의 효력을 2008. 12. 31.까지로 연장하는 개정[38]을 하였고, 2007. 12. 21. 개정으로[39] 최고이자율을 연 60% 이내에서 대통령령에 위임하여 법률상 제한이율의 범위를 인하하였다. 2009. 1. 21. 이자율 제한규정의 효력을 2013. 12. 31.까지 연장하는 개정[40]을 하였다. 이에 의하면 2009. 1. 1.부터 2009. 1. 20.까지 20일간은 최고이자율제한이 없는 공백상태가 야기되었다. 이 법 시행일전 체결된 대부계약에 대하여도 이 법 시행일부터 최고이자율규정이 적용된다는 부칙을 두고 있지만, 20일간의 공백 기간은 남게 되어 입법자의 나태가 현시되었다. 1998. 1. 13.부터 2007. 6. 29.까지 이자제한에 관한 법적 공백은 이자제한법의 폐지에 의한 것인 반면에, 대부업법상 2010. 1. 1.부터 2010. 1. 20.까지 이자제한의 공백이 있게 된 상황은 입법상의 실책에 의한 것으로 판단된다.

〈표2〉 대부업법의 최고이자율 제한

기 간	법률상 최고한도	시행령상 제한이율
2002. 10. 28.~2007. 1. 3.	연 70% 이내	연 66% 이내-

37) 2002. 10. 28. 제정 시행된 대통령령(제17765호)에서는 최고제한이율을 연 66%로 하였고, 2007. 1. 4 개정 시행된 대통령령(제20313호)에서는 최고제한이율을 연 49%로 하였고, 2010. 7. 21. 개정 연44%, 2011.6.27. 개정 시행된 대통령령에 의하여 연 39%로 하여 2011년 10월 현재 제한이율은 연 39%이다.

38) 2005. 5. 31. 개정 법률 제7523호, 2005. 9. 1. 시행.

39) 2007. 12. 21. 개정 법률 제8700호, 2008. 3. 22. 시행.

40) 2009. 1. 21. 개정 법률 제9344호, 2009. 4. 22. 시행, 이자율규정은 1. 21. 시행.

<table>
<tr><td>2007. 1. 4.~2008. 3. 21.</td><td>연 70% 이내</td><td rowspan="2">연 49% 이내</td></tr>
<tr><td>2008. 3. 22.~2008. 12. 31.</td><td>연 60% 이내</td></tr>
<tr><td>2009. 1. 1.~2010. 1. 20.</td><td colspan="2">법의 공백</td></tr>
<tr><td>2010. 1. 21.~2010. 4. 25.</td><td>연 60% 이내</td><td rowspan="2">연 49% 이내</td></tr>
<tr><td>2010. 4. 26.~2010. 7. 20.</td><td rowspan="3">연 50% 이내</td></tr>
<tr><td>2010. 7. 21~2010. 11. 현재</td><td>연 44% 이내</td></tr>
<tr><td>2011.6. 27~2011.11.1. 현재</td><td>연 39% 이내</td></tr>
</table>

대부업법이 제정·시행되었지만 대부업법은 법률이 정한 요건과 절차를 거쳐 인가·허가·등록을 마친 금융업 및 대부업에 의한 대부계약에 적용되고, 일반 금전대차에는 적용이 없게 되어, 일반 금전대차에서는 이자에 관한 제한은 여전히 없는 상태가 지속되었다. 또한 대부업법상 이자율을 66%의 고리로 정하여 제한함으로써 대부업은 황금알을 낳는 산업으로 발전하였다. 또한 미등록 사채업자에게도 고율의 이자를 보장해 주는 결과를 초래하게 되어 서민경제를 보호하기 위한 최소한의 사회적 안전장치가 미비하게 되었다.[41] 따라서 이자제한법 부활의 필요성이 적극적으로 논의되었고 부활찬성론[42]이 논의의 중심이 되었다. 국민전

41) 오용식·김수용·김성호, “이자제한법에 관한 입법평가－이자제한법을 중심으로－,” 「입법평가 보고서08-09」, 한국법제연구원, 2008, 35.

42) 부활찬성론으로 백태승, “利子制限法 조속히 부활하여 高利被害 막아야,” 「고시연구」, 2006. 8, 12-13; 백태승, “이자제한법폐지에 따른 문제점과 대책, 「인권과 정의」 Vol.298, 대한변호사협회, 2001. 6; 신장식, “샤일록의 피 묻은 칼을 빼앗아라,” 「월간 말」 통권179호, 2001. 5, 105-107; 이주경, “이자제한법의 타당성에 관한 새로운 접근－이자제한법은 과연 사채시장 참여자의 후생을 증진시킬 수 있는가?－,” 「경제분석」 제8권 제1호, 한국은행 특별연구실, 2002. 1; 채진원, “민주노동당의 민생정치모색－상가임대차보호법과 이자제한법을 중심으로－,” 「노동사회」 2001. 3; 안진걸, “이자제한법, 서민 위해 다시 부활시켜야,” 「시민과 변호사」, 서울지방변호사회, 2002. 2; 이신우, “이자제한법 관련 입법에 대한 검토,” 「국회보」, (2002. 2); 서영경, “이자제한법부활 적극검토

반의 여론과 함께 정치권에서도 이자제한법 부활에 대한 적극적 주장과, 부활을 소극적으로 방어하는 태도가 상존하였다. 정부기관·단체에서도 법원행정처, 법무부, 대한변협 등은 찬성의견이었고 재정경제부는 반대의견이었다.[43] 우여곡절을 거쳐[44] 2007. 3. 06. 국회의결을 거쳐 2007. 3. 29. 법률 제8322호로 공포되었고, 2007. 6. 30.시행되었다. 이자제한법은 폐지된 지 9년 5개월여 만에 부활하였다.

3. 이자제한법의 내용과 문제점

(1) 이 법의 목적과 적용

1) 목적과 적용

이 법은 이자의 적정한 최고한도를 정함으로써 국민경제생활의 안정과 경제정의의 실현을 목적으로 한다(동법 제1조). 이 법은 계약에 의한 금전대차상의 약정이자에 적용한다(동법 제2조 제1항). 이 법 시행 전에 성립한 대차관계에 관한 계약상의 이자율에 관하여도 이 법 시행일 이후부터는 이 법에 따라 이자율을 계산한다(동법 부칙 제2항).

㈎ 이자의 적정한 최고한도

이 법은 "이자의 적정한 최고한도를 정함으로써"라고 규정하면서 최고이율을 연 40%범위로 하고 있다. 구 이자제한법의 내

해야," 「시민과변호사」, 서울지방변호사회, 2001. 5; 김남근, 김진, 송태경, "시민사회단체이자제한법(공동최종안)," 「민주법학」 제20호, 2001; 신용사회구현시민연대등, "서민금융생활안정대책 및 이자제한법 부활추진을 위한 공청회자료," 2001. 3. 20.

43) 박기준, 「제265회 국회(임시회) 법제사법위원회회의록」, 국회사무처, 2007. 2. 5.

44) 이에 대하여 선행연구를 참조하라; 권기원, "이자제한법: 고금리로 고통 받는 서민을 위한 법안의 부활," 「국회보」(통권485호), 국회사무처, 2007. 4, 80-83.

용을 그대로 답습한 것이고, 2010년 현재 시행령은 연 30%로 최고이자율을 규정하고 있다. 구 이자제한법 제정당시인 1962년과 2010년 현재, 우리의 경제상황은 전혀 다르다고 할 수 있다. 국부가 미약하고 모든 영역에서 자본이 필요하던 당시와 세계 10위권 정도의 경제력을 가진 현재의 상황은 분명 다르다. 이 법에서 말하는 "이자의 적정한 최고한도"와 이 법이 규정하는 최고이자율은 서로 상충되는 모순을 갖는다고 평가된다.

(나) 국민경제생활의 안정과 경제정의의 실현

"국민경제생활의 안정과 경제정의의 실현"이라고 하는 이 법의 목적이 달성될 수 있는가? 현행 이자율에 의해서는 오히려 반대의 결과만이 도출된다. 특정 자본계층에게 이익이 집중되는 데 따른 적법성을 제공하는 것에 불과하게 된다. 정당한 자본의 가치를 평가하고 그에 따른 최고이자율을 정함으로써 경제정의의 실현이라는 법 목적을 달성할 수 있을 것이다.

2) 적용배제

대차원금이 10만 원 미만인 대차의 이자에 관해서는 이 법상의 최고이자율은 적용되지 않고(동법 제1조 제5항), 다른 법률에 따라 인가·허가·등록을 마친 금융업 및 대부업과 「대부업 등의 등록 및 금융이용자 보호에 관한 법률」 제9조의4에 따른 미등록대부업자에 의한 대부계약에는 이 법의 적용이 배제된다(동법 제7조).

(가) 10만 원 미만의 대차

대차원금 10만 원 미만에 대해서는 법적용을 배제한다. 우리의 이식규례에서는 음식료(飮食料), 고금전(雇工錢), 보수금(酬勞金)이나 가액이 오십원에 미만하는 일용물품의 대가에 대해서는 이자를 받지 못하도록 규정하였는데, 일제에 의한 이식제한령에서는 전당포영업자의 대차원금 50원 미만, 그 외는 대차원금 삼십 원 미만에 대해서는 최고이자율의 적용을 배제하고 있다. 즉, 이식규례는 일정한 거래에서 발생하는 대가에 대하여 적용을 배제하였고 금전대차에 대한 적용배제는 두고 있지 않은 데 비하여 이식제한령에서는 일정액 미만의 대차에 대하여는 적용을 배제하고 있었다. 이식규례의 입법례가 타당성을 갖는다고 할 수 있는데, 이자제한법은 이식제한령을 계수한 이래 계속하여 일정액 미만의 대차에는 적용을 배제한다는 규정을 유지하였고 현행 이자제한법도 마찬가지이다. 이 규정의 타당성이 있는가? 해석상 10만 원을 넘는 대차관계에서 이를 10만 원 단위로 끊어서 대차계약을 할 수 있는 탈법이 있을 수 있다는 주장이 있다.[45] 타당한 주장이며 소액이라고 굳이 적용을 배제할 입법상 타당성이 없다고 본다.

㈏ 금융업 및 대부업 등의 적용배제

이 법 제7조에 의하여 다른 법률에 따라 인가・허가・등록을 마친 금융업 및 대부업과 「대부업 등의 등록 및 금융이용자 보호에 관한 법률」 제9조의4에 따른 미등록대부업자에 의한 대부계약에는 이 법의 적용이 배제된다. 이 법이 적용이 배제되는 경우, 「대부업 등의 등록 및 금융이용자 보호에 관한 법률」이 적용되는데 이 법은 연 50% 이내에서 최고이자율을 규정하고 있어, 최고이자율 제한은 이원적으로 운용되고 있다.

3) 간주이자

예금(禮金), 할인금, 수수료, 공제금, 체당금(替當金), 그 밖의 명칭에도 불구하고 금전의 대차와 관련하여 채권자가 받은 것은 이를 이자로 본다(동법 제4조). 채권자나 대부업자의 이자징수에 관한 탈법을 방지하는 규정으로서 의미 있는 규정이다.

(2) 최고이자율의 제한

1) 최고이자율

이 법은 금전대차에 관한 계약상의 최고이자율은 약정한 때

45) 양현우, 한국소비자법학회 제4회 학술대회, 2010. 11. 24. 토론문 참조.

의 이자율로서 연 40%를 초과하지 아니하는 범위 안에서 대통령령으로 정하도록 한다(동법 제1조 제1항·제2항). 현행 대통령령에 의하면 최고이자율은 연 30%이다(이자제한법 제2조 제1항의 최고이자율에 관한 규정 본문).

2) 복리의 제한

이자에 대하여 다시 이자를 지급하기로 하는 복리약정의 경우 이 법에서 정한 최고이자율을 초과하는 부분에 해당하는 금액에 대하여는 무효로 본다(동법 제5조).

3) 제한초과이율의 효력

계약상의 이자로서 이 법에서 정한 최고이자율을 초과하는 부분은 무효로 한다(동법 제2조 제3항). 채무자가 최고이자율을 초과하는 이자를 임의로 지급한 경우에는 초과 지급된 이자 상당금액은 원본에 충당되고, 원본이 소멸한 때에는 그 반환을 청구할 수 있다(동법 제2조 제4항). 구 이자제한법은 제한 초과이율의 효력에 대하여는 무효로 하였지만, 무효부분의 처리에 관한 규정이 미비되어 해석론에 의하여 규율되었다. 종래 판례는 제한초과이자를 원금에 산입하거나 준소비대차로 변경하여도 그 계약은 무효라고 하였고, 제한초과이자를 양도하여도 양수인은 채무자에게 이를 청구할 수 없었다.[46] 그러나 채무자가 제한초과부분의 이자를 임의로 지급한 때에는 "이자제한법의 제한초과이자도 임의지급된 경우에는 이를 무효라 할 수는 없다"[47]고 하고, "이자제한법 소정 이율을 초과한 이자를 임의로 지급한 경우에 그 이자의 지급을 무효라고 하여 다시 그 반환을 청구할 수 있는 것은 아니다"[48]고 하였다. 임의지급 된 초과부분의 반환청구를 부인하는 판례의 해석론에 대하여 학설은 찬반론의 대립이 있었다. 이러한

46) 김상용, 「채권총론」, 화산미디어, 2009, 67.

47) 대법원 1988. 9. 27. 선고 87다카422(본소), 423(반소) 판결.

48) 대법원 1994. 8. 26. 선고 94다20952 판결.

해석론과 별개로 현행 이자제한법은 이에 관한 상세한 처리규정을 두고 있어 입법적으로 해결되었고, 구 이자제한법과 비교하여 발전된 입법으로 평가할 수 있다.

(3) 선이자 및 배상예정액

1) 선 이 자

채권자가 이자를 사전 공제한 경우에는 그 공제액이 채무자가 실제 수령한 금액을 원본으로 하여 이 법이 정한 최고이자율에 따라 계산한 금액을 초과하는 때에는 그 초과부분은 원본에 충당한 것으로 본다(동법 제3조).

금전대차계약 체결시 이자를 미리 지급하는 경우를 선이자라 한다. 이러한 선이자에서 문제는 특약에 의하여 이자액을 미리 원금에서 공제하고 차액만을 차주에게 교부하지만, 변제기에는 차주에게 명목상의 원본 액을 반환토록 하는 약정을 하는 경우이다. 가령 대주가 차주에게 100만 원을 월리 4%의 이율로 3개월간 대차하는 대차계약에서 월 4만 원씩 3개월분의 이자 12만 원을 약정 원본액 100만 원에서 미리 공제하고 차주(借主)에게 88만 원을 교부하고 3개월 후의 변제기에 100만 원을 반환하도록 약정하는 경우이다.

구 이자제한법에서는 선이자에 관한 규정이 미비되었고, 판례이론에 의하여 규율되었다. 판례는 "원고가 피고에게 금 1,000,000원을 이자 월 4분, 기간은 2개월로 정하여 대여하기로 하고 1개월분의 선이자조로 금 40,000원을 공제한 금 960,000원을 교부한 경우에는 당시 이자제한법 소정 제한최고이율인 연 2할 5분을 초과한 이자해당금원은 이를 대여원금에서 공제하여 그 잔액에 대하여만 소비대차계약이 성립한 것으로 보아야 하므로, 위의 경우 대여원금은 금 980,000원(960,000원+960,000원×0.25×1/12)이다"[49]라고 하였는데 이에 대하여 학설은 판례이론에 대하여 찬성하는 다수설과 반대설[50]로 대립하였다. 반대설은 선이자에 관한 별개의 설명을 하고 있지만, 현행 이자제한법을 제정하면서 판례이론을 수용한 법 규정을 둠으로써 대차계약상의 선이자는 이자제한법의 규율을 받게 되었다. 필자는 종래의 판례이론과 이를 수용한 현행법의 내용에 찬성하는 입장으로 이에 관한 학설의 논의는 생략한다.

2) 배상예정액의 감액

이자제한법 제6조는 "법원은 당사자가 금전을 목적으로 한 채무의 불이행에 관하여 예정한 배상액을 부당하다고 인정한 때에는 상당한 액까지 이를 감액할 수 있다"고 규정한다.

(4) 이 법의 문제점

이자제한법은 서민들의 고리에 의한 고통을 덜고, 금융정의를 실현하고자 하는 법이다. 이러한 법목적에 비추어 보면 현행 최고 제한이율의 타당성에 관하여 의문이 든다. 경제선진국들의 입법례에 비교하여 상당히 높은 제한이율을 정하고 있다. 또한 단순히 최고이자율을 제한하고 있는데, 종래 우리법제가 가졌던 이자총액의 제한도 고려한 입법정책이 필요하다고 생각된다.

그리고 필자는 현행 이자제한법 제6조에 대하여 의문을 갖는다. 이 규정은 손해배상의 예정에 관한 규정이다. 손해배상의 예정이란, 채무불이행의 경우에 채무자가 지급하여야 할 손해배상의 액을 미리 당사자 사이의 계약으로 정하여 두는 것이다(민법 제398조 제1항). 민법이 규정하는 손해배상액의 예정에 관한 제398조의 입법취지는 첫째, 채권자의 채무불이행에 따른 손해의 발생 및 그 액의 입증곤란을 구제하고, 둘째, 소송경제상의 분쟁을 미

---

49) 대법원 1981. 1. 27. 선고 80다2694 판결.

50) 약정 원본액이 아닌 차주가 실제 받은 금액을 기초로 하여 이자를 계산하는 근거가 무엇이냐는 것이다; 곽윤직, 「채권총론」, 83.

리 방지하여 제소를 감소시키고, 셋째, 채무자에게 미리 심리적 경고를 하여 채무이행을 확보토록 하자는 것이다.[51] 민법 제398조 제2항은 "손해배상의 예정액이 부당히 과다한 경우에는 법원은 적당히 감액할 수 있다"고 규정한다. 민법규정의 해석과 관련하여 판례는 "금전채무에 관하여 이행지체에 대비한 지연손해금 비율을 따로 약정한 경우에 이는 일종의 손해배상액의 예정으로서 민법 제398조에 의한 감액의 대상이 된다"고 한다.[52] 이렇게 민법상 명문의 규정이 있는 제도를 이자제한법에 두어야 하는 이유는 의문이다.

일본의 이식제한법에도 배상액예정에 관한 제한규정을 두고 있다. 일본의 이식제한법에 배상액예정 규정을 입법한 것은 타당성이 있다. 왜냐하면 일본 민법 제420조는 배상액예정 규정으로서 "당사자는, 채무의 불이행에 대해 손해배상의 액을 예정할 수 있다. 이 경우에 대하여, 재판소는, 그 액을 증감할 수 없다"[53]고 규정한다. 즉, 우리민법 제398조 제2항이 손해배상예정액에 대하여 법원의 감액권을 인정한 것과 달리, 일본민법은 법원의 감액권을 인정하지 않고 있다.[54] 따라서 일본의 이식제한법에서는 배상액 예정에 관한 규정을 둔 것은 특칙으로서의 의미를 갖는 것이다. 일본 이식제한법 제4조 제1항은 "금전을 목적으로 하는 소비대차상의 채무의 불이행에 의한 배상액의 예정은, 그 배상액의

---

51) 위의 책, 123 참조.

52) 대법원 2000. 7. 28. 선고 99다38637 판결.

53) (賠償額の予定) 第420条 当事者は、債務の不履行について損害賠償の額を予定することができる。この場合において, 裁判所は, その額を増減することができない。

54) 일본민법 제정 전후의 각국의 입법례에서는 모두 손해배상예정금에 관한 법원의 개입을 인정하고 있었는데, 메이지 민법 제420조는 법원의 개입을 배제한 것으로 입법례상 드문 입법례이다: 大河純夫, "明治民法の編纂と利息制限法," 「立命館法学」 2003年6号(292号), 立命館大學法學會, 115.

원금에 대한 비율이 제1조에 규정하는 비율의 1.46배를 넘을 때는, 그 초과 부분에 대해서는, 무효로 한다"[55]고 규정한다. 그리고 동법 제7조에서는 "제4조 제1항의 규정에 관계없이, 영업적 금전 소비대차상의 채무의 불이행에 의한 배상액의 예정은, 그 배상액의 원금에 대한 비율이 연2할을 넘을 때는, 그 초과 부분에 대하여, 무효로 한다"[56]고 규정한다. 이러한 법리에 비추어 우리 이자제한법 제6조는 민법과의 법리를 따져보지 않고, 단순히 일본의 이식제한법을 계수한 것으로 보여지고, 이는 입법상 실책으로 생각된다. 이 규정을 이자제한법에 주의적 규정으로 두었다고 하는 주장도 있을 수 있다. 그러나 이자제한법상 배상액 예정규정은 탈법을 조장할 위험성을 가지고 있다. 금전채권에서의 배상예정액의 성질은 지연배상금의 약정이고 지연배상금은 이율에 의하는 것이므로 지연배상금의 약정액이 제한에 따른 약정이율액을 초과하는 경우에도, 이를 허용하고 단순히 법원의 감액권만을 인정해 준다면, 이자제한법 탈법수단으로 악용될 수도 있기 때문이다.

따라서 이 규정은 일본의 이식제한법과 같은 방법으로 배상예정액이 최고제한이율을 넘는 경우에는 무효로 한다는 내용으로 규정하는 것이, 법리타당성과 내용합리성에 맞을 것이다.

---

55) (賠償額の予定の制限) 第四条　金銭を目的とする消費貸借上の債務の不履行による賠償額の予定は、その賠償額の元本に対する割合が第一条に規定する率の一・四六倍を超えるときは、その超過部分について、無効とする。

56) (賠償額の予定の特則) 第七条　第四条第一項の規定にかかわらず、営業的金銭消費貸借上の債務の不履行による賠償額の予定は、その賠償額の元本に対する割合が年二割を超えるときは、その超過部分について、無効とする。

4. "대부업의 등록 및 금융이용자보호에 관한 법률"상 이자 제한의 내용과 문제점

(1) 이 법의 목적

이 법은 대부업·대부중개업의 등록 및 감독에 필요한 사항을 정하고 대부업자와 여신금융기관의 불법적 채권추심행위 및 이자율 등을 규제함으로써 대부업의 건전한 발전을 도모하는 한편, 금융이용자를 보호하고 국민의 경제생활 안정에 이바지함을 목적으로 한다(동법 제1조).

(2) 최고 이율의 제한

1) 최고이자율

대부업자가 개인 또는 대통령령이 정하는 소규모 법인에게 대부를 하는 경우 이자율은 연 100분의 50의 범위 이내에서 대통령령이 정하는 율을 초과할 수 없다(동법 제8조 제1항). 이에 따라 이자율은 연 100분의 44 이내로서, 월이자율 및 일이자율은 연 100분의 44를 단리로 환산하도록 하였다(동법 시행령 제5조 제2항).

2) 간주이자 및 예외

이자율을 산정할 때 사례금, 할인금, 수수료, 공제금, 연체이자, 체당금 등 그 명칭이 무엇이든 대부와 관련하여 대부업자가 받는 것은 모두 이자로 본다. 다만, 해당 거래의 체결과 변제에 관한 부대비용으로서 담보권 설정비용과 「신용정보의 이용 및 보호에 관한 법률」 제4조 제1항 제1호의 업무를 허가받은 자에게 거래상대방의 신용을 조회하는 경우의 신용조회비용은 이에 해당하지 않는다(동법 제8조 제2항, 동법 시행령 제5조 제3항).

3) 선 이 자

대부업자가 선이자를 사전에 공제하는 경우에는 그 공제액을 제외하고 채무자가 실제로 받은 금액을 원본으로 하여 이 법에 따른 이자율을 산정한다(동법 제8조 제5항).

4) 제한위반의 효과

대부업자가 이 법의 최고이자율을 위반하여 대부계약을 체결한 경우 이 법에 따른 이자율을 초과하는 부분에 대한 이자계약은 무효로 한다(동법 제8조 제3항). 채무자가 대부업자에게 이 법에 따른 이자율을 초과하는 이자를 지급한 경우 그 초과 지급된 이자 상당금액은 원본에 충당되고, 원본에 충당되고 남은 금액이 있으면 그 반환을 청구할 수 있다(동법 제8조 제4항).

대부업자가 이 법의 최고이자율을 초과하여 이자를 받은 때에는 3년 이하의 징역 또는 3천만 원 이하의 벌금에 처해지며(동법 제19조 제2항), 여기서 징역형과 벌금형은 병과할 수 있다(동법 제19조 제3항).

(3) 미등록대부업자

미등록대부업자가 대부를 하는 경우의 이자율에 관하여는 「이자제한법」 제2조 제1항 및 이 법 제8조 제2항부터 제5항까지의 규정을 준용한다(동법 제11조 제1항). 따라서 미등록대부업자는 최고이자율은 이자제한법의 제한을 받게 되고, 간주이자, 제한초과약정이자의 무효, 임의지급한 초과이자의 원본충당 및 반환청구, 선이자에 대해서는 대부업법의 적용을 받게 된다.

(4) 이 법의 문제점

이 법이 경제적 약자인 서민층이 사채업자로부터 고리를 착취당하는 것을 막고 건전한 대부업의 발전을 도모하는 것을 목적으로 하는 법률이라는 것을 전제하면 몇 가지 입법적 한계가 발견된다. 첫째로는 처음 입법화 추진 당시 "금융이용자 보호에 관한 법률"에서 "대부업의 등록 및 금융이용자 보호에 관한 법률"

로 바뀜으로써 이자제한보다는 대부업의 양성화에 주안점을 둔 법률로 되었다는 점이다.[57] 둘째로는 사례금, 할인금, 수수료, 공제금 등 모든 명칭의 급여를 이자에 포함시켜 최고이율 이내로 제한을 하였으나, 부대비용은 예외로 인정하여 이윤을 추구하는 쪽에서 부담해야 할 비용이 채무자에게 전가되도록 되어 있다는 것이다. 시행령으로 담보설정비용, 신용조회비용으로 한정하고 있지만, 취급수수료라는 명목의 비용을 수수하는 것이 현실이다. 셋째로는 현행 연44%의 제한이율은 상당한 고리에 해당하는 것으로 은행여신금리가 연10% 내외인 점을 감안하면 서민층의 고리부담을 덜어준다고 하는 입법목적을 달성할 수 없다는 문제점을 가진다.[58]

Ⅲ. 일본의 이자제한법제의 문제와 해결

1. 서 설

종래 일본의 이자율 제한은 「출자의 수입, 예탁금 및 금리등의 단속에 관한 법률」(이하 “출자법”이라 한다),[59] 「대금업의 규제등에 관한 법률」(이하 “대금업법”이라 한다),[60] 「이식제한법」[61]에 의

---

57) 사채시장을 제도권으로 흡수하여 건전한 대부업을 양성한다는 것이었으나, 실제로 이 법에 근거하여 대부업은 제도권 내에서 황금알을 낳는 산업으로 발전하였다.

58) 시행령에서는 처음에 연 66%로 규정하였으나 이를 개정하여 100분의 49로 제한하였다가, 2010년 7월 21일 이후 현행(2010년 12월 현재) 100분의 44로 제한하고 있다. 그러나 현재 은행여수신금리가 4~10%인 점을 감안하면, 개정된 내용도 은행권에 비하여 거의 10배 가까운 고금리이다.

59) 「出資の受入、預り金及び金利等の取締等に関する法律」(1954. 6. 23. 法律 第195号). 1983. 5. 13. 法律 第32号에 의하여 법명을 「出資の受入れ、預り金及び金利等の取締りに関する法律」로 변경하였고, 현행법은 2007. 6 .13. 法律85号로 개정되어 2008. 10. 1.부터 시행된 것이다.

한다. 이자 관련 세 가지 법률에 의하여 일본은 현실과 규범과의 괴리가 생겨났고, 이 문제를 해결하기 위한 노력을 거쳤다.

2. 일본의 이자제한의 문제

일본의 이식제한법은 원본액이 10만 엔 미만의 경우에는 연 2할, 원본의 액이 10만 엔 이상 100만 엔 미만의 경우에는 연 1할8푼, 원본액이 100만 엔 이상의 경우에는 연 1할 5푼의 최고이자율을 제한하고. 제한이율을 초과하는 이자약정은 무효로 한다(이식제한법 제1조). 그런데 출자법에서는 금전을 대부하는 자가 연 109.5%[62]를 넘는 이자계약을 했을 경우와, 대부업자가 대출을 하면서 연 29.2%를 넘는 이자계약을 했을 경우는, 5년 이하의 징역 또는 1,000만 엔 이하의 벌금에 처하며 양자를 병과할 수 있다. 해당 비율을 넘는 비율에 의한 이자를 수령한 자 또는 그 지불을 요구한 사람도 동일하게 처벌한다(출자법 제5조). 즉 개인의 금전대차시 연 109.5%를 넘는 경우와, 대부업자의 금전대차시 연 29.2%를 넘는 경우에는 형벌을 과한다. 반면에 이식제한법은 최고이율을 연 15~20%로 제한하지만, 이를 위반한 약정을 하여도 사법상 효력만 무효로 할 뿐이고, 다른 제재를 가하지 않는다. 이러한 법규정에 따라 일본의 소비자금융업자들은 실제적인 대출이율을 연 29.2% 이하까지 받고 있어, 이식제한법을 초과하는 연 15%, 연 18%, 연 20%부터 출자법의 한계인 연 29.2%까지의 이자율이 실

---

60) 「貸金業の規制等に関する法律」(1983. 5. 13. 法律 第32号) 현행법은 2006. 12. 20. 法律 第115号에 의하여 「貸金業法」으로 법명을 변경하였고, 2009. 6. 24. 法律 第58号로 개정된 것이다.

61) 「利息制限法」(1954. 5. 15. 法律 第100号). 현행 이식제한법은 2006. 12. 20. 法律 第115号로 개정된 것이다.

62) 2월 28일까지의 연도는 109.5%, 2월 29까지의 연도는 109.8%로 하고 일당 0.3%로 한다.

제적인 대출금리로 행해지고 있고, 해석론으로 15~20% 이상 29.2%까지의 이자영역을 「그레이 존(Gray Zone) 금리」라고 한다.[63]

또한 대금업법에서는 초과이자의 임의변제에 대한 간주변제 규정을 두고 있었다. 즉 대출업자가 대출하는 경우 금전대차상의 이자액이 이식제한법의 이율을 초과하는 경우라도, 채무자가 초과이자를 임의로 지불한 때에는 이식제한법의 규정과 관계없이, 유효한 이자채무의 변제로 간주한다는 규정이다(대금업법 제43조). 따라서 출자법과 대금업법에 의하여 실제적으로 「그레이 존 금리」로 소비자 금융이 행하여지는 문제를 갖게 되었다. 이러한 상황은 이식제한법의 실효성의 문제와 고금리의 피해라는 문제를 갖게 되었고 이것이 일본에서의 이자제한 문제의 주요 쟁점이 되었다.

〈표3〉 그레이존의 구조

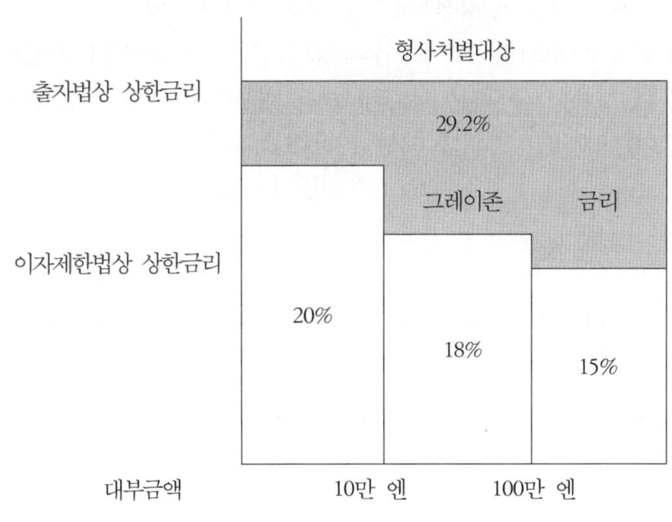

63) Daimon Mikishi, 「グレーゾーン金利」廃止にむけてサラ金被害なくすたたかい,「経済」 2006年10月号 참조: http://www.daimon-mikishi.jp/ronbun/data/ronbun061225.htm.

3. 일본 판례의 동향

전후 일본에서 판례법의 발전은, 「소비자의 보호」 관점에서 볼 때 가장 현저하고, 이식제한법에 관한 판례의 동향에서 그러하다는 것에는 이론이 없다고 한다.[64)]

이자제한에 관한 일본판례의 법리는 임의로 변제된 제한 초과 이자를 원본에 충당하는 것을 긍정하고,[65)] 계산상으로 완제가 된 것을 알지 못하고 초과지급 된 과불금의 반환 청구도 인정하며, 이자율 제한법을 넘어도 출자법의 상한금리를 넘지 않으면 형사처벌의 대상으로 하지 않는다고 하는 법제상의 미비도 지적하고 있다.[66)] 이러한 판례의 동향은 소비자를 보호하는 법리를 만들었으며 고리금융에 의한 피해자들의 희생 끝에 마련된 것으로 국민들의 장기적인 노력의 결정이라고 할 수 있다고 한다.[67)] 판례이론에 관한 긍정적 평가가 있긴 하지만, 일본 최고재판소는 대출업법 제43조의 요건이 충족되는 한, 초과 이자의 지불도 유효한 변제로 간주되며 그에 대해서는 부당이득반환청구도 인정되지 않는다고 판시하여 문제점을 가지고 있었다.

4. 일본에서의 문제해결

일본에서는 "Grey Zone 금리"의 문제를 해결하기 위한 각계

---

64) 荒川重勝, "利息制限法理の発展のために(1)—K—^いわゆる 「日栄·商工ローン」 訴訟に関する鑑定意見—," 「立命館法学」 2003年1号(287号), 立命館大學法學會, 76.

65) 日本 最高裁大判 1964. 11. 18. 民集18巻9号1868頁, 判例解説民事篇昭39429頁.

66) 日本 最高裁大判 1969. 11. 25. 民集23巻11号2137頁, 判例解説昭44下600頁.

67) 荒川重勝, 앞의 논문, 76.

의 주장과 법 개정운동이 있었다. 일본에서의 "Grey Zone 금리" 폐지와 고금리인하를 위한 법 개정운동은 다중채무자[68]의 구제를 위한 것이었다. 다중채무의 원인은, 버블기에는 '유흥・음식・교제비'나 '호화품의 구입' 등이 상위원인이었고, 불황기에 빠진 이후에는 '생활비 부족・수입감소・실업・도산' 등의 원인이 상위를 차지하고 있다.[69] 일본에서 고금리로 인한 폐해가 사회문제로 도출되었다. 사생활을 침해하는 채권추심, 채권추심에 시달린 채무자의 자살, 이혼, 가정붕괴 등의 예를 들 수 있다.[70] 고금리의 피해는 본인뿐 아니라, 가족, 친족에게도 비참한 결과를 가져 오며, 이러한 다중채무를 낳는 근저에 있는 것이, '그레이 존 금리'의 존재라고 한다.[71]

2006년 7월 6일, 여당의 금융 조사회가, '고금리 인하・그레이 존 금리폐지'의 방향을 세웠는데(대출 업무 제도 등의 개혁에 관한 기본방향), 이러한 결과는 피해자 모임, 변호사, 사법서사, 그리고 분별력 있는 저널리스트들의 오랫동안의 투쟁의 성과였다.[72] 일본 공산당도, 오랜 기간에 걸쳐 '신문 적기'(「しんぶん赤旗」)로 샐러리맨 금융 문제를 추궁하고 국회 의원단의 분투를 통하여 많은 공헌을 하였다고 한다.[73] 앞서 본 바와 같이 일본 최고재판소 판례도 이자율 제한법을 넘더라도 출자법의 상한금리를 넘지 않으면 형사처벌의 대상으로 하지 않는다고 하는 법제상의 미비를 지적하고 있었다.[74]

---

68) '구조개혁'이 낳은 생활고로에 의하여 자신의 변제능력의 범위를 넘어서 다수의 소비자금융 업자로부터 대출을 받고 금융피해를 입은 샐러리맨 등을 의미한다.

69) 財団法人「日本クレジットカウンセリング協会」資料.

70) 이에 대해서는 Daimon Mikishi, 앞의 논문 참조.

71) Daimon Mikishi, 위의 논문.

72) Daimon Mikishi, 위의 논문.

73) Daimon Mikishi, 위의 논문.

74) 日本 最高裁大判 1969.11.25. 民集23巻11号2137頁, 判例解説昭44下600頁.

이러한 사회적 분위기에 의하여 일본은 이자제한법제에 관하여 전반적인 정비를 하였다. 2006. 5. 13. 대금업법을 개정하여(法律 第33号) 동법 제43조의 간주변제 규정을 삭제하였다. 2007. 6 .13. 출자법을 개정하여(法律 第85号, 2008. 10. 1.시행) 제한이율을 조정하였다. 종래 출자법에서는 개인이 금전을 대부하는 때는 연 109.5%, 대부업자는 연 29.2%를 넘는 이자계약을 했을 경우는, 5년 이하의 징역 또는 1,000만 엔 이하의 벌금에 처하며 양자를 병과할 수 있도록 하였다. 개정된 내용은 개인의 금전대차의 제한이율 및 형벌은 종래와 동일하게 유지하고, 대부업자의 경우에는 연 20%를 넘는 비율에 의한 이자의 계약을 했을 때는, 5년 이하의 징역 혹은 천만엔 이하의 벌금에 처하고, 양자를 병과할 수 있도록 하였다. 그리고 대부업자가 연 109.5%를 넘는 비율에 의한 이자의 계약을 했을 때는, 10년 이하의 징역 또는 3천만 엔 이하의 벌금에 처하며, 양자를 병과할 수 있도록 하였다. 대부업법상 대부업자의 형사처벌의 기준이 되는 이율을 연 20%로 낮춤으로써 이자제한법과 일치시켰다고 할 수 있다. 다만 그 액에 따라 15%에서 20%, 18%에서 20%까지의 "그레이 존 금리"는 남게 되었지만, 29.2%를 20%로 하향하는 효과를 가져오게 되었다. 더욱 발전적인 입법은 이러한 제한이율을 초과하는 이자약정을 한 금전소비대차계약의 경우에는 그 소비대차계약을 무효로 하는 규정을 신설한 것이다(동법 제42조). 제한이율을 초과하는 부분만을 무효로 하였던 것에서 제한이율을 초과하는 약정을 한 경우에는 그 소비대차계약 자체를 무효로 한 것이다. 따라서 이 경우 차주는 대차원금을 부당이득의 법리에 따라 반환하면 될 것이고, 약정에 의한 고리의 이자를 지급하지 않아도 된다. 이러한 규정은 독일 판례의 해석론을 수용한 것으로 평가된다. 독일의 판례는 소비대차계약에서 민법이 규정하는 제한이율을 초과하는 약정을 한 경우 사회질서에 반하는 것으로 그 소비대차계약은 무효이고, 급여된 원금은 불법원인급여로서 반환청구 할 수 없다는 법리를 전개하고 있어, 독일에서는 고금리의 문제는 생기지 않는 것으로 해석되고 있다.

일본은 법률을 정비하여 이자제한법, 출자법, 대금업법 규정의 문제로 생기는 고금리 대부업과 법망을 피하는 이른바 '그레이 존 금리'의 상당부분을 폐지하였다. 이러한 법률의 정비는 각계의 주장에 거의 합치하는 수준의 정비였다.[75] 다만 그 시행시기는 2년 6월의 기간으로 유동성을 두었다가,[76] 2010년 6월 18일 전면 시행하였다. 일본은 최고이자율 제한을 3등급으로 구분하여 제한하고 있는데, 이는 소액대차일 경우에 고금리, 고액대차의 경우 소금리라는 문제를 가지고 있다. 소액대차는 대부분 긴급한 생활자금 수요이며 고액대차는 생산활동을 통하여 부가가치를 얻는 기업자본수요라는 점에서 반대로 되어야 한다는 문제이다.[77] 일부 문제가 남기는 했지만 일본의 법제 정비를 통한 고금리 등의 문제해결은 우리의 이자제한 법제에 시사하는 바가 크다고 할 수 있다.

---

75) 가령, 삿포로시 의회의 전의원이 중의원 의장, 참의원 의장, 내각총리 대신, 총무 대신, 법무부 장관, 재무 대신에게 2006. 6. 13. 제출한 「출자법」 및 「대출업법」의 개정을 요구하는 의견서에서 "① 출자법의 상한금리를 이자율 제한법의 제한 금리까지 인하하는 것", "② 대출업법 제43조의 간주변제 규정을 폐지하는 것", "③ 일부대출업자 및 전화 담보 금융에 대한 특례 금리를 폐지하는 것"이었다.

76) 출자법에 따르는 연 이율의 최고 한도를 20%로 인하한 규정은 대금업법의 시행일(2009. 12. 19)부터 기산하여 2년 6월을 넘지 않는 범위 내에서 시행령으로 정하는 날로부터 시행된다. 개정법을 단계적으로 시행하여 2010년 6월부터 전면시행하고 있다.

77) 이에 관해서는 柴田武男, "三區分問題と利息制限法の歷史的性格," 「高金利は社會を破壞する」, 日本加除出版, 2009, 56 이하 참조.

Ⅳ. 우리나라 이자제한법제의 과제와 해결방안

1. 고금리의 해소

(1) 이자제한법상 제한이율

이자제한법의 현행 제한이율 연 30%의 타당성을 검토해 볼 필요가 있다. 정책당국이나 입법자들은 항상 "선진외국의 예"를 정책결정이나 입법정책의 기준으로 삼는다. 그런데 유독 이자제한에 관해서는 외국의 예에 관심을 두지 않는 듯하다. 또한 종래 우리 법제의 좋은 입법례도 참작하지 않는 듯하다.

일본의 경우는 이미 살펴본 바와 같이 연 15%, 18%, 20%로 최고이자율을 규정하고 있다(일본 이식제한법 제1조). 우리에 비하여 30%~50% 낮은 이율임에도 일본에서는 높은 고리라는 비판을 가한다.[78]

대만의 경우는 최고이율을 연 2할로 제한하는 규정을 민법에 두고 있다(대만민법 제205조).[79]

미국의 경우, 주(州)별로 최고이자율을 제한한다. 그 제한이율은 대부분의 주가 연 8%~연 18%이다. New York 6%, Maryland 8%, South Carolina 8.75, California, Texas 10%, Connecticut, Louisiana, Vermont, Virginia 12%, Nebraska, New Jersey, Alaska, Arkansas FRDR[80] + 5%, North Carolina Higher of 16% or T-billrate + 6%, North Dakota T-bill rate + 5.5%, max. not less than 7%, Oklahoma, Maine 18% 등이다.[81]

---

78) 茆原正道, "利息制限法の强行法規性とこの金利れ引き下げる必要性,"「高金利は社會を破壞する」, 日本加除出版, 2009, 88.

79) 階川容德, "臺灣の多重債務と金利規制,"「高金利は社會を破壞する」, 日本加除出版, 2009, 193.

80) Federal Reserve Discount Rate(연방준비은행 할인율).

독일의 경우는 민법에 법정이자율을 연 4%로 규정하고(§246 BGB), 금융기관을 제외하고 사전의 복리약정을 무효로 규정하고 있다(§248 BGB). 그리고 이자에 대해서는 지연이자를 금지한다(§288 BGB). 지연이자율도 제한을 가하는데 민법에 기준이율(Basiszinssatz)을 규정하고(§247. Ⅰ. BGB), 지연이자(Verzugszinsen)는 기준이율 + 5%로 제한한다(§288. Ⅰ. BGB). 당사자가 소비자가 아닌 때에는 기준이율 + 8%의 제한을 가한다(§288. Ⅱ. BGB). 독일연방은행(Die Deutsche Bundesbank)은 매년 1월 1일과 7월 1일에 기준이율을 연방관보에 공표한다(§247. Ⅱ. BGB).[82] BGB 제247조 제1항에 적용되는 기준이율은 2010. 7. 1.~2010. 12. 31. 현재 5.12%이며, BGB 제247조 제2항에 따른 기준이율은 2010. 7. 1.~2010. 12. 31. 현재 0.12%이다.[83]

프랑스는 민사특별법인 "소비자법"(Code de la consommation)에 의하여 최고이자율을 제한하고 있다. 프랑스 소비자법에 의하면, "재정자문위원회"(Comité consultatif du secteur financier)의 자문을 거쳐 프랑스 중앙은행이 분기별로 고시하는 당해 대차계약에 적용된 '금융기관의 평균이자율'에 1/3을 추가한 이율을 초과하는 이자의 약정을 '폭리인 고리대차'(un prêt usuraire)로 규정한다(프랑스 소비자법 Art. L313-3).[84]

우리나라의 경우 선진적 입법례로 들 수 있는 것이 고려의 자모정식법과 대한제국의 이식규례이다. 단순히 이자율을 제한하

81) 윤부찬, "미국의 이자제한법과 우리에의 시사점," 「비교사법」 제13권 3호(통권 34호), 한국비교사법학회, 2006. 9., 274~275 참조.

82) 기준이율은 당해연도 반기의 첫 날 이전에 유럽중앙은행(der Europaischen Zentralbank)의 가장 최근의 주된 하우프트리파이난스 실행(Hauptrefinanzierungs operation)을 위한 이자율을 말한다.

83) http://basiszinssatz.info 참조.

84) 김대정, "현행법상 이자제한에 관한 연구," 「중앙법학」 9집 2호(상), 중앙법학회, 2007, 319.

지 않고 이자총액을 제한하는 입법례로서 계수하여 발전시켜야 할 입법례라고 생각된다.

이렇듯 각 국의 입법례를 보면 연 20% 이내에서 최고이자율을 제한하고 있다. 우리나라의 경제상황이 예시한 각국과 같지는 않더라도 연 40% 이내에서 연 30%의 최고제한이율이 2010년 대한민국의 경제상황에서 타당한 것인지 의문이다. 정책당국과 입법자는 시장금리를 조사하여 적절한 이자율을 책정하는 노력을 기울여야 한다. 제도권 은행의 여신금리의 2배 정도에서 정하는 것이 타당할 것이라는 필자의 주관적인 생각이다.

(2) 대부업법상 제한이율

현행 대부업상 연 44% 이내의 제한이율은 자본의 사용대가로서 정당한 범위의 이율인가에 대하여 의문을 제기한다. 제도권 금융기관은 10% 내외의 여신금리를 운영하고 있다. 담보가 있는 경우에는 5~6% 내외로 떨어진다. 한국은행의 기준금리는 2010년 11월 31일 현재 연 2.5%이며[85] CD금리는 2.8%이다.[86] 전문적인 대부업자에 대하여 연 39%(연 66% → 연 49% → 연 44%→연 39%)의 고리를 보장해 주어야 할 특별한 이유가 없다. 2%대로 조달한 자본을 그의 20배의 수익을 보장해 주고 있는 것이다. 연 39%의 수익을 낼 수 있는 산업은 거의 없다. 서민들을 보호하기 위하여 마련되었다는 대부업법에 의하여 국가가 적극적으로 고리대부업을 육성한 결과를 가져왔다.

대부업체가 받는 이율이 최고제한이율의 범위 내에서 시장원리에 따르는 이율로 대부가 이루어진다면 수긍할 수 있을 것이

85) 한국은행 사이트 참조; http://www.bok.or.kr/broadcast.action?menuNaviId=1753.

86) 한국금융연구원 사이트 참조; http://www.kif.re.kr/KIF/Main/Frame.aspx?mID=23.

다. 그러나 대부업체의 대부이율은 자본의 수요공급에 따르는 시장원리에 따라 이율이 형성되는 것이 아니고, 법에서 정한 최고이자율 한도에서 대부이율이 정하여진다. 종래 연 66%로 제한할 때는 대부업체의 대부이율은 모두 연 66%에 맞춰져 있었고, 연 49%인 때에는 그에 맞춰 대부업체의 대부이율이 정하여졌다. 현재 대부업체의 대부이율은 현행 최고제한이율인 연 39%에 맞춰져 있다. 즉 최고이율을 한도로 시장원리에 따라 탄력적으로 이율이 정하여지는 것이 아니라, 법이 정한 최고한도이율에 맞춰지는 것이다.

그나마 대부업법에 의하여 서민들이 불법사채로부터 보호될 수 있다는 주장도 있을 수 있지만, 연이율이 수백 %에서 1000%대에 이르는 불법사채는 법 밖에서 행하여지는 것이고 이에 대한 제재는 관심을 가진 정부당국의 끊임 없는 감시와 단속, 그리고 엄격한 처벌을 하여야 하는 문제이다. 대부업법이 존재한다고 하여 범죄행위로 이루어지는 불법사채를 막고 서민들을 보호할 수 없는 것이다. 대부업법에 의하여 불법사채업자를 처벌할 법적 근거가 마련되었다는 주장도 있을 수 있다. 그러나 불법사채업자의 경우는 형법 제349조 부당이득죄의 구성요건을 충족시키게 되고 동법에 의하여 3년 이하의 징역 또는 1천만 원 이하의 벌금에 처해진다. 즉 형법에 의하여 처벌이 가능한 것을 대부업법에 동일한 내용의 처벌규정을 두고 굳이 대부업법에 의하여 불법사채업자를 제재할 근거가 존재하게 되었다고 주장하는 것은 의미가 없다. 대부업법은 이런 불법사채로부터 국민의 정당한 이익을 보호하기보다는 대부업의 양성과 육성에 기여한 법이 되었다.

대부업의 등록이 없는 자는 연 30%의 제한을 받고, 대부업 등록을 한 자는 연 39%의 제한을 받는 이중적 구조로는 실질적인 고리의 폐해를 막을 수 없다. 연 20~30% 이하의 수익만 보장되어도 대부업은 충분한 사업성을 가질 것이다. 대부업법은 대부업의 양성화, 그에 따른 관리감독을 통하여 서민국민을 보호하는 것이 아니고 대부업자 및 자본국민에게 충분한 사업이익을 보장하는 특혜를 주는 법이 되었을 뿐이고, 본래 의도하던 법 기능을 상실하게 되었다.

우리나라의 이자제한의 법리가 나아갈 방향은, 최고이자율을 현실화하여 고금리를 폐지하는 것이어야 한다. 한번 고금리의 늪에 빠져 상당한 액수의 변제를 하였음에도 채무에서 벗어나지 못하다가, 일시적이라도 변제가 어려운 상태가 되면 돌려막기 등으로 완전히 파산하는 금융피해자가 생겨나는 것을 예방하여야 한다. 제한이율을 낮추게 되면 신용거래가 어려운 계층은 금융수요에 따른 공급을 받을 수 없게 된다는 논리도 타당성을 갖는지 의문이다. 결국 신용거래가 어려운 사정을 이용하여, 보다 높은 고리의 수익을 보장한다는 것과 다름이 무엇인가?

〈표5〉 법 정비 후 일본의 대출금리 변화

(表 4) 大手ノンバンクの貸出金利の変化[87)]

ノンバンク	時期	内容(現在→新)
プロミス	2007年12月	上限金利 25.55%→17.8%(新規)
	2008年 1 月	下限金利 15%→7.9%(新規優良)
アコム	2007年 6 月	上限金利 27.375%→18%(新規)
	2008年 4 月	下限金利 7.7%
アイフル	2007年 9 月	上限金利 28.835%→18% (新規)
	2007年12月	下限金利 12.775%→6.8% 48(新規)
武富士	2008年 1 月	上限金利 27.375%→18%(新規)
	2008年 4 月	下限金利 9.125%(既存優良)

* (出所)日本経済新聞 2008年6月16日(夕刊), 「主要企業の上限金利一覧(2008年 7 月末)」(「月刊消費者信用」2008年9月号, p.47), をもとに作成.

87) 堀田真理, “新貸金業法とノンバンク市場の再編をめぐる現状について,” 「経営論集」第72号, 東洋大学経営学部, 2008年11月, 101.

법률을 정비하여 “그레이존 금리”를 폐지한 일본의 경우를 보면 <표 5>와 같이 대부업체의 대출금리가 인하되었음을 알 수 있다. 고금리를 폐지하고 적정의 이자를 받아도, 대부업의 영업에는 지장 없이 대출을 할 수 있다는 이야기가 된다.

현행 대부업에 의한 고금리는 몇 가지 사회적 문제를 가져온다. 첫째는, 대부업법 등 제도권에서 보장하는 고금리 금융시장은 1차적인 제도권금융의 기능을 후퇴시킨다. 현재 은행권의 수신금리는 연 2~5%대이다. 따라서 여유자본이 은행권에 흡수되어 공금융 시장이나 산업자본으로 공급되지 않고, 대부업이나 사채시장으로 흐르게 된다. 둘째는 외국의 천민자본의 침투이다. 우리나라의 고금리에 의하여 외국의 천민자본이 유입되고, 고금리에 의한 수익을 챙겨가게 된다. 일본의 야쿠자 자금이 한국의 대부시장에 들어오고, 일본 대부업계의 빅3 업체가 한국진출을 확정한 예 등을 보면 확실한 사실이다.[88] 셋째는 이자제한법상 제한이율의 실효성의 문제이다. 현행 우리의 법제는 일본이 폐지한 “그레이 존 금리”를 계속적으로 가져가게 된다. 즉 이자제한법상 최고제한이율인 연 30%를 초과하는 약정을 할 경우 초과부분의 효력만이 사법상 무효가 될 뿐이고, 고리를 도모하는 채권자에게는 어떠한 제재도 행해지지 않는다. 그러나 대부업법에서는 현행 최고제한이율인 연 39%를 넘는 경우 3년 이하 징역 또는 3천만원 이하의 벌금에 처해지며, 양자는 병과될 수 있다. 따라서 종래 일본의 그레이 존(20%~29.3%)과 같은 의미를 갖는 연 30% 초과~연 39% 이내의 고금리 영역이 존재하고, 이자제한법상의 연 30%의 제한은 그 실효성을 잃고 있다.

---

88) 이에 관해서는 다음을 참조할 것; 이선근, “일본 야쿠자 고리대금의 식민지 되나” 「인터넷 문서」 http://www.specwatch.or.kr/bbs/view.php?id=&page=3&sn1=&divpage=1&sn=off&ss=on&sc=on&select_arrange=headnum&desc=asc&no=172, 2007. 8. 3.

(3) 제한초과 이율약정에 대한 제재

우리 이자제한법은 제한초과 이율의 약정을 한 경우 초과부분의 약정을 무효로 한다(이자제한법 제2조 제3항). 대부업법은 초과부분의 약정을 무효로 하고, 초과이자를 받은 자에 대해서는 3년 이하의 징역 또는 3천만 원 이하의 벌금에 처한다(대부업법 제19조 제2항 제3호). 일본의 경우는 이식제한법을 초과하는 이자약정을 한 경우 초과부분의 이자약정을 무효로 한다(일본 이식제한법 제1조). 대부업자가 제한이율을 초과하는 약정을 한 때에는 소비대차계약 자체를 무효로 한다(일본 대금업법 제42조). 그리고 최고제한이율을 넘는 이자계약을 했을 경우는, 5년 이하의 징역 또는 1,000만 엔 이하의 벌금에 처하며 양자를 병과할 수 있다. 해당 비율을 넘는 비율에 의한 이자를 수령한 자 또는 그 지불을 요구한 사람도 동일하게 처벌한다(일본 출자법 제5조). 초과부분의 이자를 받았을 경우에 처벌하는 것이 아니고 초과이자약정을 하거나 받은 자, 그 지불을 요구한자 모두 처벌하는 것이다. 대만은 고리약정을 한 경우 형법에 의하여 처벌하고 있다.[89] 미국의 경우도 고리의 약정, 고리의 청구, 고리의 수령 모두에 대하여 제재를 가한다. 미국 Texas의 경우, 법이 규정한 정당한 액수를 초과하여 이자를 약정, 부과, 징수한 자는 (a) 약정, 부과, 징수한 총 이자액에서 법이 허용한 이자액을 뺀 액수의 3배와 (b) 2000달러 또는 원본액의 20% 중 작은 액수 중, 큰 쪽, 즉 (a)와 (b) 중 큰 쪽의 액수를 벌칙으로 과하며, 만약 채권자가 법이 허용한 이자 상한의 두 배를 초과하여 이자를 부과하거나 징수한 경우에는 위의 (a), (b)의 벌칙에 덧붙여서 (a) 부과 또는 징수한 원본액 및 (b) 부과 또는 징수한 이자 및 다른 모든 비용을 추가적인 벌칙으로

---

89) 皆川容德, 앞의 논문, 193.

부과한다. 이 경우에 채권자는 합리적인 범위 내에서 변호사비용도 부담하여야 한다.[90] Florida의 경우 고의로 제한이율 상한규정을 위반한 때에는 이자전부를 청구하지 못하고, 실수령된 원본에 대해서만 청구할 수 있으며, 고리의 이자가 지급된 때에는 그 2배의 벌금을 과한다.[91] Connecticut의 경우는 주법이 규정한 12%를 초과하여 이자약정을 한 때에는 원본 및 이자 모두를 청구할 수 없는 것으로 규정하고 있다.[92]

독일은 과도한 이자의 약정(Üerhte Verzinsung)은 BGB 제138조의 선량한 풍속위반 또는 폭리행위에 해당하여 무효라고 한다. 통설·판례는 과도한 이자약정 여부는 특히 자본시장의 상황과 위험분배관점에 의거 개별적·구체적으로 판단되어야 한다고 강조한다.[93] 판례는 연 30~40%의 이자약정을 과도한 이자로 판단하고,[94] 과도한 이자약정을 한 소비대차의 효력을 무효라고 하여, 채권자는 급여한 원금도 불법원인급여로서 반환청구를 하지 못한다고 한다. 프랑스는 제한을 초과하는 이자약정을 수반하는 소비대차계약상의 경우, 초과지급 된 이자는 법률에 의하여 정상이자 또는 원금에 충당하도록 하고, 이미 원금과 초과이자가 지급된 경우에는 부당하게 징수된 금액은 지급된 날로부터 법정이자를 붙여서 반환하도록 규정하고 있다(프랑스 소비자법 Art. L313-4).[95] 그리고 이유를 불문하고, 어떠한 방법에 의하였건, 직접 또는 간접을 불문하고, 타인에게 고리대부를 하였거나 고리대부에 기여

90) 윤부찬, 앞의 논문, 276 참조.
91) 위의 논문, 277 참조.
92) 위의 논문, 277 참조.
93) MünckKomm-Mayer-Maly, §138 BGB Rdnr. 120; Larenz, SchuldR AT, S.181; 백태승, "이자제한법폐지에 따른 문제점과 대책," 13에서 재인용.
94) 35% KG BB 1974, 1505; 40% OLG Nürnberg MDR 1976, 399; KG Berlin 1985, 829; 백태승, 위의 논문에서 재인용.
95) 김대정, 앞의 논문, 319 참조.

한 자에 대하여는 3년 이하의 징역 또는 45,000€의 벌금형을 과하고, 양자는 병과할 수 있도록 규정하고 있다(프랑스 소비자법 Art. L313-5.I).[96]

이렇듯 각국의 이자제한 규제정책이나 법규정은 우리나라에 비하여 고리의 대부를 하는 자에 대하여 엄격하게 운용되고 있다.

(4) 고리의 해소방안

고금리의 문제를 해결하고 서민국민의 경제적 보호를 위하여 입법자와 정부는 시장금리를 조사하여 시장금리에 대부업체의 위험부담률을 고려하여 최고제한이율을 입법하여야 한다. 즉 제도권 금융기관의 대출이율, 여신업자가 부담해야 할 위험비용, 여신업체의 자본조달금리 등을 고려하여 합리적 범위에서 결정된 이율을 최고제한이율로 하는 입법정책을 적극 추진하여야 한다. 그리고 시장금리가 단기간에 크게 변동하는 것은 아니기 때문에 시장금리의 변동이 있는 경우 그에 따라 시행령 등의 개정 등 입법조치를 취하면 될 것이다.

한편으로는 제도권의 시중은행으로부터 소액가계 금융수요를 공급받을 수 있도록 금융제도의 개선과 자금운용을 하여야 한다. 신용이 부족하여 사채업자나 고리의 대부업자를 찾는 서민들에 대하여 시중은행은 그에 상응하는 위험이율을 부과하여 제도권 금융으로 흡수하여야 할 것이다.

2. 이자제한법제의 정비

(1) 최고제한이율의 일원화

현행 최고이자율은 10만 원 미만의 대차에 대해서는 법의

96) 김대정, 위의 논문, 320 참조.

공백상태이고, 이자제한법상 연 40% 범위 내에 따른 시행령에 의하여 연 30%, 대부업법에서는 연 50% 범위 내에 따른 시행령에 의하여 연 39%의 제한을 받는 이중구조로 되어 있다. 이를 일원화하여 모든 대차관계에 대해서는 그 액수와 관계없이, 일반 대차계약이나 대부업자와의 대차계약이냐를 불문하고 이자제한법상의 최고이자율이 적용되어야 한다. 대부업자에 대하여 별도의 제한이율을 규정할 명분이 없음에도 종래 일본의 법제를 잘못 계수한 것이다. 종래 일본에서도 그 대상에 따라 최고이자율을 달리 정한 것은 아니었고, 일반 개인 간의 대차계약이든, 대부업자와의 대차계약이든 모두 이자제한법상의 최고제한이율의 적용을 받았고, 지금도 그러하다. 다만 출자법에서 대부업자의 형사처벌의 기준을 정하는 이율을 정하고 있었을 뿐인데, 이를 이원적으로 이자를 제한하는 것으로 오해한 것이 아닌가 여겨진다. 어떤 입법례에도 일반개인과, 특정업계에 차이를 두고 이자율에 관한 법적용을 달리 규정한 경우는 없다. 대부업자 특혜법이 되고 있는 대부업법상의 최고제한이율 규정을 삭제하고 이자제한법에 의한 통일적 적용이 요구된다.

(2) 대부업법의 기능정비

고금리를 없애기 위한 과제의 해결책으로 대부업법의 기능정비를 생각해 볼 수 있다. 대부업법은 "대부업의 등록 및 금융이용자 보호 등에 관한 법률"[97]로 명칭을 정하고 대부업의 등록 및 대부업의 관리 · 감독에 관한 내용, 금융이용자 보호에 관한 내용, 대부업자의 대부이율에 대한 최고제한이율로 구성하였다. 그런데 금융이용자보호에 관한 핵심적 내용을 담은 동법 제10조(불법적

97) 2009. 1. 21. 법률 제9344호 개정으로 "대부업 등의 등록 및 금융이용자 보호 등에 관한 법률"로 명칭을 변경하였다.

채권추심행위의 금지)는 "채권의 공정한 추심에 관한 법률"(2009. 2. 6. 법률 제9418호)의 제정으로 삭제되었다. 즉 금융이용자보호에 관한 내용은 "채권의 공정한 추심에 관한 법률"의 규정이 되었기 때문에, 대부업법상 금융이용자보호에 관한 기능은 전혀 존재하지 않게 되었다. 따라서 "대부업등의 등록 및 금융이용자 보호 등에 관한 법률"의 명칭은 맞지 않게 되었다. 따라서 동법은 "대부업법"이나 "대부업등의 등록 등에 관한 법률"로 명칭을 변경할 필요가 있다. 그리고 이 법에서 정하는 최고제한이율에 관한 규정도 삭제하여 순수하게 대부업의 등록 및 대부업자의 의무, 국가의 관리·감독에 관한 내용만을 담도록 하고, 대부업자도 그 대부이율에 대해서는 "이자제한법"의 규율을 받도록 기능을 정비하는 것이 타당하다. 그럼으로써 고금리를 폐지하고 자본의 가치가 정당한 가격으로 거래될 수 있고, 대부업이 건전한 금융기능을 담당하는 산업으로 발전할 수 있을 것이다.

(3) 법 공백의 문제

이자제한법이 폐지되었다가 부활한 1998년 1월 13일부터 2007년 6월 30일까지는 이자율의 제한이 없는 공백기간이 된다. 이러한 법의 공백기간은 대부업법에도 존재한다. 대부업법은 이자율 제한규정을 이 법이 시행된 2002년 10월 27일부터 3년이 경과한 날(2005년 10월 26일)까지 효력을 갖는 한시규정으로 시행하였다. 이후 2005년 5월 31일(법률 제7523호, 2005. 9. 1. 시행)개정하여, 이자율 제한 규정의 효력을 2008. 12. 31.까지로 연장하였다. 다시 2009년 1월 21일(법률 제9344호, 2009. 4. 22. 시행, 이자율규정은 1. 21. 시행)개정하여 이자율 제한규정의 효력을 2013년 12월 31일까지 연장하였다. 이에 의하면 2009년 1월 1일부터 2009년 1월 20일까지 20일간은 최고이자율제한이 없는 공백기간이 존재하게 되었다. 이 법 시행일전 체결된 이자계약에 대하여도 이 법 시행일부터 최고이자율규정이 적용된다는 부칙(이자제한법 부칙 제2항, 대부업법 부칙 제5조)을 두고 있지만, 20일간의 공백 기간은 존재하게 된다.

이러한 법 공백기간에, 그 이후 시행된 법에 의한 최고이자율을 넘는, 이자약정이 행하여진 경우 그 효력의 문제가 남는다. 이자제한법 공백기간에 관한 판례를 보면 "이자제한법 시행 전 체결한 금전소비대차계약상의 복리약정이 같은 법 제한최고이율인 연 30%를 초과하는 경우 같은 법 시행일인 2007. 6. 30.부터 그 초과 부분이 무효가 되므로, 위 복리약정에 따라 계산한 이자가 위 시행일 전에 연 30%를 초과하고 있다면 그 시행일부터, 위 시행일 후에 연 30%를 초과하고 있다면 그때부터 그 초과 이자 부분이 무효가 된다"[98)]고 판시하고 있다. 판례이론에 의하면 법 공백기간의 이자율은 무제한 약정이 가능한 것으로 된다. 대부업법의 경우는 20일이라는 다소 단기간이지만, 이자제한법의 경우에는 9년여의 공백기간이 있어, 장기에 걸친 기간 동안 무제한 고금리의 효력이 모두 인정되게 된다. 국민의 재산권을 보호해야 하는 국가의 책무가 정치적·경제적 이유에 의하여 결여된 영역에서 희생될 수밖에 없는 고금리 채무자가 존재할 수 있다. 이에 관한 해결방안으로 이자제한법을 법공백기간에 소급적용 하도록 하는 경과규정을 두고, 해당기간에 적용될 시행령을 마련하는 입법정책을 제시할 수 있다.

색인어

이자제한법, 제한이율, 대부업 등의 등록 및 금융이용자 보호 등에 관한 법률, 이식규례, 이식제한령

98) 대법원 2008. 10. 23. 선고 2008다37742 판결.

참 고 문 헌

1. 국내문헌

백태승, “이자제한법 조속히 부활하여 고리피해 막아야,” 「고시연구」, 2006. 8.
곽윤직, 「채권총론」, 박영사, 1995.
권기원, “이자제한법 :고금리로 고통 받는 서민을 위한 법안의 부활,” 「국회보」(통권485호), 국회사무처, 2007. 4.
김경수, “이자제한법 부활, 과연 최선의 선택인가?” 「국회보」 415호, 국회사무처, 2001. 5.
김기선, 「한국채권법총론」, 법문사, 1980.
김남근, 김진, 송태경, “시민사회단체이자제한법(공동최종안),” 「민주법학」 제20호. 2001.
김대정, “이자채권과 대부업법에 의한 이자의 제한,” 「중앙법학」 제6집 제4호, 중앙법학회, 2007.
김대정, “현행법상 이자제한에 관한 연구,” 「중앙법학」 9집 2호(상), 중앙법학회, 2007.
김상용, “한국에서의 이자제한의 역사적 변천,” 「사법행정」 407호, 한국사법행정학회, 1994.
김상용, 「채권총론」, 법문사, 1996.
김상용, 「채권총론」, 화산미디어, 2009.
김용한, 「채권법총론」, 박영사, 1988.
김준호, 「채권총칙」, 법문사, 2007.
김증한, 「채권총론」, 박영사, 1988.
김판술, “금융경색의 타개와 이자제한령의 철폐,” 「국회보」 13호, 국회사무처, 1957. 9.
김현태, 「신채권법총론」, 일조각, 1982.
노종천, 「채권법」, 법문사, 2007.
박기준, 「제265회 국회(임시회) 법제사법위원회회의록」, 국회사무처, 2007. 2. 5.
백태승, “이자제한법폐지에 따른 문제점과 대책,” 「인권과 정의」 제298호, 대한변호사협회, 2001. 6.
백태승, “이자채권과 이자의 제한,” 「법학연구」(17권 2호), 연세대학교 법학연구원, 2007, 11.
법제처, 「고법전용어집」, 1974.
서영경, “이자제한법 부활 적극 검토해야,” 「시민과변호사」, 서울지방변호사회, 2001. 5.

신용사회구현시민연대 등, "서민금융생활안정대책 및 이자제한법 부활추진을 위한 공청회자료," 2001. 3. 20.

신장식, "샤일록의 피묻은 칼을 빼앗아라," 「월간 말」, 2001. 5.

안진걸, "이자제한법, 서민위해 다시부활시켜야," 「시민과 변호사」, 서울지방변호사회, 2002. 2.

양현우, 한국소비자법학회 제4회 학술대회 토론문, 2010. 11. 24.

어인의, 「이자제한법론」, 청주대출판부, 1992.

오용식 · 김수용 · 김성호, "이자제한법에 관한 입법평가－이자제한법을 중심으로－," 「입법평가보고서 08-09」, 한국법제연구원, 2008.

윤부찬, "미국의 이자제한법과 우리에의 시사점," 「비교사법」 제13권 3호(통권34호), 한국비교사법학회, 2006.9.

윤철홍, 「채권총론」, 법원사, 2006.

이공현, "이자의 제한," 「법학논집(취봉 김용철선생 고희기념)」, 박영사, 1993.

이선근, "일본 야쿠자 고리대금의 식민지 되나," 「인터넷 문서」, 2007. 8. 3.

이신우, "이자제한법 관련 입법에 대한 검토," 「국회보」, 2002. 2.

이은영, 「채권총론」, 박영사, 1995.

이주경, "이자제한법의 타당성에 관한 새로운 접근-이자제한법은 과연 사채시장 참여자의 후생을 증진시킬 수 있는가?－," 「경제분석」 제8권 제1호, 한국은행 특별연구실, 2002. 1.

이준우, "이자제한법 폐지에 따른 법제개선방안," 「경제법제분석 98-2」, 한국법제연구원, 1998.

채진원, 민주노동당의 민생정치모색－상가임대차보호법과 이자제한법을 중심으로－, 「노동사회」, 2001. 3.

황적인, 「현대민법론 Ⅲ」, 박영사, 1981.

2. 외국문헌

Mikishi, Daimon, 「グレーゾーン金利」 廃止にむけてサラ金被害なくすたたかい,「経済」, 2006. 10.

皆川容德, "臺灣の多重債務と金利規制," 「高金利は社會を破壞する」, 日本加除出版, 2009.

堀田真理, "新貸金業法とノンバンク市場の再編をめぐる現状について," 「経営論集」 第72号, 東洋大学経営学部, 2008年11月.

大河純夫, "明治民法の編纂と利息制限法," 「立命館法学」 2003年6号(292号), 立命館大學法學會, 2003.

柴田武男, "三區分問題と利息制限法の歷史的性格," 「高金利は社會を破壞する」,

日本加除出版, 2009.

財団法人 「日本クレジットカウンセリング協会」 資料.

佐藤隆夫, 「民法(債權法總論)」, 八千代出版, 1977.

荒川重勝, "利息制限法理の発展のために(1)—K—へいわゆる 「日栄 · 商工ローン」 訴 訟に関する鑑定意見—," 「立命館法学」2003年 1 号(287号), 立命館大學 法學會, 2003.

茆原正道, "利息制限法の强行法規性とこの金利れ引き下げる必要性," 「高金利は社會を破壊する」, 日本加除出版, 2009.

http://www.daimon-mikishi.jp/ronbun/data/ronbun061225.htm.

http://www.specwatch.or.kr/bbs/view.php?id=doc&page=3&sn1=&divpage=1&sn=off&ss=on&sc= on&select_ arrange=headnum&desc=asc&no=172.

http://ko.wikipedia.org/wiki/IMF_%EA%B5%AC%EC%A0%9C%EA%B8%88%EC%9C%B5_%EC%9A%94%EC%B2%AD).

http://news.naver.com/main/read.nhn?mode=LSD&mid=sec&sid1=102&oid=001& aid=0000065125.

http://news.naver.com/main/read.nhn?mode=LSD&mid=sec&sid1=101&oid=009&aid=0000110866.

우리나라 신용카드 영업행위 규제 현황과 과제*

이 준 수**

차 례

Ⅰ. 서 론

우리나라 신용카드[1] 산업은 1978년 신용카드 최초 도입[2] 이

* 본고의 내용은 집필자의 개인의견으로서 금융감독원의 공식견해를 나타내는 것은 아님.
 본고에서 영업행위 규제라 함은 금융회사 자체에 대한 건전성 규제와 달리 금융회사의 영업방식·행태, 금융소비자 보호, 건전한 시장질서 및 거래 투명성 유지 등에 중점을 두는 규제로 편의상 정의한다.

** 금융감독원 여신전문총괄팀장.

1) 신용카드(Credit Card)란 개인신용을 담보로 신용카드사로부터 발급받아 지정된 가맹점에서 상품이나 용역을 현금 없이 외상구입하거나 현금을 융통할 수 있는 증표로서 흔히 "플라스틱 머니" 또는 "제3의 통화"라고도 불린다. 「여신전문금융업법」(제2조 제3호)에서는 "신용카드란 이를 제시함으로써 반복하여 신용카드가맹점에서 결제할 수 있는 증표로서 신용카드업자가 발행한 것을 말한다"라고 정하고 있다.

후 단기간에 비약적으로 발전하여 이제는 시장규모나 서비스 측면에서 다른 나라에 뒤지지 않을 뿐만 아니라 우리나라 지급결제시장 및 소비자신용시장의 근간을 이루고 있다. 정부의 신용카드 활성화정책[3] 등의 영향으로 1990년대 후반 급성장하였던 신용카드 산업은 그 후유증으로 인하여 2003년 심각한 유동성 위기(소위 "카드대란")를 겪었으나, 이후 수년간의 구조조정을 거치면서 2006년부터는 다시 성장세가 지속되고 있다. 신용카드 산업의 발전은 신용사회의 조기 정착, 내수 활성화, 경제의 투명성 제고, 조세정의의 실현 등에 크게 기여하였으나, 지난 카드대란에서 경험하였던 것처럼 무분별한 카드남발, 금융채무불이행자 양산 등과 같은 부작용을 초래하였으며, 최근에는 신용카드 가맹점수수료, 현금서비스 금리, 리볼빙서비스 금리 등 거래조건의 공정성에 관한 논란이 확산되면서 신용카드가맹점 및 신용카드회원의 권익이 충분히 보호받지 못하고 있다는 비판도 제기되고 있다. 특히, 신용카드사의 순이익 규모가 2006년 이후 연평균 2조원 내외를 유지하는 등 영업실적이 호조를 보임에 따라 경기양극화 등으로 경제적으로 어려움을 겪고 있는 서민·취약계층을 중심으로 신용카드사의 영업행태에 대한 불만도 커지고 있다.

이에 따라 정부와 금융감독당국은 그동안 카드대란 재발 방지를 위한 신용카드사 건전성 규제 강화[4]와 함께 신용카드 발급·모집 등 영업활동에 대한 규제를 대폭 강화하여 왔으며, 최근에는 신용카드 회원 및 가맹점의 권익을 보호 또는 강화하기 위한 노력을 확대하고 있다. 이미 성숙기에 접어든 우리나라 신용

2) 외환은행은 1978년 VISA의 정회원으로 가입하여 국내 최초로 VISA카드를 발급하였다.

3) 신용카드 소득공제제도 도입(1999년 9월), 신용카드영수증 복권제도 도입(2000년 1월) 등.

4) 현금대출(현금서비스+카드론)업무 비중 50% 이내 제한, 대손충당금 적립기준 강화, 적기시정조치 강화, 조정자기자본비율 산정방식 개선 등.

카드 산업이 건전한 성장을 지속할 수 있기 위해서는 카드사－회원－가맹점간의 공정한 거래관행을 정립하여 서로 상생할 수 있도록 유도할 필요가 있다는 점에서 바람직한 정책방향으로 생각된다.

본고에서는 우리나라 신용카드시장 현황을 간략히 살펴본 후, 여신전문금융업법에서의 신용카드 영업행위 규제 내용을 고찰하고, 앞으로의 과제에 대해 논의하고자 한다.

II. 국내 신용카드시장 현황

1. 신용카드업자

‘10년 말 현재 국내 신용카드업자는 전업카드사(6개), 신용카드업 겸영은행(14개), 유통계 카드업자(5개)로 구성되어 있다. 전업카드사는 「여신전문금융업법」(제3조 제1항)에 따라 금융위원회로부터 신용카드업 허가(최저자본금 200억 원)[5]를 받은 여신전문금융회사로서 BC카드, 신한카드, 삼성카드, 현대카드, 롯데카드, 하나SK카드가 여기에 해당한다. 신용카드업 겸영은행은 「여신전문금융업법」(제3조 제1항 및 동조 제3항 제1호)에 따라 금융위원회로부터 신용카드업 겸영허가를 받은 겸영여신업자로서 ‘10년 말 현재 국민은행,[6] 우리은행 등 총 14개 은행이 여기에 해당한다. 유통계 카드업자는 「여신전문금융업법」(제3조 제1항 및 동조 제3항 제2호)에 따라 금융위원회에 등록(최저자본금 20억 원)한 겸영여신업자[7]로서

5) 할부금융업, 시설대여업 등 여타 여신전문금융업무(금융위원회 등록 대상 업무)를 포함하여 총 3개 이상의 여신전문금융업무를 영위하고자 할 경우, 최저자본금 요건은 400억 원이다.

6) KB지주와 국민은행은 신용카드사업부문을 은행에서 분할하여 전업카드사를 설립(‘11년 3월 예정)할 예정이다.

7) 「유통산업발전법」 제2조 제3호에 따른 대규모점포를 운영하는 자, 계약에 따라 같은 업종의 여러 도매·소매점포에 대하여 계속적으로 경영

〈표 1〉 신용카드업자 현황('10년 말 현재)

구 분	개 수	사업자명
전업 카드사	6	BC카드, 신한카드, 삼성카드, 현대카드, 롯데카드, 하나SK카드
카드업 겸영은행	14	국민은행, 우리은행, SC제일은행, 씨티은행, 외환은행, 경남은행, 광주은행, 대구은행, 부산은행, 전북은행, 제주은행, 기업은행, 농협중앙회, 수협중앙회
유통계 카드사	5	현대백화점, 한화 갤러리아, 대현 패션백화점 엔비, 한섬, 동아백화점

* 자료: 금융감독원.

'10년 말 현재 현대백화점, 한화 갤러리아, 대현 패션백화점 엔비, 한섬, 동아백화점이 여기에 해당한다. 유통계 카드업자는 「여신전문금융업법시행령」(제6조의5 제1항)에 따라 카드회원에 대한 자금융통업무(현금서비스 및 카드론)를 할 수 없으며, 동법시행령(제7조)에 따라 신용카드가맹점 모집이 해당 유통계 카드업자 영업장에서 영업행위를 하는 사업자 등[8])으로 제한된다.

국내 신용카드업은 '03년 카드대란 직후 2~3년간 힘든 구조조정 시기를 겪은 이래 카드 이용실적의 호조 등으로 수익성·건전성 모두 양호한 상태를 지속하고 있다. 당기순이익은 '10년 중 2.7조 원으로 '06년 이후 평균 2조 원대의 흑자를 유지하고 있으며, 연체율은 '03년 28.3%로 사상 최고치를 기록한 후 하락을 지속하여 '10년 말 현재 1.7%의 낮은 수준이다. 조정자기자본비율[9])도

을 지도하고 상품을 공급하는 것을 업으로 하는 자(「여신전문금융업법시행령」 제3조 제2항).

8) 해당 겸영여신업자의 영업장에서 영업행위를 하는 사업자, 해당 겸영여신업자와 판매대리점 계약을 체결한 사업자, 경영위탁계약 등에 따라 해당 겸영여신업자의 상호, 상표 및 경영기법을 도입하여 영업하는 사업자(「여신전문금융업법시행령」 제7조).

9) 조정자기자본비율 = 조정자기자본[(기본자본 + 보완자본 − 이연법인세차

〈표 2〉 연도별 전업카드사의 주요 경영지표

(단위: 조원, %)

	'03	'04	'05	'06	'07	'08	'09	'10
당기 순이익	△7.7 (△2.7)	△1.3 (0.3)	0.3 (2.5)	2.2 (2.6)	2.4 (2.8)	1.7 (2.5)	1.9 (2.0)	2.7 (2.1)
연체율	28.3	18.2 (4.1)	10.1 (2.8)	5.5 (1.7)	3.8 (1.4)	3.4 (1.9)	2.2 (1.5)	1.7 (1.4)
조정자기 자본비율	△3.3	9.8	19.0	24.4	26.1	23.9	29.1	28.5

* ( ) 내는 겸영은행의 신용카드 부문 순이익 및 연체율.

'03년의 △3.3%에서 '10년 말 현재 28.5%의 높은 수준을 기록하고 있다. 그러나 '10년부터 카드사간 시장점유율 경쟁이 심화되고 카드대출 증가폭이 확대되는 등 추후 카드사 경영건전성을 저해할 수 있는 위험요인이 증가하였으며, 최근에는 가계부채 증가 지속, 유럽 재정위기, 미국의 더블 딥(double-dip recession) 우려 등 국내외 경제 및 금융시장의 불안요인이 확대되고 있다.

2. 신용카드 수

'10년 말 현재 신용카드 매수(유통계 카드사 발급카드 제외)는 8,530만매(무실적 휴면카드 제외)로서 '09년 말(7,637만 매) 대비 11.5% (877만 매) 증가하였다. 이는 카드사의 상품 다양화(Multi-plate) 마케팅

등 공제항목) ÷ 조정총자산(총자산 - 현금 · 예금 등 공제항목 + 유동화자산 × 0.5)] × 100.

〈표 3〉 신용카드 매수 추이

(단위: 만 매, %)

구 분	'06 말	'07 말	'08 말	'09 말	'10년 말	증감(률)
유실적 카드	6,110	6,666	7,052	7,637	8,530	877 (11.5)
무실적 카드1)	2,980	2,290	2,572	3,062	3,129	82 (2.7)
총 카드수	9,090	8,956	9,624	10,699	11,659	960 (9.0)

* 과거 1년 이상 사용실적이 없는 휴면카드(자료: 금융감독원).

등으로 신상품 출시가 지속된데다, 고속도로통행료 결제 전용카드인 하이패스카드(+228만 매), 정부에서 사용금액의 일부 또는 전부를 보조해 주는 복지카드[10] 등이 크게 증가한 데 기인한 것으로 판단된다. 한편, 과거 1년 이상 사용실적이 없는 무실적 휴면카드 매수는 '10년 말 현재 3,129만 매로서 '09년 말(3,062만 매) 대비 2.7%(82만 매) 증가하였다. 무실적 휴면카드를 포함한 총 신용카드 매수는 '10년 말 현재 1억 1,659만 매로서 '09년 말(1억699만 매) 대비 9.0%(960만 매) 증가하였다.

한편, 우리나라의 경제활동인구 1인당 신용카드(총 카드수 기준)는 '10년 말 현재 4.7매('09말 현재 4.4매)로 미국과 비슷한 수준이며, 일본(5.2매)보다는 적은 수준이다.

10) 아이사랑카드(+18만매), 유류보조금 카드(+14만매), 임산부지원카드(+11만매) 등.

〈그림 1〉 주요국의 경제활동인구 1인당 카드발급 매수

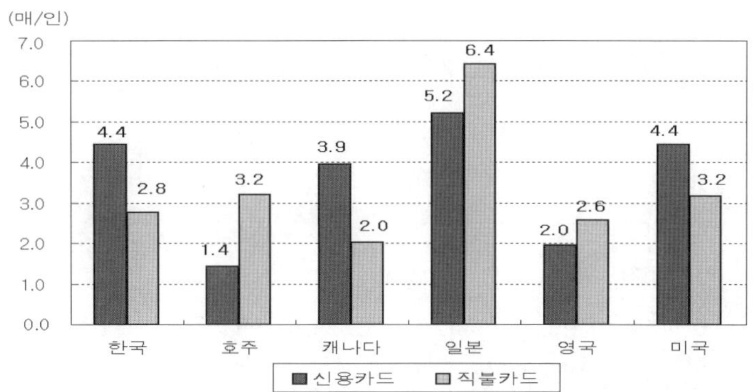

* 카드발급 매수(Euromonitor International, '09년 기준), 경제활동 인구(ILO. '08년 기준).

3. 신용카드 자산 규모

'10년 말 현재 신용카드사(6개 전업사 및 14개 겸영은행, 유통계 카드사 제외, 이하 같다)의 카드자산 규모는 75.6조 원으로 전년 말(65.9조 원) 대비 14.7% 증가하였다. 글로벌 금융위기 등으로 '09년 중 1.5% 증가에 그쳤으나 '10년 들어 소비심리 회복 및 카드사간 경쟁심화 등으로 증가세가 확대되었다. 카드자산은 신용판매와 현금대출(현금서비스+카드론)로 구성되는데, 신용판매는 '03년 말(27.7조 원) 이후 지속적으로 증가하여 '10년 말 현재 47.7조 원 수준이며, 카드대출은 카드대란 이후('03년 말 49.6조 원) 급감하여 '07년 이후 25조 원 내외에 머물다 금년 들어 증가폭이 확대되면서 '10년 말 현재 27.9조 원 수준을 기록하고 있다.

회원별로는 개인회원에 대한 카드자산이 '10년 말 현재 66.9조 원으로 대부분을 차지하고 있으며, 법인회원 및 기업구매카드 자산은 8.7조 원 수준이다. 한편, 개인회원 등에 대한 가계 카드자산은 '10년 말 현재 65.4조 원으로 전체 가계신용(795.4조 원)의 8.2% 수준으

〈표 4〉 신용카드 자산 추이

(단위: 조원, %)

		'03 말	'04 말	'05 말	'06 말	'07 말	'08 말	'09 말	'10 말
신용카드자산 (전년 말대비 증가율)		78.9 n.a.	55.3 (-29.8)	51.9 (-6.2)	52.9 (2.0)	59.2 (11.9)	65.0 (9.8)	65.9 (1.5)	75.6 (14.7)
상품	(신용판매)	27.7	25.5	28.2	31.2	35.3	39.4	42.5	47.7
	(카드대출)	49.6	29.4	23.5	21.7	24.0	25.6	23.5	27.9
회원	(개 인)	n.a.	n.a.	n.a.	45.6	51.1	56.0	57.7	66.9
	(법인등)	n.a.	n.a.	n.a.	7.3	8.1	9.0	8.3	8.7
카드사	(전 업 사)	47.7	27.4	26.4	28.3	31.3	33.0	36.9	45.2
	(겸영은행)	31.2	27.9	25.5	24.6	27.9	31.9	29.1	30.5
결제	(非리볼빙)	-	-	-	50.4	55.7	60.0	60.8	70.1
	(리볼빙)	-	-	-	2.5	3.5	5.0	5.1	5.5

* 자료: 금융감독원.

로 '05년 이후 7%대를 유지하다 '10년 중 8%대로 상승하였다.[11]

카드사별로는 전업카드사(6개)의 카드자산이 45.2조 원, 카드업 겸영은행(14개)의 카드자산이 30.5조 원으로 '09년 이후 다시 격차가 확대되고 있다. 신용카드 이용대금 결제방식별로는 매월 이용대금의 일정비율만 상환하고 대금상환을 연장할 수 있는 리볼빙 결제서비스 이용잔액은 5.5조 원으로 카드자산의 7.3% 수준이다.

11) 가계신용 대비 가계 카드자산 비중: ('05) 7.7% → ('06) 7.2% → ('07) 7.6% → ('08) 7.6% → ('09) 7.5% → ('10) 8.2%(자료: 한국은행 발표 가계신용).

4. 신용카드 이용실적

(1) 신용판매 이용실적

신용카드 신용판매 이용실적은 민간소비지출 중 신용카드 결제비중 상승[12] 등으로 '04년 이후 증가세가 지속되고 있다. '04년 중 월평균 19.2조 원에 머물렀던 신용판매 이용실적은 '10년 중에는 월평균 34.3조 원으로 증가하였다. 신용판매 이용실적은 '09년 중 4.6% 증가에 그쳤으나 '10년 들어 민간소비 호조 등에 힘입어 증가폭이 확대되어 10.6% 증가하였다. 회원별로는 개인회원의 월평균 이용실적이 23.7조 원, 법인·기업회원의 월평균 이용실적이 10.6조 원 수준이다.

〈표 5〉 신용카드 신용판매 이용실적

(단위: 조원, %)

구 분	'03년	'04년	'05년	'06년	'07년	'08년	'09년	'10년
신용판매 (월평균)	240.7 (20.1)	229.8 (19.2)	258.2 (21.5)	278.9 (23.2)	312.0 (26.0)	356.3 (29.7)	372.6 (31.1)	412.1 (34.3)
〈전년 동기대비 증감률〉	(△10.2)	(△4.5)	(12.4)	(8.0)	(11.9)	(14.2)	(4.6)	(10.6)
개 인 (월평균)	-	142.0 (11.8)	158.1 (13.2)	174.8 (14.6)	198.7 (16.6)	228.2 (19.0)	249.5 (20.8)	284.9 (23.7)
법 인 (월평균)	-	87.8 (7.3)	100.0 (8.3)	104.1 (8.7)	113.3 (9.4)	128.0 (10.7)	123.0 (10.3)	127.2 (10.6)

* 자료: 금융감독원.

12) 민간소비 중 신용카드결제 비중: ('06) 43.4% → ('09) 52.8% → ('10) 57.0%(자료: 여신금융협회).

(2) 카드대출 이용실적

'10년 말 현재 회원의 카드대출 이용잔액은 27.9조 원으로 2009년 말(23.5조 원)에 비해 19.1%(+4.4조원) 증가하였다. 글로벌 금융위기의 영향 등으로 '09년 중 8.2% 감소하였으나, '10년 들어 카드론을 중심으로 증가세로 돌아섰다.

〈표 6〉 카드대출 잔액 추이

(단위: 조원, %)

		'07 말	'08 말	'09 말	'10 말
카드대출 (전년 말 대비증감률)		24.0 (10.6)	25.6 (6.7)	23.5 (-8.2)	27.9 (19.1)
	현금 서비스 (증감률)	12.7 (5.0)	13.6 (7.1)	12.1 (-11.0)	12.5 (3.9)
	카드론 (증감률)	11.3 (17.7)	12.0 (6.2)	11.4 (-5.0)	15.5 (35.2)

* 자료: 금융감독원.

금융권 총 가계대출(746.0조 원) 대비 카드대출(27.9조 원) 비중은 '10년 말 현재 3.7%, '11년 3월 말 현재 3.8%로 여전히 낮은 수준이다. 다만, '10년 들어 카드대출 증가율이 가계대출 증가율을 상회하면서 동 비중은 '09년 말(3.4%)에 비해 소폭 상승하였다.

기간 중 카드대출 이용실적은 '10년 중 105.3조 원으로 전년(98.3조 원) 대비 7.2% 증가하였다. 상품별로는 카드론(24.0조 원)은 42.3% 증가한 반면, 현금서비스(81.3조 원)는 0.1% 감소하였다. 최근 카드론 이용실적 증가세가 빠른 것은 카드사들이 현금서비스보다 만기가 길어 안정적인 자금운영이 가능한 카드론 마케팅을 강화하고, 회원입장에서도 상대적으로 금리가 낮고 만기가 장기인 카드론을 선호하는 데 기인한 것으로 판단된다.

〈그림 2〉 가계대출 대비 카드대출의 비중

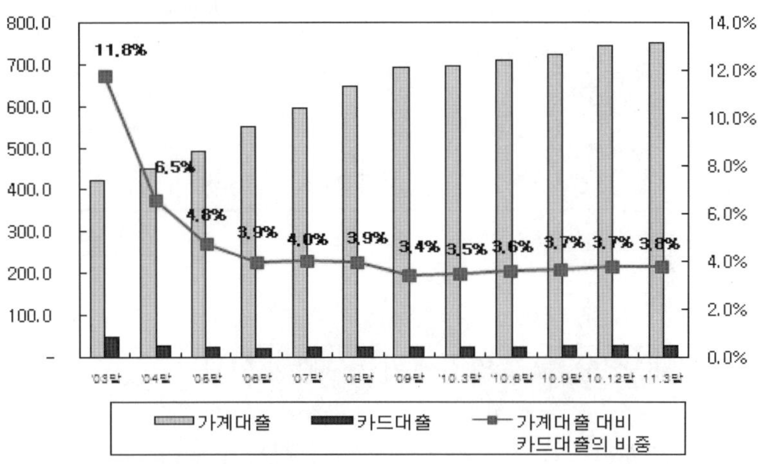

〈그림 3〉 가계대출 및 카드대출 증감률(분기중)

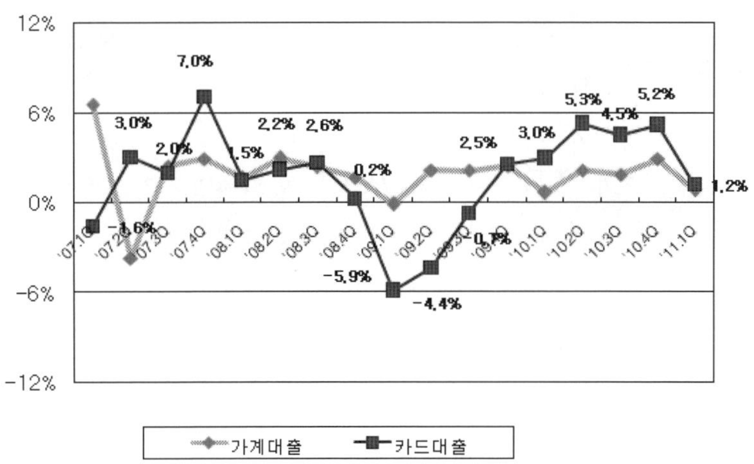

〈표 7〉 기간 중 카드대출 이용실적 추이

(단위: 조원, %)

구 분		'06년	'07년	'08년	'09년	'10년	증가율
카드대출		103.4	101.4	107.0	98.3	105.3	7.2
	(현금서비스)	91.6	85.8	88.8	81.5	81.3	△0.1
	(카드론)	11.8	15.6	18.3	16.8	24.0	42.3

* 자료: 금융감독원.

Ⅲ. 국내 신용카드 영업행위 규제[13] 현황

1. 건전한 신용카드거래 질서를 유지하기 위한 규제

(1) 신용카드 결제 금지 대상(여신전문금융업법 제2조 제3호)

여신전문금융업법은 원칙적으로 모든 재화와 용역을 신용카드로 결제할 수 있도록 허용하되, 건전한 신용카드 거래질서를 해칠 수 있는 거래에 대해서는 신용카드 결제를 금지하고 있다. 신용카드 결제가 금지되는 주요 경우로는 금전채무의 상환, 금융투자상품 투자 및 예금·적금·부금 가입, 카지노·경륜(경정)·소싸움·경마 등 사행성 행위 이용 대가 및 금전 지급 등이다.

13) 신용카드 거래를 규율하는 법규로는 「여신전문금융업법」 외에 「약관의 규제에 관한 법률」, 「신용정보의 이용 및 보호에 관한 법률」, 「할부거래에 관한 법률」, 「방문판매 등에 관한 법률」 등도 있으나, 본고에서는 「여신전문금융업법」에 의한 규제만을 대상으로 한다.

신용카드 결제 금지대상
1. 금전채무의 상환 2. 「자본시장과 금융투자업에 관한 법률」에 따른 금융투자상품 3. 예금, 적금 및 부금 4. 「관광진흥법」에 따른 카지노의 이용 대가 및 이용에 다른 금전의 지급(단, 외국인이 「관광진흥법」에 따라 허가받은 카지노 영업소에서 해외카드로 결제하는 것은 제외) 5. 「경륜·경정법」에 따른 경륜 및 경정의 이용 대가 및 이용에 따른 금전의 지급 6. 「사행행위등 규제 및 처벌특례법」에 따른 사행행위의 이용 대가 및 이용에 따른 금전의 지급 7. 「전통소 싸움 경기에 관한 법률」에 따른 소싸움경기의 이용 대가 및 이용에 따른 금전의 지급 8. 「한국마사회법」에 다른 경마의 이용 대가 및 이용에 따른 금전의 지급 9. 카드사와 상품권 신용카드 거래계약을 체결하지 아니한 발행자가 발행한 상품권의 구입에 따른 금전의 지급 10. 개인 신용카드회원의 월 1백만 원을 초과한 선불카드 및 상품권 구입에 따른 금전의 지급

(2) 불건전한 신용카드 거래행위 금지(여신전문금융업법 제15조, 제19조, 제20조)

여신전문금융업법은 신용카드거래가 비정상적이고 불건전한 목적으로 사용되지 못하도록 일정 신용카드 거래행위를 금지하고 있다. 첫째, 신용카드는 회원의 개인신용을 담보로 발급되는 것으로 양도·양수할 수 없다.[14] 둘째, 허위로 신용카드거래를 하거나

14) 신용카드를 양도·양수하는 경우에는 1년 이하의 징역 또는 1천만 원 이하의 벌금이 부과된다(법 제70조).

신용카드에 질권을 설정하는 등[15]의 방법으로 자금을 융통하는 행위(소위 "카드깡"이라고 함)를 할 수 없다. 셋째, 신용카드가맹점은 다른 신용카드가맹점의 명의를 사용하여 신용카드로 거래하는 행위, 신용카드가맹점의 명의를 타인에게 빌려주는 행위, 신용카드에 의한 거래를 대행하는 행위를 할 수 없다.[16] 마지막으로 신용카드가맹점은 「자산유동화에 관한 법률」 제2조 제1호에 따른 자산유동화를 위하여 신용카드 매출채권을 양도하는 경우 이외에는 신용카드 매출채권을 신용카드업자 외의 자에게 양도할 수 없다.

(3) 신용카드 발급 및 회원모집 규제(법 제14조)

여신전문금융업법(제14조)은 소득·재산 등 채무상환능력이 없는 자에게 신용카드가 발급되지 못하도록 신용카드를 발급받을 수 있는 연령을 제한하고 있다. 신용카드는 만 18세 이상인 사람에게만 발급 가능하며, 미성년자(만20세 미만)인 경우에는 법정대리인의 동의서와 재직증명, 납세증명 등 소득증명서류를 제출하여야 한다.

무분별한 신용카드 발급을 억제하기 위하여 신용카드회원 모집방법도 제한된다. 첫째, 「방문판매 등에 관한 법률」에 따른 다단계판매를 통한 모집이 금지된다. 둘째, 공인전자서명 등으로 본

---

15) 물품의 판매 또는 용역의 제공 등을 가장하거나 실제 매출금액을 넘겨 신용카드로 거래하는 행위, 신용카드회원으로 하여금 신용카드로 구매하도록 한 물품·용역 등을 할인하여 매입하는 행위, 신용카드에 질권을 설정하는 행위를 말하며, "카드깡"에 대해서는 3년 이하의 징역 또는 1천만 원 이하의 벌금이 부과된다.

16) 신용카드업자와의 계약에 따라 신용카드결제를 대행(결제대행업체)해주거나 수납을 대행(수납대행가맹점)하는 행위는 금지행위에 포함되지 않는다. 한편, 다른 신용카드가맹점의 명의를 사용하여 신용카드로 거래하거나 신용카드거래에 의한 거래를 대행하는 경우에는 3년 이하의 징역 또는 2천만 원 이하의 벌금이 부과되며, 신용카드가맹점의 명의를 타인에게 빌려주는 경우에는 1년 이하의 징역 또는 1천만 원 이하의 벌금이 부과된다.

인 여부 확인이 가능한 경우를 제외하고는 인터넷을 통한 모집도 금지된다. 셋째, 신용카드 연회비의 100분의 10을 초과하는 경제적 이익을 제공하거나 제공을 조건으로 한 모집행위[17]는 금지된다. 넷째, 길거리(도로 및 사도, 공원·역·터미널·놀이동산·상가·전시관·운동장·학교 등 공공시설 또는 장소에서 다수인이 통행하는 통로 등)에서의 모집행위가 금지된다. 다섯째, 방문을 통한 모집행위는 금지된다. 다만, 미리 방문목적·방문자·방문시간·방문장소 등을 미리 알려주고, 서신, 이메일 등으로 사전 동의를 받은 후 방문하거나, 주거전용시설과 분리된 사업장(오피스텔 및 주상복합건물의 업무용시설 포함)을 방문하는 모집은 가능하다.

또한, 건전한 신용카드회원 모집질서의 확립을 유도하기 위하여 신용카드회원을 모집할 수 있는 자는 ① 해당 신용카드업자의 임직원, ② 신용카드업자를 위하여 신용카드발급계약의 체결을 중개하는 자로서 여신금융협회에 등록한 모집인(전업 모집인), ③ 신용카드업자와 회원모집에 관하여 업무 제휴계약을 체결한 자 및 그 임직원(제휴 모집인)으로 제한된다(법 제14조의2). 한편, 금치산자 또는 한정치산자, 여신전문금융업법에 의한 실형 집행 완료 또는 집행 면제 후 2년이 지나지 아니한 자, 모집인 등록 취

---

17) 경제적 이익 제공 또는 제공을 조건으로 한 모집 유형(예시)
- 행사기간 중 카드를 발급받은 신규회원을 대상으로 추첨을 통하여 경품(항공권, 백화점 상품권, 포인트, 마일리지 등)을 지급
- 초년도 연회비 면제
- 신용카드 최초 발급 후 3개월간은 실적과 무관하게 할인 등의 부가서비스 혜택 부여
- 일정 금액(예: 2만 원) 이상 결제시 사용가능한 할인권(5천 원) 지급
- 행사기간중 항공사 마일리지 카드를 발급받는 회원에게 추가 마일리지(더블마일리지) 적립
- 신규 카드발급 회원을 대상으로 보험료 할인 또는 보험가입(3만 원 상당)
- 신규 카드발급 회원을 대상으로 리프트권 제공 등

소 후 2년이 지나지 아니한 자 등은 모집인 등록대상에서 제외되며, 신용카드사는 모집인 등록 시점 직전 1개월 동안(모집인 경력자의 경우 등록 전후 1개월 이내) 10시간 이상 교육을 실시하여야 한다. 아울러 모집인은 자신이 소속된 신용카드업자 외의 자를 위하여 신용카드회원을 모집할 수 없으며, 타인에게 신용카드회원을 모집하게 하거나 그 위탁을 하는 행위와 모집에 관하여 수수료·보수, 그 밖의 대가를 지급하는 행위를 할 수 없다. 위 사항을 위반한 경우에는 500만 원 이하의 과태료가 부과된다.

2. 신용카드회원의 권익 보호를 위한 규제

(1) 신용카드가맹점의 신용카드회원에 대한 불리한 대우 금지(법 제19조 제1항 및 제3항)

신용카드가맹점은 신용카드로 거래한다는 이유로 신용카드 결제를 거절하거나 신용카드회원을 불리하게 대우할 수 없으며, 가맹점수수료를 신용카드회원에게 부담시킬 수 없다. 따라서 신용카드가맹점은 신용카드로 결제하는 고객에게 정상가격보다 높은 가격을 받거나, 현금으로 결제하는 고객에게 가격을 할인하는 행위를 할 수 없다. 이를 위반하는 경우에는 1년 이하의 징역 또는 1천만 원 이하의 벌금이 부과된다.

(2) 신용카드 분실·도난, 위·변조에 대한 신용카드회원의 면책(여신전문금융업법 제16조)

신용카드회원 또는 직불카드회원이 신용카드 또는 직불카드를 분실하거나 도난당하는 경우, 신용카드업자는 분실·도난 등의 통지를 받은 날로부터 60일 전까지의 기간 동안 부정 사용된 금액에 대하여 책임을 진다. 다만, 약관 등에 따라 신용카드회원의 고의나 중과실이 있는 경우[18]에는 신용카드회원이 책임을 지도록 할 수 있으나, 이 경우에도 저항할 수 없는 폭력이나 자기 또는 친족의 생명·신체에 대한 위해 때문에 비밀번호를 누설한 경우 등 신용카드회원의 고의 또는 과실이 없는 경우에는 신용카드회원에게 책임을 부담하도록 할 수 없다.

또한, 위·변조된 카드의 사용, 해킹·전산장애·내부자정보 유출 등 부정한 방법으로 얻은 카드정보를 이용한 카드의 사용, 다른 사람의 명의를 도용하여 발급받은 카드의 사용으로 생기는 책임은 신용카드업자가 부담한다. 다만, 약관에 따라 카드회원의 고의 또는 중과실이 있는 경우에는 신용카드회원이 책임의 전부 또는 일부를 부담할 수 있다.

(3) 신용카드 상품의 허위·과장 설명 및 부가서비스 부당 축소 금지(법 제24의2)

신용카드업자는 신용카드 이용 시 제공되는 추가적인 혜택(이하 "부가서비스")을 카드 신규 출시 이후 1년 이상 축소, 변경할 수 없으며, 이후 변경 시에는 변경사유, 변경내용 등에 대하여 변경일 6개월 이전에 신용카드업자의 인터넷 홈페이지, 카드대금청구서, 우편서신, 이메일 중 2가지 이상의 방법으로 신용카드회원에게 고지하여야 한다.

---

18) 신용카드 개인회원 표준약관(제20조)에서는 신용카드회원의 고의 또는 중과실의 예로 다음을 열거하고 있다. ① 회원의 고의로 인한 부정사용의 경우, ② 카드의 미서명, 관리소홀, 대여, 양도, 보관, 이용위임, 담보제공, 불법대출 등으로 인한 부정사용의 경우, ③ 회원의 가족, 동거인(사실상의 동거인 포함)에 의한 부정사용 또는 이들에 의해 ②와 같은 원인으로 부정사용이 발생한 경우, ④ 회원이 카드의 분실·도난 사실을 인지하고도 정당한 사유 없이 신고를 지연한 경우, ⑤ 부정사용 피해조사를 위한 카드사의 정당한 요구에 회원이 특별한 사유 없이 협조를 거부하는 경우, ⑥ 카드를 이용하여 상품구매 등을 위장한 현금융통 등의 부당한 행위를 한 경우.

또한 신용카드업자 또는 소속 모집인은 신용카드 연회비, 이자율, 수수료, 이용한도, 부가서비스 등 카드이용조건 등을 허위·과장하거나, 또는 감추거나 축소하여 설명하는 행위를 해서는 안 된다. 아울러 객관적인 근거 없이 다른 카드사 상품보다 카드이용조건이 유리하다고 설명하거나, 다른 카드사의 카드이용조건을 객관적인 근거가 없는 내용으로 비방하거나 불리한 사실만을 설명하는 행위도 금지된다.

이 밖에 신용카드업자는 카드회원에게 각종 이자율·할인율·연체료율 등 각종 요율, 카드 이용금액 결제방법, 카드 분실·도난 등의 경우 신용카드회원의 면책내용 등을 신용카드업자 및 여신금융협회 인터넷홈페이지, 개별 통보 등의 방법으로 카드회원에게 알려야 한다(법 제18조).

(4) 신용카드업자의 신용카드 약관 신고·보고 의무(여신전문금융업법 제54의3)

신용카드업자(표준약관[19]의 경우, 여신금융협회)는 신용카드약관을 제정 또는 개정하고자 할 때에는 금융위원회(금융감독원)[20]에 사전신고[21]하여야 하며, 금융위원회(금융감독원)는 약관이 관련법령에

19) 현재 신용카드 개인회원 표준약관(2008년 1월 제정)이 운영되고 있으며, 여신금융협회와 금융감독원은 신용카드 가맹점 표준약관 제정을 추진하고 있다.

20) 신용카드약관 심사업무는 당초 공정거래위원회가 수행하였으나, 여신전문금융업법 개정 시행으로 '09년 8월부터 금융위원회(금융감독원)에서 수행하고 있다.

21) 다만, 다음의 경우에는 약관의 제정 또는 개정 후 10일 이내에 사후보고 할 수 있다.
  1. 금융약관의 내용 중 금융이용자의 권리·의무와 관련이 없는 사항을 개정하는 경우
  2. 표준약관을 그대로 사용하는 경우
  3. 제정·개정하려는 금융약관 내용이 다른 신용카드업자가가 금융위

〈표 9〉 금융감독원의 신용카드 약관 심사 건수

'09.8~12월	'10.1분기	'10.2분기	'10.3분기	'10.4분기	합 계
135	99	130	130	174	668

* 자료: 금융감독원.

위반되거나 금융이용자의 이익을 해칠 우려가 있는 경우 공정거래위원회와 협의를 거쳐 약관을 변경할 것을 명할 수 있다. 한편, 금융위원회(금융감독원)는 신고 또는 보고받은 약관을 공정거래위원회에 통보하여야 하며, 공정거래위원회는 신용카드약관 내용이 「약관의 규제에 관한 법률」에 위반된다고 인정하면 금융위원회에 그 사실을 통보하고 시정조치를 하도록 요청할 수 있다. 이 경우 금융위원회는 특별한 사유가 없으면 이에 따라야 한다.

3. 신용카드가맹점의 권익 보호를 위한 규제

(1) 신용카드 분실·도난, 위·변조에 대한 신용카드가맹점의 면책(여신전문금융업법 제17조)

신용카드업자는 분실·도난당한 신용카드를 사용한 거래, 위조되거나 변조된 신용카드를 사용한 거래, 해킹, 전산장애, 내부자정보유출 등 부정한 방법으로 얻은 카드정보를 이용하여 신용카드를 사용한 거래, 다른 사람의 명의를 도용하여 발급받은 카드를 사용한 거래에 따른 손실을 신용카드가맹점에게 물을 수 없다. 다만, 신용카드가맹점의 고의 또는 중대한 과실이 있는 경우에는 관련약관 등에 따라 신용카드가맹점이 손실의 전부 또는 일

원회에 신고한 금융약관의 내용과 같은 경우

4. 금융위원회의 약관변경 명령에 따라 금융약관 또는 표준약관을 변경한 경우.

부를 부담할 수 있다.

(2) 가맹점단체 설립권(여신전문금융업법 제18조의2)

여신전문금융업법(제18조의2)에서는 신용카드가맹점이 가맹점 수수료 등 거래조건과 관련하여 신용카드업자의 협상력을 높여 주기 위하여 일정요건을 충족한 신용카드가맹점에 대해 단체설립권을 부여하고 있다. 이에 따라 부가가치세 신고자료상 연간 매출액 및 연간 카드(직불카드 포함) 매출액이 모두 연 9,600만 원 미만인 소상공은 신용카드업자와 가맹점수수료 등 거래조건과 관련하여 합리적으로 계약을 체결·유지하기 위하여 단체를 설립할 수 있다.

(3) 신용카드업자의 가맹점수수료 공시의무(여신전문금융업법 제18조)

신용카드업자는 여신금융협회가 정하는 업종별 신용카드가맹점 수수료를 카드업자 및 협회의 인터넷 홈페이지에 매분기 게시하여야 한다. 현재 신용카드업자는 자사 홈페이지 및 협회 홈페이지에 45개 업종별 최저·중간·최고 가맹점수수료와 영세가맹점·전통시장가맹점·중소가맹점 수수료 등을 게시하고 있다.

Ⅳ. 평가와 과제

1. 신용카드가맹점의 권익 보호를 위한 규제·감독 강화

그동안 신용카드회원의 권익은 크게 강화되었으나 신용카드가맹점의 권익 향상은 상대적으로 미흡했던 것으로 평가된다. 신용카드회원의 경우, 감독당국의 지속적인 금융소비자 권익 향상 유도 노력 및 카드사의 시장점유율 유지·확대를 위한 대고객 서비스 강화 등으로 권익이 크게 향상될 수 있었던 것으로 판단된다. 그러나 신용카드가맹점의 경우, 대형가맹점을 제외하고는 가맹점수수료 등 거래조건에 관한 협상력이 신용카드사에 비해 크게 떨어지는데다, 카드사간 對 가맹점 서비스 및 수수료 경쟁도 사실상 이루어지지 않고 있는 실정이다.

따라서 정부와 감독당국은 앞으로 신용카드가맹점의 권익을 보호·강화하기 위한 노력을 더욱 강화하여야 할 필요가 있을 것이다. 신용카드 및 체크카드[22] 가맹점수수료율이 원가 등에 비추어 합리적이고 적정한 수준에서 결정되도록 지속적으로 유도[23]하는 한편, 금융감독당국이 필요한 경우 카드사에 대해 가맹점수수료율체계 변경을 권고하거나 요구할 수 있는 법적 권한을 부여하는 방안[24]도 검토해 볼 필요가 있다.

아울러 신용카드가맹점단체와 카드사간 가맹점수수료율 등 거래조건에 관한 협상 및 협의가 원만히 이루어질 수 있도록 유도하는 한편, 신용카드가맹점 표준약관[25]을 제정·운영하도록 하여

---

22) 체크카드란 회원이 신용카드가맹점에서 재화와 용역을 구매하는 시점에서 회원의 예금계좌에서 대금이 인출되어 결제가 이루어지는 카드로 여신전문금융업법(제2조 제6호)에 의한 직불카드에 해당된다.

23) 금융감독당국은 2007년 이후 5차례(2007년 8월, 2008년 10월, 2009년 2월, 2010년 4월, 2011년 2월)에 걸쳐 카드 가맹점수수료율 인하를 유도하였다. 지난 2010년 4월에는 연간 매출액이 9,600만 원 미만인 전통시장 소재 가맹점 및 중소가맹점에 대한 수수료율을 각각 대형마트(1.6~1.8%) 및 대형백화점(2.0~2.15%) 수준으로 인하하도록 유도하였으며, 2011년 2월에는 중소가맹점의 범위가 연간 매출액 9,600만 원 미만에서 1억 2,000만 원으로 확대되었고, 2012년 1월부터는 1억 5000만원으로 확대될 예정이다. 한편, 2011년 2월 체크카드 가맹점수수료율도 중소가맹점의 경우 1.0%, 일반가맹점의 경우 1.5% 또는 1.7%로 인하하도록 유도하였다.

24) 최근 통과된 미국 금융개혁법(Wall Street Reform Act 2010)에서는 자산 10억 달러 이상인 금융기관이 발행하는 직불카드 정산수수료의 합리화를 유도하기 위하여 미연준(FRB)이 관련 규정 등을 제정할 수 있도록 권한을 부여하였다.

가맹점에게 일방적으로 불리한 관행을 개선해 나가야 할 것이다.

한편, 신용카드가맹점이 신용카드 거래를 거절하거나 신용카드회원을 불리하게 대우하지 못하도록 하는 규제(여신전문금융업법 제19조제1항)와 가맹점수수료를 신용카드회원에게 부담시키지 못하도록 하는 규제(법 제19조 제3항)는 신용카드가맹점의 선택권 및 협상력을 저해하므로 중장기적으로 폐지하는 방안을 고려해 볼 필요가 있다. 우리나라에서는 찬반대립이 큰 사안이나, 최근 미국과 캐나다에서 신용카드 가맹점의 선택권 및 협상력 제고를 위해 결제수단별 가격차별을 금지하는 관행을 폐지하도록 조치[26]하였으며, 다른 나라에서도 일반적으로 존재하지 않는 규제이므로 보다 전향적으로 논의를 지속할 필요가 있다고 본다. 특히, 동 신용카드 거래 거절 및 부당대우 규제 위반에 대해서는 1년 이하의 징역 또는 1천만 원 이하의 벌금에 처하도록 하고 있음에도 불구하고 실제 처벌이 이루어지는 사례는 사실상 없는 등 규제 순응도도 매우 낮으므로 이를 개선할 필요도 있을 것이다.

이 밖에 최근 미국에서는 가맹점이 신용카드로 수납하는 최소금액(10달러) 및 최대금액을 정할 수 있도록 허용하였는바, 우리나라에서도 소액거래(예: 1만 원 미만)에 대해서는 현금영수증 발급을 전제로 카드결제 거절을 허용하는 방안도 검토해 볼 필요가 있을 것으로 보인다.

---

25) 가맹점표준약관에 포함될 주요 내용으로는 가맹점수수료율, 가맹점대금 지급주기 등 거래조건 또는 거래조건 변경내용에 대한 카드사의 고지의무 강화, 가맹점대금 지급 지연시 지연이자 지급, 가맹점의 가맹점계약 해지권 확대 등이다.

26) 캐나다의 신용·직불카드 영업준칙(Code of Conduct for Credit & Debit Card Industry in Canada)('10.4.16), 미국의 금융개혁법에 포함된 "Durbin Amendments SA 3932" ('10. 7. 22 시행).

2. 체크카드·선불카드 회원의 권익 보호를 위한 규제·감독 강화

최근 이용실적이 빠르게 증가하고 있는 체크카드(직불카드) 및 선불카드[27] 회원의 권익을 보호·강화하기 위한 노력을 강화할 필요가 있다. 앞에서 살펴본 바와 같이 현행 여신전문금융업법상의 영업행위 규제는 대부분 신용카드에 관한 것으로 체크카드 및 선불카드 회원의 권익 보호를 위해 개선이 필요한 사항이 있는지 점검해 보고, 필요하다면 규제·감독을 강화할 필요가 있다. 특히, 체크카드(직불카드) 회원 표준약관 및 선불카드 회원 표준약관을 제정하고, 약관심사를 강화하여 회원에게 불리한 관행[28]을 지속적으로 개선해 나가야 할 것이다.

〈표 10〉 체크카드(직불카드) 이용실적 및 선불카드 발행실적

(단위: 조원)

구 분	2007	2008	2009	2010
체크카드 이용실적	12.6	18.8	27.9	51.5
선불카드 발행실적	0.9	1.1	2.1	2.5

3. 기타 규제·감독의 정비가 필요한 사항

신용카드업자와 가맹점 사이에서 가맹점 모집, 가맹점계약

27) 선불카드란 신용카드업자에게 미리 대금을 지급하고 발급받은 카드로서 카드 소지자는 신용카드가맹점에서 해당금액 범위에서 결제할 수 있다. 선불카드는 무기명식과 기명식이 있으며, 발행권면금액 최고한도는 무기명식 선불카드가 50만 원, 기명식 선불카드가 500만 원이다.

28) 예를 들어, 체크카드의 경우 카드사의 회원 신용정보 조회 및 제공 동의 요구 관행, 거래 취소 시 대금 환불 지연, 이용시간 제한에 대한 고지 미흡 문제 등, 선불카드의 경우 카드사별 상이한 선불카드 유효기간, 불편한 잔액 환불절차, 유효기간 만료 시 처리방법 상이 등.

체결 대리, 신용카드 조회기 설치, 신용카드 결제 프로세싱 등의 업무를 수행하는 VAN사업자의 영업행위에 대해서도 국내 신용카드 결제시스템의 효율성과 안전성을 높이기 위해 필요하다면 규제 및 감독을 강화할 필요가 있다. 또한 모바일카드 및 모바일 전자상거래 시장의 지속적 확대에 대비하여 모바일카드 회원 권익 보호, 보안성 강화 등 모바일카드 산업의 건전한 발전을 유도하기 위해 필요한 규제 및 감독도 정비할 필요가 있을 것이다.

색인어

신용카드, 지급결제, 소비자신용, 소비자보호, 영업행위 규제, 카드가맹점, 가맹점수수료, 직불카드, 체크카드, 선불카드, 양면시장(a two-sided market)

참 고 문 헌

국내문헌

금융감독원(2010. 4), "신용카드가맹점 표준약관 제정 추진"(보도자료).

금융감독원(2011. 3), "'10년중 신용카드사 영업실적"(보도자료).

김규수(2010. 10), "미국 카드시장 규제의 주요 내용과 카드산업의 대응 현황," (한국은행 지급결제조사자료 2010-2).

김재진(2008. 9. 18), "신용카드 가맹점 수수료 적정화를 위한 정책방향"(한나라당 최경환 주관 신용카드 제도개선을 위한 공청회 발표자료).

캐나다 재무부(2010), "Code of Conduct for Credit & Debit Card Industry in Canada."

2010 개정상법상 리스 체계에 대한 재검토

고 재 종*

차 례

Ⅰ. 들어가는 말

리스는 기원전 약 5000년경 고대 슈메르(Summerians)에 의하여 처음 이용되었다는 기록이 있으며, 현대적 의미의 리스는 영국의 유한책임회사(Limited liability company)인 마차리스회사에 그 기원을 두고 있다.[1] 반면 우리나라의 경우에는 1972년 한국산업리스(주)를 통하여 처음으로 소개되었다.[2]

---

* 선문대학교 법대 부교수 · 법학박사.

1) Brian Terry, "Need for Leasing Despite All Change," World Leasing Yearbook, Hawkins Publishers Ltd., 1986, p.10; 이경현(역), "협약안에 대한 사무국 설명서," 「국제금융리스 및 팩토링협약안」(법무자료 제84집, 1987), 125쪽.

2010년 9월 기준 우리나라는 리스전업사 25개 업체, 신용카드회사 2개, 할부금융사 16개 업체, 신기술금융사 4개 업체의 47개 업체가 리스시장에서 활동하고 있다. 이는 전년 대비 2개 업체가 증가한 것이다. 또한 리스계약의 실행액은 금융리스 6조 7천억 원, 운용리스 2조 9천억 원 등을 포함하여 총 9조 6천 4백억 원으로 전년과 비교하여 2조 9천억 원이 증가하였다.[3)]

이처럼 리스시장의 규모는 엄청나지만, 리스 관련 법제도의 정비는 아직 제대로 되어 있지 않는 것 같다. 물론 2010년 개정 상법 상행위편 제12장에 새로이 금융리스업을 규정하기는 하였으나, 법조문 수가 불과 4개에 불과하여, 리스관련 분쟁이 발생할 경우 문제의 해결을 충분하게 할 수 있다고는 생각하지 않는다. 나아가, 운용리스는 금융리스의 약 44%(2010년 9월 기준)에 해당됨에도 불구하고 이를 규율한 아무런 규정도 두고 있지 않고 단지 민법상의 임대차에 관한 규정을 준용하도록 하고 있다.

따라서 본 논문에서는 리스관련 법 규정의 정비와 관련하여 미국이나 일본의 규제 동향을 검토하여 향후 개선책을 마련하여 보고자 한다. 구체적으로는 제2장에서 우리나라의 리스산업의 운용실태 및 거래 구조를 살펴보고, 제3장과 제4장에서는 리스관련 우리나라와 미국 및 일본의 법 체계를 검토한다. 마지막 제5장에서는 향후 현재 법제도의 문제점과 개선책을 제시하고자 한다.

---

2) http://www.crefia.or.kr/data/data01.html?mode=v&id=82243&boardid=bbs001&page=1, 2011. 9. 9.

3) 위의 사이트.

II. 우리나라 리스산업의 운영 실태

1. 우리나라 리스산업의 발전 과정

우리나라는 1972년 리스(한국산업리스)가 처음으로 도입된 이후 IMF 외환위기, 2007년 금융위기 등 경제적 어려움으로 인하여 다소 위축된 적도 있지만, 장기적인 관점에서 보면 고도의 성장률을 보이고 있다. 그 발전 단계는 다음의 5단계로 구분할 수 있다.

제1단계는 도입기(1972~1978년)로 외자도입의 필요성에 따라 리스 산업을 도입하고 리스업에 대한 법률적 기반을 마련한 시기라고 할 수 있다. 이 단계의 마지막 연도인 1978년에는 3개의 리스회사가 설립되었다.

제2단계는 정착기(1979~1983년)로 종금사의 리스시장의 진입이 시작되고, 리스금융이 주요 자금조달수단으로 대중에게 인식되고 그 뿌리를 내린 시기로 볼 수 있다. 당시 자금조달 수단의 확대로 사채발행한도가 완화되고 연불판매 등을 리스회사의 업무에 추가하는 규제 완화도 이 당시에 이루어졌다.

제3단계는 성장기(1984~1989년)로 당시 5개의 리스사가 새로이 설립되었으며, 종금사들의 외국환은행의 지위를 확보함으로써 리스회사보다 훨씬 유리한 입장에서 저 금리의 자금조달이 가능하게 되었으며, 이를 바탕으로 종금사들의 활발한 리스영업이 이루어져 종금사 전체 영업 중 리스 영업이 1988년의 경우 48%까지 확대된 시기이다.

제4단계는 경쟁기(1990~1997년)로 17개의 지방 리스회사가 대거 설립되고 종금사들도 리스시장에 진입함으로써 약 40개사 이상의 회사가 리스시장에서 경쟁을 하게 된 시기라고 할 수 있다. 그 결과 과거 수요초과 시장에서 공급초과 시장으로 전환되고 리스회사들 간의 경쟁으로 수익률이 악화되기 시작하였다. 하지만, 전체 리스시장 규모는 점점 확대되어 1994년 10조 원에 해당하는 리스 실행으로 세계 5위의 리스시장 규모로까지 성장한 시기다.

마지막 제5단계는 전환기(1998년 이후)로 국제화, 세계화로 인한 국내 금융기관의 국제금융시장의 진출이 활발해지고 시설대여업의 여신전문금융업법의 통합에 따라 리스시장 진입 요건도 완화(등록제 전환)된 시기라고 할 수 있다. 하지만, 1997년 말 초래된 IMF 외환위기로 말미암아 설비투자가 급감함으로써 리스회사의 경영 악화가 심화되었다. 이후 점차 회복되다가 2007년 말 금융위기로 인하여 다시 한 번 악화되었지만 현재 다시 점차 회복하는 단계에 이르고 있다.[4)]

2. 리스업의 실적 현황

다음의 도표에서 살펴본 바와 같이 2010년 9월 당시 리스회사의 현황을 보면, 리스전업사는 25개 업체, 신용카드회사 2개 업체, 할부금융사 16개 업체, 신기술금융사 4개 업체로 총 47개 업체가 영업을 하고 있다.[5)]

또한 리스회사의 리스 실적 및 성장률을 보면, 1972년 한국산업리스(주)를 통하여 처음 리스제도가 도입된 이래 1994년 리스계약 총액은 19조 2430억 원(연평균 성장률 40.68%), 리스실행액 10조 4360억 원(연평균 성장률 32.7%)를 기록하였으나, 1997년 말 IMF 외환위기로 인하여 많은 혼란이 초래되었고 리스산업도 그만큼 위축되었다. 그렇지만, 2000년 이후 다시 리스실적이 급속히 증가

---

4) 위의 사이트.

5) 위의 사이트.

우리나라 리스회사 현황

(2010. 9. 기준)

구 분	회사 수	회 사 명
리스사	25	산은캐피탈, 한국개발금융, 한국씨티그룹캐피탈, 한국종합캐피탈, CNH리스, 외환캐피탈, 우리파이낸셜, 신한캐피탈, 한국캐피탈, 한국리스여신, BMW, 오릭스캐피탈코리아, 효성캐피탈, 케이티캐피탈, 한국아이비금융, 캐터필라, HP파이낸셜, 토요타파이낸셜, 키이컵먼트파이낸스, 데라게란덴, 글로벌리스&캐피탈, 앨엔에프캐피탈, 무림캐피탈, 메트로아시아캐피탈, BS캐피탈
신용카드사	2	삼성카드, 신한카드
할부금융사	16	하나캐피탈, 현대캐피탈, 아주캐피탈, 롯데캐피탈, 두산캐피탈, 우리캐피탈, 동부캐피탈, GE캐피탈, 하이델베르그프린트파이낸스코리아, 스카니아파이낸스, 현대커머셜, RCI파이낸셜서비스코리아, 메르세데스벤츠파이낸셜서비스코리아, 한국스탠다드차타드캐피탈, 코스모캐피탈, SPC캐피탈
신기술금융사	4	아주IB투자, KTB캐피탈, IBK캐피탈, 우리기술투자
총 계	47	

하여 2007년도에는 9조 6687억 원(연평균 성장률 36.4%)에 해당될 정도로 다시 증가하였고, 2008년도에는 처음으로 10조대의 실행액을 기록하였으나 2007년 말 금융위기가 다시 초래되어 2009년에는 2008년도에 비하여 -25.6%의 성장률을 기록하였다. 나아가, 2010년 9월 기준 통계를 보면, 2009년에 비하여 -4.6%를 기록하고 있다. 이는 아직 2010년 말까지 3개월이 남아 있어 2009년에 비하여 증감 여부를 정확하게 알 수는 없었으나 약간 증가할 것으로 예상된다.

연 도	회사수	실행액		금융	운용	원화	외화
			증감률				
2000	26	12,142	16.8	11,670	472	11,398	744
2001	29	15,537	28.0	13,564	1,974	14,327	1,211
2002	33	24,662	58.7	17,933	6,728	21,730	2,931
2003	32	30,184	22.4	18,814	11,370	27,279	2,905
2004	32	40,610	34.5	24,813	15,797	36,846	3,763
2005	35	55,691	37.1	30,220	25,471	51,442	4,250
2006	37	70,907	27.3	44,246	26,661	65,854	5,053
2007	42	96,687	36.4	64,674	32,013	86,928	9,759
2008	44	100,172	3.6	67,265	32,907	88,588	11,584
2009	45	74,500	-25.6	52,817	21,683	67,527	6,973
2010. 9	47	71,073	-4.6	48,584	22,489	69,088	1,985

* 증감률은 전년동기 대비임.

또한 그 실행액 규모를 보면 2009년 7조 4500억 원, 2010년 9월 말 당시 7조 1천억 원에 이르고 있다. 물론 향후 1997년 말 외환위기와 2007년 말 금융위기와 같은 사태가 다시 발생하지 않고 경제가 회복 국면으로 전환한다면 그 규모는 지속적이고 빠른 속도로 증가될 것으로 보인다. 2000년 이후 실행액과 성장률의 추이는 위의 표와 같다.

나아가, 위의 리스 실행액에 대하여 금융리스와 운용리스로 구별하여 살펴보면 다음과 같다.[6] 즉, 2010년 9월 말 기준 금융리스 실행액은 6조 7천억 원, 운용리스는 2조 9천억 원으로 운용리스는 금융리스의 약 44%에 해당되었다.[7]

---

6) 위의 사이트.

7) 2009년 금융리스에 대한 운용리스의 비율은 약 47%에 해당되었다. 2010년의 통계는 9월 말을 기준으로 한 것으로 2010년의 정확한 통계를 파악하기는 다소 어려움이 있다(위의 사이트).

〈2010년 리스실적〉

(단위: 억 원)

구 분	금융리스		운용리스		합 계	
	원화	외화	원화	외화	원화	외화
계약액	66,676	2,708	69,384	0	136,060	2,708
실행액	67,073	3,352	29,345	0	96,418	3,352

3. 소 결

위에서 본 바와 같이 우리나라의 리스거래의 규모는 상당한 것으로 보인다. 비록 1997년 초래된 IMF 외환위기와 2007년 금융위기로 인하여 당시 리스거래 시장의 규모가 위축되기는 하였지만, 오래되지 않아 이전으로 회복하였고, 2008년의 리스실행액은 약 10조 원, 2009년 리스실행액이 약 7조 4천억 원, 2010년 9월 말 당시 7조 1천억 원에 이르고 있다. 또한 금융리스와 더불어 운용리스의 실행액 또한 2010년 9월 말 기준 약 2조 9천억 원에 이르러 전체 리스실행액의 약 41%, 금융리스 대비 44%를 차지하고 있다. 그럼에도 불구하고 리스관련 법제도는 이를 해결할 수 있을 정도로 충분히 마련되어 있지 못하다. 따라서 다음 장에서는 우리나라의 리스 거래에 대한 법 규제 및 외국의 입법 현황을 살펴보고 그에 대한 문제점과 개선 방향을 제시하고자 한다.

Ⅲ. 리스 관련 국내외 법적 체계에 관한 규정

1. 리스관련 국내법적 규정

(1) 2010 개정 상법상의 규정

1) 기본적 상행위로서 규정

상법 제46조 제19호에 의하면 “영업으로 하는 다음의 행위를 상행위라 한다 …"라고 규정하고 있으며, 다음의 행위라면 동종에서 규정하는 21개의 행위를 말한다. 그 중 제19호에 의하면 "기계, 시설, 그 밖의 재산의 금융리스에 관한 행위"라고 규정하고 있다. 이는 개정전 상법에서는 '물류'이라고 하였으나, 2010년 개정시 동 거래에 대한 장(제12장)을 새로이 신설하면서 '금융리스'라는 용어로 개칭되었다.[8] 더불어 운용리스는 개정전 상법에서는 물류의 범위에 포함되었으나, 개정 상법에서는 금융리스라고 명백히 규정을 함으로써 동 범위에서 제외되었다. 다만, 그 성질이 민법상 임대차와 본질적인 차이점을 찾기 어려워 임대차로 해결하도록 하였다.[9]

2) **금융리스업에 관한 규정**

2010. 5. 14일 상법 중 일부, 즉 상행위편 제12장 금융리스업을 신설하여 2010. 11. 15일부터 시행에 들어갔다. 동 규정의 입법취지를 보면, ① 현재 금융리스업은 상행위로 명시되어 있으나 구체적인 법률 관계에 관한 규정이 없어 약관에 의존하여 규율되고 있는 실정이며, ② 금융리스계약의 중도해지를 명시하고, 금융리스이용자가 공급자에게 직접 손해를 청구할 수 있도록 하는 등 금융리스업의 법률관계를 구체화하고자 하였으며, ③ 금융리스업의 법률관계를 구체화함으로써 금융리스업자와 금융리스이용자의 법률관계가 합리적으로 규율될 것으로 기대하였다.[10] 그 구체적인 내용을 보면 다음과 같다.

㈎ **금융리스업의 개념**

금융리스업이란 '금융리스 이용자가 선정한 기계, 시설, 그 밖의 재산(이하 이 장에서 '금융리스물건'이라 한다)을 제3자(이하 이 장에서 '공급자'라 한다)로부터 취득하거나 대여 받아 금융리스이용

---

8) 이철송, 「상법총칙 · 상행위」(박영사, 2011), 292쪽.

9) 위의 책, 545쪽.

10) 행정안전부, 「전자관보(제17257호)」(2010. 5. 14), 10쪽.

자에게 이용하게 하는 업'을 말한다. 이러한 업을 영업으로 하는 자를 금융리스업자라고 한다(2010 개정 상법 제168조의2).

㈏ **금융리스계약 관계자의 의무**

먼저, 금융리스업자의 의무로는 금융리스물건의 수령 협조의무가 있다. 즉, 금융리스업자는 금융리스이용자가 금융리스계약에서 정한 시기에 금융리스계약에 적합한 금융리스물건을 수령할 수 있도록 하여야 한다(동법 제168조의3 제1항). 만약 금융리스 물건수령증을 발급한 경우에는 제1항의 금융리스계약 당사자 사이에 적합한 금융리스물건이 수령된 것으로 추정한다(동법 동조 제3항).

둘째, 금융리스이용자는 동조 제1항에 따라 금융리스물건을 수령함과 동시에 금융리스료를 지급하여야 한다(동법 동조 제2항). 또한 금융리스이용자는 금융리스물건을 수령한 이후에는 선량한 관리자의 주의로 금융리스물건을 유지 및 관리하여야 한다(동법 동조 제4항).

셋째, 금융리스물건의 공급자의 의무로는 공급계약에서 정한 시기에 그 물건을 금융리스이용자에게 인도하여야 한다(동법 제168조의 4 제1항).

㈐ **금융리스이용자의 권리**

이처럼 금융리스계약이 성립한 경우 금융리스이용자는 금융리스물건이 공급계약에서 정한 시기와 내용에 따라 공급되지 아니한 경우 금융리스이용자는 공급자에게 직접 손해배상을 청구하거나 공급계약의 내용에 적합한 금융리스물건의 인도를 청구할 수 있다(동법 제168조의4 제2항). 나아가, 금융리스업자는 금융리스이용자가 제2항의 권리를 행사하는 데 필요한 협력을 하여야 한다(동법 동조 제3항).

㈑ **금융리스계약의 해지**

금융리스계약과 관련하여 금융리스이용자의 책임 있는 사유로 금융리스계약을 해지하는 경우에는 금융리스업자에게는 잔존 금융리스료 상당액의 일시 지급 또는 금융리스물건의 반환을 청구할 수 있는 권리를 부여하고 있다(동법 제168조의5 제1항). 나아가, 이러한 금융리스업자의 청구권은 금융리스업자가 금융리스이용자에 대하여 손해배상을 청구하더라도 영향을 미치지 아니한다(동조 제2항). 다만, 금융리스이용자가 중대한 사정변경으로 인하여 금융리스물건을 계속 사용할 수 없는 경우에는 3개월 전에 예고하고 금융리스계약을 해지할 수 있다. 이 경우 금융리스이용자는 계약의 해지로 인하여 금융리스업자에게 발생한 손해를 배상하여야 한다(동조 제3항).

(2) 여신전문금융업법상의 규정

여신전문금융업법 중 제2절에 시설대여업을 규정하고 있다. 동 규정은 2009년 2월 6일 개정하여 2009년 8월 7일부터 시행되고 있다. 관련 규정은 제2조 제10호(정의규정)와 제28조(적용 범위)부터 제37조(중소기업에 대한 지원)까지 약 11개 조문으로 구성되어 있다. 다만, 제2조 제10호에 의하면, "'시설대여'란 대통령령으로 정하는 물건(이하 '특정물건'이라 한다)을 새로이 취득하거나 대여받아 거래상대방에게 대통령령으로 정하는 일정 기간 이상 사용하게 하고, 그 사용 기간 동안 일정한 대가를 정기적으로 나누어 지급받으며, 그 사용 기간이 끝난 후의 물건의 처분에 관하여는 당사자 간의 약정(約定)으로 정하는 방식의 금융을 말한다"고 규정하고 있다.

나아가, 동법 시행령 제2조 각 호에서는 대상물건을 ① 시설·설비·기계 및 기구, ② 건설기계·차량·선박 및 항공기, ③ ① 및 ②의 물건에 직접 관련되는 부동산 및 재산권, ④ 중소제조업체로부터 취득한 해당 중소제조업체의 업무용 부동산, ⑤ 그 밖에 국민의 금융편의 등을 위하여 총리령으로 정하는 물건으로 한정하고, 리스기간은 법인세법이 정하는 물건의 내용연수의 100분의

20에 해당하는 기간으로 정하고 있다(동법 시행령 제2조 제4항).

이러한 내용을 살펴보면, 동법의 경우 금융리스에 한정하여 정의한 것이 아니라 운용리스 개념까지 포함하여 정의한 것으로 보여지고, 동법 성격 또한 리스계약이라는 사법적 측면의 법률이라기보다는 금융감독적 목적에서 입법화되어진 것이라고 할 수 있다.[11] 따라서 비록 리스대상물건에 대하여 열거적으로 기술하고 있지만, 이러한 물건이 아니더라도 리스의 대상으로 할 수 있으며, 리스기간 또한 위와 다른 리스기간을 정한다고 하더라도 리스계약의 성격을 부인할 수는 없을 것이다.[12]

(3) 소 결

위에서 본 바와 같이 현행 상법 및 여신전문금융업법에서 리스에 관한 규정을 두고 있다. 하지만, 상법에서는 금융리스에 관한 규정만을 새로이 규정하였을 뿐 운용리스에 대한 규정은 두지 않았다. 이에 대해서는 민법상 임대차의 규정을 준용하여 해결하도록 한 것으로 보인다. 또한 여신전문금융업법에서도 시설대여업이라고 하여 리스에 관한 규정을 두고 있다. 하지만, 이 규정은 리스의 개념(금융리스와 운용리스를 포함한 광의의 개념)을 제외한 대부분의 규정은 금융감독적 측면의 규정이고 분쟁이 발생시 이를 해결할 수 있는 것은 아니라고 본다. 이러한 법적 환경 속에서 리스거래와 관련한 분쟁이 발생시 모든 문제를 원활하고 명료하게 해결하여 거래의 안전을 도모하기에는 다소 무리가 있다고 본

11) 구체적으로는 제29조(각종 자금의 이용), 제30조(대외무역법 상의 특례), 제31조(의료기기법 상의 특례), 제32조(행정처분 상의 특례), 제33조(등기ㆍ등록 상의 특례), 제34조(의무이행 상의 특례), 네35조(자동차 등의 손해배상책임), 제36조(시설대여 등의 표시), 제37조(중소기업에 대한 지원)으로 구성되어 있다(여신전문금융업법 제2절, http://www.lawnb.com/lawinfo/info_total_search.asp, 2011. 9. 9).

12) 이철송, 앞의 책, 545쪽.

다. 따라서 다음 장에서는 비교법적 측면에서 리스거래 관련하여 어떻게 규율하고 있는지를 그 체계를 살펴본다.

2. 리스 관련 외국법의 규정

(1) 미국통일상법전상 리스 규정에 대한 논의

1) UCC 2A의 제정

㈎ UCC 2A 제정전 분쟁 해결

영미법상 '리스'란 원래 부동산에 대한 것으로, 우리나라의 동산임대차와 같은 제도는 발달되지 못하였다. 따라서 동산리스의 문제는 보통법상 자본의 '임대목적의 위탁'(bailment for hire)에 포함시켜 분쟁을 해결하였다.[13] 그렇지만 위탁이라는 제도는 법리가 매우 단순하고 세부적인 면에서 아직 그 개념이 명확하지 않고, 사실상 리스와도 구별되므로 분쟁의 해결에 있어서도 부동산의 임대차나 통일상법전 등을 유추 적용하였었다.[14]

이후 동산리스가 현재의 모습으로 이용되기 시작한 것은 1951년 통일상법전 총칙에 담보권을 관한 규정을 두었는데, 동 규정에 리스의 형태가 어떻든 그 실질은 담보권과 동일시된다고 하면서 통일상법전 제9편(담보부거래)이 적용되도록 규정하면서부터이다.[15] 어쨌든 당시 리스거래에 대한 분쟁이 발생하면 그 거래와 관련하여 담보권이 존재하는 경우에는 통일상법전 제9편(담보부매매), 실질적으로 매매라고 판단되는 경우에는 통일상법전 제2편(매매), 그리고 담보권에도 존재하지 아니한 진정임대차라고 판

---

13) 고재종, 「미국통일상법전상 리스계약에 관한 연구」(한국외대대학원, 1998. 2), 20-21쪽.

14) Edward J. Gae · Henry R. Cheeseman, "Personal Property Leases," Business Laws, Prentice Hall, 1992, p.125.

15) U.C.C. §1-201(37).

단되는 경우(진정리스)는 위탁법, 동산리스 및 부동산리스법을 유추 적용하였었다.[16)]

이러한 법적용에 대하여 리스에 관한 규정을 제정할 당시에 ① 특정 상거래가 진정리스인지 또는 담보목적의 리스인지의 판단 기준, ② 리스회사가 리스이용자에 대하여 어떠한 보증책임(warranty)을 지는가, ③ 만약 리스이용자 또는 리스회사에 의한 리스계약상의 불이행이 있는 경우 그 구제방법은 무엇인지에 대한 의문을 제기하였다.[17)]

㈏ UCC 2A 제정후 분쟁 해결

리스거래에 대한 본격적인 논의가 이루어진 것은 1987년 동산리스(personal lease)를 상거래의 한 유형으로 통일상법전에 편입하면서부터이다. 이러한 논의의 발단은 1980년 설비리스에 관한 법률실무가의 강연자료(Practising Lawyer Insitute Materials)를 준비하던 Oklahoma의 변호사인 Charles W. Mooney, Jr.가 통일상법전위원회의 의장인 William Burke에게 동산리스거래와 관련하여 1987년 이전의 통일상법전의 규정에 의하여 그 법적 문제를 해결함에는 한계가 있다는 지적하면서, 통일상법전의 관련 규정을 개정하여야 한다는 주장으로부터 시작되었다.[18)]

특히, 1981년 12월 통일주법위원 전국회의(National Conference of Commissions on Uniform State Laws)[19)]는 리스를 통일상법전에 편

16) 高橋めぐみ, "リ-ス法の展開," 「和法(第58號)」(有斐閣-日本和法學會, 1996), 236頁.

17) Harold Greenberg, "Indiana Adds Articles 2A and 4A of Uniform Commercial Code," 25 Indiana L. Rev., 1992, p.1031; Homer Kripke, "Some Dissonant Notes about Article 2A," 39 Alabama Law Review, 1988, pp.791-801.

18) Amelia H. Boss, "Uniform Commercial Code : Article 2A- Leases: Structuring Priorities of cmpeting Claimants to Leased Property," 73 Minnesota Law Review, 1988, n.56.

19) 동 기관은 American Law Insstitute(미국법률가협회)와 더불어 통일상법

입하는 것과 관련하여 ① 리스관련 기초 법안을 통일상법전 제2편으로 할 것인지 아니면 제9편을 할 것인지, 독립된 편으로 처리할 것인지 아니면 통일상법전이 아닌 독자적인 법률로 제정할 것인지의 문제, ② 리스거래와 관련하여 어떠한 내용을 규정할 것인지, ③ 만약 편입된다면 다른 관련법과의 조화 문제 등에 대하여 신중한 검토가 이루어져야 한다고 주장하였다. 이러한 지적에 대한 신중한 검토를 한 결과 통일상법전 제2A편이라는 독자적인 입법안이 마련되었다.

2) UCC 2A의 체계

위에서 살펴본 통일상법전 2A편은 총 5개의 편(Part)으로 구성되어 있다. 그 구체적인 내용을 보면 다음과 같다. 제1편(Part Ⅰ)은 일반 규정(General Provisions)으로 본 규정의 적용범위, 정의규정, 다른 법규의 대상이 되는 리스, 권원증권(certificate of title)에 의하여 담보되는 물품에 대한 재판관할권, 소비자리스의 경우 당사자 권한의 제한, 불이행이 있는 경우 청구권 내지 권리의 포기, 비양심성(unconscionability), 기한이익상실의 선택권(option to accelerate at will)이 2A-101부터 2A-109까지 규정되어 있다.

제2편(Part Ⅱ)은 리스계약의 성립과 해석(Formation and construction of lease contract)에 관한 것으로, 사기방지법(statute of frauds), 최종적 서면 표시(Final written expression), 계약의 성립, 철회불능의 청약, 청약과 승낙, 이행과정 또는 실질적 해석(course of performance or practical construction), 계약 변경, 해제 및 포기, 금융리스에서 공급계약의 수혜자로서의 리스이용자, 명시적 보증책임, 개입이나 권리침해에 대한 보증책임, 상품성에 대한 묵시적 보증책임, 특정 목적의 적

전의 발기인으로 미국의 모든 주법의 통일을 촉진하기 위하여 1892년 창설된 단체로 1952년 통일상법전, 1896년 통일유통증권법, 1906년 통일매매법 및 통일창고증권법, 1909년 통일운송증권법 및 통일주식양도법, 1968년 통일소비자신용법전 등을 편찬하였다.

합성에 대한 묵시적 보증책임, 보증책임의 배제 또는 변경, 명시적 또는 묵시적 보증책임의 중복 또는 충돌, 명시적 또는 묵시적 보증책임의 제3의 수혜자, 리스대상물품의 특정(identification), 보험과 보험금, 위험부담, 위험부담에 대한 불이행의 효과, 특정 물품에 대한 재해(casualty)가 2A-201부터 2A-221까지 규정되어 있다.

제3편(Part Ⅲ)은 리스계약의 효과(effect of lease contract)에 대한 것으로 리스계약의 구속력, 물품에 대한 소유권과 점유권, 리스계약상 물품에 대한 당사자의 권리나 리스회사의 잔여권리의 양도성 및 이행의 위임, 리스회사에 의한 물품의 사후리스, 리스이용자에 의한 물품의 매매나 전대리스, 법정질권, 압류 등에 의한 질권·담보권 기타 청구권의 우선순위, 채권자의 특별 권리, 물품이 부동산 정착물인 경우 리스회사나 리스이용자의 권리, 물품이 동산부합물인 경우 리스회사와 리스이용자의 권리, 부수적 권리에 대한 우선권이 2A-301부터 2A-311까지 규정되어 있다.

제4편(Part Ⅳ)은 리스계약의 이행(Performance of lease contract)에 대한 것으로 이행의 적절 보증, 이행기 이전의 이행거절, 이행기 전의 이행거절의 철회, 대체이행, 이행의 면제, 이행면제의 절차, 금융리스에서의 취소불능의 약속이 2A-401부터 2A-407까지 규정되어 있다.

마지막 제5편(Part Ⅴ)는 리스계약의 불이행(Default)에 대한 것으로 불이행과 그 절차, 불이행에 대한 통지, 권리나 구제방법의 제한, 손해배상액의 예정, 계약의 해제, 종료 등, 시효기간, 시장렌트의 입증(proof of market rent), 리스이용자의 구제방법, 부적절한 인도에 대한 리스이용자의 권리, 할부리스계약, 적법하게 거절된 물품에 관한 상인인 리스이용자의 의무, 적법하게 거절된 물품에 대한 리스이용자의 의무, 부적절한 이행의 제공이나 인도에 대한 리스회사의 하자 치유, 리스이용자의 이의제기권 포기, 물품의 수령, 물품의 수령에 대한 효과·불이행의 통지, 수령 후 불이행에 대한 입증책임 등, 물품의 수령 철회, 물품의 대체수령, 수령된 물품에 대한 불인도·이행거절 등 리스이용자의 손해배상, 리스이용자의 결과 손해배상, 특정이행 또는 동산 점유회복 소송에 대한 리스이용자의 권리, 리스회사의 지급불능시 물품에 대한 리스이용자의 권리, 리스회사의 구제방법, 리스계약상 물품을 특정하는 리스회사의 권리, 물품의 점유에 대한 리스회사의 권리, 운송 또는 기타의 경우 리스회사의 인도중지, 물품의 처분에 대한 리스회사의 권리, 불수령·불이행 또는 다른 불이행에 대한 리스회사의 손해배상, 렌트에 대한 리스회사의 소송, 리스회사의 부수적 손해배상, 물품의 손해에 대한 제3자에게 소를 제기할 수 있는 자, 잔여권리에 대한 리스회사의 권리가 2A-501부터 2A-532까지 규정되어 있다.

(2) 최근 일본에서의 논의

일본에서는 최근 민법 개정과 관련하여 금융리스에 대한 입법안을 새로이 마련하고 있다. 반면 운용리스의 경우에는 임대차의 규정을 준용하는 것으로 보인다. 이하에서는 새로이 마련하고 있는 금융리스의 입법안을 중심으로 그 내용을 살펴본다.

1) 논의의 배경

2008년 9월 23일 논의된 금융리스에 관한 개정 시안에 의하면, 일본의 경우 금융리스를 독자적인 법으로 규정하고자 하는 논의를 하였다. 그 배경은 다음과 같다.

먼저, 금융리스의 현대 무역에서의 중요성을 지적하였다. 비록 일본에서 금융리스의 역사가 오래된 것은 아니지만, 금융리스 산업은 급속한 발전을 보이고 있을 뿐만 아니라 현대 사회 속에서 일반적인 거래 중 하나로 자리매김하고 있다는 점이다.[20]

---

20) 리스사업협회(사단법인)의 자료(http://www.leasing.or.jp/gaiyo/index.html)

둘째, 금융리스거래는 기존 민법상 전형계약의 하나로 해결할 수 없는 특이한 성질을 가지고 있다는 점이다. 이러한 점은 금융리스가 일본에 도입될 당시부터 논의되던 것이다. 즉, ① 리스거래 당사자를 둘러싼 문제(리스제공자와 이용의 2당사자 계약인가, 아니면 공급자를 포함한 3당사자 계약인가), ② 리스거래의 법적 성질과 관련하여 특수한 임대차계약설, 융자계약설, 무명계약설 등 견해의 대립이 있지만 그 법적 성질상 임대차나 소비대차의 성질이 있기는 하지만 아직 명확하게 그 결론을 내리지 못하고 있다는 점, ③ 비록 금융리스가 순수한 융자계약으로 리스목적물에 대한 담보적 측면이 있지만, 그렇다고 하여 임대차적인 성격이 전혀 존재하지 않는 것이 아니라 리스대상 목적물의 이용이라는 측면도 함께 존재한다는 점 등을 들 수 있다.

셋째, 이러한 법적 성격과 관련하여 견해의 대립이 있는 관계로 일본의 판례의 경우도 어느 한 견해를 따르지 않고 독자적인 형태로 판시하고 있다는 점을 들 수 있다. 물론 리스료가 목적물의 이용 대가로서의 성격을 가지고 있다는 점,[21] 리스해소시

에 의하면, 1972년 19개사인 사업협회 회원이 1980년 155개사, 1990년 이후 300개 전후고, 자동차리스협회도 약 400개사 정도(자동차리스 협회 내용은 http://jalanet.jp/)로, 현재 파악되는 회사수는 700-800여개 사로 파악되고, 2003-2006년도 리스취급액이 7-8조 엔에 이르고 있다 [2008. 9. 23. 금융리스의개정시안(제4준비회보고), http://www.shojihomu.or.jp/saikenhou/shingiroku/shiryou0701.pdf,2011.9. 9].

21) 最判 平成5年(1993年) 11月 25日 裁判集民事 170號 553頁, 「金融法務(1395號)」, 49頁. 동 판결에 의하면, “금융리스계약은 물건의 구입을 원하는 사용자를 대신하여 리스업자가 판매업자로부터 물건을 구입하는 고객에게 장기간 이를 사용하고 구입대금에 금리 등의 제비용을 더한 것을 리스료로 회수하는 제도이며, 그 실체는 사용자에 대한 금융상의 편의를 부여하는 것이므로 리스료의 지급의무는 계약 체결과 동시에 그 금액에 관하여 발생하고, 사용자에 대하여 매월 리스료를 지급하는 방식에 의한 기한의 이익을 부여하는 것에 지나지 않고, 또한 리스물건의 사용과 리스료의 지급과는 대가관계에 있는 것은 아니다”라고 한다.

에 있어서 청산의무[22] 등 금융리스를 둘러싼 기본적인 부분과 관련한 판례는 당연히 축척되어 있지만, 그렇지 않고 전형계약으로 해결되지 못한 부분은 독자적인 판례로 해결되고 있는 만큼 리스계약을 독자적인 계약 유형을 파악함이 타당한 것이 아닌가 하는 점에서 독자적인 법으로 규정하자는 논의가 진행되고 있다.

2) 입법안의 체계

동 입법안을 보면, 리스계약을 15개의 조문으로 구성되어 있다. 즉, 제Ⅳ-4-1조(금융리스의 의의와 성립), 제Ⅳ-4-1-1조(이자제한법의 적용 여부), 제Ⅳ-4-2조(목적물의 수령 및 리스기간의 개시), 제Ⅳ-4-3조(목적물의 이용에 관한 이용자의 의무), 제Ⅳ-4-4조(목적물에 대한 유지관리 및 수선 의무), 제Ⅳ-4-5조(무단으로 타인에게 사용 수익하는 것 금지), 제Ⅳ-4-6조(목적물의 손상 및 멸실), 제Ⅳ-4-7조(목적물의 계약 부적합에 대한 책임), 제Ⅳ-4-8조(고객 통지 의무), 제Ⅳ-4-9조(리스이용권의 대항력), 제Ⅳ-4-10조(중도 해지 금지), 제Ⅳ-4-11조(이용자의 채무 불이행에 의한 해제), 제Ⅳ-4-12조(목적물의 반환 등), 제Ⅳ-4-13조(금융리스 종료시 기타 법률 관계), 제Ⅳ-4-14조(기타)의 15개 조문으로 구성되어 있다. 이중 이하에서는 주요한 조항에 대해서만 검토한다.

3) 주요 내용

㈎ 금융리스의 개념

제Ⅳ-4-1조에 따라, "금융리스는 리스제공자[23]가 어떤 물건(이하 목적물)의 소유권을 제3자(이하 공급자)로부터 취득하고, 목적

22) 最判 昭和57年(1982年) 10月 19日 民集 36卷 10號 2130頁.

23) 일본의 경우 종래 '리스회사' 내지 '리스업자'라는 용어를 사용하였지만, 본 입법안에서는 '리스제공자'라는 용어를 사용하였다. 이는 금융리스를 전형계약으로 보고 민법전에 포함시킨다는 것을 전제로 할 때 당사자의 일방이 사업자 내지 상인이라는 특정 속성을 전제로 하는 것이 아니라는 점에서 '리스제공자'라는 용어를 사용한 것이다[2009. 2. 14. 民法(債權法) 改正委員會 第19会 全體會議 資料].

물을 이용자에게 인도하며, 이용자가 그 물건을 일정기간(리스기간) 이용하는 것을 인용할 의무를 부담하고, 이용자는 그 조달비용 등을 바탕으로 계산된 일정 금액(리스료)를 당해 리스 기간 중에 분할한 금액(각 기간 리스료)를 지불할 의무를 부담하는 계약을 말한다"고 규정하고 있다. 리스이용자의 의무로서 "…이용하도록 할 의무…"란 목적물을 인도할 의무와 목적물이 인도되었을 경우 이용자에게 사용·수익을 승인함을 의미하고,[24] 리스이용자가 지급하여야 하는 리스료란 임대차에서 임대료와 같이 목적물의 사용 수익의 대가를 의미하는 것이 아니라, "목적물의 조달 비용 등을 기초로 하여 계산된 일정 금액"을 말한다.[25] 이러한 규정을 두는 데에는 리스계약의 기본적 성격이나 당사자관계,[26] 당사자의 채무 등에 고민을 하여 정한 것이라고 한다.[27]

㈏ 목적물 수령과 리스기간의 개시

제Ⅳ-4-2조 제1항에 의하면, "리스이용자는 목적물이 공급자 내지 리스제공자로부터 인도받은 후, 즉시 목적물을 검사하여 계

---

24) 이용자가 사용 수익을 할 수 있도록 리스제공자가 적극적인 의무를 부담하는 것을 의미하는 것이 아니다. 특히, 목적물의 수령을 한 이후에는 일본 민법 제601조의 "당사자 일방이 상대방 당사자에게 어떤 물건의 사용 및 수익을 약정하거나," 민법 제606조 제1조의 "임대인은 임대물의 사용 및 수익에 필요한 수선을 할 의무를 부담"에 상당한 의무가 부정된다[위의 2009. 2. 14. 民法(債權法) 改正委員會 第19会 全體會議 資料 7-8頁].

25) 日本 最判 昭和57年 10月 19日 民集36卷10號 2130頁은 "리스계약은 형식적으로는 리스제공자가 자기가 소유하는 물건을 이용자에게 이용되도록 하는 내용을 가지고 있지만, 이것을 실질적으로 보면, 리스제공자가 이용자에 대하여 금융의 편의를 제공하는 성질을 가지고 있음을 부정될 수 없다"고 한다. 그 이후 판례도 동일하게 지적되고 있다[最判 平成5年 11月.25日 等].

26) 일본에서는 2당사자간의 계약 내지 3당사자간의 계약 등을 논란이 있으나, 금융리스의 경우 다수의 경우 3당사자간의 계약으로 파악한다[神崎克郎, "リ-ス,"「現代契約法大系5」(1984), 274頁].

27) 위의 2009. 2. 14. 民法(債權法) 改正委員會 第19会 全體會議 資料 7-8頁.

약에 적합한 지의 여부를 확인하여 그것을 리스제공자에게 통지하여야 한다", 제2항에서는 "전항의 통지를 한 때에는 목적물의 수령이 이루어진 것으로 하고, 그때부터 리스기간이 개시되는 것으로 한다"고 규정하고 있다.

제1항은 리스이용자로 하여금 리스제공자에게 그 목적물에 대한 검사 및 통지를 하도록 하고, 그 통지를 한 때에 목적물의 수령이 있으며, 그때부터 리스기간이 개시하는 것으로 규정하고 있다. 이처럼 통지를 한 때부터 목적물의 수령 및 리스기간의 개시의 효력이 발생하도록 하는 것은 임대차 등 민법상 전형계약과는 다소 차이가 있다. 하지만, 상법상에서는 제526조의 "매수인의 목적물 검사 및 통지의무"와 같은 규정이 존재한다. 이에 대하여 실무에서는 차수증이라는 제도를 두고 있으며, 이러한 차수증의 교부에 의하여 리스계약의 효력이 발생하는 것으로 하고 있다.[28]

㈐ 무단으로 제3자가 사용·수익하는 것의 금지

제제Ⅳ-4-5조에 의하면, "리스이용자는 리스제공자의 승낙을 얻지 아니하면 목적물을 제3자에게 사용 또는 수익하게 할 수 없다"라고 규정하고 있다. 만약 무단으로 제3자에게 사용·수익케 한 경우 계약 해제 등 법률효과에 대해서는 특별히 규정하고 있지는 않다. 하지만, 계약의 해제 및 손해배상 등, 채무불이행에 관한 일반 원칙에 따라 처리할 수 있다고 해석하고 있다. 다만, 동 규정은 임의규정으로 당사자 간의 특약으로 배제할 수 있다고 하나.

㈑ 리스대상목적물의 손상과 멸실에 대한 책임

제Ⅳ-4-6조 제1·2항에서 규정하고 있다. 즉, 제1항에 의하면, "목적물이 손상됨으로써 그 목적물의 이용이 일시적으로 불가능하게 되거나 또는 제한된 경우에 그 손상이 리스제공자의 의

28) 위의 2009. 2. 14 民法(債權法) 改正委員會 第19会 全體會議 資料 19-20頁.

무 위반에 의한 것이 아닌 경우에는 이용자는 당해 기간에 있어서 각기 리스료의 채무를 면할 수 없는 것으로 한다", 제2항에 의하면, "목적물의 멸실한 경우 그 멸실이 리스제공자의 의무 위반에 의한 것이 아닌 때에는 이용자는 잔존 리스료 기간에의 리스료 채무를 면할 수 없는 것으로 한다. 목적물이 이용자의 의무 위반으로 멸실한 경우에는 이용자는 기한의 이익을 상실한다"고 규정하고 있다.

위 제1항은 목적물의 손상의 경우 각기 리스료의 지급에 관하여 규정한 것이다. 이와 관련 임대차에서는 목적물이 일부가 이용될 수 없는 경우, 목적물이 일시적으로 이용될 수 없는 경우에는 임료의 감액, 그 기간의 임료 채무의 소멸시키는 방향으로 규정하고 있는데, 이것은 임대차에 있어서 급부가 목적물을 사용 및 수익케 하는 것에 있는데, 그 급부가 이루어지지 않는 것에 근거한 것이다. 하지만, 금융리스의 경우에는 리스에 있어서 각기의 리스료는 당해 기간에 있어서 목적물의 사용 및 수익의 대가가 아닌, "그 조달비용 등을 기초하여 계산된 특정의 금액"으로, 당해 이용기간에 분할하여 지급된 금전으로 목적물의 사용 및 수익의 유무에 따라 직접적으로 좌우되는 것은 아니기 때문이다.[29)]

둘째 동조 제2항은 목적물이 멸실한 경우 리스료에 대하여 규정하고 있는 것이다. 금융리스가 신용공여라는 점을 전제로 한다면 민법상 일반적인 소유자 위험부담주의는 타당하지 않고, 현재 금융리스의 실무에서는 임대차와의 차이점 중의 하나인 목적물의 멸실 훼손에 대하여 이용자 부담주의를 취하는 것이 합리적

---

29) 이와 관련 일본의 판례는 임대차와의 상위에 대해서 "리스물건의 사용과 리스료의 지급과는 대가관계에 있는 것이 아니므로, 리스이용자가 리스물건의 사용이 불가능하게 된다고 하여도 이에 대하여 리스제공자에게 책임을 물을 수 있는 것은 아니므로 리스이용자는 매월 리스료의 지급을 면하는 것이 아니라고 해석된다"고 판시하였다(最判 平成5年 11月 25日 裁判集民事170號, 553頁).

으로 보고, 그것을 채용한 것이다. 또한 현행 금융리스의 실무에 있어서는 목적물의 수선이 불가능하게 되었을 경우에는 리스이용자가 규정 손실금을 지급하고, 금융리스계약을 종료함을 원칙으로 하고 있는데,[30] 규정 손실금은 그 계산방법이 매우 다양하고, 적정한 규정 손실금을 일의적으로 정한다는 것 또한 어렵기 때문에 이것을 민법전 속에 규정하는 것은 어려움이 있어서 당사자간의 합의로 처리하도록 하였다.[31]

㈐ **목적물의 계약 부적합에 대한 책임**

제Ⅳ-4-7조 제1항에 의하면, "이용자가 수령한 목적물이 계약에 적합하지 않는 경우에 있어서 리스제공자는 이용자에 대하여 이에 대한 책임을 지지 아니한다", 제2항에 의하면, "리스제공자가 위 제1항에 규정한 목적물의 계약 부적합에 관하여 공급자에 대하여 가지고 있는 권리(해제권 제외)는 이용자의 청구에 따라 이용자에게 이전한다. 이용자가 소비자인 경우에는 이것에 반하는 특약은 무효이다", 제3항에 의하면, "이용자가 소비자인 경우에는

---

30) 리스계약서 제17조(물건의 멸실・훼손)에 의하면, 제1항에 "물건의 인도시부터 반환시까지 도난, 화재, 풍수해, 지진 기타 갑을 누구도 책임을 지지 않는 사유에 의하여 발생한 물건의 멸실, 훼손 기타 일체의 위험은 모두 을이 부담하고, 물건이 수선불능이 된 때에는 을은 즉시 별표(8)에 기재한 손해배상금을 갑에게 지급하여야 한다"고 하고, 제2항은 "전항의 지급을 한 때에는 이 계약은 종료된다"고 규정하고 있다.

31) 규정손실금의 법적 성격에 대해서는 이론이 있지만, 배상액의 예정, 위험부담액의 예정, 이용자의 신용악화에 따른 해제의 경우 손해금 등으로 이해되고 있다. 구체적인 차이점으로는 예를 들면, 법원의 조정의 가능성 유무를 들고 있다. 즉, 이용자의 채무불이행시에, 리스제공자가 해제에 따른 손해배상에 관한 배상액이 예정으로 이해하는 경우에는 이것에 대하여 법원은 증감될 수 없는 것이라고 한다(最判 昭和 57年 10月 19日 民集 36卷 10號 2130頁 이하). 반면 위험부담에 관한 특약으로 이해하는 경우에는 법원에 의한 증감 가능성이 배제되지 않는다. 규정손실금의 법적 성질의 법적 성격을 어떻게 이해할 것인가에 대해서는 리스료 잔액과의 관계를 파악하여야 한다고 한다(中田裕康). "リ-ス取引をめぐる實務上の問題(下)" 「NBL(191號)」(商事法務(株)1979年), 14頁 以下.

리스제공자가 사업자인 공급자와의 사이에서, 공급자의 책임을 감면하는 특약을 체결한 경우에는 리스제공자가 소비자이었다면 소비자 계약법 제8조 및 제10조의 규정에 의하여 당해 면책특약은 무료가 되는 범위에서 리스제공자는 이용자에 대하여 그 책임을 부담한다"고 규정하고 있다.

i) 동조 제1항

동조 제1항의 규정은 리스제공자가 공급자로부터 목적물을 조달하여 리스이용자에게 인도한다고 하는 가장 전형적인 금융리스의 형태에 있어서, 목적물의 수령 후는 리스제공자는 목적물의 계약부적합에 대한 책임을 지지 않는다고 규정한 것이다. 가장 일반적인 금융리스에서는 공급자와 리스제공자가 분리되어 있고, 리스제공자는 신용공여자라는 관점에서 리스이용자와의 계약관계를 형성하고 있어, 매매계약에 있어서 매주나 임대차계약에 있어서 대주와 같이 목적물의 숨은 하자 등에 대하여 리스크를 부담시키는 실질적인 근거를 흠결하고 있다고 보고 있다. 현재 금융리스의 실무에 있어서도 담보책임의 배제가 정해져 있고,[32] 이러한 관점에서 담보책임의 배제가 기초된 것으로 본다.

ii) 동조 제2항

반면 제2항은 리스제공자가 공급자에 대하여 가진 권리를 리스이용자가 대신 행사할 수 있도록 함으로써 이용자의 실질적인

32) 리스계약서 제15조(물건의 하자 등) 제2항은 "물건의 규격, 모양, 품질, 성능 기타 숨은 하자가 있는 경우와 함께 물건의 선택 내지 결정시 을에게 하자가 있는 경우에 있어서도 갑은 일체의 책임을 부담한다"고 한다. 이러한 하자담보의 면책 특약에 대해서 판례는 유효하다는 입장이다(大阪地判 昭和 49年 10月 8日 金判 451號 17頁; 大判高判 昭和 58年 8月 10日 判時 1100號77頁 등). 다만, 리스제공자가 하자의 존재에 대하여 알고 있는 경우나 소비자리스에 있어서는 리스제공자의 책임을 인정할 가능성이 있는 경우도 있다[위의 2009. 2. 14. 民法(債權法) 改正委員會 第19会 全體會議 資料, 31頁].

권리(계약해제권 제외)를 확보해주고 있다. 이와 관련해서는 리스제공자의 권리이전에 의한 이용자의 보호의 경우, 목적물에 하자가 있는 경우, 계약의 부적합(이종물의 급부)의 경우, 목적물의 계약부적합이 리스제공자의 공급자의 권리에 기초를 두지 않는 경우, 소비자계약법 제8조 제2항 제2호와의 관계로 나누어 검토한다.

먼저, 리스제공자의 권리이전에 의한 이용자의 보호의 경우는 현재 리스계약서에 규정되어 있는 권리를 그대로 채용한 것이다.[33] 이 경우 ① 리스제공자는 공급자에 대한 권리를 이용자에게 이전할 의무를 부담하도록 하여야 하는가, ② 리스제공자는 공급자에 대하여 권리를 이용자에게 이전할 의무를 부담하도록 하여야 하는가, ③ 리스제공자의 공급자에 대한 권리는 금융리스계약에 의하여 당연히 이전하도록 하여야 하는가 등에 대하여 어떻게 법률구성을 할 것인지에 대하여 고민하여야 하지만, 동조 제2항은 이용자의 청구에 의하여 당연히 리스제공자의 권리를 이전하도록 하였다.[34]

둘째, 목적물에 하자가 있고, 그것이 숨은 하자라고 평가되는 경우에는 현행법상 매수인(리스제공자)의 매도인(공급자)에 대한 권리가 인정되기 때문에, 이용자의 청구에 의하여 이권리가이용자에게 이전하는 것으로 된다. 다른 한편 하자가 숨은 것이 아닌

33) 리스계약서 제15조(물건의 하자 등)에 의하면, 목적물에 숨은 하자나 착오가 있는 경우에 대하여, "을은 매도인에 대하여 직접 청구를 하도록 함으로써 매도인과의 사이에 해결할 수 있도록 하였다. 또한 을이 갑에 대하여 서면으로 청구하여, 갑이 양도가능하다고 인정하는 때에는 갑의 매도인에 대한 청구권을 을에게 양도하도록 하는 등에 의하여, 갑은 을의 매도인에 대한 직접 청구에 협력하도록 한다"고 규정하고 있다.

34) 이와 관련한 권리로는 목적물의 하자에 대한 손해배상청구권, 보수청구권 등이다. 하지만, 목적물의 계약부적합을 근거로 한 대금감액청구권도 검토하여야 한다고 지적하고 있다[위의 2009. 2. 14. 民法(債權法) 改正委員會 第19会 全體會議 資料, 32頁].

경우(공급자가 이용자에게 목적물을 직접 인도한 경우나 숨은 하자의 존재 여부에 대한 판단은 이용자의 수령을 기준으로 하여 판단된다고 생각되는 경우), 현행법을 전제로 하면, 이러한 리스제공자의 권리가 인정되지 않는다. 따라서 이용자에 이전되어야 할 리스제공자의 권리는 존재하지 않는 것으로 된다고 한다. 또한 리스제공자가 공급자에 대하여 갖는 권리(리스제공자와 공급자 간의 매매계약에 의한 권리)를 통하여 이용자의 구제를 도모하는 경우, 리스제공자와 공급자나 누구나 상인인 경우가 통상적으로 이와 관련한 제약이 있다고 본다. 즉, 이에 의하여, 상인이 아닌 이용자와 공급자 간의 매매계약이라면 발생하지 않았을 구제의 제한이 발생할 가능성이 있고, 이 점에 대하여 일정한 수당이 필요한 것이 아닌가의 문제가 제기된다. 실제 금융리스의 사례에서는 공급자와 이용자와의 사이에 직접적으로 목적물을 인도되는 것이 통상적으로, 실질적인 관점에서 그 관계를 전제로 하여, 이용자가 행사할 수 있는 권리의 내용을 규정하는 방향으로 고찰되고 있지만,[35] 이 경우 리스제공자와 공급자간의 계약에 기한 권리가 이용자에게 이전된다는 구성을, 그대로 유지할 수 없다고 한다.

셋째, 기타 계약의 부적합(이종물의 급부) 관련하여 공급자가 인도한 목적물이 계약에 적합하지 않는 이종물인 경우에 대하여도 그것이 리스제공자와 공급자 간의 계약(매매계약)에 대해서도 계약부적합으로 평가된 경우, 리스제공자의 공급자에 대한 이행청구권을 전제로 하여 문제를 해결하였다.

넷째, 목적물의 계약부적합이 리스제공자의 공급자의 권리를 기초로 하지 않는 경우 등에 대해서도, 그것이 리스제공자와 리스이용자 간의 계약(협의의 금융리스계약)에 대해서 계약부적합으로

35) 이러한 공급자와 이용자와의 관계에 대해서 伊藤博/中川潤/卷之內茂/森住 祐治/山岸憲司, “リ-ス取引のすべて(13),” 「NBL(311號」(商事法務(株), 1984), 24頁 以下, 30頁 참조.

된다고 하더라도 리스제공자와 공급자 간의 계약부적합에는, 반드시 해당되지 않을 가능성에 대하여 전혀 고려하지 않는 것도 아니다. 그러한 구체적인 예로는 리스이용자의 부탁을 받고, 리스제공자가 공급자에 대하여 발주한 때에 잘못 발주가 된 경우를 들 수 있다. 이 경우 공급자는 리스제공자와의 관계에서는 채무불이행 등이 존재하지 않으므로 리스제공자의 공급자에 대한 권리를 리스이용자에 대하여 이전함으로써 문제를 해결하는 것은 불가능하다. 이러한 경우에는 리스제공자의 리스이용자에 대한 의무 위반으로서 문제를 해결하는 방법을 고려하여 볼 수 있다고 한다.

다섯째, 소비자계약법 제8조 제2항 제2호와의 관계이다. 금융리스가 임대차라고 한다면 현행법상 임대인은 목적의 숨은 하자에 대하여 담보책임을 진다. 그러나 임대인이 사업자인 경우에는 그러한 담보책임을 전부 면제하는 특약을 체결하는 것은 소비자계약법 제8조 제1항 제5호에 해당하여, 무효로 된다. 그러나 그 경우에도 다른 사업자가 그러한 책임을 부담하는 경우에는 임대인의 담보책임의 전부 면제하는 면책특약도 예외적으로 유효하다는 것이 동법 제8조 제2항 제2호의 규정이다. 그러나 금융리스에 있어서 당사자관계를 임대차에 기초하게 되는 경우에는 위의 소비자계약법 제8조를 통하여 그 관계를 설명하게 된다. 물론 이 경우 공급자의 리스제공자에 대한 책임이 소비자계약법 제8조 제2항 제2호가 규정하는 "당해 다른 사업자가 당해 하자에 의하여 당해 소비자에게 발생한 손해를 배상할 책임의 전부 내지 일부를 부담하고, 하자 없는 물건으로 이를 대체할 책임을 지고, 또한 당해 하자를 보수할 책임을 부담하는 것으로 되는 경우"라는 요건을 완전히 만족하는 것인가에 대해서는 약간의 의문이 남아 있다.

iii) 리스제공자의 권리 이전의 예외

동조 제2항의 예외로 신용공여를 받은 당사자로서의 성격을 가진 리스이용자는 계약 전체를 종료할 수 있는 결정권을 가지고 있지 않기 때문에 리스제공자가 공급자에 대하여 가지고 있는 권리 중 해제권에 대해서는 그것을 이전시키는 것 내지 그 대위행사를 인정하는 것을 적절하지 않다고 생각하기 때문에 이를 배제하고 있다. 이 점에 대해서는 특히 목적물을 수령한 이후 리스기간이 장기간에 걸쳐 남아 있는 시기에 목적물의 중대한 하자가 있고, 계약목적을 달성할 수 없는 경우에 리스이용자에 의한 계약해제권 행사의 가능성을 인정하지 않는 것은 문제가 있다. 특히 현행 리스 실무에 있어서는 모든 리스료를 지급한 경우 등에 대하여 해제권을 포함한 권리의 이전을 인정하기 때문에,[36] 그러한 형태에서 대응하는 것이 불가능하다는 문제가 있다.[37]

ⅳ) 리스제공자와 공급자가 일치하는 경우

이에 대해서는 특별한 규정을 두는 것을 예정하고 있지 않지만, 목적물의 하자가 있는 경우 유상계약의 일반 규정으로서 매매의 하자담보의 규정 등에 의하여 처리될 수 있다고 판단하고 있다.[38]

ⅴ) 권리의 하자 등

권리의 하자에 대해서는 민법전 속에 명시적으로, 그 면책을 규정할 필요성은 인정하지 않고 있다. 따라서 권리의 하자에 대해서는 금융리스계약이 유상계약이라는 점을 전제로 매매의 규정

---

36) 리스계약서 제15조(물건의 하자 등)의 제4항은 "전 2항의 숨은 하자와 더불어 착오가 있는 경우에 을이 갑에 대한 리스료의 전부 기타 이 계약에 기한 일체의 채무를 이행한 때에는 갑은 매도인에 대하여 매수인의 지위를 양도하는 것으로 한다. 다만, 전항의 규정 및 본항의 경우 가은 매도인의 이행능력과 더불어 청구권의 양도에 관련한 모든 권리의 존부를 담보한다"고 규정하고 있다.

37) 앞의 2009. 2. 14. 民法(債權法) 改正委員會 第19会 全體會議 資料 38頁.

38) 위의 2009. 2. 14. 民法(債權法) 改正委員會 第19会 全體會議 資料 39頁.

이 원칙적으로 준용된다고 한다. 이 외에도 리스이용자가 소비자인 경우의 특칙에 대해서도 검토를 하였다.[39]

㈓ **리스계약의 대항력**

제Ⅳ-4-9조는 "리스이용자가 목적물의 인도(점유개정 제외)를 받은 경우(토지에 있어서는 등기 기타의 대항요건을 구비된 때에는), 목적물에 대한 물권을 취득한 자에 대하여 대항할 수 있다"고 규정하고 있다. 동 규정에 대해서는 다른 규정과의 관계에서 규정할 필요가 없다는 견해도 있었으나, 위와 같이 리스계약의 대항력을 규정하였다.

먼저, 규정할 필요가 없다고 한 견해에 의하면, 동산 중심의 금융리스는 인도를 대항요건으로 규율할 수 있지만, 동산만에 대하여 규정을 둔다면, ① 부동산리스 이용권의 대항력에 대한 규정 없이 동산 이용권의 상대방만을 강력하게 보호하는 역전 현상을 초래하고, ② 임대차에서 목적물에 대한 물권 취득자와의 관계를 명문의 규정을 두는 것은 부동산 임대차만 해당되는 것으로 금융리스에서 동산을 전제로 한 이러한 규정을 두는 것은 모순되는 문제가 있다고 한다.

이와는 달리 리스계약의 대항력을 인정하려는 견해에 의하면, 첫째 동산 및 부동산 중 건물[40]에 대해서는 인도를 대항요건으로 규정하고, 토지에 대해서는 리스이용권의 등기가 대항요건으로 할 것으로 규정할 것을 전제로 하고, 둘째 임차권과의 관계

39) 위의 2009. 2. 14. 民法(債權法) 改正委員會 第19会 全體會議 資料 39-40頁.

40) 부동산리스가 금융리스로서 간주되는 경우, 그 목적물 이용에 대하여 차지차가법(借地借家法)의 적용이 되는가의 문제가 있지만, 차지차가법의 적용이 있는 건물에 대해서는 인도가 대항요건이 된다는 것은 차지차가법의 규정에 의하여 도입된 것이다. 종래와 마찬가지로, 임대차라는 법형식을 이용하는 경우, 이 점에 대해서 의문은 없지만, 금융리스를 임대차와는 독립된 전형계약으로 파악하는 경우에는 당연히 차지차가법에 따라 커버되는 것은 아니다. 이와 관련 리스이용권을 어떻게 파악할 것인가에 대한 검토가 이루어져야 할 것으로 본다.

에서는 금융리스에 있어서 이용자의 권리를 실질적으로도 소유권에 더 근접한 것이라고 본다면 리스이용권이 임차권보다 두텁게 보호되어야 한다는 점에서 대항력을 인정할 수 있다고 한다.[41)]

㈛ 중도해지의 금지

제Ⅳ-4-10조에 의하면, "금융리스에서는 특별한 합의가 있는 경우를 제외하고, 리스기간 중의 해지는 할 수 없다"고 규정하고 있다. 동 규정은 금융리스 계약이 신용 공여의 측면이 있고, 리스료는 대출 금액의 상환으로서의 성격이 있으므로, 목적물의 이용계약과는 달리, 계약 기간 중 해지와 장래의 계약관계의 해지(잔여기간에 대한 각기 리스료 채무의 소멸)는 상호 모순되기 때문이며, 금융리스의 가장 기본적인 효력 중 하나이기 때문이다.

중도해약의 금지에 대해서는 기간이 정해진 계약인 이상, 중도해약을 할 수 없는 것은 당연하므로 규정을 둘 필요가 없다고 본다. 그러나 종래부터 중도해약을 할 수 없다고 하는 것이 금융리스의 특징 중 중요한 요소임을 보여주고 있으며, 또한 소비대차와 같이 기한의 이익을 포기함으로써 계약을 종료할 가능성이 없음을 보여준다는 의미에서, 명문의 규정을 두는 것이 적절하다고 판단한 것이다.[42)] 현재까지 리스 실무에서 인정하는 것은 이용자 측의 리스료 지급이라는 채무불이행에 대하여 담보권의 실행으로써 리스제공자 측의 해약이고, 이용자의 채무불이행에 따른 계약해제도 청산의무를 인정하고 있으므로 이른바 채무자의 담보권실행을 인정하고 있는 것은 아니라고 하는 것이 본 제안의 입장이다.[43)]

㈜ 리스이용자의 채무불이행에 의한 해지

제Ⅳ-4-11조 제1항에 의하면, "이용자가 각기 리스료의 지급

---

41) 앞의 2009. 2. 14 民法(債權法) 改正委員會 第19会 全體會議 資料 43-44頁.
42) 위의 2009. 2. 14 民法(債權法) 改正委員會 第19会 全體會議 資料 46頁.
43) 위의 2009. 2. 14 民法(債權法) 改正委員會 第19会 全體會議 資料 46頁.

을 해태하여 리스제공자가 금융리스를 해제하는 때에는 이용자는 잔여 리스기간에 있어서 리스료의 채무를 면할 수 없다. 이 경우 이용자는 각기 리스료에 대한 기한의 이익을 상실한다", 제2항에 의하면, "리스제공자는 목적물의 반환 시 취득한 이익을 청산하여야 한다"고 규정하고 있다.

동 규정은 리스이용자의 채무 불이행에 따른 계약이 해제된 경우 잔존리스료를 둘러싼 관계를 규정한 것이라고 할 수 있다. 즉, 제1항은 리스제공자의 해제에 대해서는 해제에 관한 일반 규정에 의하여 규율할 수 있다는 것을 전제로 동 규정에서와 같은 리스이용자의 채무불이행을 이유로 해제를 하는 경우는 리스료가 신용공여와 융자액으로서의 성격을 가지고 있음에 비추어 그 채무가 존속됨을 규정한 것이고, 제2항의 경우는 잔존 리스료 채무는 그대로 존속하는 한편, 리스제공자가 예정된 것보다 조기에 목적물을 회수함으로써 얻을 수 있는 이익의 청산의무를 정한 것이다.

(3) 소 결

위에서 본 바와 같이 미국의 경우 비록 통일상법전 제2편(Sales)의 규정을 모델로 하여 마련하였지만 리스계약에 대한 독자적인 법률을 마련하였다. 그리고 그 내용 또한 매우 체계적으로 규정하고 있는 것으로 보인다. 반면 일본의 경우 금융리스에 대하여 최근 들어 민법상 임대차와는 다른 별개의 독자적인 전형계약에 포함시키려는 논의를 하고 있다. 하지만, 운용리스에 대해서는 아직까지 우리나라와 같이 임대차의 규정을 준용하는 것으로 보인다. 독자적으로 규정하고자 하는 일본의 금융리스의 체계 또한 미국에 비하면 단지 15개 조문으로 이루어져 있는 것으로 보아 너무 간단하다고 생각된다.

Ⅳ. 현행 상법상의 문제점 및 개선 방향

1. 리스거래에 대한 독자적인 법 제정 필요

2010년 개정된 현행 상법에 의하면, 상행위편 제12장에 금융리스업을 규정하였다. 그 내용은 금융리스의 의의, 금융리스업자와 금융리스이용자의 의무, 공급자의 의무 및 금융리스계약의 해지에 대하여 단지 4개의 조문만으로 구성되어 있다. 나아가, 운용리스에 대해서는 임대업에 준하여 문제를 해결하고 있다. 반면 미국의 경우에는 리스계약이 기존의 전형적인 계약 유형과 차이가 있다는 점을 인식하고 매매(Article 2-Sale)를 모델로 하여 새로이 2A편(Article 2A-Lease)을 두고 있다. 그 내용은 금융리스, 운용리스 및 소비자리스를 포함하여 규정하고 있다. 일본의 경우도 최근 금융리스와 관련 리스거래가 임대차나 사용대차 등과 차이가 있다는 점을 인식하고 새로운 형태의 전형계약으로 편입할 것으로 논의하고 있다. 물론 입법안의 내용 속에는 소비자리스에 대한 규정도 포함하여, 전형계약 속에 새로이 포함시킬 것을 논의하고 있다.

생각건대, 리스거래는 개개 리스계약 단위가 통상의 계약에 비하여 매우 크며, 리스시장 규모도 다른 전형계약에 비교하여 부족하지 않을 정도로 크다. 또한 운용리스를 포함한 리스의 법적 성질은 기존의 전형계약과 다른 차원의 새로운 계약 유형이라고 할 수 있다. 뿐만 아니라 7조 원이 넘은 리스 실행액을 감안하면 이와 관련한 법적 분쟁의 발생 건수도 점차적으로 증가할 것으로 보인다. 그럼에도 불구하고 기존의 금융리스에 관한 몇 개의 조문만으로 리스계약 관련 분쟁을 해결함에는 한계가 있다. 또한 운용리스가 금융리스의 약 44%(2010년 9월 당시)를 차지하고 있음에도 불구하고 운용리스에 대한 별도의 규정이 없이 민법상 임대차로 해결하고자 함도 한계가 있다. 따라서 기존의 법 규정을 개정하여 향후 운용리스와 금융리스를 모두 포함할 수 있는 리스거래에 대한 독자적인 법 규정을 둘 필요가 있다. 이는 일본이나 미국의 현행 입법 및 입법 동향을 살펴보아도 위에서 언급한 바와 동일한 형태로 가고 있는 것으로 보인다.

2. 리스계약의 전형계약으로 도입 검토

리스계약의 법적 성질과 관련해서는 임대차계약설, 무명계약설, 제3당사자계약설, 특수소비대차설, 소유권유보부 매매계약설, 사용권매매계약설 등의 대립이 있으며 우리나라 대법원 판례[44]는 비전형·무명계약이라고 판시하였다. 하지만, 이러한 견해들로 새로운 거래 유형인 리스거래의 특성을 파악한다는 것은 사실상 어려움이 있다. 생각건대, 리스계약의 실행액이 2009년 당시 7조 4천 5백억 원에 이르고 있다는 점을 감안한다면,[45] 기존의 계약관련 규정을 무리하게 적용하는 것보다는 오히려 새로운 형태의 계약으로 정착시킬 필요가 있다고 본다. 일본의 경우도 리스를 전형계약으로 편입시키려는 논의가 진행되고 있으며, 그 체계는 임대차, 소비대차 및 사용대차와 같은 유형의 전형계약으로 규정하는 방향을 논의하고 있다. 물론 우리나라도 2010년 상법을 개정하여 새롭게 금융리스의 규정을 두고 있으나, 이러한 정도의 법조문만으로 금융리스의 문제를 명료하게 해석하기는 어려움이 많다. 따라서 일본과 같이 우리나라도 리스거래의 형태를 하나의 전형계약화하는 점을 검토해 볼 필요가 있다. 굳이 기존의 전형계약만을

44) 대판 1986. 8. 19, 84다503·504.

45) 반면 2008년도 실행액은 10조 원에 이르고 있다. 2009년도에 실적액이 줄어든 이유는 2007년 말 초래된 금융위기의 영향 때문으로 보인다.

고집하고 새로운 계약 유형을 부정할 필요는 없다고 본다.

3. 리스계약의 체계에 대한 재검토

2010년 개정된 상법상 금융리스업에 대한 규정은 위에서 언급한 바와 같이 단지 4개의 조문으로 구성되어 있다. 물론 이 조문 이외의 문제가 발생할 경우에는 기존의 상법상 조문 및 민법상 규정을 준용하게 될 것이다. 하지만, 기존의 법조문으로는 새로운 유형의 리스거래 관련 분쟁 발생 시 문제를 잘 해결할 수는 없다고 본다. 따라서 리스거래만을 위한 별도의 법규정을 둘 필요가 있다. 그 내용으로는 금융리스, 운용리스 및 소비자리스를 모두 담보할 수 있도록 하여야 할 것이다. 나아가, 그 내용으로 미국이나 일본을 모델로 하면 될 것으로 보인다. 미국의 경우 리스계약의 성립과 해석, 리스계약의 효력, 리스계약의 이행, 리스계약의 불이행으로 구성되어 있고, 일본의 경우 금융리스와 관련 금융리스의 의의와 성립, 금융리스계약의 효력, 금융리스의 종료된 구성되어 있다.

또한 만약 통합된 리스계약법을 제정한다면 금융리스(소유권이전 금융리스와 소유권이전 이외의 금융리스)와 운용리스의 구별 기준도 명확히 하여야 할 것이다. 이와 관련 일본의 경우 해약불능의 리스기간 중의 리스료 총액의 현재가치가 약 90% 이상인 경우, 해약불능의 리스기간이 리스대상물건의 경제적 내용연수의 약 75% 이상인 경우를 금융리스로 파악하고 그렇지 않은 경우에는 운용리스로 파악하고 있다. 또한 금융리스 중 ① 리스계약상 리스기간 종료 후 또는 리스기간의 도중에 리스대상물건의 소유권이 차주에게 이전한다고 여겨지고 있는 거래, ② 리스계약상 리스기간 종료 후 또는 리스기간의 도중에 차주에 대해서 비교적 저가 선택 구입권이 주어지고 있어 그 행사가 확실히 예상되는 거래, ③ 리스대상물건이, 차주의 용도 등에 맞춘 특별한 사양에 의해 제작·건설된 것이어서, 리스 물건의 반환 후에도 대주가 제3자에게 재리스 또는 매각을 실시하는 것이 곤란하여 그 사용 가능 기간에 있어 차주에게만 사용되는 것이 분명한 거래인 경우에는 소유권이전 금융리스로 파악하고 있다.[46]

Ⅴ. 맺 는 말

위의 리스거래 현황에서 보는 바와 같이 리스거래 실적은 2009년 기준 7조 4천 5백억 원에 이를 정도로 그 규모가 엄청나다. 따라서 이러한 규모에 알맞은 법제도를 갖추는 것은 당연하다고 생각된다. 그럼에도 불구하고 현재 우리나라의 경우 리스 관련 규정은 매우 빈약하다고 할 수 있다. 2010년 상법의 개정에 이르러서야 겨우 4개의 조문을 둔 것에 불과하다. 여신전문금융업법 또한 리스에 대한 개념을 정의한 정도만 규정하고 있다. 이러한 법적 환경 속에서 발생하는 법률문제를 당사자 모두에게 만족스럽도록 해결하기에는 한계가 있다고 본다. 물론 임대차 등 기존의 법 규정으로 문제를 해결할 수 없는 것은 아니다. 하지만, 리스거래는 기존의 계약 형태와는 분명 다른 부분이 있어서 전통법적인 제도만으로 해결하기에는 한계가 있다.

따라서 금융리스뿐만 아니라 운용리스, 소비자리스 등을 포함한 모든 리스거래를 규제할 수 있는 독자적인 법을 제정할 필요가 있다고 본다. 또한 리스계약을 민법상 전형계약 속에 편입시키는 것도 고려할 필요가 있다. 다양한 형태의 계약이 계속하여 새롭게 형성되어 가는데, 굳이 계약을 민법상 전형계약만을

46) http://matsumoto-ca.blog.so-net.ne.jp/2008-08-17, 2011. 9. 9.

고집할 필요는 없다고 본다. 그렇다고 하여 새로운 유형의 계약을 모두 전형계약화 할 필요는 없을 것이다. 마지막으로 독자적인 리스거래법을 만드는 경우에는 그 체계는 기존의 전형계약과 마찬가지로 리스계약의 의의, 리스계약의 성립, 리스계약의 효력 및 계약불이행시 조치 등의 형태로 하면 될 것으로 보인다. 향후 기존 법제도와 조화를 이룰 수 있도록 충분한 시간을 두고 신중한 검토를 하여야 할 것이다.

색인어

리스, 리스업, 리스계약, 운용리스, 금융리스, 소비자리스, 통일상법전 제2A편, 여신전문금융업법 개정 상법

참 고 문 헌

1. 국내문헌

고재종, 「미국통일상법전상 리스계약에 관한 연구」(한국외대대학원, 1998. 2).

이경현(역), "협약안에 대한 사무국 설명서," 「국제금융리스 및 팩토링협약안」(법무자료 제84집, 1987).

이철송, 「상법총칙 · 상행위」(박영사, 2011).

행정안전부, 「전자관보(제17257호)」(2010. 5. 14).

2. 외국문헌

高橋めぐみ, "リ-ス法の展開," 「和法(第58號)」(有斐閣-日本和法學會, 1996).

民法(債權法) 改正委員會 第19会 全體會議 資料, 2009. 2. 14.

神崎克郎, "リ-ス," 「現代契約法大系5」(1984).

伊藤博/中川潤/巻之内茂/森住 祐治/山岸憲司, "リ-ス取引のすべて(13)," 「NBL(311號 」(商事法務(株), 1984).

中田裕康, "リ-ス取引をめぐる實務上の問題(下)" 「NBL(191號)」(商事法務(株)1979年).

Terry, Brian, "Need for Leasing Despite All Change," *World Leasing Yearbook*, Hawkins Publishers Ltd., 1986, p.10.

Gae, Edward J. Henry R. Cheeseman, "Personal Property Leases," *Business Laws*, Prentice Hall, 1992.

Greenberg, Harold, "Indiana Adds Articles 2A and 4A of Uniform Commercial Code," *25 Indiana L. Rev.*, 1992, p.1031.

Kripke, Homer, "Some Dissonant Notes about Article 2A," *39 Alabama Law Review*, 1988, pp.791-801.

Boss, Amelia H. "Uniform Commercial Code: Article 2A- Leases: Structuring Priorities of cmpeting Claimants to Leased Property," *73 Minnesota Law Review*, 1988.

http://www.crefia.or.kr/data/data01.html?mode=v&id=82243&boardid=bbs001&page=1, 2011. 9. 9.

http://www.lawnb.com/lawinfo/info_total_search.asp, 2011. 9. 9.

http://www.shojihomu.or.jp/saikenhou/shingiroku/shiryou0701.pdf, 2011. 9. 9.

http://matsumoto-ca.blog.so-net.ne.jp/2008-08-17, 2011. 9. 9.

저자약력

이 은 영

한국외국어대학교 법학전문대학원 교수

한국소비자법학회 회장(현), 제17대 국회의원 역임

약관규제법, 채권각론, 리갈마인드 민법총칙 등

안 수 현

한국외국어대학교 법학전문대학원 교수

공정거래위원회 약관심사위원회 심사위원(현), 금융감독원 분쟁조정위원회 위원(현), 사단법인 금융소비자학회 총무이사

자본시장거래 실무법률2, 회사법 이론과 실무(공저), 회사법(공저) 등

서 완 석

가천대학교 법과대학장/교수

한국법학교수회 부회장, 사법시험 출제위원

유가증권발행시장의 공시제도, 로스쿨 국제거래법(공저) 등

이 병 준

한국외국어대학교 법학전문대학원 교수

대법원재판연구관, 민법개정위원

계약성립론, 민법사례연습 I [민법총칙] 등

김 도 년

부산대학교 법학연구소 전임연구원

청약철회권의 입법형태의 일고찰 —일본과 독일의 청약철회권 입법형태 비교를 중심으로—

황 진 자

한국소비자원 책임연구원

기술표준원 산업표준심의회 위원

알기쉬운 방문판매법 해설, 신용카드 약관의 적정화 방안 연구, 불완전판매로 인한 보험계약 취소요건 비교연구 등

나 승 철

법무법인 청목 변호사

제45회 사법시험 합격

주가연계증권(ELS)에 있어서 발행사와 투자자 사이의 이해상충

맹 수 석

충남대학교 법학전문대학원 교수

법무부 상법 특별위원회(보험편) 위원, 사법시험·입법고시·공인회계사시험 등 출제위원

상법판례백선(공저), 금융상품거래와 투자자보호법제론, 현대생활과 법(공저) 등

김 성 천

한국소비자원 연구위원

한국외국어대학교 법학전문대학원 겸임교수

일반인을 위한 소비자보호 생활법률의 기본지식, 소비자분쟁해결을 위한 알기 쉬운 민법, 소비자분쟁해결을 위한 알기 쉬운 전자상거래법 등

서 희 석

부산대학교 법학전문대학원 부교수

한국소비자법학회 연구이사(현), 법무부 민법개정위원회 위원(현)

소비자기본법 30년과 소비자법의 구조전환, 소비자법 민법전편입의 이론적 근거와 방향성, 金融ADR制度の比較法的考察(공저) 등

노종천
협성대학교 교수, 법학박사
(사)한국사이버소비자협의회 사무국장, 소비자리포트 전자상거래 전문위원
민법총칙, 물권법, 채권법 등

이준수
금융감독원 여신전문총괄팀장
한국은행 조사제1부, 은행감독원 감독기획국

고재종
선문대학교 법과대학 부교수
대만 담강대학교 방문연구원, 한국기업법무협회 이사(현)
인도의 벤처 캐피탈 투자 규제에 관한 비교법적 고찰, 중국 회사법상
법인격부인의 법리의 적용요건에 대한 고찰 등

금융시장과 소비자보호

2011년 11월 5일 초판 인쇄
2011년 11월 10일 초판 발행

편 자 이 은 영
발행인 이 방 원
발행처 세창출판사
서울 서대문구 냉천동 182 냉천빌딩 4층
전화 723-8660 팩스 720-4579
e-mail: sc1992@empal.com
http://www.sechangpub.co.kr
신고번호 제300-1990-63호

 정가 35,000 원

ISBN 978-89-8411-345-9 93360